**NZZ LIBRO**

Michael Rasch | Michael Ferber

# DIE (UN)HEIMLICHE ENTEIGNUNG

So schützen Sie Ihr Geld
vor Politikern und Notenbankern

Verlag Neue Zürcher Zeitung

*Haftungsausschluss und Hinweise*
Die Aussagen und Bewertungen in diesem Buch sind sorgfältig recherchiert. Weder die Autoren noch der Verlag übernehmen jedoch in irgendeiner Form eine Gewähr oder Haftung für die darin enthaltenen Informationen. Dasselbe gilt für Schäden bei der Wertpapieranlage, die aus der Interpretation oder der Umsetzung der in diesem Buch getroffenen Aussagen entstehen könnten. Die Meinungsäusserungen der Autoren sind in keinem Fall als Anlage- oder Produktempfehlungen zu verstehen. Die Autoren sind fest angestellte Redakteure der *Neuen Zürcher Zeitung* und stehen in keinerlei geschäftlicher Beziehung zu Banken, Vermögensverwaltern oder Anbietern von Geldanlageprodukten.
Ausserdem weisen wir ausdrücklich darauf hin, dass grössere Textpassagen in diesem Buch bereits als Artikel der Autoren im Wirtschafts- oder Finanzteil der *Neuen Zürcher Zeitung* erschienen sind, dies zum Teil sogar in identischer Form. Die in diesem Sinn verwendeten Artikel der Autoren sind im Literaturverzeichnis alle detailliert aufgeführt.

*Bibliografische Information der Deutschen Nationalbibliothek*
Die Deutsche Nationalbibliothek verzeichnet diese Publikation
in der Deutschen Nationalbibliografie; detaillierte bibliografische Daten
sind im Internet über http://dnb.d-nb.de abrufbar.

© 2016 Verlag Neue Zürcher Zeitung, Zürich

Vollständig überarbeitete Neuauflage 2016. Die erste Auflage erschien 2012 unter dem Titel
*Die heimliche Enteignung. So schützen Sie Ihr Geld vor Politikern und Bankern.*

Gestaltung Umschlag: GYSIN [Konzept + Gestaltung], Chur
Gestaltung, Satz: Claudia Wild, Konstanz
Druck, Einband: CPI – Clausen & Bosse, Leck

Dieses Werk ist urheberrechtlich geschützt. Die dadurch begründeten Rechte, insbesondere die der Übersetzung, des Nachdrucks, des Vortrags, der Entnahme von Abbildungen und Tabellen, der Funksendung, der Mikroverfilmung oder der Vervielfältigung auf anderen Wegen und der Speicherung in Datenverarbeitungsanlagen, bleiben, auch bei nur auszugsweiser Verwertung, vorbehalten. Eine Vervielfältigung dieses Werks oder von Teilen dieses Werks ist auch im Einzelfall nur in den Grenzen der gesetzlichen Bestimmungen des Urheberrechtsgesetzes in der jeweils geltenden Fassung zulässig. Sie ist grundsätzlich vergütungspflichtig. Zuwiderhandlungen unterliegen den Strafbestimmungen des Urheberrechts.

ISBN 978-3-03810-154-3

www.nzz-libro.ch
NZZ Libro ist ein Imprint der Neuen Zürcher Zeitung

Für unsere Eltern

# Inhalt

**Vorwort zur ersten Auflage** — 13
**Vorwort zur Neuauflage** — 16

**Prolog** — 21
Die Retter der Welt sind zum Risiko geworden — 21

**Einleitung** — 27
Die grossen Auseinandersetzungen unserer Zeit — 27
    Im Zweifel für die Freiheit der Finanzmärkte — 27
    Deflation versus Inflation — 30

## TEIL 1
**Das monetäre und wirtschaftliche Umfeld** — 33

**Der Machbarkeitsglaube der Notenbanken – das Streben nach rezessionsfreiem Wachstum** — 35
Der Konjunkturzyklus – ein ewiges Auf und Ab — 35
Kampf den Naturgesetzen — 39
Siamesische Zwillinge – die Konjunktur und die Börse — 44

**Die Geister, die sie riefen – das Geschehen in der Finanzkrise** — 49
Wie Notenbanker die Welt in den Ruin führ(t)en — 49
Die USA – Spekulation auf Inflation — 51
Die Eurozone – Zerreissprobe zwischen Nord und Süd — 63
Grossbritannien – im Angesicht der Stagflation — 71
Die Schweiz – im Bann des starken Frankens — 76
Japan – unter immensem politischem Druck — 85

**Ein Bild des Schreckens – die Aktivitäten der einzelnen Notenbanken** — 93
Implosion der Leitzinsen auf faktisch null — 93

Vervielfachung der Notenbankbilanzen 96
Explosion der Geldbasis 99

**Was im Bankensystem schief läuft** 103
Giralgeld – Geld aus dem Nichts 103
Faule Kredite und zu wenig Kapital 104
Aufgeblähtes europäisches Bankensystem 108
Die unheilige Allianz zwischen Banken und Staaten 108
«Too big to fail» – ein ungelöstes Problem 111
Regeln zur Bankenabwicklung als stumpfes Schwert? 114
Was taugt die Einlagensicherung im Ernstfall? 116

**Die grosse Manipulation – die unerträglichen Preissignale der freien Märkte** 121
Die Auswirkungen auf die Aktien- und Rohstoffmärkte 121
Die Folgen für die Devisenmärkte und den Goldpreis 124
Die Effekte auf die Anleihemärkte 125
Die Probleme für die Anleger 127
Die Auswirkungen auf die Zinsstrukturkurve 128

**Die stille Enteignung – die Folgen der «ganz normalen» Geldentwertung** 131
Politiker können nicht sparen oder: der Fluch der Fiat-Währungen 131
Flucht in Gold aus Angst vor den Regierungen 135
Das Leiden der kleinen Leute am üblichen Kaufkraftverlust 136
Die Privatisierung von Währungen zum Schutz vor Schuldenkrisen 140
Die Vorteile privater Währungen und der Weg dorthin 141

**Der Verrat an den Sparern – die Folgen der staatlich orchestrierten Umverteilung** 147
Umverteilung von Sparern zu Schuldnern 147
Finanzielle Repression durch zu niedrige Zinsen 150
Das Anlageverhalten der Deutschen 154
Das Anlageverhalten der Schweizer 157
Das Anlageverhalten der Vermögenden 160

Das Wunder des Zinseszinseffektes — 161
Zinsen und Staatsschulden — 164

**Von der Schulden- zur Pensionskrise** — 165
Niedrige Renditen schädigen Pensionssysteme — 165
Demografie als Stressfaktor mit sozialer Sprengkraft — 166
Das versteckte Schuldendilemma — 168
Auf dem Weg in die Pensionskrise? — 171

**Der Krieg gegen das Bargeld hat begonnen** — 175
Dämonisierungen, Einschränkungen und Verbote — 175
Plädoyer für die «geprägte Freiheit» — 179
Sechs gute Gründe für Bargeld — 182

**Kein einfacher Ausweg – mögliche Lösungen für die Schuldenkrise** — 185
Hoffen auf Wachstum oder: der Glaube an den Weihnachtsmann — 185
Höhere Steuern und drakonisches Sparen – die Party muss bezahlt werden — 188
Drastischer Schuldenschnitt – ein Staat entzieht sich seinen Verpflichtungen — 189
Hohe Inflation – niemand hört Sie rufen, wenn die Gelddruckmaschinen laufen — 192

**Die unheilvolle Zukunft – die dauerhafte finanzielle Repression** — 197

**Epilog – die Schuldenkrise in der Eurozone** — 203
Dem Euro droht der Exitus — 203
Die Ratinggiganten – Ausgeburten staatlicher Regulierungswut — 207
Angela Merkel – Gefangene der Märkte und des «Club Med» — 210
Berlin sollte trotz Brexit stärker nach London schauen — 214

# TEIL 2
**Wie Anleger auf die verschiedenen Szenarien reagieren sollten** — 219

**Szenario 1** — 223
Deflation – das grosse Schrumpfen — 223
    Definition und Geschichte — 223
    Deflation und «säkulare Stagnation» als Endspiel im aktuellen Schuldenzyklus? — 228
    Geldanlage in Zeiten einer Deflation — 235

**Szenario 2** — 245
Höhere Inflation – drohende Verluste für Sparer — 245
    Definition und Geschichte — 245
    Die Gefahren des Papiergeldsystems — 248
    Inflation in Deutschland und in der Schweiz — 253
    Geldanlage bei höherer Inflation — 254

**Szenario 3** — 263
Stagflation – wenig Wachstum, deutliche Geldentwertung — 263
    Definition und Geschichte — 263
    Wie gross ist die Gefahr einer Stagflation? — 263
    Geldanlage in einer Stagflation — 264

**Szenario 4** — 267
Albtraum Hyperinflation – Papiergeld in Schubkarren — 267
    Definition und Geschichte — 267
    Geldanlage in einer Hyperinflation — 271

**Szenario 5** — 277
«Durchwursteln» – schwierige Zeiten, aber keine Eskalation — 277
    Neue Verhältnisse nach dem Kollaps — 277
    Geldanlage im «Durchwurstelszenario» — 279

**Geldanlage in der Krise und darüber hinaus** — 287
Achtung, manipulierte Märkte und finanzielle Repression!
    Sparer in der «Anlage-Wüste» — 287
Vorsorgen wird immer schwieriger — 291

Aufgeblähte Vermögenspreise bergen Gefahren — 292
Eine breite Diversifikation des Geldes ist weiterhin sinnvoll — 295
Zinslose Risiken statt risikoloser Zinsen – auf der Suche nach sicheren Anlagen — 300
Langfristig dürfte es eine Aktienrisikoprämie geben – aber wie lange ist langfristig? — 304
Hohe Dividendenrenditen als Lichtblick, aber nicht als Anleihenersatz — 308
Indexprodukte bevorzugt – Gebühren wiegen in der Krise doppelt schwer — 310
Sachwerte geben im Papiergeldboom Sicherheit – aber nicht alle sind geeignet — 314
Immobilien als sichere Häfen? — 317
Beim Kauf von Gold gilt es einiges zu beachten — 320
Bankkonto statt Anlagestrategie? — 322
Strategien zur «finanziellen Selbstverteidigung» — 325
Hohe Schulden sind ein Spiel mit dem Feuer — 328

**Dank** — 331

**Anmerkungen** — 333

**Abbildungsverzeichnis** — 339

**Quellenverzeichnis** — 341
Bücher und Lexika — 341
Wissenschaftliche Artikel, Studien und Marktberichte — 343
Reden, Präsentationen und Broschüren — 347
Zeitungsartikel und Internetbeiträge — 348

**Die Autoren** — 351

## Vorwort zur ersten Auflage

Es ist erfreulich und auch überfällig, dass zwei Ökonomen endlich die Geldpolitik der Notenbanken kritisch analysieren. «So schützen Sie Ihr Geld vor Politikern und Bankern» ist ein besonders aktuelles Thema, dem ein breites Publikum bis jetzt allerdings wenig Beachtung geschenkt hat. Die beiden Autoren Michael Rasch und Michael Ferber behandeln in diesem Buch eingehend die Problematik einer sehr expansiven Geldpolitik. Trotzdem möchte ich noch einige Gedanken beifügen und dabei hauptsächlich auf die Politik der US-Notenbank (Federal Reserve) eingehen.

Unter den Präsidenten der US-Notenbank, den Herren Alan Greenspan (ab 1987) und Ben Bernanke (seit 2006), war und ist die amerikanische Geldpolitik durch eine vollständige Vernachlässigung des übermässigen Kreditwachstums gekennzeichnet. In den USA sind die Gesamtschulden der privaten Haushalte, der Unternehmen und des Staates von rund 140 Prozent des Bruttosozialprodukts im Jahre 1980 auf zurzeit knapp 380 Prozent gestiegen. Diese 380 Prozent schliessen noch nicht die fundierten, aber bestehenden künftigen Verpflichtungen in der Sozialversicherung und im Gesundheitswesen ein, die auf rund 400 Prozent des Bruttosozialprodukts geschätzt werden.

Zudem haben die führenden amerikanischen Notenbanker den Zweck von Krediten völlig vernachlässigt. Es besteht nämlich ein grosser Unterschied zwischen einem Kredit, der für allerlei volkswirtschaftlich nicht produktive Finanzspekulationen oder für gegenwärtigen Konsum aufgenommen wird, und einem Kredit, der für Kapitalinvestitionen, wie den Bau einer Fabrik und die Beschaffung von Maschinen, in Anspruch genommen wird. Beim Konsumkredit ist der Multiplikatoreffekt sehr begrenzt, während der Kredit für Kapitalinvestitionen eine nachhaltig einkommensfördernde Wirkung hat. Die klassischen Ökonomen sprechen im letzteren Fall von einem produktiven Investitionskredit. Zudem sollte es auch einleuchten, dass der Konsumentenkredit lediglich die künftige Nachfrage vorzieht und dass eines Tages, wenn der private Haushaltssektor überschuldet ist, der Konsum der Haushalte nicht mehr stark wachsen kann oder sogar schrumpfen muss – so wie dies jetzt in den USA der Fall ist.

Die amerikanischen Geldpolitiker haben auch nicht verstanden, was Inflation tatsächlich heisst, da sie bei ihrer Geldpolitik lediglich die Kerninflation im Auge hatten. Die Autoren Rasch und Ferber behandeln in mehreren Kapiteln eingehend, was eine Inflation eigentlich ist. Ich möchte hier jedoch noch erwähnen, dass dieses Thema bereits in den 1920er-Jahren zwischen einigen amerikanischen Ökonomen und dem bedeutenden britischen Ökonomen John Maynard Keynes zu einer vertieften Debatte geführt hat. In einem Essay, das der Namensgeber des Keynesianismus damals an die US-Notenbank geschickt hat, argumentierte er, dass sich eine Inflation «früher oder später in den steigenden Preisen von Konsumgütern» bemerkbar machen würde. Einige Mitglieder der US-Notenbank, unter anderem Carl Snyder, antworteten ihm, dass ein übermässiges Kreditwachstum den grössten Immobilienboom der letzten 60 Jahre verursacht und dass die übermässige Kreditexpansion zu einer gewaltigen Inflation bei Aktien und Immobilien geführt habe. In *A Treatise on Money* aus dem Jahr 1930 revidierte Keynes dann seine Meinung und erklärte, dass für jemanden, der in den 1920er-Jahren nur Konsumentenpreisindizes betrachtete, es keine Inflation gegeben habe. Für jemanden, der die starke Expansion von Bankkrediten und die steigenden Aktienkurse in Betracht zog, habe es allerdings sehr wohl eine Inflation gegeben. Zwischen 1927 und 1929, so Keynes, sei es in den USA zu einer hohen Gewinninflation gekommen.

Ich schreibe dies hier, weil die gegenwärtigen amerikanischen Geldpolitiker, wie anfangs erwähnt, das übermässige Kreditwachstum völlig vernachlässigt haben. Ja, mehr noch: Sie erachten Anlageblasen nicht nur als völlig normal, sondern sogar auch als erstrebenswert, und fördern sie aktiv. An dieser Stelle ist es meine Pflicht, dem Leser mitzuteilen, dass die Förderung von Anlageblasen oder die Förderung einer Inflation der Anlagewerte («asset price inflation») das grösste Verbrechen ist, das eine Notenbank begehen kann. Der bekannte Ökonom Irving Fisher bemerkte schon in den 1930er-Jahren: Wenn zu einer Zeit monetärer Inflation alle Preise und Einkommen gleichmässig stiegen, würde niemand darunter leiden. Wenn jedoch der Anstieg der Preise und der Löhne ungleichmässig verteilt sei, würde die Mehrheit der Bevölkerung verlieren und nur eine Minderheit gewinnen.

Da mich die grossen Anlageblasen in der Wirtschaftsgeschichte immer fasziniert haben, bin auch ich nach dem Studium dieser Bubbles zu dem Schluss gekommen, dass beim Platzen einer Anlageblase die meisten

Anleger verlieren und nur ganz wenige profitieren oder wenigstens ohne grösseren Schaden davonkommen. Ausserdem sind Anlageblasen, die von negativen realen Zinsen begleitet werden, die perfidesten, weil ehrliche Sparer entweder Jahr für Jahr an Kaufkraft einbüssen oder geradezu von den Notenbanken zur Spekulation gezwungen werden. Aus diesem Grund führen Zeiten rapiden Geldmengen- und Kreditwachstums zu einer sich stark vergrössernden Differenz beim Einkommen und beim Reichtum. Der soziale Friede wird gestört, und wenn der Unterschied zwischen Arm und Reich zu gross wird, verursachen sie in Extremfällen sogar Revolutionen oder Bürgerkriege.

Schliesslich möchte ich die Worte von Ernest Hemingway in Erinnerung rufen, nach denen die erste Lösung für ein schlecht geführtes Land die Inflation der Geldmenge sei, die zweite der Krieg. Beide würden temporären Wohlstand bringen – und dann permanenten Ruin.

Dr. Marc Faber<br>
Chiang Mai, August 2012

# Vorwort zur Neuauflage

Ersparnisse bilden zu können, über sie verfügen zu können, ist für jeden Menschen, der sein Leben frei von der Willkür anderer leben möchte, unverzichtbar, sowohl während der aktiven Berufszeit als auch im Alter. Ersparnisse sind für eine prosperierende Volkswirtschaft insgesamt unverzichtbar. Sie bilden die Grundlage, um investieren zu können und sind damit der Schlüssel zu Kapitalbildung, höherer Produktivität, höheren Löhnen und verbesserter materieller Güterausstattung. Das Sparen zahlt sich in einer arbeitsteiligen Volkswirtschaft nur dann aus, wenn die Menschen über gutes, verlässliches Geld verfügen. Der ehemalige Präsident der Deutschen Reichsbank, Hjalmar Schacht (1877–1970), formulierte diese zeitlose Wahrheit im Jahr 1949 wie folgt: «[A]uf der geordneten Währung beruht die geordnete Wirtschaft, und ohne geordnete Wirtschaft gibt es keinen Wohlstand und keinen Weltfrieden.»

Wohin man heute aber auch blickt: Überall auf der Welt gibt es kein gutes Geld mehr. Ob US-Dollar, Euro, Chinesischer Renminbi, Britisches Pfund oder Schweizer Franken – alle stellen ungedecktes Papiergeld dar, auch «Fiat-Geld» genannt, das sich durch drei Eigenschaften auszeichnet: Es ist erstens entmaterialisiertes Geld und besteht in Form von bunt bedruckten Papier- beziehungsweise Baumwollzetteln und Einträgen auf Computerfestplatten (Bits and Bytes). Das Fiat-Geld wird zweitens per Bankkreditvergabe sprichwörtlich aus dem Nichts geschaffen und ist eine Geldmengenvermehrung, die durch keinerlei «echte Ersparnis» gedeckt ist. Drittens haben die staatlichen Zentralbanken das Fiat-Geld-Produktionsmonopol und damit die Macht, die Geldmenge und deren Kaufkraft nach politischen Erwägungen zu verändern.

Das Fiat-Geld ist nicht auf «natürlichem Wege» in die Welt gekommen. Die Staaten haben vielmehr in den frühen 1970er-Jahren die Golddeckung des Geldes mutwillig aufgehoben. Nicht, weil das Goldgeld nicht funktioniert hätte, sondern weil die Staaten die volle Kontrolle über das Geld anstrebten. Sie wollten nationale Konjunkturpolitik betreiben und die heimische Wirtschaft aus dem internationalen Verbund herauslösen. Vor allem aber wollten die Staaten die Hoheit über die Geldproduktion nutzen, um eine mehr oder weniger verborgene Besteuerungs- und Umverteilungspolitik zu verfolgen, durch die schleichend immer mehr Ressourcen von Bürgern und Unternehmen in die Hände des Staates beziehungsweise der von ihm begünstigten Gruppen gespült werden. Das Goldgeld stand all dem im Wege, nicht aber das Fiat-Geld.

Fiat-Geld leidet jedoch unter ökonomischen und ethischen Defiziten. Das haben insbesondere die Ökonomen der Österreichischen Schule der Nationalökonomie – die mit Namen wie Carl Menger (1840–1921), Ludwig von Mises (1881–1973) und Friedrich August von Hayek (1899–1992) verbunden ist – frühzeitig erkannt. Diese zeigten, dass das Fiat-Geld inflationär ist und seine Kaufkraft im Laufe der Zeit verliert. Zudem bereichert es ungerechtfertigterweise eine kleine Anzahl von Menschen auf Kosten vieler und verursacht Wirtschaftsstörungen, sogenannte Boom-und-Bust-Zyklen. Es sorgt dafür, dass die Schuldenlasten der Volkswirtschaften immer weiter in die Höhe steigen. Und nicht zuletzt lässt das Fiat-Geld den Staatsapparat immer weiter anschwellen, zulasten der bürgerlichen und unternehmerischen Freiheiten und damit letztlich auch des friedvollen und kooperativen Zusammenlebens national wie international. Die Finanz- und Wirtschaftskrise 2008/09 ist eine unmittelbare Folge des Fiat-Geldes, das die Zentralbanken in enger Kooperation mit den privaten Geschäftsbanken über Jahre hinweg unablässig vermehrt haben. Der dadurch angezettelte «Boom» wäre vermutlich in einen Systemkollaps ausgeartet, hätten die Zentralbanken nicht die Marktzinsen auf extrem niedrige Niveaus herabgedrückt und strauchelnde Staaten und Banken mit neu geschaffenem Geld über Wasser gehalten. Doch zum Jubeln besteht kein Grund. Die zugrunde liegenden Probleme werden dadurch nicht gelöst, sondern bestenfalls verdeckt, verschleppt und vergrössert. Indem die Zentralbanken die monetären Bedingungen manipulieren, entsteht eine konjunkturelle Scheinbesserung, die neuerliche Kapitalfehllenkung zu Schuldenaufnahmen und Spekulationswellen provoziert.

In der Öffentlichkeit ist allerdings der Eindruck entstanden, die Krise beziehungsweise ihre Symptome wie Produktions- und Arbeitsplatzverluste seien das Ergebnis der freien Märkte. Allenthalben wird nach noch mehr staatlichem Eingreifen gerufen – in Form von Ge- und Verboten, Auflagen und Richtlinien –, um eine neuerliche Krise abzuwehren. Dass aber das staatliche Fiat-Geld ursächlich für die beklagten Missstände ist, wird geflissentlich ausgeblendet. Die Staaten besitzen eine Carte blanche, werden immer mächtiger und dringen in nahezu alle Bereiche des bürgerlichen und unternehmerischen Lebens vor. So dient die Krise den Staaten quasi als Wachstumselixier. Wohin dieser staatliche Interventionismus führt, ist bekannt. Er bringt, wenn er nicht gestoppt wird, eine semisozialistische Zwangswirtschaft hervor.

Um das Fiat-Geldsystem in Gang zu halten, bedarf es immer drakonischerer Massnahmen. Beispielsweise haben die grossen Zentralbanken der Welt untereinander bereits Vereinbarungen getroffen, um sich im Bedarfsfall gegenseitig ihre heimische Währung in unbegrenzter Höhe zu leihen – das sind die sogenannten «Liquiditäts-Swap-Abkommen». Dadurch sind mögliche Zahlungsausfälle von Banken, die sich in Fremdwährung verschuldet haben, vorsorglich abgewendet worden. Die Banken selbst werden von den staatlichen Regulatoren hart an die Kandare genommen. Ihnen werden betriebswirtschaftliche Entscheidungen diktiert und vorgegeben, wie sie sich zu refinanzieren haben, wie viel Eigen- und Fremdkapital sie verwenden müssen, welche Kredite mit welcher Risikogewichtung zu versehen sind und wie viele liquide Mittel sie vorzuhalten haben. Viele Banken befinden sich formal noch im Privatbesitz, de facto sind sie staatlich gesteuerte Betriebe.

Was aber immer auch die Regierungen, Zentralbanken und Regulierungsbehörden unternehmen: Im Zuge einer Jahrzehnte währenden Fiat-Geldausgabe sind gewaltige, erdrückende Schuldenlasten für Staaten, Banken und auch für viele Konsumenten und Unternehmen aufgetürmt worden. Die Ersparnisse, die zum Beispiel in Bankeinlagen und Schuldverschreibungen von Staaten, Banken und Unternehmen – ob direkt oder indirekt über ihre Lebensversicherungspolice oder Pensionskassenansprüche – angelegt wurden, laufen nunmehr Gefahr, durch Besteuerung, Zahlungsausfälle, Schuldenschnitte, Inflation beziehungsweise Hyperinflation oder vielleicht auch durch eine Kombination aus all dem in Verlusten zu enden. Sparer und Anleger sind unter Handlungsdruck.

In der überarbeiteten Neuauflage ihres Buchs *Die heimliche Enteignung. So schützen Sie ihr Geld vor Politikern und Bankern* erklären Michael Ferber und Michael Rasch ihrem Leser fachkundig und detailliert, gleichzeitig in einer sehr verständlicher Sprache, wie übel dem ahnungslosen Sparer im Fiat-Geldsystem schon jetzt mitgespielt wird – zum Beispiel durch die extreme Tiefzinspolitik der Zentralbanken, durch die ihm Zinserträge vorenthalten werden, und natürlich auch durch den chronischen Kaufkraftverlust ihres Geldes. Die Autoren belassen es jedoch nicht bei der Ursachenerklärung der Missstände. Sie geben dem Leser auch wichtige Überlegungen an die Hand, die ihm helfen, sich in einem schwierigen und zunehmend undurchsichtigen wirtschaftlichen und politischen Umfeld zu orientieren und letztlich die richtigen Entscheidungen für die Vermögensdispositionen treffen zu können.

Besonders verdienstvoll ist das Buch, weil Ferber und Rasch ihre Leser anleiten, in Zukunftsszenarien zu denken: Sie geben Anlagehinweise für den Fall der Deflation (Szenario 1), der höheren Inflation (Szenario 2), der Stagflation (Szenario 3), der Hyperinflation (Szenario 4) und des «Durchwurstelns» (Szenario 5). Der Leser lernt, dass sich aus heutiger Sicht nicht mit hinreichender Sicherheit sagen lässt, welche Wendung das Fiat-Geldsystem letztlich nehmen wird und es daher wichtig ist, in Szenarien zu denken. Ferber und Rasch stehen damit in der Tradition der Einsichten, die Philip E. Tetlock und Dan Gardner vertreten: In ihrem bekannten Buch *Superforecasting. The Art and Science of Prediction* (2015) zeigen sie, dass erfolgreiche Prognostiker in Szenarien denken, diese dann mit Wahrscheinlichkeiten gewichten, neue Informationen aufnehmen, sie mit bisherigen Einschätzungen sorgsam verbinden und darauf aufbauend ihre Prognosen gründen.

Wer Ferbers und Raschs Buch *Die (un)heimliche Enteignung. So schützen Sie ihr Geld vor Politikern und Notenbankern* aufmerksam liest, erhält auf unterhaltende Art wertvolle Einsichten, die helfen, die richtigen Entscheidungen für seine Vermögensanlage zu treffen. Nicht nur für Fachexperten ist erhellend, wie die Autoren die Kernprobleme des Fiat-Geldsystems scharfsinnig analysieren und sich nicht scheuen, Licht ins Dunkel zu bringen. Aufgrund der klaren, verständlichen Sprache ist das Buch auch perfekt für Leser geeignet, die sich in die Materie einarbeiten möchten. Es ist sehr zu wünschen, dass die Neuauflage des Buchs den grösstmöglichen Leserkreis erreicht – und das möglichst schnell, denn es ist höchste Zeit, dass Sparer und Anleger den Problemen des Fiat-Geldes ins Gesicht blicken und reagieren.

Dr. Thorsten Polleit
Königstein i. T., Juni 2016

# Prolog

## Die Retter der Welt sind zum Risiko geworden

Wir leben in extremen Zeiten – in extrem interessanten Zeiten, in extrem aufregenden Zeiten und in extrem gefährlichen Zeiten. Seit dem Ausbruch der internationalen Finanzkrise hat sich im öffentlichen Leben und an den Märkten vieles geändert. Grosse Fehler wurden jedoch bereits Jahre, ja sogar Jahrzehnte vorher gemacht. Sie blieben allerdings weitestgehend unbemerkt. Die wenigen Kritiker fanden kein Gehör, nicht in der Finanzbranche, nicht in den Medien und schon gar nicht in der Öffentlichkeit. Seit Mitte der 1980er-Jahre bekämpften die internationalen Notenbanken, vor allem jene der USA, jede Krise an den Finanzmärkten – dies fing in den USA an, und zwar mit dem Crash im Jahr 1987, setzte sich in den Folgejahren nach der Rezession 1991/92 fort, ging über die Asien- und Russlandkrise 1998 bis hin zum Platzen der New-Economy-Blase im Jahr 2000 und zu den Anschlägen vom 11. September 2001 – mit der immer gleichen Medizin: mit der Senkung der Leitzinsen und der Ausweitung der Geldmenge. Seit Ausbruch der Finanzkrise werden diese Fehler einmal mehr wiederholt.

Das Ziel war einerseits die Abfederung der genannten externen Schocks sowie andererseits die Erzeugung eines dauerhaften, rezessionsfreien Wachstums. Diese Phase von etwa 1990 bis zum Ausbruch der jüngsten Krise wird heutzutage gern als «the great moderation» bezeichnet. Die US-Notenbank meinte, sie könne das Wachstum steuern. Das war eine irrige Vorstellung, so als würde die Rezession nicht genauso zum natürlichen Konjunkturzyklus gehören wie der Boom. Über viele Jahre hinweg ging die Strategie scheinbar auf. In Anlehnung an den französischen Philosophen Voltaire hätte man diese Phase vor allem für die Aktienmärkte auch die «beste aller Welten» nennen können. Angetrieben von einem ordentlichen Wirtschaftswachstum, vor allem in den USA, sowie von einer positiven, aber relativ geringen Inflation stiegen die Kurse an den Aktienbörsen von Rekordhoch zu Rekordhoch. Bei dieser besten aller Welten handelte es sich jedoch um einen Trugschluss. Das relativ stetige Wachstum wurde nämlich zum Teil mit zu niedrigen Zinsen und daher zu billigen Krediten erkauft. Das förderte in den USA ein Leben auf Pump. Heutzutage würde man diese Periode wohl eher «the great manipulation» nennen. Irgendwann ist allerdings auch die schönste Party zu Ende – und die Rechnung muss unausweichlich bezahlt werden.

Dies geschieht seit dem Ausbruch der Finanzkrise. Doch auch auf diese heftigen Turbulenzen reagierten die internationalen Notenbanken mit den bekannten Mitteln. Sie stellten den Finanzmärkten nahezu unbeschränkt Liquidität zur Verfügung, senkten zum Teil panikartig die Leitzinsen und weiteten die Geldbasis (M0) stark aus. Und tatsächlich verhinderten die Präsidenten der Notenbanken damit in den dunkelsten Stunden der Finanzkrise im Herbst 2008 und in den Wochen nach dem Kollaps von Lehman Brothers noch Schlimmeres, nämlich den drohenden Systemzusammenbruch. Zu diesem Zeitpunkt war Ben Bernanke der Präsident der US-Notenbank (Federal Reserve), Jean-Claude Trichet der Präsident der Europäischen Zentralbank (EZB) und Mervyn King der Gouverneur der Bank of England. In der Eidgenossenschaft präsidierte die Schweizerische Nationalbank (SNB) damals Jean-Pierre Roth. Als die Welt am Abgrund stand und ein unkontrollierter Zusammenbruch des amerikanischen und europäischen, wenn nicht gar des globalen Finanzsystems drohte, drehten die Zentralbanker den Geldhahn voll auf. Dabei tat sich besonders Ben Bernanke hervor. Aber auch in Europa öffnete die Europäische Zentralbank die Geldschleusen.

Der Handel zwischen den Banken war praktisch zum Erliegen gekommen, da auch in diesem Sektor niemand wusste, welche Bank noch solvent war und übermorgen noch die Pforten öffnen würde. Geschäfte zwischen den Banken, die in normalen Zeiten am Ende des Tages, am Ende der Woche oder gar noch später verrechnet wurden, mussten nun sofort beglichen werden, teilweise sogar gegen Vorkasse. Da viele Kreditinstitute im Interbankenmarkt kein Geld mehr bekamen, waren die Notenbanken letztlich gezwungen, die Funktion der Liquiditätsbeschaffung zu übernehmen. Es bestand die Gefahr, dass auch gesunde Banken aufgrund eines Problems mit dem Cashflow, also mit dem Geldfluss für die laufenden Geschäfte, in die Pleite getrieben würden.

Die Notenbanken stützten die taumelnden Grossbanken daher unlimitiert mit Liquidität, legten dem zum Teil stillstehenden Finanzkreislauf einen Bypass und versuchten, die verängstigten und hypernervösen Teilnehmer an den Finanzmärkten zu beruhigen. In der Krise gerieten die traditionell zurückhaltenden, ja fast drögen Währungshüter nicht nur zu Hütern des Finanzsystems, sondern avancierten zu den Rettern der Welt. Dabei waren und sind ihre Massnahmen und Verdienste in der heissen Phase der Krise im Prinzip unbestritten. Das Problem ist nun jedoch seit Jahren die Beendigung der aussergewöhnlichen Hilfen und die Rückkehr zur Normalität. Dahingehende Schritte leiteten die Verantwortlichen bis heute nicht wirklich ein. Im Gegenteil: Es wurden immer neue, noch nie ausprobierte geldpolitische Experimente gemacht. Durch ihre fortlaufende exzessiv expansive Geldpolitik, für die es bis heute keine historischen Präzedenzfälle und damit auch keine Erfahrungen gibt, sind die Retter mit ihrer ungeheuerlichen Ausweitung der Geldmenge und mit ihrer Aufblähung der Notenbankbilanzen längst zum Risiko für die Welt geworden.

Zuerst die US-Notenbank und die Bank of England, dann jedoch auch die Europäische Zentralbank führen derzeit wohl das grösste geldpolitische Experiment aller Zeiten durch – und werden damit womöglich die grösste Finanzblase aller Zeiten erzeugen. Die Schweizerische Nationalbank sass durch die zeitweilige Einführung einer Wechselkursgrenze zum Euro im Prinzip mit im Boot, wenngleich aus anderen Gründen. Manche Ökonomen fürchteten bereits im Jahr 2012 eine drohende «trifecta of bubbles» («dreifache Blase»), bestehend aus Aktien, Rohstoffen und Anleihen. Inzwischen wurde jedoch immerhin aus den Preisen im Rohstoffsektor durch eine Verschiebung von Angebot und Nachfrage sowie die deutliche Konjunkturverlangsamung in China bereits viel Luft abgelassen. Notenbanker sind zwar sehr geübt darin, mit einer zu losen Geldpolitik riesige Blasen an den Finanzmärkten zu erzeugen. Bereits die lockere Geldpolitik der US-Notenbank in den 1990er-Jahren hatte zur New-Economy-Blase an den Aktienmärkten beigetragen. Und die lange andauernde Niedrigzinspolitik nach dem Platzen der Internetblase und nach den Anschlägen vom 11. September 2001 trug dann entscheidend mit dazu bei, dass es zu einer Blase am amerikanischen Häusermarkt und damit zu der folgenden Krise und der Rezession kam.

Ein grosses Problem der US-Notenbank ist, dass sie theoretisch unbegrenzt Geld drucken, aber letztlich nicht kontrollieren kann, wohin diese Mittel fliessen. Vieles spricht dafür, dass sich das Geld den attraktivsten Ort sucht und dass so die Flut an Liquidität primär in die Aktien- und Rohstoffmärkte sowie in die Schwellenländer schwappt. Die sich in Richtung Fernost, aber auch in die Schwellenländer Lateinamerikas ausbreitenden Kapitalwellen treiben dort ebenfalls die Aktienkurse und andere Vermögenspreise hoch. Bald könnten sie womöglich auch zu exzessiven Wechselkursschwankungen und zu einer finanziellen Instabilität führen. Notenbankkritiker meinen mit Recht, die US-Notenbank versuche die Probleme mit demselben Denken zu lösen, mit dem sie sie einst selbst geschaffen hat.

Anders als die beim Gelddrucken zumindest anfangs viel vorsichtigere Europäische Zentralbank ist die US-Notenbank um ihre Präsidentin Janet Yellen nicht nur der Geldwertstabilität verpflichtet. Sie soll auch für eine möglichst hohe Beschäftigung sorgen. Es ist aber immer schwierig, wenn nicht gar unmöglich, mit nur einer Variablen, nämlich mit dem Leitzins, zwei Ziele gleichzeitig erreichen zu wollen. Yellens Vorgänger Ben Bernanke rechtfertigte seine Politik oft mit dem Verhindern einer Deflation, worunter man ein breites, nachhaltiges Sinken der Preise für Waren und Dienstleistungen aller Art versteht. Von einer Deflation ist aber in den USA bislang nichts zu spüren. Disinflation, also eine auf niedrigem Niveau rückläufige Inflation, trifft die Lage bis zur Finanzkrise am besten. Und auch seit Ausbruch der Krise kann von Deflation keine Rede sein, wenngleich es einige deflationäre Tendenzen gibt, weil sich sowohl Staaten als auch Privathaushalte entschulden müssen. Eine Teuerung von knapp 1 Prozent ist per se noch nicht besorgniserregend, wie die Schweiz seit Jahren zeigt. Und selbst ein Mitglied der US-Notenbank, nämlich Thomas Hoenig, sagte im Oktober 2010 im Gespräch mit der *Neuen Zürcher Zeitung*, ein bisschen Deflation sei nicht schlechter als ein bisschen Inflation.

Wie normale Bürger, so sind auch Notenbanker Opfer der kollektiven historischen Erfahrungen und Erinnerungen. So fürchten sich die Amerikaner und die US-Notenbank aufgrund der grossen Depression in den 1920er- und 1930er-Jahren vor allem vor einer Deflation. In Europa ist es genau umgekehrt. Die bis 2010 besonders von Deutschland geprägte Europäische Zentralbank fokussiert sich primär auf eine zu hohe Teuerung. Die Deutschen und die Deutsche Bundesbank (beziehungsweise die damalige Reichsbank) haben aufgrund ihrer Erfahrungen mit der Hyperinflation zur Zeit der Weimarer Republik vor allem Angst vor einer steigenden Inflation. Entsprechend steht bei den Amerikanern mental tendenziell der Kampf gegen die Deflation im Vordergrund und bei den Deutschen und den Europäern mental tendenziell der Kampf gegen die Inflation – zumindest galt das bis vor wenigen Jahren.

Insofern wirkten die niedrigen Inflationsraten der vergangenen 20 Jahre und die herrschende Disinflation auf die Zentralbanker in Europa lange eher beruhigend und auf die Notenbanker in den USA eher beunruhigend. Manche Ökonomen meinen jedoch, der seit Jahren vorherrschende disinflationäre Druck sei gar nicht die Folge einer monetären Entwicklung, sondern eher der IT-Revolution in den vergangenen 20 Jahren, der starken Zunahme des Welthandels durch den Fall des Eisernen Vorhangs (Globalisierung) sowie der immer besseren Entwicklung der von Niedriglöhnen geprägten Schwellenländer als Produktionsstandorte. Sollte diese Einschätzung richtig sein, wäre das ein Indiz dafür, dass die Kunst der Zentralbanker, die Konjunktur zu steuern, in den letzten Jahren noch mehr überschätzt worden ist als ohnehin schon. Das bedeutete nichts Gutes für die Zukunft, haben die Zentralbanken doch inzwischen mehrere Tausend Milliarden Dollar beziehungsweise Euro aus dem Nichts neu geschaffen. Die Vertreter der Notenbanken räumen zwar ein, dass ihre Gelddruckmaschinen auf Hochtouren liefen oder noch immer laufen, doch behaupten sie standhaft, sie könnten eine anziehende Inflation sofort unter Kontrolle bringen. Wenn dies nicht nur der Versuch ist, die Medien und die Öffentlichkeit zu beruhigen, dürften sie damit einmal mehr ihre Fähigkeiten überschätzen. Sollten die derzeit noch herrschenden zum Teil grossen deflatorischen Einflüsse einst abklingen, wird sich zeigen, ob und wie schnell die Währungshüter auf eine dann möglicherweise rasch anziehende Inflation reagieren. Noch sind hier viele Fragen unbeantwortet, und noch ist auch der Ausgang des grössten geldpolitischen Experiments in der jüngeren Geschichte völlig offen.

# Einleitung

## Die grossen Auseinandersetzungen unserer Zeit

«Man will Geld verdienen, um glücklich zu leben, und die ganze Anstrengung, die beste Kraft eines Lebens konzentriert sich auf den Erwerb dieses Geldes. Das Glück wird vergessen, das Mittel wird zum Selbstzweck.»

Albert Camus, Philosoph und Schriftsteller

### Im Zweifel für die Freiheit der Finanzmärkte

Immer wieder machen Politiker die Finanzmärkte für die Folgen ihrer eigenen disziplinlosen Haushaltspolitik und ihrer anderen Verfehlungen verantwortlich, um vom Versagen der politischen Klasse abzulenken. Das hat vor allem die Finanz- und Schuldenkrise immer wieder beispielhaft gezeigt. Mit mehr Regulierung wollen sie die Hoheit über den Markt zurückerobern. Doch die Einschränkung der Freiheit reduziert das Wohl aller Bürger.

Schon im Griechenland der Antike sollen die Überbringer schlechter Botschaften bestraft worden sein. Im Mittelalter verloren die Boten schlechter Nachrichten sogar ihren Kopf. Und viele Hundert Jahre später gibt es denselben Reflex aller Aufklärung zum Trotz noch immer, wenngleich die Köpfe heutzutage da bleiben, wo sie hingehören. Griechenland spielte auch in den vergangenen Jahren eine wichtige Rolle und war Ausgangspunkt von Vernebelungsaktionen und Hetzkampagnen. Als sich die Kreditkonditionen des Landes zunehmend verschlechterten, machten die Politiker und viele Medien die Finanzmärkte dafür verantwortlich. Besonders kritisierte man Spekulanten im Allgemeinen sowie Hedgefondsmanager und Investmentbanker im Speziellen. Ratingagenturen, die es diesmal wagten, ihrer Aufgabe nachzukommen und die Kreditwürdigkeit von unseriös haushaltenden Ländern herabzustufen, stellte man gleich mit an den Pranger der öffentlichen Entrüstung.

Ursache und Wirkung wurden dabei wieder einmal vertauscht. Nicht die Arbeit der Marktakteure war die Ursache für die Explosion der Refinanzierungskosten gewisser Staaten, sondern es war das unsolide Finanzgebaren in diesen Ländern. Das haben die jeweiligen Politiker zu verantworten, die daher lieber Finanzmarktteilnehmer zu Sündenböcken machen, um von ihrem eigenen Versagen abzulenken. Institutionelle Anleger wie Pensionskassen und Versicherungen trennten sich von griechischen Staatsanleihen und denen anderer kriselnder Staaten, weil ihnen diese zu riskant wurden. Spekulanten mit hoher Sachkenntnis wetteten auf den steigenden Wert von Kreditausfallversicherungen für derlei Staatsanleihen und machten damit auf Missstände aufmerksam. Sie läuteten quasi die Alarmglocke und übten so eine disziplinierende Wirkung aus. Hätten Griechenland und andere Staaten je mit dem Sparen begonnen, wenn die Märkte sie nicht dazu gezwungen hätten?

Durch eine verfehlte oder übermäßige Regulierung von Anlagen wie Hedgefonds sowie von gewissen Finanzprodukten oder Mechanismen, mit denen man auf fallende Kurse wetten kann, besteht inzwischen die Gefahr, dass derlei Warn- und Korrekturmechanismen unterdrückt werden. Beispielsweise kennen Hedgefondsmanager die Märkte, auf denen sie agieren, und die Produkte, die sie handeln, sehr gut und liefern daher oft schon früh wichtige Preissignale. Entgegen der öffentlichen Wahrnehmung sind Hedgefonds keine Bedrohung der öffentlichen Ordnung. Mit Ausnahme von Long Term Capital Management (LTCM) im Jahr 1998 musste nie ein Hedgefonds aus systemischen Gründen gestützt werden, und von keinem musste je eine Staatshilfe beantragt werden. Das haben nur manche konventionelle Konzerne und einige der bereits stark regulierten Banken getan. Auch die Regulierung der Ratingagenturen trägt mehr Züge von Aktionismus als von Effizienz. Dass etwa Ratings wirklich besser werden, wenn die Analytiker im Abstand einiger Jahre die – teilweise sehr unterschiedlichen – Branchen wechseln müssen, darf bezweifelt werden. Allerdings sind Hedgefonds, Banken und Ratingagenturen ebenso wenig perfekt wie andere Unternehmen oder Regierungen. In einer Marktwirtschaft erweisen sich viele Annahmen als richtig, etliche Erwartungen und Kalkulationen zeigen aber auch, dass sie falsch sind. Deshalb muss neben dem Markteintritt auch der Marktaustritt möglich sein, sonst funktioniert der Ausleseprozess des Marktes nicht. Wer sich, wie Griechenland oder viele Firmen, auf den Markt begibt, muss mit Überraschungen und Sanktionen rechnen. Diese können bisweilen unberechenbar sein!

Unsinnig ist auch der Bann beziehungsweise die Einschränkung von Produkten oder Mechanismen wie Leerverkäufen (Short Selling), mit denen die Anleger auf fallende Kurse spekulieren. Bereits das kurzzeitige Verbot von Leerverkäufen nach der Insolvenz der amerikanischen Investmentbank

Lehman Brothers erwies sich nicht nur als wirkungslos, sondern sogar als kontraproduktiv. Das Verbot schränkte die Liquidität an den Börsen ein und vergrösserte so die Spannen zwischen Ankaufs- und Verkaufskursen. Auch die erhoffte Wirkung trat nicht ein. Der Absturz der Kurse der betreffenden Wertpapiere wurde nicht gestoppt. Viele sanken weiter deutlich stärker als der Gesamtmarkt, da die Anleger die Papiere aus Risikogründen einfach nicht mehr im Depot haben wollten. Die Nutzlosigkeit eines Leerverkaufverbots haben inzwischen sogar viele Aufsichtsbehörden erkannt.

Vermutlich wird es dennoch immer wieder – zumindest temporäre – Short-Selling-Verbote geben, weil Regulierer und Politiker die besorgte Öffentlichkeit lieber mit nutzlosem Aktionismus zu beruhigen suchen, als die tatsächlichen Effekte zu erklären. Das gilt umso mehr, als derlei Verbote oft Applaus bekommen, da Menschen intuitiv steigende Kurse für etwas Gutes und fallende für etwas Schlechtes halten. Doch entgegen dieser Wahrnehmung ist die Spekulation auf fallende Kurse nicht verwerflich. Es ist genauso legitim, auf sinkende wie auf steigende Kurse zu setzen. Beides dient der effizienten Preisfindung. Diese Einsicht fehlt aber oft.

Nicht die vermeintlich zügellosen Finanzmärkte sind an den Refinanzierungsschwierigkeiten vieler Staaten schuld. Es sind vielmehr unfähige und machtversessene Politiker, die die gegenwärtigen Wähler zulasten von Kindern und Enkeln gemessen an den realen Knappheitsverhältnissen viel zu oft überversorgen. Kein Unternehmen und keine Familie könnte je so unseriös haushalten wie manche Minister. Sie wären längst pleite oder müssten Privatinsolvenz anmelden. Dabei gehört die Vernunft, heute zulasten der gegenwärtigen Bedürfnisse für morgen zu sparen, ja gerade zu den bedeutenden Entwicklungen der Menschheit. Politikern geht diese Einsicht in ihrem Streben nach Ansehen und Machterhalt meist ab. Es fehlt ihnen allzu häufig an Rückgrat und Überzeugungskraft, um dem Volk die ungeschönte Wahrheit zu sagen.

Letztlich helfen die Finanzmärkte den Politikern sogar, sich nicht in Wolkenkuckucksheimen zu verlieren, sondern sich mit den Realitäten auseinanderzusetzen. Die Hilfe ist nicht immer sanft, manchmal ist sie sogar sehr schmerzhaft. Deshalb versuchen Regierungen mit mehr Kontrollen, Vorschriften oder gar neuen Behörden, die Freiheit einzuschränken und die Marktkräfte auszuhebeln. Eine falsche und übermässige Regulierung der Märkte, mit der nur kurzfristig Symptome bekämpft, nicht aber Ursachen beseitigt werden, machen langfristig alles nur schlimmer, weil die Probleme und Unwägbarkeiten noch später angegangen werden. Zudem finden die Marktkräfte oft einen anderen Weg. Der Handel geht von der Börse auf nicht regulierte Plattformen, Teile der Bilanzen werden in Spezialvehikel ausgelagert, und die Marktteilnehmer weichen auf kaum regulierte Domizile irgendwo auf der Welt aus. All dies führt meist zu unerwünschter Intransparenz. Daher sollte folgender Leitsatz in Europa derzeit mehr denn je gelten: «In dubio pro libertate.» – Im Zweifel für die Freiheit.

**Deflation versus Inflation**
Für die Anleger und Bürger ergeben sich angesichts der herrschenden Banken-, Finanz- und Schuldenkrise so grosse Herausforderungen, wie sie die heutige Generation von Investoren noch nie erlebt hat. Grundsätzlich ist für die Anleger an der Börse eine der wichtigsten Fragen, ob sie sich in einem deflationären oder in einem inflationären Umfeld befinden. In den vergangenen drei Jahrzehnten musste jedoch nie mit einem extremen Szenario gerechnet werden. Die Investoren bewegten sich weitgehend in einem Rahmen mit einem ordentlichen Wirtschaftswachstum und einer geringen Inflation. Experten sprechen von einem disinflationären Umfeld. In der Regel sind solche Phasen die Zeit des relativ billigen Geldes. Das beflügelt die Risikonehmer in einem System und führt zu einem grossen Schuldenaufbau – was bis zum Jahr 2007 über längere Zeit geschehen ist. Wenn der Schuldenaufbau dann ein Ausmass erreicht hat, das den Zinsendienst stark in die Höhe treibt, und wenn die erworbenen Vermögenswerte an Wert verlieren, schwächt das die öffentlichen und privaten Bilanzen und wirkt deflationär.

Inzwischen herrschen jedoch extreme Zeiten – und die Zukunft dürfte kaum einfacher werden. Seit vier Jahren sind deflatorische Prozesse in Gang. Das jahrelange Leben auf Pump – vor allem in den USA, aber auch in Europa und an anderen Orten der Welt – hat zu einer gewaltigen Kreditblase geführt, die ebenfalls für die Finanz- und Bankenkrise mitverantwortlich ist. Diese Kreditblase ist inzwischen geplatzt. Der übermässige Konsum der Vergangenheit auf Kosten der künftigen Generationen, der die Überschuldung vieler Nationen verursachte, kann so nicht weitergehen. Im Gegenteil: Die Rechnung muss irgendwann bezahlt werden. Und dieser Zeitpunkt ist gekommen. Die angelaufene Entschuldung vieler Volkswirtschaften – betroffen sind vor allem die USA, Grossbritannien und die südeuropäischen Länder – entzieht der Wirtschaft Kaufkraft und wirkt daher deflationär. Zudem durchliefen und durchlaufen zahlreiche Länder eine Rezession, und es gab einen Einbruch am Immobilienmarkt, was in vielen Bereichen ebenfalls sinkende Preise verursachte. In den USA legte beispielsweise das Bruttoinlandsprodukt 2007 um 3 Prozent zu, 2009 sank es dann jedoch um rund 5 Prozent. Dies lag vor allem auch an der Pleite der Investmentbank Lehman Brothers und deren Folgen. Seitdem hat sich die Konjunktur jedoch wieder erholt und das Niveau vor der Krise erreicht. Auch in der Eurozone gab es im gleichen Zeitraum einen drastischen Konjunktureinbruch von einem Plus von 4 Prozent auf rund −5 Prozent. Noch gravierender war der Absturz in Grossbritannien, während sich in der Schweiz der Einbruch in etwa auf dem Niveau des Euroraums bewegte. Selbst China erlebte einen Konjunkturrückgang von einem Plus von rund 12 Prozent im Jahr 2007 auf gerade noch 6 Prozent im Jahr 2009. Zwar legte die Konjunktur in China zwischendurch wieder um rund 12 Prozent zu, doch seitdem ging es erneut bergab. Von 2012 bis Anfang 2016 wuchs die Wirtschaft im Reich der Mitte nur noch mit 7 bis 8 Prozent. Dies wäre zwar für ein Industrieland ein herausragender Wert, für ein schnell wachsendes Schwellenland ist es jedoch ein schwaches Wachstum.

Den USA und Europa geht es längst wie Japan. Das asiatische Land kämpfte nach dem Platzen seiner Aktien- und Immobilienblase Anfang der 1990er-Jahre über lange Zeit immer wieder mit einer extrem hartnäckigen Deflation. Die Entwicklung dürfte in den USA und in Europa zumindest vorerst ähnlich verlaufen, wird aber vermutlich nicht ganz so schlimm werden. In Japan gibt es nämlich sehr verkrustete Gesellschaftsstrukturen, und es herrscht eine starke Überalterung. Ausserdem erlebte das Land der aufgehenden Sonne in der Deflationsphase einen Kollaps von Vermögenswerten wie Aktien und Immobilien, der etwa dreimal den Wert des Bruttoinlandsprodukts aufwies. In den USA betrug die Einbusse nur etwa einmal das Bruttoinlandsprodukt, und in Europa ist es von Land zu Land unterschiedlich. Deutschland, Österreich und die Schweiz sind zum Beispiel recht gut davongekommen.

Dennoch leidet Europa unter dem Prozess insgesamt mehr als die USA. Das europäische System mit dem sehr stark ausgebauten Sozialstaat und der herrschenden Bürokratie ist viel starrer als das amerikanische, das mehr auf Eigenverantwortung setzt und deshalb flexibler ist. Die Vorsorge für das Alter wird immer mehr zu einem Riesenproblem – und ist in Europa viel grösser als in den USA. Deshalb zieht sich die Krise auf dem alten Kontinent länger hin. Hinzu kommt in Europa der Euro. Die europäische Gemeinschaftswährung zwingt die Mitgliedstaaten in eine Geld-, Zins- und Währungspolitik, die zwar insgesamt richtig sein mag, aber nicht unbedingt für jedes einzelne Land zu jedem Zeitpunkt. Für die schwächeren Volkswirtschaften wirkt die Politik ähnlich wie der Goldstandard in den 1930er-Jahren für die USA vor der Abwertung. Sie ist eine Zwangsjacke, die für Länder wie Griechenland, Spanien, Italien und Portugal hoch deflationär ist.

Auf die herrschenden grossen deflatorischen Kräfte reagierten die Notenbanken in den USA und in Europa mit einem Senken des Leitzinses auf null oder fast null. Diese Phase dauerte auch im Frühjahr 2016 noch an und hat für die Anleger zur Folge, dass sie kaum mehr Rendite für ihr Erspartes beziehungsweise ihr Kapital bekommen. Inzwischen sind in Europa die Renditen zahlreicher Staatsanleihen ins Negative gerutscht. Das bedeutet, ein Staat erhält von den Investoren sogar Geld dafür, dass er sich bei ihnen verschuldet. Den Investoren ist die Sicherheit von Ländern wie Deutschland und der Schweiz also lieber als eine Rendite auf das eingesetzte Kapital. Zusätzlich zu den drastischen Reduktionen der Leitzinsen reagierten die Notenbanken mit dem Anwerfen der Gelddruckmaschinen in einem seit vielen Jahrzehnten nicht mehr gesehenen Ausmass. In den USA erhöhte sich die Bilanz der US-Notenbank von unter 1000 Milliarden Dollar auf rund 4500 Milliarden Dollar innerhalb von sieben Jahren. Und in Europa stieg die Bilanz der Europäischen Zentralbank von knapp 1500 Milliarden Euro auf in der Spitze bisher rund 3100 Milliarden Euro. Diese spektakuläre Ausweitung der Geldbasis schafft grosse Inflationsgefahren für die Zukunft.

Durch die beschriebenen Prozesse ergibt sich ein gewaltiger Kampf von Deflation gegen Inflation. In den vergangenen Jahren standen die Deflationsrisiken deutlich im Vordergrund. Dies dürfte voraussichtlich auch noch einige Zeit so bleiben. Wie lange, weiss allerdings niemand. Irgendwann könnte sich das aufgebaute enorme Inflationspotenzial realisieren, wenn es den Notenbanken nicht gelingt, rechtzeitig aus der ultraexpansiven Geldpolitik auszusteigen. Letzteres war in der Vergangenheit schon oft der Fall. Anleger müssen sich dieses Umfeldes bewusst sein und flexibel bleiben. Zwar sollte man generell sein Vermögen auf so viele unterschiedliche Anlageklassen aufteilen, dass man für die verschiedensten Entwicklungen gut gerüstet ist. Künftig sind jedoch vermutlich hin und wieder grössere Anpassungen nötig – je nachdem, wie sich der Kampf der Deflation gegen die Inflation entwickelt.

# TEIL 1

## Das monetäre und wirtschaftliche Umfeld

# Der Machbarkeitsglaube der Notenbanken – das Streben nach rezessionsfreiem Wachstum

«Vor Schulden, die man gemacht hat, auch Staatsschulden, kann man nur eine Zeit lang davonlaufen, eingeholt wird man schliesslich doch.»

Milton Friedman, Wirtschaftsnobelpreisträger

## Der Konjunkturzyklus – ein ewiges Auf und Ab

Am Anfang war die Konjunktur. Seit vielen Jahrhunderten spiegelt sie den Auslastungsgrad des Produktionspotenzials einer Volkswirtschaft, und seit einigen Jahrzehnten versuchen Ökonomen, die Konjunktur zu messen. Der wichtigste Indikator dafür ist das sogenannte Bruttoinlandsprodukt (BIP). Der Verlauf der Konjunktur wird in sogenannten Konjunkturzyklen abgebildet. Diese sind wellenförmige Schwankungen des Aktivitätsniveaus innerhalb einer Marktwirtschaft. Sie umfassen die Produktion, das Einkommen und die Beschäftigung, wie der Wirtschaftsnobelpreisträger Paul A. Samuelson und der renommierte Ökonom William D. Nordhaus in ihrem Buch *Volkswirtschaftslehre* schreiben. Ein Zyklus dauert in der Regel zwischen zwei und zehn Jahren. In dieser Zeit kommt es in den meisten Branchen – je nach Zustand der Konjunktur – zu einer Expansion oder einer Kontraktion der Leistung. Üblicherweise wird die Konjunktur in vier verschiedene Phasen unterteilt: in den Aufschwung, die Hochkonjunktur (den Boom), den Abschwung und die Rezession (vgl. Abbildung 1). Der Boom und die Rezession stellen jeweils den Wendepunkt des Zyklus dar. Normalerweise dauern der Aufschwung der Konjunktur und die Boomphasen sehr viel länger als der Abschwung und die Rezession. So hielten seit dem Jahr 1945 die Aufschwünge in den USA durchschnittlich deutlich über 50 Monate an, während die Abschwünge im Durchschnitt lediglich rund zehn Monate dauerten.

Unter einer Rezession verstehen Samuelson und Nordhaus immer wieder auftretende Perioden, in denen ein Rückgang der gesamtwirtschaftlichen Nachfrage, des Einkommens und der Beschäftigung festzustellen ist.

**Stilisierter Konjunkturzyklus**
Wirtschaftswachstum

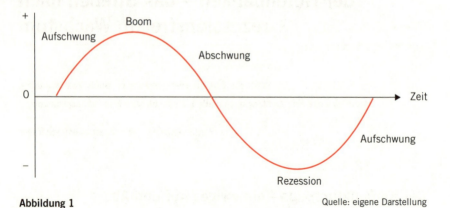

**Abbildung 1**  Quelle: eigene Darstellung

Sie dauert üblicherweise zwischen sechs Monaten und einem Jahr und ist durch einen deutlichen Abschwung in vielen Branchen gekennzeichnet. Eine lang anhaltende, gravierende Rezession wird als Depression bezeichnet. Die bekannteste Depression ist wohl auch heutzutage noch die sogenannte Grosse Depression in den USA im Rahmen der Weltwirtschaftskrise von Ende 1929 bis weit in die 1930er-Jahre hinein. In den USA befasst sich das halb offizielle, private Forschungsinstitut National Bureau of Economic Research (NBER) damit, wann ein Konjunkturzyklus beginnt und endet. Das NBER definiert eine Rezession als einen signifikanten Rückgang der wirtschaftlichen Aktivität, der die gesamte Volkswirtschaft erfasst und mehr als ein paar Monate anhält. Üblicherweise bewirkt eine Rezession einen Rückgang des realen Bruttoinlandsprodukts, des realen Einkommens, der Beschäftigung, der Industrieproduktion und des Verkaufs- und Einzelhandels. Gelegentlich wird auch eine andere Definition von Rezession verwendet. Diese besagt, dass eine Rezession immer dann vorliegt, wenn das reale Bruttoinlandsprodukt in zwei aufeinanderfolgenden Kalenderquartalen schrumpft. Diese Definition wird als technische Definition einer Rezession bezeichnet. Sie ist, weil sie so einfach ist, in der Finanz- und Wirtschaftswelt weitverbreitet. Jeder Ökonom und Wirtschaftsjournalist weiss deshalb, dass eine Volkswirtschaft in einer Rezession steckt, wenn das Bruttoinlandsprodukt in zwei Quartalen nacheinander rückläufig ist. Eine Rezession kann, so wie in Europa im Jahr 2012, mild ausfallen. Sie kann aber auch, wie dies die akute Phase der Subprime- und Finanzkrise in den Jahren 2008/09 in den USA und in Europa bewiesen hat, sehr schwer sein.

Wie die Wirtschaftsgeschichte zeigt, ist in der Realität kein Konjunkturzyklus einem früheren Zyklus gleich. Es kann einen sehr langen Aufschwung oder auch nur eine kurze Erholung von einer Rezession geben. Nach starken Übertreibungen können dramatische Abstürze der Konjunktur folgen. Fast immer kommt es dabei zu einem Auf und Ab in der Produktion, der Inflation, der Zinssätze und der Beschäftigungslage. Dies charakterisiert in jeder Marktwirtschaft den Konjunkturzyklus. Aufgrund ihres unregelmässigen Vorkommens gleichen die Konjunkturzyklen eher den Unwägbarkeiten des Wetters, wie Samuelson und Nordhaus schreiben. Man könnte sie vielleicht auch mit dem Auf und Ab an den Aktienmärkten vergleichen. Schliesslich heisst es nicht umsonst, dass die Kurse an den Aktienbörsen, gemessen an den Leitindizes, der Konjunktur um etwa sechs bis neun Monate vorauslaufen.

Trotz der grossen Unterschiede bei den Konjunkturzyklen weisen sie doch oft gemeinsame Merkmale auf, wie die beiden Volkswirtschaftler in ihrem Buch schreiben. Bei einer Rezession gehen die Investitionen typischerweise deutlich zurück. Normalerweise sinken dabei zuerst die Ausgaben für Immobilien. Dann sinken die Ausgaben der Bürger, also der Konsumenten, oft ebenfalls stark. Die Unternehmen drosseln die Produktion, und irgendwann sinkt das reale Bruttoinlandsprodukt. Zu dem gefürchteten Beschäftigungseinbruch kommt es meist bereits am Anfang einer Rezession. Danach kann es häufig sehr lange dauern, bis sich die Beschäftigungslage, die meist anhand der Arbeitslosenquote gemessen wird, wieder so erholt, wie sie vor der Rezession war. Dies war beispielsweise in den USA der Fall, wo die Arbeitslosenquote mit gut 8 Prozent auch im Sommer 2012 immer noch massiv über dem Rekordwert von 6,3 Prozent der Jahre 2000 bis 2006 lag. Erst im Herbst 2014 fiel die Arbeitslosenquote in den USA wieder unter 6 Prozent und notierte schliesslich Anfang 2016 bei rund 5 Prozent. Zieht die Wirtschaftsleistung bereits wieder an, ohne dass es zu einer Erholung am Arbeitsmarkt kommt, spricht man von einer «jobless recovery», also einer konjunkturellen Erholung, ohne dass es zu einem nennenswerten Abbau der Arbeitslosigkeit kommt. Durch die in einer Rezession sinkende Produktion verlangsamt sich auch die Inflation. Ferner lässt die Nachfrage nach Rohstoffen nach, und ihre Preise beginnen zu sinken. Zudem schrumpfen die Gewinne der Unternehmen in Zeiten der Rezession oft beträchtlich. Dies ist auch einer der wichtigsten Gründe dafür, dass es im Rahmen eines Wirtschaftsabschwungs zu einem grösseren Einbruch an den Aktienmärkten kommt. Die Kurse sinken, sobald die Investoren aufgrund von Frühindikatoren zu ahnen beginnen, dass eine Rezession heraufzieht. Die Gewinne der Unternehmen gehören zu den wichtigsten Treibern von Kursveränderungen am Aktienmarkt.

Wenn sich das Umfeld für die Firmen verschlechtert und die Arbeitslosigkeit zu steigen beginnt, fängt die Zentralbank üblicherweise damit an, die Zinsen kurzfristig zu senken. Damit will sie die Investitionen der Unternehmen stimulieren und andere Zinssätze, beispielsweise am Hypothekarmarkt, zum Sinken bringen. Sobald sich dann die Konjunktur wieder aufhellt, die Arbeitslosigkeit zu fallen beginnt und sich damit ein Aufschwung abzeichnet, beginnen die Notenbanken in der Regel darüber nachzudenken, die Zinsen wieder zu erhöhen. Damit wollen sie einer Überhitzung der Wirtschaft vorbeugen und die Inflation, die normalerweise im Wirtschaftsaufschwung zunimmt, unter Kontrolle halten.

Schon seit dem Ende des Zweiten Weltkrieges, besonders aber in den vergangenen 25 Jahren, gibt es eine zunehmende Anzahl an Personen, auch an Ökonomen, die behaupten, die Konjunkturzyklen seien endgültig besiegt. Und in der Tat zeigte sich in den vergangenen Jahrzehnten der erstaunliche Trend hin zu einer höheren Stabilität der Konjunktur. Bis 1940 gab es zahlreiche Krisen und Depressionen. Dagegen gibt es seit 1945 viel weniger ausgeprägte Konjunkturschwankungen. Viele Menschen in den USA, in Europa und in Japan, in den sogenannten Triademärkten, haben niemals eine Depression erlebt. Ökonomen führen für diese Entwicklung vielfältige Gründe an. Erstens könnte das kapitalistische System heutzutage stabiler sein als in der Vergangenheit. Zweitens ist die Beständigkeit vielleicht auf einen grösseren und berechenbareren Staatssektor zurückzuführen. Drittens liegt ein besseres Verständnis der volkswirtschaftlichen Vorgänge vor, das es Regierungen und Notenbanken ermöglicht, ihre Geld- und Fiskalpolitik gezielter einzusetzen, um nach einem Schock ein Abgleiten der Wirtschaft in eine Rezession oder gar in eine Depression zu verhindern.

Die Frage, welcher der wahre oder gar der einzige Grund dafür ist und ob es eine Kombination aus den unterschiedlichen Gründen gibt, kann letztlich nicht beantwortet werden. Samuelson und Nordhaus zitieren den Ökonomen Arthur Melvin Okun, um den Irrglauben, es gäbe ein rezessionsfreies Wachstum, zu widerlegen: «Rezessionen werden heutzutage im Grunde als vermeidbar qualifiziert, vergleichbar einem Flugzeugabsturz, aber anders als ein Wirbelsturm. Es kommt jedoch nach wie vor zu Flugzeugkatastrophen. Wir können nicht darauf bauen, dass wir über die nötige Weisheit oder die nötigen Fähigkeiten verfügen, um Rezessionen zu verhindern. Die Gefahr ihres Auftretens besteht nach wie vor. Die Kräfte, die zu wiederkehrenden Rezessionen führen, lauern auch in der Gegenwart noch im Hintergrund – und warten nur auf ihren Einsatz.» Eine passendere Aussage zur weltweiten Rezession in den Jahren 2007 bis 2009 lässt sich kaum finden.

## Kampf den Naturgesetzen

Kann man Naturgesetze wirklich umgehen? Die Antwort vieler Ökonomen und etlicher Notenbanker muss in den vergangenen Jahrzehnten wohl «Ja» gewesen sein. Wie im vorangegangenen Kapitel beschrieben, waren immer mehr Ökonomen der Meinung, man könne den Konjunkturverlauf steuern und Rezessionen verhindern. Eine Zeit lang funktionierte dies auch erstaunlich gut. Von 1982 bis 2007 verharrte die Konjunktur laut Berechnungen der Schweizer Bank Vontobel in den USA insgesamt nur 16 Monate in einer Rezession. Dies entspricht einem Anteil von nur 5 Prozent der Monate. In den Jahren zwischen 1854 und 1982 betrug der Anteil hingegen 35 Prozent. In den letzten knapp drei Jahrzehnten reagierten die Zentralbanken, allen voran die US-Notenbank, auf jede Krise mit der immer gleichen Medizin. Man verabreichte niedrige Zinsen und erhöhte die Geldmenge. Das hatte die immer gleichen Folgen: ein Leben auf Pump und eine Blasenwirtschaft. Die Notenbanken konnten sich diese Politik deshalb leisten, weil die rasant voranschreitende Globalisierung antiinflationär wirkte. Durch die erstarkende Konkurrenz aus den Schwellenländern und die dortigen niedrigen Löhne nahm der Wettbewerb weltweit in vielen Branchen erheblich zu, was dazu beitrug, die Inflation unter Kontrolle zu halten. Die Teuerung suchte sich jedoch andere Wege. Die grosse Liquidität floss in Vermögensanlagen wie Aktien oder Immobilien – man nennt dieses Phänomen Inflation der Vermögenspreise – und verursachte dort das Entstehen von Finanzblasen.

Der erste schwere Börsencrash nach dem Zweiten Weltkrieg ereignete sich am 19. Oktober 1987. An diesem Schwarzen Montag – Alan Greenspan war gerade erst seit gut zwei Monaten Chef der US-Notenbank – sackte der amerikanische Leitindex Dow Jones innerhalb eines Tages um 22,6 Prozent oder gut 500 Punkte ab. Die Gründe für den damaligen Absturz sind bis heute umstritten, vermutlich kamen mehrere Dinge zusammen. Der Dow Jones war in den Jahren zuvor stark gestiegen, und die Inflation lag, wie das Handelsdefizit der USA, noch auf sehr hohem Niveau. Zudem gab es zwischen den USA und Deutschland – beziehungsweise zwischen der US-Notenbank und der Deutschen Bundesbank – einen Währungs- und Zinsstreit, der zu eskalieren drohte. Dies alles führte zu einer hohen Unsicherheit an den Finanzmärkten. Schon in den Wochen vor dem Schwarzen Montag hatte der Dow Jones fast 500 Punkte nachgegeben. Das war etwa genauso viel wie der Absturz am 19. Oktober, bei dem auch der damals schon stärker aufkommende elektronische Handel eine Rolle gespielt haben soll. Die US-Notenbank reagierte unter ihrem neuen Präsidenten Alan Greenspan auf den Schwarzen Montag folgendermassen: Sie senkte den Leitzins bis zum Frühjahr 1988 dreimal, und zwar von 7,25 Prozent auf 6,50 Prozent. Angesichts der weiterhin hohen Inflation begannen die Währungshüter anschliessend, die Zinsen wieder anzuheben. Die Geldmenge wurde, gemessen an der sogenannten Geldmenge M3, von der US-Notenbank unmittelbar nach dem Crash um 0,8 Prozent ausgeweitet und stieg bis zum Ende des Folgejahres um knapp 8 Prozent.

Ähnlich reagierte die US-Notenbank auf die Dreifachkrise der Jahre 1997 bis 1999. Das wichtigste Ereignis dürften dabei die Turbulenzen um den Hedgefonds Long Term Capital Management (LTCM) gewesen sein. Das im Jahr 1994 von John Meriwether, einem früheren Anleihenhändler der Investmentbank Salomon Brothers, lancierte Anlagevehikel geriet aufgrund von Fehlspekulationen ins Straucheln. Der Fonds hatte zuvor besonders hohes Vertrauen genossen, weil er eine kontinuierliche und solide Performance erzielt hatte und weil zudem die beiden Nobelpreisträger Myron S. Scholes und Robert C. Merton im Direktorium sassen. Am Anfang der Krise wies das Vehikel noch ein Vermögen von 7,3 Milliarden Dollar auf, am Ende des Jahres 1998 waren es nur noch 2,7 Milliarden Dollar. Aufgrund der sich anbahnenden Pleite des Hedgefonds drohte ein Kollaps des Finanzsystems. Um diesen zu verhindern, rief Alan Greenspan die Chefs der führenden Geschäftsbanken in den USA zusammen, und man arbeitete einen Rettungsplan aus. Für weitere Turbulenzen sorgten zugleich die Asien- und die Russlandkrise. In den Schwellenländern Ostasiens, vor allem in den sogenannten Tigerstaaten, zu denen Indonesien, Südkorea und Thailand zählen, war es in den Jahren 1997/98 zu einer schweren Finanz-, Währungs- und

Wirtschaftskrise gekommen, deren Auswirkungen auch in Malaysia, auf den Philippinen und in Singapur zu spüren waren. Die Krise strahlte ferner bis in die westlichen Industrienationen aus. 1998 kam es zudem zu einer Wirtschaftskrise in Russland, in der es massive Kapitalflüsse aus dem Land gab. Die US-Notenbank reagierte auf diese Krisen erneut mit einer Senkung des Leitzinses. Wieder in drei Schritten setzte der Präsident der US-Notenbank die Zinsen von 5,5 Prozent auf 4,75 Prozent herab. Dort liess er sie bis in den Sommer 1998. Erst dann begann wieder ein Zinserhöhungszyklus, der im Jahr 2000 6,5 Prozent erreichte (vgl. Abbildung 2). Dabei stellt sich die Frage, ob in Anbetracht des New-Economy-Booms und der Interneteuphorie die Zinsen nicht hätten deutlich höher liegen sollen.

Auch auf das Platzen der Internetblase im Jahr 2000, auf die Anschläge auf das New Yorker World Trade Center und das Pentagon in Washington am 11. September 2001 und auf die ein Jahr später folgende Krise der Versicherungsunternehmen reagierte die US-Notenbank unter ihrem Präsidenten Alan Greenspan in gewohnter Form. Sie senkte den Leitzins drastisch, um eine Rezession und eine eventuelle Deflation zu verhindern. Innerhalb von nur zwölf Monaten fiel die sogenannte Federal Funds Target Rate, so heisst der Leitzinssatz offiziell, von 6,5 Prozent auf 1,75 Prozent bis Ende des Jahres 2001. Von dort aus ging es bis Mitte des Jahres 2003 in zwei

**Entwicklung der Leitzinsen in den USA (Federal Funds Target Rate)**
In Prozent

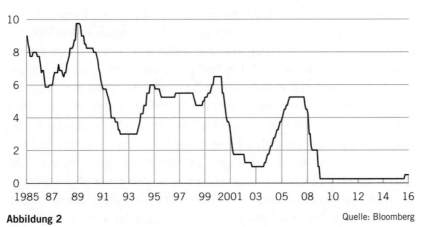

**Abbildung 2**  Quelle: Bloomberg

Schritten nochmals auf 1 Prozent zurück. Auf diesem Niveau verharrte der Leitzins bis Mitte des Jahres 2004. Dann fing die US-Notenbank an, den Leitzins in Trippelschritten wieder zu erhöhen. In den folgenden zwei Jahren setzte sie die Zinsen bis zum Sommer 2006 auf 5,25 Prozent herauf. Nach Einschätzung vieler Ökonomen war das Zinsniveau damals über einen langen Zeitraum zu tief. Das heisst, dass die Geldpolitik in den USA deutlich zu expansiv war. Diese Aussage lässt sich mithilfe der sogenannten Taylor-Regel belegen, die aufzeigt, auf welchem Niveau der Leitzins in einem gewissen Umfeld innerhalb eines Währungsraumes erfahrungsgemäss liegen sollte (vgl. hierzu das Kapitel «Der Verrat an den Sparern – die Folgen der staatlich orchestrierten Umverteilung»). Mit aller Macht wollten Greenspan und seine Kollegen im Offenmarktausschuss der US-Notenbank – dieses Gremium ist für die Zinspolitik zuständig – die in den USA drohende Rezession verhindern. Offenbar verloren die Währungshüter dabei aber aus den Augen, dass innerhalb des Konjunkturzyklus zum Boom der Wirtschaft auch die Rezession gehört.

Wenngleich in den 1980er- und 1990er-Jahren der Leitzins in den USA – und vielleicht auch anderswo – tendenziell zu niedrig war, so liegt das Hauptaugenmerk bei der Kritik doch vor allem auf dem Zeitraum nach dem Platzen der Internetblase und den Anschlägen vom 11. September 2001. Der drastische Einbruch an den Aktienmärkten, bei dem der Dow Jones um 39 Prozent, der breite amerikanische Standard & Poor's 500 Index (S&P 500) um 51 Prozent, der Nasdaq Composite um 78 Prozent, der Deutsche Aktienindex (DAX) um 73 Prozent und der Swiss Market Index (SMI) um 57 Prozent nachgaben, sorgte für Befürchtungen, dieser Einbruch könnte sich bei der Konjunktur wiederholen und eine Deflation auslösen. Diese Ängste erwiesen sich als überzogen, doch hatten sich andere Zentralbanken bereits von der Panik der amerikanischen Notenbank anstecken lassen. So senkte die Bank of England die Zinsen von rund 6,5 Prozent innerhalb von zwölf Monaten auf unter 2 Prozent und später dann noch bis auf 1 Prozent. Auch sie begann erst im Jahr 2004 und dann sehr zögerlich mit einem neuen Zinserhöhungszyklus. Weniger drastisch reagierte hingegen die Europäische Zentralbank. Sie senkte die Zinsen von 2000 bis Ende 2001 lediglich von 4,75 Prozent auf 3,25 Prozent und dann bis zum Jahr 2003 noch auf 2 Prozent. Allerdings startete sie den Zinserhöhungszyklus auch später als ihre Pendants in den USA und in Grossbritannien, nämlich erst Ende 2005. Die etwas grössere Zurückhaltung der Währungshüter in

Kontinentaleuropa dürfte ein Grund dafür gewesen sein, dass der Immobilienboom in vielen Ländern geringere Ausmasse annahm als in den USA und in Grossbritannien. Im Nachhinein zeigte sich jedoch, dass die Zinsen in der wirtschaftlich sehr heterogenen Währungsunion damals für ein grosses Land wie Deutschland, das gerade strukturelle Anpassungen am Arbeitsmarkt hinter sich brachte, noch zu hoch waren. Zugleich jedoch war der Leitzins für boomende Länder wie beispielsweise Spanien und Irland zu niedrig. Entsprechend entwickelte sich auch in diesen beiden Ländern ein gigantischer Immobilienboom. Die dort entstandene Blase am Häusermarkt platzte schliesslich ebenfalls während der ab dem Jahr 2008 grassierenden Finanzkrise.

Im Nachhinein ist man natürlich immer schlauer. Doch es zeigte sich, dass die expansive Geldpolitik der Notenbanken zur Stabilisierung des Wirtschaftsverlaufs und schliesslich zur Verhinderung von Rezessionen am Ende doch nicht funktionierte. Seit den 1970er-Jahren hatte die US-Notenbank auf jede Wirtschaftsschwäche mit Zinssenkungen und höheren Geldmengen reagiert, um die Verbraucher zu mehr Konsum und Schulden zu verleiten. Nach und nach wurden mit den wachsenden Schulden aber immer grössere Stimuli nötig, mit denen immer kleinere Wachstumseffekte erzielt wurden. So urteilen jedenfalls heutzutage viele Ökonomen, unter ihnen ist auch William White, früher Chefökonom der Bank für Internationalen Zahlungsausgleich (BIZ) in Basel, der Zentralbank der Notenbanken. White sagte schon 2010, dass irgendwann – vielleicht zurzeit – ein Zustand erreicht sei, bei dem Stimuli überhaupt nicht mehr wirkten. Traditionelle makroökonomische Instrumente hätten ihre Wirkungsgrenzen erreicht. White glaubt, dass die Geldpolitik in den vergangenen Jahren keinerlei Einfluss auf das Konsumverhalten und damit auf die Realwirtschaft hatte. Das Grundproblem sei nicht die zu geringe Liquiditätsversorgung, sondern die zu niedrige Nachfrage gewesen. Offensichtlich wollten die Konsumenten ihre Schulden lieber abbauen, als dass sie sich von der US-Notenbank zu einer weiteren Schuldenwirtschaft verführen liessen. Zudem wurden Rezessionen durch die expansive Geldpolitik nicht wirklich aufgehoben, sondern nur aufgeschoben. Das in rauen Mengen vorhandene billige Geld hat man ferner oft in wirtschaftlich nicht sinnvolle Aktivitäten gesteckt, wie beispielsweise in den übermässigen Bau von Immobilien. Schliesslich kam die Rezession dann ab dem Jahr 2008 sowohl in den USA als auch in Europa doch – diesmal allerdings mit brachialer Gewalt.

## Siamesische Zwillinge – die Konjunktur und die Börse

Es gibt Zwillinge, die kann man einfach nicht voneinander trennen. Dazu gehören der Aktienmarkt und die Konjunktur. Sie sind aneinandergefesselt. Allerdings gleichen die Fesseln nicht einer eisernen Kette, sondern eher einem Band aus Gummi, denn die Bewegungen werden nicht immer eins zu eins übernommen. Als Faustregel hat sich etabliert, dass die Aktienmärkte der Konjunktur um sechs bis neun Monate vorauslaufen. Dabei entwickeln sich unterschiedliche Branchen zu verschiedenen Phasen des Zyklus besser oder schlechter. Am Aktienmarkt wird deshalb oft von einer Sektorrotation gesprochen. Ein bekanntes Modell, das den Zusammenhang von Sektor- und Konjunkturentwicklung erklärt, geht auf die Analysen des bekannten amerikanischen Marktanalytikers Martin J. Pring zurück, die er in seinem 1992 erschienenen Buch *The All-Season Investor: Successful Strategies for Every Stage in the Business Cycle* beschrieben hat.

Pring unterscheidet zwischen Aktienmarkt- und Konjunkturzyklus, wobei Ersterer eben vorausläuft (vgl. Abbildung 3). Typische, sich im Vergleich zum Konjunkturverlauf früh wiederbelebende Branchen sind demnach Zykliker und Technologieaktien. Danach folgen die Industriewerte und die Basismaterialien. Die Papiere von Unternehmen aus diesen Branchen beginnen oft schon zu steigen, wenn sich die Konjunktur noch am Tiefpunkt befindet. Dieser Tiefpunkt ging früher mit einer Rezession einher. Da, wo der Aktienmarktverlauf, der mit dem Aufschwung der Konjunktur zusammenfällt, am höchsten ist, entwickeln sich schliesslich Aktien aus den Branchen Energie und Massenkonsumgüter am besten. Beginnen die grossen Indizes wieder zu fallen, schichten die Anleger gern in die sogenannten Spätzykliker um. Das sind Aktien von Unternehmen aus den Branchen Gesundheitswesen, Betriebsstoffe und Finanzdienstleistungen.

Das Modell von Pring hat sich über viele Jahre bewährt. Es ist aber nicht mehr als ein potenzieller Fahrplan. Wie immer gilt an der Börse, dass es keine Garantien gibt und dass die reale Entwicklung stets von der theoretischen und erwarteten abweichen kann. So verläuft in der Praxis jeder Konjunkturzyklus anders, und entsprechend verhalten sich auch die Aktienmärkte unterschiedlich. Da neben dem Konjunkturzyklus noch viele andere Faktoren auf die Entwicklung der Börsen einwirken – zum Beispiel ein Boom in einer bestimmten Weltregion, ein Technologiesprung in einer Branche sowie Inflation, Deflation, Krisen, Katastrophen, Kriege usw. –,

**Branchenauswahl nach Aktienmarkt- und Konjunkturverlauf**
Die theoretisch am besten rentierenden Branchen im Wirtschaftsverlauf

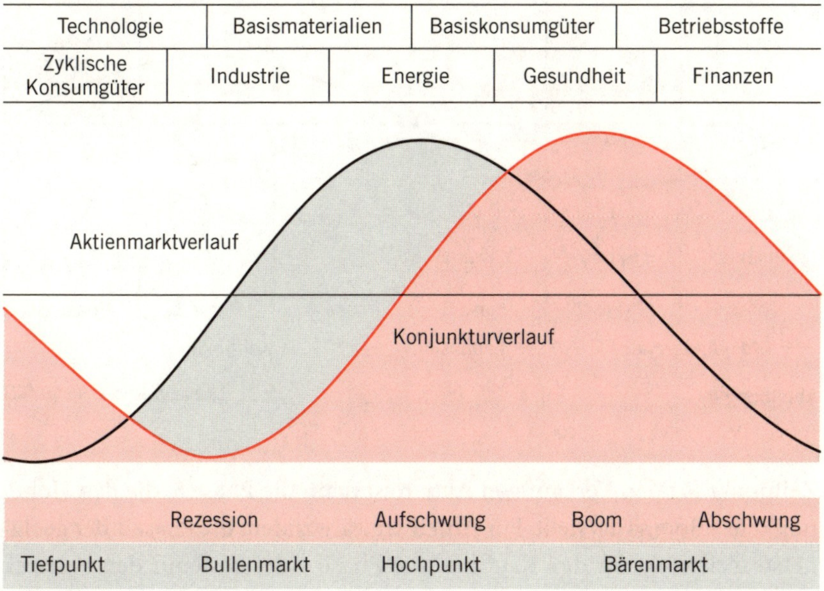

| Technologie | Basismaterialien | Basiskonsumgüter | Betriebsstoffe |
|---|---|---|---|
| Zyklische Konsumgüter | Industrie | Energie | Gesundheit | Finanzen |

Aktienmarktverlauf

Konjunkturverlauf

| | Rezession | Aufschwung | Boom | Abschwung |
|---|---|---|---|---|
| Tiefpunkt | Bullenmarkt | Hochpunkt | Bärenmarkt | |

**Abbildung 3**  Quelle: Martin J. Pring / NZZ

können sich ebenfalls Abweichungen vom Modell ergeben. Zudem ist es oft schwierig zu sagen, in welcher Phase sich die Konjunktur gerade exakt befindet. Ist etwa ein leichter Abschwung nur eine kleine Verschnaufpause innerhalb einer weiter boomenden Wirtschaft oder ist er der Beginn einer Rezession? Insofern ist es stets schwierig, in dem Sektor zu investieren, der gemessen am makroökonomischen Umfeld die beste Rendite verspricht.

Die gleichen Aussagen gelten im Prinzip für ein anderes Konjunkturmodell von Martin J. Pring, bei dem der theoretisch ideale Zeitpunkt für den Kauf und Verkauf von Aktien, Anleihen und Rohstoffen im Konjunkturverlauf aufgezeigt wird (vgl. Abbildung 4). Dabei teilt Pring den Konjunkturverlauf in sechs Phasen ein: drei mit wirtschaftlicher Kontraktion und drei mit wirtschaftlicher Expansion. Diese Sichtweise weicht ein wenig von herkömmlichen Modellen ab, die oft nur zwischen den Kategorien Aufschwung und Boom sowie Abschwung und Rezession unterscheiden. Der beste Zeitpunkt für den Kauf von Aktien ist demnach die Talsohle einer Rezession. In Prings Modell entspricht dieser der Phase 2. Der optimale

**Günstiger Zeitpunkt für den Kauf und Verkauf von Anlageklassen**

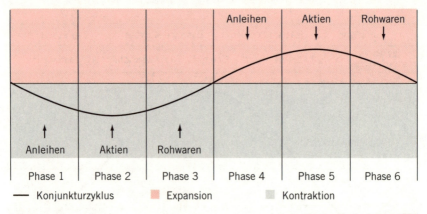

Abbildung 4   Quelle: Martin J. Pring / NZZ

Zeitpunkt für den Verkauf von Aktien ist dann die Phase 5, die den Höhepunkt des Booms darstellt. Für Anleihen wäre zudem die Phase 1 der geeignetste Zeitpunkt für den Kauf und die Phase 4 der beste für den Verkauf. Für Rohstoffe wären dies die Phase 3 für den Kauf sowie die Phase 6 für den Ausstieg. Hier gilt ebenfalls: Die Realität kann immer von diesem idealisierten Fahrplan abweichen.

Trotz der Globalisierung kann der Zustand der Konjunktur in den verschiedenen Ländern zum gleichen Zeitpunkt ganz unterschiedlich sein. Das gilt auch für die Situation innerhalb eines Währungsgebiets, wie die Eurozone von 2010 bis 2012 exemplarisch gezeigt hat. In Ländern wie Griechenland, Portugal und Spanien herrschte bereits eine gravierende Rezession, während die Wirtschaft in Staaten wie Deutschland, Österreich oder den Niederlanden noch gut lief. Im Frühjahr 2016 befanden sich laut den Modellen der Schweizer Vermögensverwaltungsbank Julius Bär die Konjunkturverläufe führender Wirtschaftsräume in recht unterschiedlichen Phasen (vgl. Abbildung 5). So hatten die USA und Grossbritannien den Höhepunkt bereits überwunden und befanden sich im Abschwung – mit einer negativen kurzfristigen Wachstumsdynamik. Japan, Deutschland und die Eurozone verorteten die Ökonomen hingegen noch im Aufschwung, aber kurz vor dem oberen Wendepunkt. In der Nähe des konjunkturellen Tiefpunkts sahen sie China und Brasilien. Die Schweiz befand sich bereits am Beginn des Aufschwungs. Doch auch diese Übersicht ist nur ein vereinfachtes Hilfsmittel, mit dem Ökonomen verschiedenste Wirtschaftszahlen grafisch umzusetzen versuchen. Derlei Modelle müssen nach und nach immer wieder an die Realität angepasst werden, beispielsweise wenn neue Konjunkturzahlen auf den Markt kommen. Selbst die besten Ökonomen können nie sicher sein, wie es mit der Konjunktur weitergeht. Oftmals schreiben Volkswirte die bestehenden Trends ohnehin lediglich in die Zukunft fort, wobei sie meist zu optimistisch sind.

Ein einfaches System zur Orientierung, ob gerade Luxus- oder Konsumgüter besser rentieren, bietet zudem noch der Verlaufsvergleich zyklischer Branchen mit nicht zyklischen Branchen. Dazu kann man beispielsweise einen Fonds für zyklische Werte, etwa den Consumer Discretionary SPDR Fund für Autos, Elektronikgeräte, Computer, Hotels, Freizeit usw., und einen für nicht zyklische Werte, etwa den Consumer Staples SPDR Fund für Kosmetik, Pharma, Tabak, Nahrungsmittel usw., zueinander ins Verhältnis setzen.

Derlei Konjunkturmodelle sind alles andere als perfekt. Sie haben sich jedoch über viele Jahre bewährt und helfen Spezialisten und Laien, sich ein Bild vom Wirtschaftsverlauf zu machen und sich darauf einzustellen, was in den kommenden Wochen und Monaten möglicherweise kommt. Ferner helfen diese Modelle den Anlegern, sich zu orientieren und in Szenarien zu denken. Investoren können dann versuchen, mit zeitlich geschickten Um-

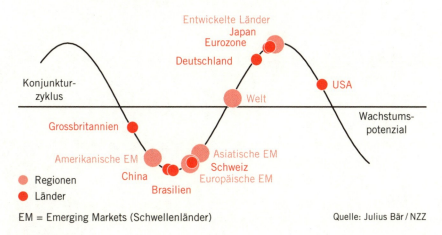

**Länder im derzeitigen Konjunkturzyklus (Stand: Mai 2016)**

EM = Emerging Markets (Schwellenländer)    Quelle: Julius Bär / NZZ

**Abbildung 5**

schichtungen, dem sogenannten Timing, gerade von den Branchen zu profitieren, die sich theoretisch am besten entwickeln sollten. Es besteht allerdings die Gefahr, gerade zu den falschen Zeitpunkten ein- und auszusteigen. Der übermässige Versuch mancher Notenbanken, vor allem jener in den USA, den Konjunkturverlauf zu steuern beziehungsweise eine Rezession sogar ganz auszuschalten, hat das Agieren der Investoren an der Börse nicht unbedingt vereinfacht. Zwar sind Börsianer kurzzeitig stets über jede Hilfe der Notenbanker erfreut, denn diese schützt sie meist vor Verlusten beziehungsweise vor noch grösseren Verlusten. Doch die herkömmlichen Zyklen werden durch übermässige Aktivitäten der Zentralbanken gestört, und wie sich in den vergangenen Jahren gezeigt hat, kommt das dicke Ende dann zum Schluss doch. So ist es in den USA und anderswo zwar über beinahe zwei Jahrzehnte nicht mehr zu einer Rezession gekommen, doch die Rezession nach dem Platzen der Immobilienblase fiel dann umso dramatischer aus. Dies hatte Folgen für die ganze Welt.

# Die Geister, die sie riefen – das Geschehen in der Finanzkrise

«Banken sind gefährlicher als stehende Armeen.»

Thomas Jefferson, Präsident der Vereinigten Staaten

## Wie Notenbanker die Welt in den Ruin führ(t)en

Ihre Namen kennt heutzutage kaum noch jemand, ihre Geschichte ebenfalls nicht. Doch vor rund 80 Jahren waren ihre Namen in aller Munde. In den 1920er- und 1930er-Jahren präsidierten sie die damals bedeutendsten Notenbanken der Welt: der «neurotische und geheimnisvolle» Montagu Norman die Bank of England, der «ausländerfeindliche und misstrauische» Emile Moreau die Banque de France, der «strenge und arrogante, aber auch brillante und intelligente» Hjalmar Schacht die Deutsche Reichsbank sowie der «energische und kraftvolle, aber überforderte» Benjamin Strong die US-Notenbank. In seinem Buch *Die Herren des Geldes* erzählte Liaquat Ahamed, wie diese vier Männer – zugespitzt formuliert – die Welt in die grösste Wirtschaftskrise des 20. Jahrhunderts führten. Könnte Geschichte aktueller sein?

In der Neuzeit sind wohl vor allem die letzten beziehungsweise amtierenden Präsidenten der US-Notenbank Alan Greenspan, Ben Bernanke und Janet Yellen sowie Mervyn King und Mark Carney von der Bank of England die Pendants, weil sie mit ihrer ultraexpansiven Geldpolitik, die in anderen Regionen der Welt imitiert wurde, die derzeitige Banken- und Finanzkrise entscheidend mitverursacht haben. Damals wie heute kennt man die Namen dieser Notenbanker über die Zirkel der Hochfinanz hinaus, obwohl für Währungshüter sonst die Maxime galt, möglichst langweilig und unsichtbar zu sein. Der ehemals als Investmentbanker und für die Weltbank arbeitende Ahamed erzählt in seinem faszinierenden, aber manchmal etwas gar detailreich geratenen Buch die – auch persönliche – Geschichte dieser Männer vom Beginn des Ersten Weltkrieges bis in die Weltwirtschaftskrise hinein und erinnert an die Nachwirkungen bis hin zum Zweiten Weltkrieg. Das englische Original *Lords of Finance* wurde 2010 mit dem Pulitzerpreis geehrt.

Wenngleich das Umfeld im vergangenen Jahrhundert völlig anders war, so verleihen doch gerade die jüngste Finanzkrise sowie die darin nicht über jeden Zweifel erhabene Rolle der Notenbanken dem Buch eine unheimliche Aktualität. Das gilt nicht zuletzt auch für den Schweizer Fall des Ende 2011 beziehungsweise Anfang 2012 über sich selbst und eine weithin vermutete politische Intrige gestolperten Philipp Hildebrand. Dem ehemaligen Präsidenten der Schweizerischen Nationalbank wurde hinter vorgehaltener Hand von Neidern oft auch der Vorwurf von zu grosser Eitelkeit gemacht. Doch warum sollten Notenbanker weniger eitel sein als andere Berufsgruppen? Vor allem Alan Greenspan, der von Mitte 1987 bis Anfang 2006 die US-Notenbank präsidierte, genoss zu seiner Amtszeit einen ungeheuer guten Ruf. Der Sohn ungarischer Einwanderer wurde in der Finanzwelt und in den Medien quasi als lebende Legende gefeiert. Ihm war es im Herbst 1987 und in den anschliessenden Monaten gelungen, die Folgen des grossen Börsencrashs abzufedern. Danach folgte in seiner Amtszeit eine sehr lange Phase eines disinflationären Umfeldes, in dem sich an den Aktienmärkten eine der grössten Haussen der Geschichte entwickelte. Analytiker und Journalisten klebten an seinen Lippen, wenn er mit verklausulierten Worten die Politik der US-Notenbank erklärte. Im Nachhinein fällt das Urteil über seine Amtszeit jedoch deutlich negativer aus. Ihm wird vorgeworfen, die Zinsen in den USA über einen langen Zeitraum tendenziell zu niedrig gelassen zu haben. Damit löste er Fehlverteilungen von Kapital aus. Zuerst verstärkte seine expansive Geldpolitik den New-Economy-Boom und erzeugte die Internetblase. Dann liess er nach dem Platzen dieser Blase die Zinsen erneut zu lange zu niedrig, was den Boom am amerikanischen Häusermarkt anheizte und schliesslich mit zur grossen amerikanischen Immobilienblase führte. Selbst kurz bevor die Katastrophe begann und die Exzesse offenkundig wurden, behauptete Greenspan noch, es gebe keine Blase am Immobilienmarkt. Welche Folgen das Platzen dieser Blase hatte, ist bekannt. Wie andere in der Öffentlichkeit stehende Personen dürfte auch Alan Greenspan den Rummel um seine Person innerlich genossen haben.

Inzwischen hat der Ruf von Greenspan, aber auch von Ben Bernanke, Mervyn King und EZB-Präsident Mario Draghi gelitten. Kritiker echauffieren sich über die Schuld und die mangelnde Sühne der Notenbanker. Nach dem wirtschaftlichen Kollaps hätten die Währungshüter, besonders in den USA und in Grossbritannien, unter Hochdruck gearbeitet – und zwar daran, die Schuld von sich auf andere zu lenken. In der immer grösser werdenden

Gemeinde der Kritiker taten sich besonders die (damaligen) Strategen der französischen Bank Société Générale in London hervor. Ihr Chefstratege Albert Edwards forderte sogar, Greenspan und King die Ritterwürde abzuerkennen. Die Idee fusst auf den Vorkommnissen um Fred Goodwin, den ehemaligen CEO der – zwischendurch fast vollständig verstaatlichten – britischen Grossbank Royal Bank of Scotland. Ihm wurde Ende Januar 2012 der Adelstitel aberkannt, was in der britischen Öffentlichkeit für grosse Aufmerksamkeit und viel Diskussion sorgte. Eigentlich können nämlich nur Kriminelle «entadelt» werden.

## Die USA – Spekulation auf Inflation

Die Finanzkrise ist nicht der Anfang und nicht das Ende des entstandenen Desasters – und schon gar nicht dessen Ursache. Sie hat lediglich die Fehlentwicklungen der vergangenen 25 Jahre mit Vehemenz zum Vorschein gebracht. Die Krise hat viele Ingredienzen, die sich mit der Zeit zu einem giftigen Cocktail entwickelten. Eine der wichtigsten Ursachen, vermutlich sogar die entscheidende, dürfte die Geldpolitik in den USA gewesen sein. Die von der US-Notenbank festgelegten Leitzinsen waren über viele Jahre tendenziell zu niedrig. Vor allem nach dem Platzen der New-Economy-Blase liessen die US-Notenbanker den Leitzins aus Angst vor einer Deflation zu lange zu tief. Die Rückkehr auf ein «normales» Niveau geschah lediglich in kleinsten Schritten und wurde über einen langen Zeitraum gestreckt (vgl. hierzu die Abbildung in dem Unterkapitel «Implosion der Leitzinsen auf faktisch null» in dem Kapitel «Ein Bild des Schreckens – die Aktivitäten der einzelnen Notenbanken»). Heutzutage sind sich viele Ökonomen einig, dass die Zinsen deutlich zu niedrig waren.

Neben den niedrigen Zinsen gab es noch andere Ursachen für das Entstehen der Finanzkrise. Da waren Politiker in den USA wie die Präsidenten Bill Clinton und George W. Bush junior, die tatsächlich meinten, sie könnten gegen die wirtschaftliche Realität grossen Teilen der Bevölkerung zum eigenen Heim verhelfen, obwohl sich viele den Erwerb eines Hauses oder einer Wohnung gar nicht leisten konnten, weil sie zu wenig Erspartes, ein zu niedriges Einkommen oder gar keine Arbeit hatten. So wurde gemäss Medienveröffentlichungen etwa einem mexikanischen Erdbeerpflücker, ohne Englischkenntnisse und mit einem Jahreseinkommen von 14 000 Dollar, ein Haus im Wert von 724 000 Dollar bis auf den letzten Cent finanziert. Der Mann war kein Einzelfall, denn was aus heutiger Sicht unfassbar erscheint, war damals an der Tagesordnung. In den USA war es spätestens unter der Regierung von George W. Bush politisch gewünscht, dass sich möglichst viele Bürger den Traum von den eigenen vier Wänden erfüllen können. Bush sprach sogar von einer Eigentümer-Gesellschaft. Über die beiden halbstaatlichen Immobilienfinanzierer Fannie Mae und Freddie Mac kurbelte die Regierung die Kreditvergabe an. Diese beiden Institute verhielten sich nicht marktgerecht. Aufgrund ihrer impliziten Staatsgarantie, das heisst, dass der Staat im Fall der Fälle für ihre Verpflichtungen einspringen würde, gingen sie viel zu grosse Risiken ein und finanzierten Projekte, die sich im Nachhinein als zu abenteuerlich erwiesen. Während der Finanzkrise mussten diese beiden Unternehmen schliesslich mit Milliarden und Abermilliarden gerettet und am Ende sogar verstaatlicht werden. Wie zahlreiche Geschäftsbanken hielten Fannie Mae und Freddie Mac zu wenig Eigenkapital. Dies rächte sich später ebenso wie die ähnlich gelagerten Exzesse der Geschäftsbanken bei der Vergabe von Krediten.

Da waren zudem Banker, die sich für die unbezwingbaren Meister des Universums hielten. Die Manager dieser Banken wurden durch das damalige Umfeld dazu motiviert, aus heutiger Sicht komplexe, ja abenteuerliche Anlageprodukte zu kreieren, die riskante Darlehen an Hausbauer oder auch an Studenten und Autokäufer in Anleihen mit hoher Bonität verwandelten. Die Gründe hierfür waren die niedrigen Zinsen, der Wunsch der amerikanischen Regierung nach möglichst vielen Hauseigentümern sowie die verlockend hohen Boni für die Banker selbst. Dadurch entstanden die mit verbrieften Hypotheken und anderen Wertpapieren unterlegten Finanzprodukte. Diese erhielten von den Ratingagenturen, die eng mit den Banken verbandelt waren und für die dies ein sehr lukratives Geschäft war, Bestnoten. Die vom Rang her in diesen Geschäftsbereichen niedrigeren Bankmitarbeiter gingen, getrieben von der Jagd nach exzessiv hohen Bonuszahlungen, viel zu hohe Risiken ein, weil sie für die Konsequenzen nicht haften mussten. Viele der Banker verstanden vermutlich sogar selbst nicht, was sie taten. Und so wurden Menschen mit einer geringen Bonität durch anfangs extrem niedrige Zinsen in Eigenheime getrieben, die sie niemals abbezahlen konnten. Das wurde spätestens nach zwei, drei Jahren offenkundig, wenn Lockvogelzinsen ausliefen und sich der Abtrag der Kredite dem realen Zinsniveau anpasste. Dieser Markt der Immobilienfinanzierung für Menschen mit geringer Bonität, der sogenannte Subprime-Markt, war der Ausgangspunkt für die folgende Immobilien- und Finanzkrise. Während Mitte der 1990er-Jahre – als es zu einem ersten Crash in diesem Bereich kam, der viele Kreditgeber in den Konkurs trieb – der Markt für Subprime-Hypotheken ein Volumen von 30 Milliarden Dollar aufwies, betrug er im Jahr 2005 über 600 Milliarden Dollar. Das kreierte System glich laut dem Autor Michael Lewis, der in seinem Buch *The Big Short* die Entstehung der Krise sezierte, einer Kreditwäsche für Menschen der unteren Mittelschicht und geriet für die Wall Street zu einer Maschinerie, die vermeintlich Blei in Gold verwandelte. Der Ausgang ist bekannt. Hinzu kamen damals eine zu lange Leine der Regulatoren beziehungsweise falsche Regulierungen und der Irrglaube, mit genügend strengen Aufsichtskompetenzen könne man Missbrauch und kriminelles Fehlverhalten verhindern. Ferner erkannten auch renommierte Ökonomen die Gefahren nicht, die sich auftürmten.

Und da war eben die US-Notenbank, deren Führer in unglaublicher Hybris der Meinung waren, Rezessionen langfristig verhindern oder zumindest den Konjunkturverlauf dauerhaft glätten zu können. Vor allem die Zentralbank dürfte einen grossen Anteil am Entstehen des ganzen Desasters haben. Durch eine zu laxe monetäre Politik war Geld auf Pump zu billig, was zu immensen Fehlallokationen von Kapital führte. Projekte wurden finanzierbar, die unter normalen Umständen, also bei höherem Zinsniveau, nicht attraktiv gewesen wären. Das viele Geld suchte zwangsläufig nach vermeintlich lukrativen Anlagen – und das waren damals, so meinte man, die neuartigen strukturierten Finanzprodukte, in denen eben die Kredite an Hausbauer, Studenten oder Automobilkäufer verbrieft waren.

Durch die von der US-Notenbank stark mitverursachte, seit dem Jahr 2008 laufende und in Wellen immer wieder in den Vordergrund tretende Finanz- und Wirtschaftskrise sind die Zentralbanken inzwischen unfreiwillig enorm gefordert. Das gilt vor allem für die westlichen Notenbanken der besonders betroffenen Regionen USA, Kontinentaleuropa und Grossbritannien. Dort sind die US-Notenbank, die Europäische Zentralbank und die Bank of England für die Geldpolitik zuständig. Doch die Ausläufer der Krise oder die lokalen Sonderfälle fordern genauso die Schweizerische Nationalbank, die Bank of Japan und sogar die People's Bank of China. Dies ist auch, aber nicht nur der Fall, weil andere staatliche Vertreter wie die Finanz- und Haushaltspolitiker vieler Staaten und die Bankenregulierer ihre Aufgaben und ihre Verantwortung nicht gut genug oder überhaupt nicht wahrgenommen haben. Dadurch sind die Zentralbanken, die schon immer die Kreditgeber der allerletzten Instanz waren, zu Rettern in jeder Not geworden – ohne dass sie dies selbst wollten. Doch irgendjemand musste die bestehenden Probleme ja lösen. Die Währungshüter haben auf diese historisch wohl einzigartige Situation mit einem historisch genauso einzigartigen Mitteleinsatz reagiert – mit konventionellen und mit zuvor noch nie ergriffenen unkonventionellen Massnahmen. Inzwischen ist dieser Ausnahmezustand jedoch zum Dauerzustand geworden. Einmal mehr ist zu befürchten, dass die Notenbanker aufgrund falscher Prioritäten viel zu spät die Rückkehr zur Normalität in Angriff nehmen werden.

Dabei ist allen Beteiligten klar, dass die excessiv expansiven Massnahmen nicht von Dauer sein können, sondern dass es früher oder später zu einer Normalisierung kommen muss. Bis zur Drucklegung der ersten Auflage dieses Buchs im Sommer 2012 befand sich die Welt schon vier Jahre in der Krise. Und auch kurz vor der Publikation der Neuauflage im Sommer 2016 sind die Folgen der Finanzkrise in vielen Ländern noch allgegenwärtig oder zumindest deutlich zu spüren. In den USA ist der Ausstieg aus der Krisenpolitik zwar eingeleitet, doch in Europa sind die Notenbanker davon immer noch weit entfernt. Alarmierend war über lange Zeit, dass zwar die Notwendigkeit des Ausstiegs aus der ultraexpansiven Geldpolitik zugegeben, er aber effektiv kaum thematisiert wurde. Manche Währungshüter räumten sogar ein, dass der Ausstieg nicht einfach sei. Andere behaupteten das Gegenteil und suggerierten mit beschönigenden Worten, dies sei ein Leichtes. Das ist einerseits für die nach der Droge Liquidität süchtigen Finanzmärkte beruhigend, andererseits schafft es aber auch eine Unsicherheit über das künftige Geschehen und stellt somit einen latenten, zumindest psychologischen Belastungsfaktor dar.

Die Situation ist in den USA und in Europa nicht gleich, obwohl sie sich ähneln. In den USA ist die US-Notenbank bereits seit acht Jahren im Krisenmodus. Der Leitzins lag von Dezember 2008 bis November 2015 bei faktisch null. Seitdem hat die Federal Reserve den Leitzins minimal erhöht. Der erste Schritt erfolgte im Dezember 2015, es war zugleich die erste Zinserhöhung seit Mitte 2006. Und vom Frühjahr 2009 bis Ende 2014 liefen aussergewöhnliche, zum Teil noch nie ausprobierte geldpolitische Lockerungsübungen, die im Fachjargon als quantitative Lockerung («quantitative easing») bezeichnet werden. Dabei setzten Ben Bernanke, der Chef der US-Notenbank, sowie seine Nachfolgerin Janet Yellen an verschiedenen Stellen an. Erstens gab es die Nullzinspolitik. Zweitens startete die US-Notenbank mehrere Runden der quantitativen Lockerung. In der ersten Runde – März 2009 bis März 2010 – kaufte sie verbriefte Wertpapiere der beiden staatlich kontrollierten Immobilienfinanzierer Fannie Mae und Freddie Mac sowie US-Staatsanleihen mit längeren Laufzeiten über insgesamt mehr als 1 Billion Dollar (1000 Milliarden Dollar). Den Kauf der verbrieften Wertpapiere der Immobilienfinanzierer könnte man auch treffender als «credit easing» bezeichnen, also als eine Erleichterung der Kreditbedingungen für Häuslebauer. Dabei handelte es sich um direkte Interventionen in einen Markt, in dem eine staatliche Notenbank nach Ansicht führender Geldpolitikexperten, wie etwa des emeritierten Schweizer Professors Ernst Baltensperger, mit sehr gutem Grund nicht aktiv sein sollte.

Im August 2010 kündigte Ben Bernanke dann eine zweite Runde an, deren konkrete Ausgestaltung im Herbst desselben Jahres bekannt gegeben wurde. Zwar war die Erholung der amerikanischen Wirtschaft in Gang gekommen, doch das Tempo reichte der US-Notenbank nicht aus. Bis Mitte 2011 erwarb die Währungsbehörde daraufhin nochmals Staatsanleihen im Wert von über 600 Milliarden Dollar, um die langfristigen Zinsen weiter zu drücken. Sie reinvestierte zudem nochmals rund 300 Milliarden Dollar in amerikanische Staatsanleihen, die aus den auslaufenden Anleihen von Fannie Mae und Freddie Mac stammten. Letzteres könnte man – drittens – als eine Art quantitative Lockerung 2.5 bezeichnen. Ben Bernanke vermittelte durch diesen Aktionismus immer mehr den Eindruck, die Nothilfe werde zum Normalzustand. In dem elfköpfigen geldpolitischen Gremium der US-Notenbank, dem sogenannten Offenmarktausschuss, wehrte sich als einziger Thomas Hoenig gegen den Entscheid. Dem Präsidenten der Federal Reserve von Kansas City, einer Filiale der US-Notenbank, waren die zusätzlichen Risiken zu hoch. Hoenig und andere Kritiker ausserhalb der US-Zentralbank warnten vor der Illusion, eine Notenbank könne die Inflationserwartungen nach Belieben steuern. In der Realität bestehe die Gefahr, dass sie die Kontrolle über die Inflationserwartungen verliere. Zudem komme es durch das billige Geld in anderen Bereichen des Finanzmarktes erneut zu Blasen. Stossend war ferner die Grössenordnung, in der Staatsanleihen gekauft wurden, da sie in etwa der Kreditaufnahme der USA innerhalb der gleichen Periode entsprach. Eine auf Unabhängigkeit Wert legende Notenbank sollte jedoch unter allen Umständen den Eindruck vermeiden, sie betreibe eine Art Staatsfinanzierung. Doch schon damals begann sich dieser Verdacht, zu verdichten.

Viertens startete die US-Notenbank nach dem Auslaufen der quantitativen Lockerung 2.0 und 2.5 aufgrund der erneut schwächelnden Konjunktur und der rutschenden Börsenkurse schliesslich am 21. September 2011 das Projekt «Operation Twist». Mit dieser Operation begann die US-Notenbank, ihr Portfolio an Staatsanleihen umzuschichten. Aus dem Bestand der auch Treasury Bonds genannten Titel mit kurzen Laufzeiten von unter drei Jahren wurde im Ausmass von 400 Milliarden Dollar vermehrt in solche mit langen Laufzeiten umgeschichtet. Dadurch wollten Bernanke & Co. noch stärker die Zinsen im langfristigen Bereich unter Kontrolle bekommen, sprich manipulieren. Anfang der 1960er-Jahre hatte die US-Notenbank bereits einmal eine solche Umschichtung mit den gleichen Zielen vorgenommen. Über den Erfolg der damaligen Massnahmen gehen die Meinungen auseinander. Während die Währungshüter und ihnen wohlgesonnene Zeitgenossen die Operation als gelungen erachteten, da tatsächlich die Renditen der langen Laufzeiten empirisch nachweisbar sanken, warfen Kritiker der US-Notenbank vor, unter anderem damit einen Grundstein für die dann in den 1970er-Jahren eskalierende Inflation gelegt zu haben. Fünftens gab die US-Notenbank am 20. Juni 2012 bekannt, dass sie die «Operation Twist» bis zum Jahresende verlängert und dabei die restlichen Staatsanleihen mit kurzer Laufzeit aus ihrem Portfolio verkaufen und die entsprechende Summe von 267 Milliarden Dollar in lang laufende Staatsanleihen investieren will. Dadurch sollten die Zinsen am langen Ende der Zinskurve, also bei den langen Laufzeiten, weiter gesenkt werden. Die kurzfristigen Zinsen, die vom Leitzinssatz bestimmt werden, lagen ja, wie beschrieben, bereits seit Dezember 2008 bei null. Der neuerliche expansive Schritt war für viele Beobachter einmal mehr kaum nachvollziehbar, ging doch das Wirtschaftswachstum in den USA zu dieser Zeit nur leicht auf 2,2 Prozent zurück und sank auch die Arbeitslosigkeit, wenngleich sehr langsam.

Sechstens kündigte die US-Notenbank Mitte September 2012 ein drittes Wertpapierkaufprogramm an. Die Federal Reserve beschloss, jeden Monat verbriefte Hypotheken der beiden halbstaatlichen Immobilienfinanzierer Fannie Mae und Freddie Mac im Umfang von 40 Milliarden Dollar zu kaufen. So wollten die Notenbanker die längerfristigen Zinsen und vor allem auch die Hypothekarsätze senken. Zugleich sollte die «Operation Twist» zu Ende geführt werden, in deren Rahmen die Notenbank kurzfristige Staatsanleihen verkaufte und längerfristige erwarb. Zusammengenommen kaufte die Federal Reserve – vorerst unbefristet – schliesslich jeden

Monat Anleihen mit längerer Laufzeit im Wert von 85 Milliarden Dollar. Einmal mehr bevorzugten die Notenbanker mit ihrer Aktion Hypothekarschuldner gegenüber anderen Gruppen in der Bevölkerung, beispielsweise den unter niedrigen Zinsen leidenden Sparern. Im Dezember 2012 kündigte Bernanke – siebtens – ferner an, die Nullzinspolitik an die Entwicklung der Arbeitslosenquote zu koppeln. Er gab zu Protokoll, diese Politik mindestens so lange weiterzuführen, wie die Arbeitslosenquote über 6,5 Prozent liegt und die erwartete Teuerungsrate zugleich 2,5 Prozent nicht übersteigt. Fast genau ein Jahr später gab die US-Notenbank dann allerdings den Einstieg in den Ausstieg der quantitativen Lockerungen bekannt. Die Notenbank reduzierte die Anleihekäufe Monat für Monat um 10 Milliarden Dollar und stellte sie Ende des Jahres 2014 ein. Damit waren die elektronischen Notenpressen endlich zum Stillstand gekommen. Die Bilanz der US-Notenbank hatte inzwischen jedoch eine Grösse von rund 4,5 Billionen Dollar erreicht. Vor der Krise hatte die Grössenordnung bei 800 Milliarden Dollar gelegen. Die Arbeitslosigkeit sank vom Beginn des dritten Programms bis zu dessen Ende von 8,1 Prozent auf unter 6 Prozent. Zugleich sind die Aktienkurse allerdings extrem stark gestiegen.

Im Oktober 2013 hatte US-Präsident Barack Obama mit Janet Yellen erstmals in der 100-jährigen Geschichte der Notenbank eine Frau als Präsidentin für den abtretenden Bernanke nominiert. Yellen trat ihren neuen Posten am 1. Februar 2014 an. Sie ist eine vehemente Verfechterin des dualen Mandats, wonach die Notenbank für stabile Preise und Vollbeschäftigung sorgen soll. Ende 2014 kündigte sie an, die Zinsen noch für «geraume Zeit» bei 0 bis 0,25 Prozent lassen zu wollen. Unvermeidlich kam es daraufhin über Monate an den Finanzmärkten immer wieder zu Spekulationen, wann die Federal Reserve die erste Zinserhöhung nach rund zehn Jahren wohl vornehmen wird. Der erwartete Startschuss wurde dabei mehrfach nach hinten verlegt. Letztlich kam es wie eingangs erwähnt im Dezember 2015 zur ersten Zinserhöhung. Dieser sollen laut dem Plan der Währungshüter im Jahr 2016 weitere folgen. Doch bereits Anfang des Jahres spekulierten Marktteilnehmer, dass wohl nur noch wenige Zinsschritte folgen würden, wenn überhaupt. Die Arbeitslosenrate in den USA signalisierte zu diesem Zeitpunkt mit 5 Prozent zwar fast Vollbeschäftigung. Doch als Haar in der Suppe erachteten die Währungshüter die zu hohe Unterbeschäftigungsquote und das verhaltene Lohnwachstum. Zudem hatte sich das konjunkturelle Umfeld in den USA und weltweit eingetrübt. Sorgen bereiteten unter anderem die

Schwäche der Wirtschaft in China sowie der starke Zerfall des Erdölpreises, der viele amerikanische Firmen in diesem Sektor in existenzielle Nöte brachte und die Wahrscheinlichkeit von Kreditausfällen erhöhte.

Kann diese Art von Geldpolitik wirklich die erhoffte Wirkung entfalten? Daran zweifelten immer mehr Ökonomen. So bezeichnete Allan Meltzer, eine der führenden Figuren des Monetarismus und Professor an der Carnegie Mellon University in Pittsburgh, die Massnahmen der US-Notenbank in einem Interview mit der *Neuen Zürcher Zeitung* gegen Ende 2013 als die törichteste Politik in 100 Jahren. Die Federal Reserve überschätze seine Fähigkeiten, die Arbeitslosenquote zu kontrollieren. Zudem warf er Bernanke vor, Anleihen im Wert von 80 Prozent der Neuverschuldung der USA zu kaufen und mit dem Erwerb von Hypothekenpapieren den Hypothekarmarkt staatlich übernommen zu haben. Darüber hinaus gebe es wegen der verringerten langfristigen Zinsen auch nicht die erhofften grösseren Investitionen.

Letztlich ist in den USA eine gigantische Verschuldungsblase geplatzt. Die Folgen dauern bis in die Gegenwart und werden auch in der Zukunft noch zu spüren sein. Das Land der unbegrenzten Möglichkeiten muss lernen, dass auch zwischen Florida und Kalifornien die Bäume nicht in den Himmel wachsen. Die Gesetze der Ökonomie kann man nicht ausser Kraft setzen, schon gar nicht im Kernland des Kapitalismus. Das Platzen einer gigantischen Verschuldungsblase verlangt grosse realwirtschaftliche Anpassungen. Dazu gehört etwa der Transfer von Ressourcen von der künstlich aufgeblähten Finanz- und der überdimensionierten Bauwirtschaft in andere Sektoren. Verursacht wurde die Blase auch durch die erwähnte zu expansive Geldpolitik. Die zu billigen Kredite liessen die Schuldenspirale in den USA – einem Land, dessen Bürger ohnehin einen Hang zum übermässigen Konsum haben – immer schneller drehen. Die Verschuldungsblase führte somit nicht nur zu einer Blase bei den Finanzprodukten mit gebündelten und dann verbrieften Krediten, sondern auch zu einer Blase in der Bauwirtschaft. Durch die niedrigen Zinsen kam es zu Fehlallokationen von Kapital und Arbeitskraft. Im aufgeblähten Bausektor wurden zu viele Menschen beschäftigt. Diese rund zwei Millionen Arbeiter fanden ohne Umschulung kaum mehr eine Stelle, da ihre ursprüngliche Branche in Trümmern lag.

Bis zum Sommer 2012 gab es auf dem amerikanischen Immobilienmarkt nur wenige Lebenszeichen. Danach verbesserte sich die Lage zwar, doch die Erholung verlief insgesamt in weiten Teilen zaghaft.

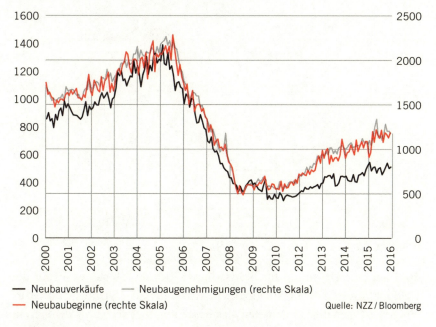

**Abbildung 6**

Die Tiefstzinspolitik der US-Notenbank nach dem Platzen der Immobilienblase hat dem Markt einerseits bei der Stabilisierung geholfen, andererseits wurden dadurch notwendige Anpassungen verzögert oder an anderer Stelle neue Probleme geschaffen. Und nicht alle Schwierigkeiten der Welt lassen sich mit der Geldpolitik lösen. Das gilt vermutlich auch für die Folgen der Schuldenexzesse sowie das Platzen der Immobilienblase. Ohnehin versucht die Geldpolitik in den USA im Gegensatz zur Tradition der Deutschen Bundesbank und auch im Gegensatz zur Europäischen Zentralbank einen Spagat. Die US-Notenbank hat wie bereits kurz erwähnt ein duales Mandat, ist also zugleich zwei Zielen verpflichtet. Sie soll für stabile Preise und für eine maximale Beschäftigung sorgen. Um diese beiden Ziele zu erreichen, hat sie jedoch nur eine Variable, an der sie drehen kann: den Leitzinssatz. Wie jedoch jeder Wirtschaftsstudent schon in den ersten Semestern lernt, ist es äusserst schwierig, wenn nicht gar unmöglich, mit einem Instrument zugleich zwei Ziele zu verfolgen (Tinbergen-Regel). Das duale Mandat ist auch Grund dafür, weshalb es so lange dauerte, bis sich die Geldpolitiker im Jahr

**Anteil der Zwangsvollstreckungen am Hypothekenmarkt in den USA**
In Prozent

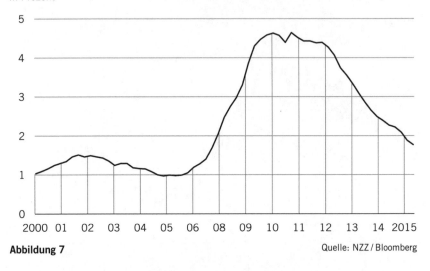

**Abbildung 7** Quelle: NZZ / Bloomberg

2011 auf eine Definition für Preisstabilität einigten. So gab es im für die Geldpolitik zuständigen Offenmarktausschuss der US-Notenbank durchaus einige Vertreter, die befürchteten, das Beschäftigungsziel würde dadurch in den Hintergrund rücken. Bernanke betonte deshalb an Pressekonferenzen wiederholt, die beiden Ziele seien gleichrangig. Zwar seien die Ziele üblicherweise komplementär, schrieb die US-Notenbank, doch es könne Umstände geben, wo dies nicht der Fall sei. Sollte dies vorkommen, werde der Offenmarktausschuss die Abweichung von etwaigen Zielwerten berücksichtigen. Bernanke verdeutlichte dies so: Wenn beispielsweise die Arbeitslosenquote sehr hoch sei, die Teuerung zugleich aber nur etwas über dem Zielwert liege, werde man die Teuerung möglicherweise nur langsam zurückführen, wenn dadurch die Arbeitslosigkeit gesenkt werden könne. Die Notenbank verkauft dies als Flexibilität.

Pointiert kommentierten die Geldpolitikexperten der *Neuen Zürcher Zeitung* die Aussage dahingehend, dass es sich eher um ein «weiches Inflationsziel» handle. Der unterschiedliche Charakter der Ziele komme auch dadurch zum Ausdruck, dass für die Arbeitslosenquote kein fixer Zielwert formuliert worden sei, sondern die Mitglieder der US-Notenbank eine Schätzung über die normale Arbeitslosenquote vornehmen, die sich ändern kann. Dies hat damit zu tun, dass die Arbeitslosigkeit längerfristig von Faktoren wie Demografie, Steuerpolitik, Regulierung oder technischen Entwicklungen abhängt, die die Notenbank nicht beeinflussen kann. Die Europäische Zentralbank ist dagegen einzig der Preisstabilität verpflichtet, so wie das auch für die Deutsche Bundesbank gilt. Dies erscheint auch aus einer theoretischen Sichtweise konfliktfreier, sinnvoller und zielführender zu sein.

Die Mitglieder des US-Notenbanksystems wollen die Folgen der Schuldenexzesse mit der geldpolitischen Brechstange lösen. Dies wird aber nicht möglich sein. Indem sie es trotzdem versuchen, schaffen sie hohe, langfristige Risiken und verzögern dadurch noch den ohnehin nötigen und letztlich unausweichlichen Anpassungsprozess. Im besten Fall kaufen die Währungshüter Zeit. Erschwerend kommt hinzu, dass sie Probleme einmal mehr mit den gleichen Mitteln lösen wollen, die für ihr Entstehen massgeblich mitverantwortlich waren, nämlich mit der Ausweitung der Geldmenge und den schon mehrfach erwähnten extrem niedrigen Zinsen, die die Schuldenexzesse erst angekurbelt haben. Die Geldpolitik wird somit zu einer Dauerdroge. Die Weigerung vieler Politiker und Notenbanker, die Grenzen des Geldausgebens aufgrund nicht vorhandener und schon gar nicht erarbeiteter Mittel anzuerkennen, kann jedoch kein erfolgreiches Konzept sein.

Der riesige Liquiditätszufluss mag als temporäres Beruhigungsmittel durchaus wirken. Und in der akuten Phase der eigentlichen Krise war diese Politik auch angebracht. Das bezweifelt so gut wie niemand. Doch danach wurde sie selbst mehr und mehr zur Quelle neuer Übertreibungen und neuer Ungleichgewichte, beispielsweise an den Märkten für Gold, Silber und andere Rohstoffe, an jenen für Immobilien und an den Aktienbörsen. Dazu kamen unerwünschte Kapitalzuflüsse in die Schwellenländer Asiens und Lateinamerikas. Viel billiges Geld floss nämlich nach Asien, weil Anleger dort das grösste Wachstumspotenzial und somit auch die grössten Renditechancen orteten. Hier zeigte sich auch ein Dilemma, in dem die US-Notenbank steckte. Sie kann zwar Geld drucken, doch sie kann die Verwendung und den Fluss dieses Geldes nicht kontrollieren.

Mittelfristig wird der Ausstieg aus der expansiven Geldpolitik zum Problem werden. Und es wird aller Wahrscheinlichkeit nach umso grösser, je länger der Ausstieg nach hinten geschoben wird. Diese Erkenntnis ist längst aus früheren Krisen gewonnen worden und das zeigte sich bereits auch in den Jahren ab 2014. Das richtige Timing für den Ausstieg aus einer Expansionspolitik ist ohnehin immer schwierig. Ist die Geldpolitik jedoch so exzessiv expansiv, wird der Ausstieg aus ihr noch viel komplexer – und gefährlicher. Eine Abkehr wird nicht ohne einen Zinsanstieg und den damit einhergehenden Druck auf die Preise von Vermögenswerten wie Aktien, Rohstoffen und Immobilien möglich sein. Zudem kann es zu Turbulenzen in Schwellenländern kommen, wenn dort im grossen Stil Kapital abgezogen wird, weil die relative Attraktivität der USA als Anlageland durch steigende Zinsen wieder besser wird. Die bei den Anlegern und den Bürgern gleichermassen unerwünschten potenziellen Folgen dürften kaum ohne politischen Widerstand über die Bühne gehen. Der öffentliche Druck auf eine Aufrechterhaltung der expansiven Politik wird, wie bereits in früheren Phasen, gross sein. Das ist unvermeidlich und wird angesichts der hohen Staatsverschuldung zu besonders grossen Konflikten führen. Ein Zinsanstieg kann nämlich zu einer sprunghaften Erhöhung des staatlichen Zinsdienstes und somit zur Verschärfung der Defizite bei den Staaten führen. Dadurch würde die ohnehin immer noch auf hohen Touren laufende Verschuldungsmaschinerie weiter angetrieben. Dies ist angesichts der grossen haushaltspolitischen Probleme der USA besonders brisant. Die Vereinigten Staaten sind nämlich gemessen am Bruttoinlandprodukt noch stärker verschuldet als der Euroraum im Durchschnitt.

Angesichts dieser sehr ungemütlichen Gemengelage dürfte die Inflation sehr wahrscheinlich irgendwann zu einer Lösung der vorhandenen Probleme beitragen. Der endgültige Ausstieg aus der Politik des sehr billigen Geldes wird von der US-Notenbank grosse Standfestigkeit und Härte gegenüber den amerikanischen Politikern und der Öffentlichkeit verlangen. Es ist wohl nicht allzu gewagt zu behaupten, dass der nachhaltige Ausstieg, wie bereits nach den Exzessen der New-Economy-Blase zu Beginn des Jahrhunderts, mit Verspätung eingeleitet werden wird. Ferner liegt der Verdacht nahe, dass der zu treffende politische Kompromiss, der den USA den Weg zurück zu Entschuldung und haushaltspolitischer Vernunft erlaubt, auch die vorübergehende Toleranz einer beschleunigten Inflation einschliessen wird. Sogar renommierte Ökonomen, die nicht dem linken politischen Spektrum angehören, bringen bereits die vorübergehende Tolerierung von rund 5 Prozent Teuerung ins Spiel. Ein Beispiel dafür ist Kenneth S. Rogoff. Der Ökonom wurde in den vergangenen Jahren vor allem deshalb bekannt, weil er zusammen mit seiner Kollegin Carmen M. Reinhart das viel beachtete Buch *Dieses Mal ist alles anders* (*This Time Is Different*) verfasst hat und sich später mehrfach für die Abschaffung von Bargeld stark machte. In dem angesprochenen Buch analysieren die Autoren die Finanzkrisen der letzten 800 Jahre. Ihr erstaunliches Ergebnis ist, dass immer wieder die gleichen Fehler begangen werden, die schliesslich zum Kollaps führen. Rogoff schlägt vor, die US-Notenbank sollte vorübergehend das Inflationsziel auf 5 Prozent oder gar 6 Prozent erhöhen, um dabei zu helfen, die gegenwärtige Wirtschaftskrise zu überwinden. Was er dabei allerdings nicht sagt, ist, dass sich bei einer Inflationsrate von 6 Prozent der Wert des Geldes alle zwölf Jahre halbieren würde. Damit wären die Sparer die Gelackmeierten, und die Schuldner könnten sich freuen, denn auch der reale Wert der Schulden würde alle zwölf Jahre halbiert. Angesichts des immensen Ausmasses der nationalen und auch internationalen Verschuldung der USA wird die Versuchung, zum Trick der Inflation zu greifen, um die Schulden loszuwerden oder zumindest zu reduzieren, wohl sehr gross sein.

## Die Eurozone – Zerreissprobe zwischen Nord und Süd

Das Geschehen in den USA entwickelte sich also alles andere als erbaulich. In Europa sieht es aber nicht besser aus. Hier war die Entwicklung jedoch eine andere. In den ersten zehn Jahren ihrer noch jungen Geschichte nahm es die Europäische Zentralbank mit der Tradition der Deutschen Bundesbank sehr ernst. Unter Wim Duisenberg, dem ersten Präsidenten der Europäischen Zentralbank, sowie anfangs auch unter seinem Nachfolger Jean-Claude Trichet, betrieben die Währungshüter eine verantwortungsvolle und stabilitätsorientierte Geldpolitik. Seit ihrem Bestehen hatte die Europäische Zentralbank genauso wie früher die Deutsche Bundesbank oder in der Eidgenossenschaft die Schweizerische Nationalbank die Inflation unter Kontrolle. Durchschnittlich lag die Teuerung in Deutschland unter der Führung der Europäischen Zentralbank sogar etwas niedriger als früher unter dem Regime der Bundesbank, wenngleich die Perioden historisch nicht eins zu eins vergleichbar sind. Seit die internationale Finanzkrise eskaliert ist, hat sich dies aber verändert. Die europäischen Notenbanker wurden mehr und mehr Opfer unfähiger europäischer Politiker, die es nicht schafften, die strukturellen Probleme mit den Staatsfinanzen selbst zu lösen und deswegen die Europäische Zentralbank immer wieder unter grossen politischen Handlungsdruck brachten und mehr denn je bringen. So wurde und wird die Europäische Zentralbank immer wieder dazu gedrängt, vom Konkurs bedrohte Staaten und Banken zu stützen. Inzwischen zweifeln immer mehr Beobachter daran, dass die europäischen Politiker in der Lage sind, die herrschenden Probleme langfristig wirklich zu lösen.

Im Gegensatz zur US-Notenbank und auch zur Bank of England war die Europäische Zentralbank am Anfang der Finanzkrise mit ihren Interventionen dennoch wesentlich zurückhaltender. Das änderte sich erst mit dem Beginn der europäischen Schuldenkrise. Die Währungshüter in Europa hatten direkt nach dem fulminanten Ausbruch der Subprime-Krise die Zinsen zwar ebenfalls relativ schnell gesenkt, doch gingen sie nicht ganz so weit wie ihre amerikanischen Kollegen. Während in den USA das Zinsniveau bis auf quasi null herabgesetzt wurde, stoppten die europäischen Notenbanker bei 1 Prozent (vgl. Abbildung 8). Erst im Sommer 2012 senkten sie schliesslich den Leitzins auf 0,75 Prozent. Auch in Sachen aussergewöhnliche geldpolitische Lockerungen war die Europäische Zentralbank deutlich zurückhaltender. Doch nach und nach entwickelte sie aufgrund eines immer grösser werdenden Drucks der Politik und vonseiten der Marktteilnehmer ihre eigenen unkonventionellen Instrumente.

Der Sündenfall ereignete sich im Mai 2010, als die Europäische Zentralbank mit ihrem Kaufprogramm für griechische Staatsanleihen startete. Später begann sie dann damit, auch Staatsanleihen weiterer Problemländer

**Der Leitzins im Euroraum seit 1999**
In Prozent

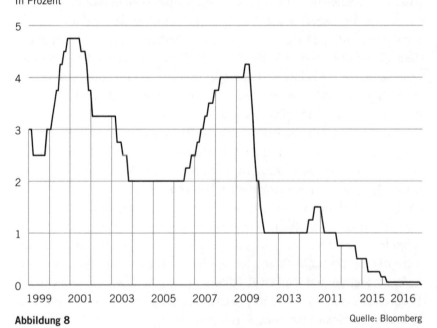

Abbildung 8    Quelle: Bloomberg

in der Eurozone direkt zu erwerben. Derartige Massnahmen, die die Grenze zur Staatsfinanzierung überschreiten und damit gegen den Vertrag zur Europäischen Währungsunion verstossen, wären für die Deutsche Bundesbank undenkbar gewesen. Deswegen zogen sich auch die ursprünglichen deutschen Vertreter aus dem Rat der Europäischen Zentralbank zurück. Das waren Axel Weber, der als künftiger Präsident der Europäischen Zentralbank und damit als Nachfolger von Jean-Claude Trichet gehandelt wurde, und Jürgen Stark, der Chefvolkswirt der Europäischen Zentralbank. Inzwischen befinden sich bereits die gemässigten Deutschen im Rat der Europäischen Zentralbank, nachdem die deutschen «Hardliner» Axel Weber und Jürgen Stark, die sich strikt für das Ziel einer niedrigen Inflation und gegen eine Staatsfinanzierung eingesetzt hatten, längst das Handtuch geworfen haben. Doch selbst die deutschen «Tauben» sind für viele der übrigen Mitglieder im Rat der Europäischen Zentralbank zu scharf. Deshalb sind die Deutschen sowie die Vertreter von ihnen nahestehenden Nationen wie Finnland, Österreich, Luxemburg und die Niederlande im Rat der Europäischen Zentralbank inzwischen in der Minderheit. Dort haben nämlich die Vertreter der südeuropäischen Länder, die eine ganz andere Stabilitätskultur pflegen, die Mehrheit. Diese Machtverschiebung nahm durch den Sieg des Sozialisten François Hollande bei den französischen Präsidentschaftswahlen im Mai 2012 sogar noch zu. Das gilt umso mehr, als nun nicht der Deutsche Axel Weber die Europäische Zentralbank präsidiert, sondern der Italiener Mario Draghi. Wenngleich sich dieser anfangs geschickt auf die Kultur der Deutschen Bundesbank berief und seine Bewunderung für diese Institution ausdrückte, so spricht sein Handeln doch eine andere Sprache. Längst gleicht die Europäische Zentralbank von Jean-Claude Trichet und Mario Draghi, so könnte man zumindest zugespitzt formulieren, mehr der italienischen Notenbank Banca d'Italia als der einstigen geld- und stabilitätspolitischen Bastion Deutsche Bundesbank.

Die Käufe von Staatsanleihen in den südlichen Problemländern der Eurozone durch die Europäische Zentralbank sind alles andere als ein kleines Problem. Allerdings muss nach der jeweiligen Motivation der Käufe unterschieden werden. Solange sie im Rahmen der normalen Geldpolitik erfolgen, sind sie problemlos. Dies ist für viele Zentralbanken eine Routineaufgabe. Die Währungshüter führen sie bei ihren sogenannten Offenmarktoperationen durch. Werden die Käufe von Staatsanleihen jedoch im Rahmen der unkonventionellen Geldpolitik vorgenommen, ist die Beurteilung schon kritischer. Zwar könnte man dies, wohlwollend betrachtet, ebenfalls als unproblematisch erachten, solange die Käufe im Rahmen rein geldpolitischer Massnahmen erfolgen. Doch in der Praxis ist die Abgrenzung von haushaltspolitischen Motiven äusserst schwierig, vor allem dann, wenn die Zentralbank im Marktsegment von längeren Laufzeiten eingreift. Der Schritt zur Finanzierung eines Staates durch die Notenbank ist dann nicht mehr fern. Dies ist der Europäischen Zentralbank jedoch strengstens verboten. Unter einer Staatsfinanzierung versteht man dabei, dass eine Notenbank Staatsanleihen des betreffenden Staates kauft, denn dadurch finanziert sich der Staat selber. Die Notenbank ist ja trotz einer gewissen Unabhängigkeit immer ein Teil des Staatsapparates. Kauft sie die Anleihen, die ein Staat über das Finanzministerium an den Markt herausgibt, wird letztlich nur von einer Tasche in die andere geschichtet, und der Staat finanziert sich letztlich selber – das Perpetuum mobile lässt grüssen. Die Kritik ist auch dann berechtigt, wenn die Notenbank die Anleihen nicht direkt beim Finanzministerium kauft, sondern über einen Umweg, nämlich den Sekundärmarkt, bei einer Investmentbank. Marktmechanismen werden durch die künstliche Nachfrage ausser Kraft gesetzt, da das Ziel solcher Aktionen ist, die langfristigen Zinsen zu senken. Davon profitiert dann auch der hoch verschuldete Staat. Am Markt würden Gläubiger den Staaten nämlich zu diesen Zinssätzen keine oder nicht mehr so viele Anleihen abkaufen, da ihnen das Risiko zu gross ist. Im schlimmsten Fall würde ein Staat sogar überhaupt keine Käufer mehr finden, und nur die Notenbank träte noch als Käufer von Staatsanleihen auf. Das Aufkaufen von Staatsanleihen – egal, ob aufgrund offener oder verdeckter haushaltspolitischer Motivation – ist höchst problematisch. Das war der alten Deutschen Bundesbank nicht erlaubt, und es ist auch der Europäischen Zentralbank zu Recht verboten.

Die Mitglieder der Europäischen Zentralbank verteidigen ihr Kaufprogramm von 2010 mit der angeblichen Notwendigkeit zur Stabilisierung des Geldmarktes und des Bankensystems in den Krisenländern. Sie behaupten, das Kaufprogramm diene dazu, die Funktionsfähigkeit ihrer Geldpolitik in diesen Ländern zu gewährleisten. Dies ist rein formell vielleicht ein vertretbares Argument. Da aber die Effekte des Programms auf die Fiskalsituation der Krisenländer direkt und offensichtlich sind, kann diese Rechtfertigung der Europäischen Zentralbank gleichwohl nicht allzu ernst genommen werden. De facto verstiess die Europäische Zentralbank damit gegen das vertraglich bei der Gründung der Währungsunion festgelegte No-Bail-out-Prinzip der Eurozone. Nach diesem Prinzip darf kein in Finanznot geratenes Land des Euroraums durch ein anderes Land oder die Gemeinschaft gerettet werden. Jedes Land ist demnach für sich selbst verantwortlich. Ein gewisses Verständnis für die Massnahmen der Europäischen Zentralbank bringen Kritiker nur noch deshalb auf, weil die Politiker der Staaten in der Eurozone offenkundig unfähig oder unwillig sind, die Probleme schnell genug selber zu lösen. Besser wäre es, die Schwierigkeiten mit neuen Regulierungsansätzen für die Banken und einer disziplinierten Haushaltskonsolidierung anzugehen. Da dies aber nicht zeitnah genug und auch nicht in ausreichendem Mass geschieht, ist die Europäische Zentralbank quasi zum Handeln verdammt. Man könnte auch mit den Worten von Geldpolitikprofessor Ernst Baltensperger sagen, die Europäische Zentralbank wurde durch die Politik in Geiselhaft genommen.

Je länger die Folgen der Finanz- und Staatsschuldenkrise dauerten, desto mehr kümmerte sich die Europäische Zentralbank auch um den Gesundheitszustand der Banken in der Eurozone. Grundsätzlich ist es in Krisenzeiten völlig normal und gewünscht, dass Banken einen leichteren Zugang zur Refinanzierung über die Zentralbank haben. Die Zentralbank ist dann der «lender of last resort», also der letzte ultimative Kreditgeber in einem System. Dazu wurden Zentralbanken Ende des 19. beziehungsweise Anfang des 20. Jahrhunderts unter anderem überhaupt erst gegründet. Allerdings sollte dies nur für die Banken gelten, die grundsätzlich solvent sind. Derlei Banken hinterlegen bei der Zentralbank hochwertige und marktfähige Wertpapiere als Sicherheiten, um im Gegenzug von der Zentralbank Kredite zu bekommen. Durch solche Massnahmen sollten aber keine Banken künstlich am Leben gehalten werden, die es nicht geschafft haben, sich im Wettbewerb durchzusetzen. Zudem dürfte solchen Banken auch nicht erlaubt sein, minderwertige Wertpapiere, also solche mit zweifelhafter Bonität, als Pfand zu hinterlegen. Von dieser ursprünglichen Vereinbarung hat sich die Europäische Zentralbank in der Krise aber entfernt. Spätestens mit dem Ausbruch der Bonitäts- und Liquiditätskrise des griechischen Staates, von dem selbstverständlich die griechischen Banken als grosse Besitzer griechischer Staatsanleihen am meisten betroffen waren, ist das offenkundig nicht mehr der Fall. Am Markt nicht überlebensfähige Banken sollten jedoch nicht mit ausufernder Liquidität künstlich am Leben erhalten, sondern restrukturiert oder abgewickelt werden. Die Europäische Zentralbank als dauerhaften Reanimateur von derlei Instituten einzusetzen, ist ein Irrweg.

Die zunehmende Lockerung der Kreditbedingungen für die Geschäftsbanken zum Erhalt von Zentralbankkrediten und die Herabsetzung der Anforderungen an die Sicherheiten, die die Geschäftsbanken zum Erhalt dieser Kredite hinterlegen dürfen, gipfelte schliesslich zum Jahreswechsel 2011/12 in der zweimaligen unlimitierten Zuteilung von Liquidität. Im Dezember 2011 und dann noch einmal im Februar 2012 offerierte die Europäische Zentralbank unbeschränkt Liquidität für Banken mit einer Laufzeit von drei Jahren. Im Rahmen dieses sogenannten Drei-Jahre-Tenders liehen Banken aus der Eurozone bei der Zentralbank Mittel über insgesamt rund 1000 Milliarden Euro. Diese Aktion unterstützte die dauerhafte, künstliche Bankenrefinanzierung. Zwar beruhigte die Massnahme die Märkte erst einmal, und am Aktienmarkt startete entsprechend ein Rallye, weshalb der Tender zumindest aus diesem Blickwinkel auch erfolgreich war. Doch die künstliche Beatmung maroder Banken birgt enorme Risiken. Es handelt sich nämlich um die Stützung von Banken, die am Markt nicht mehr in ausreichendem Mass Geld bekommen würden und denen damit die Insolvenz droht. Solche Kreditinstitute sollten nur geschützt werden, wenn sie systemrelevant sind, wenn also durch ihre Pleite die Funktionsfähigkeit des gesamten Bankensystems gefährdet wäre. Die meisten betroffenen Banken sind aber nicht systemrelevant. Insofern sollten sie ihrem Schicksal überlassen und nicht durch Staatseingriffe künstlich am Leben gehalten werden. Das gilt umso mehr, als es nach Meinung vieler Branchenexperten in Europa ohnehin zu viele Banken gibt und eine Bereinigung des Marktes überfällig ist. Die Einlagen der Sparer könnte der Staat trotzdem schützen und zu anderen Banken verlagern.

Im Jahr 2013 liess der Aktivismus der Europäischen Zentralbank kurzzeitig nach. Doch bereits ein Jahr später versuchten die Notenbanker der Eurozone erneut, die Inflation und die Konjunktur mit verschiedenen Massnahmen in die richtige Richtung zu zwingen. Im Juni 2014 senkte die Zentralbank den Leitzins auf 0,15 Prozent und führte erstmals Strafzinsen für Banken ein, die ihr flüssiges Geld über Nacht bei der Europäischen Zentralbank parken. Der erste Negativzins der Eurozone betrug -0,1 Prozent. Darüber hinaus kündigte die Zentralbank die Vergabe von langfristigen Krediten zu äusserst günstigen Konditionen an die Banken der Eurozone an, um die Kreditvergabe der Institute an Unternehmen zwecks Stimulierung der Realwirtschaft zu verbessern. Im Fachjargon hiessen diese Kredite mit einer Laufzeit bis September 2018 Targeted Longer-Term Refinancing Operations

(TLTRO). Die Kredite kosteten die Banken lediglich den jeweiligen Leitzins plus zehn Basispunkte. Doch damit nicht genug, bereits drei Monate später senkte die Europäische Zentralbank den Leitzins auf 0,05 Prozent und erhöhte die Strafzinsen für Banken auf −0,2 Prozent. Auch die Bilanz der Europäischen Zentralbank veränderte sich durch die diversen Aktionen der vergangenen Jahre immer stärker, unter anderem deshalb, weil die Europäische Zentralbank immer mehr Sicherheiten für die Vergabe von Krediten akzeptierte. Zu diesen Sicherheiten gehörten nicht mehr nur erstklassige Staatsanleihen, sondern auch Obligationen von regionalen Gebietskörperschaften, mit bestimmten Werten hinterlegte Anleihen (Asset-backed Securities), gedeckte und ungedeckte Bankschuldverschreibungen, Unternehmensobligationen sowie Bankkredite.

Doch auch durch diese Aktionen kamen weder die Konjunktur noch die sehr niedrige Inflation in der Eurozone richtig in Schwung. Die Europäische Zentralbank hat den Auftrag, eine Inflation von dicht bei, aber unter 2 Prozent zu erreichen. Die Teuerung lag in der Eurozone jedoch in den vergangenen Jahren meist deutlich tiefer, weswegen sich die Europäische Zentralbank Sorgen über die niedrige Inflation beziehungsweise eine (angeblich) drohende Deflation machte. Viele Experten unterstützten diese Haltung jedoch nicht. Die Europäische Zentralbank soll das Inflationsziel nämlich lediglich mittelfristig erreichen, und viele Bürger dürften sich kaum über stabile Preise beschweren. Für einige hoch verschuldete Staaten der Eurozone wäre mehr Inflation hingegen günstig, vor allem in Südeuropa. Etliche Beobachter unterstellten der Europäischen Zentralbank deshalb, dass sie vor allem den schwächelnden Staaten unter die Arme greifen will sowie mit ihren Massnahmen eine Schwächung des Euro-Wechselkurses beabsichtige.

Im Dezember 2015 sowie im März 2016 packte Mario Draghi, Präsident der Europäischen Zentralbank, dann endgültig die Brechstange aus. Im Dezember senkte er unter anderem die Strafzinsen für Banken auf −0,3 Prozent und verlängerte das bestehende Wertpapierkaufprogramm über 60 Milliarden Euro im Monat um sechs Monate bis Frühjahr 2017. Und im März offerierte er tatsächlich noch ein neues grosses Massnahmenpaket, anstatt vielleicht erst einmal abzuwarten, wie die früheren Aktionen wirken. Die Europäische Zentralbank schaffte den Zins endgültig ab, indem sie den Leitzins von 0,05 Prozent auf 0 Prozent senkte. Dazu erhöhte sie die Strafzinsen für Banken auf −0,4 Prozent und stockte das monatliche Anleihekaufprogramm um 20 Milliarden auf 80 Milliarden Euro auf. Dabei nahm sich die Europäische Zentralbank vor, neu ab Juni 2016 auch Anleihen von im Euroraum domizilierten Unternehmen zu erwerben. Zusätzlich gab sie ebenfalls per Juni 2016 die Lancierung einer Serie von vier langfristigen Refinanzierungsoperationen (TLTRO II) für Banken mit einer Laufzeit von jeweils vier Jahren bekannt.

Doch wo soll das alles hinführen und wie kann eine langfristige Lösung effektiv aussehen? Mit einem völligen Auseinanderbrechen der Eurozone ist – Stand Frühsommer 2016 – noch nicht zu rechnen. Die Lage an den Märkten hat sich beruhigt und der politische Wert eines gemeinsamen Europas wird von den meisten Ländern als sehr hoch eingestuft. Noch scheint es sich für die meisten starken Länder zu lohnen, den schwachen Staaten zu helfen und sich für die Schwachen auszuzahlen, Anstrengungen zu unternehmen, um die Regeln der Eurozone halbwegs einzuhalten zu versuchen. Daher ist die Wahrscheinlichkeit, dass die europäische Geldpolitik den amerikanischen Standard nach und nach übernehmen wird, leider gross. Die Europäische Zentralbank dürfte also eine Politik des leichten Geldes für sehr viel länger betreiben, als man dies ursprünglich angenommen und gehofft hat, weil man sich an den schwächsten Mitgliedern der Währungsunion orientieren muss. Das führt zu einer strukturellen Schwächung des Euro auf Jahre hinaus. Auch in Europa dürfte die Inflation – ähnlich wie in den USA und in Grossbritannien und trotz der lange Zeit äusserst niedrigen Teuerung – irgendwann ein wichtiger Teil sein, um die immensen Schuldenprobleme zu lösen. Im Schlepptau der angelsächsischen Länder dürfte auch in Europa die Bereitschaft zunehmen, Teuerung in einem gewissen Mass zuzulassen. Dabei herrscht bei vielen Notenbankern dies- und jenseits des Atlantiks die Vorstellung, dass man die Inflation ähnlich wie über weite Strecken der 1980er- und 1990er-Jahre kontrollieren kann. Viel wahrscheinlicher ist jedoch, dass die Währungshüter in den USA und in Europa ihre Fähigkeit überschätzen, die Inflation jederzeit wieder unter Kontrolle zu bekommen. Das gilt wohl besonders für die Inflationserwartungen der Bürger und der Marktteilnehmer. Sind nämlich erst einmal die Inflationserwartungen ausser Kontrolle geraten, ist es nicht mehr weit, bis auch die Inflation tatsächlich selber zunehmen könnte. Hier zeigt sich einmal mehr der weitverbreitete Machbarkeitsglaube vieler Notenbanker.

Fakt ist schon jetzt, dass sowohl in den USA als auch in Grossbritannien und in der Eurozone die Liquidität an den Märkten und zwischen den Banken sowie auch die Refinanzierung der Staaten an den Kapitalmärkten sehr stark vom Wohlwollen der Notenbanken abhängt, die wiederum unter grossem politischen Handlungsdruck stehen. Eine rechtzeitige Erhöhung der Zinsen, also bevor die Inflation stark anzieht, dürfte für die Notenbanker sehr schwierig sein, da sie auf grossen Widerstand der Regierungen stossen wird. Viele politische Akteure dürften darauf setzen, dass die Schuldenprobleme zum Teil durch die Inflation gelöst werden, weil dies für sie der schmerzloseste Weg ist. Das gilt aber nicht für die Bürger, vor allem nicht für die Sparer unter den Bürgern.

## Grossbritannien – im Angesicht der Stagflation

In Grossbritannien ist der Albtraum phasenweise bereits Realität geworden. Er heisst Stagflation. Er könnte sich wiederholen und dann auch noch auf den Kontinent überschwappen. Diese Mischung aus hoher Inflation und stagnierendem Wirtschaftswachstum gehört zu den möglichen schlimmen Folgen, die eine zu expansive Geldpolitik im Nachgang der Finanzkrise haben kann. Zwar hat die Bank of England seit der Einführung ihrer ausserordentlichen Massnahmen zur Lockerung der Geldpolitik die Inflationsgefahren konstant und systematisch heruntergespielt, doch genauso lange lag sie mit ihren schönfärberischen Inflationsprognosen daneben. Wie die Europäische Zentralbank ist auch die Bank of England der Preisstabilität verpflichtet. Davon kann bei Inflationsraten von zwischendurch über 4 Prozent und gar 5 Prozent aber keine Rede sein. Anstatt endlich wieder die angestrebte Zielmarke von rund 2 Prozent Teuerung gemessen an den Konsumentenpreisen zu erreichen, geriet die Inflation in Grossbritannien immer mehr ausser Kontrolle. Sie stieg im Herbst 2008 und im Herbst 2011 in der Spitze jeweils auf 5,2 Prozent. Bis zum Sommer 2012 ist sie zwar wieder leicht unter 3 Prozent gesunken, die Zielmarke von 2 Prozent war jedoch immer noch weit entfernt. Zugleich stagnierte das Wirtschaftswachstum auf der Insel. Im Herbst 2011 rutschte die britische Wirtschaft wieder in die Rezession. So sieht Stagflation aus. Und was in Grossbritannien bereits Realität war, droht mittelfristig auch den Bürgern in den USA und in der Eurozone. Ab 2014 entspannte sich die Lage an der Inflationsfront jedoch und die Inflationsrate rutschte von dazumal 2 Prozent auf weitgehend 0 Prozent im Jahr 2015. Erst Anfang 2016 kletterte die Rate wieder etwas. Zugleich gewann die Wirtschaft auf der Insel an Fahrt. Das Bruttoinlandsprodukt wuchs 2014 um knapp

3 Prozent und 2015 um knapp 2 Prozent. Damit einher ging ein starker Rückgang bei der Arbeitslosigkeit, deren Quote von beinahe 8 Prozent Anfang 2013 auf 5,1 Prozent Ende 2015 sank.

Domiziliert in der Londoner City, dem Herzen der britischen und europäischen Finanzbranche, hatten lange zuvor infolge der Finanzkrise auch die Währungshüter der Bank of England in der feinen Threadneedle Street drei Runden aussergewöhnlicher geldpolitischer Lockerungen eingeleitet. Nach dem Ausbruch der Krise in den USA und dem Übergreifen auf Europa senkte auch die britische Notenbank den Leitzins schlagartig von 5 Prozent auf 0,5 Prozent. Dort verharrt er nun seit dem Frühjahr 2009. Zudem starteten der damalige Notenbankgouverneur Mervyn King und seine Kollegen im März 2009 eine erste Runde geldpolitischer Lockerungen. Dabei kauften sie bis Januar 2010 britische Staatsanleihen mit mittlerer und längerer Laufzeit für 200 Milliarden Pfund. In einer zweiten Runde erwarben sie dann ab Oktober 2011 nochmals Wertschriften in Höhe von insgesamt 125 Milliarden Pfund. Am 6. Juli 2012 lancierten sie ein drittes Programm für weitere 50 Milliarden Pfund, womit die Bank of England bis im Herbst 2012 Staatsanleihen für 375 Milliarden Pfund erworben hat. Dieser Betrag steht für fast ein Drittel der gesamten britischen Staatsverschuldung und machte Anfang 2012 rund 78 Prozent der Nettoneuverschuldung der vergangenen drei Jahre aus. Ist das wirklich keine Monetarisierung der Schulden, also eine Finanzierung von Staatsschulden mithilfe der Gelddruckmaschine über die Notenbank? Die Frage ist rein rhetorisch, denn so sieht es aus, wenn sich der Staat über die Zentralbank selbst finanziert. Profiteure dieser Politik des leichten Geldes sind die Banken, teilweise die Unternehmen und die Hausbesitzer. Die Bürger müssen hingegen durch die hohe Inflation, zu der die ultraexpansive Geldpolitik erheblich beitrug, deutliche Wohlstandsverluste hinnehmen. Die langfristigen Risiken sind zudem unklar, aber voraussichtlich erheblich. Zu Recht warnte auch in Grossbritannien der Verband der privaten Pensionskassen vor einer Katastrophe, wenn die Pensionen durch langfristig negative Realzinsen aufgefressen werden.

Die Befürworter einer solchen Politik, wie beispielsweise Mervyn King, rechtfertigen die Massnahmen damit, dass sie indirekt die Nachfrage nach Finanzanlagen aller Art stärken würden. Das würde wiederum zu höheren Vermögenspreisen führen, die die finanzielle Lage breiter Bevölkerungsschichten sowie der Banken stärke. Dass aber tatsächlich ein grosser Teil der Bürger davon profitiert hat, darf mit Fug und Recht bezweifelt werden. Vielmehr litten alle Sparer darunter, dass die Inflation in Grossbritannien mit phasenweise über 5 Prozent schon äusserst hoch war (vgl. Abbildung 9). Beispielsweise halbieren sich die Ersparnisse der Bürger bei einer Inflationsrate von 6 Prozent gemessen an der Kaufkraft des Geldes innerhalb von nur zwölf Jahren. In der Praxis kann man dann zum Beispiel für 30 000 Pfund nicht mehr ein ganzes Auto kaufen, sondern nur noch ein halbes. Der damalige Gouverneur der britischen Notenbank räumte im Januar 2011 sogar selbst ein, dass sich der Lebensstandard der Lohnempfänger auf der Insel in den vergangenen Jahren um 12 Prozent reduziert habe. Die Reallöhne seien 2011 nicht höher gewesen als im Jahr 2005. Eine so lange Durststrecke habe es seit den 1920er-Jahren nicht mehr gegeben. King führte die hohe Inflation allerdings fast ausschliesslich auf importierte und fiskalische Preiseffekte zurück. Auslöser für die starke Inflation seien laut Statistikamt zum einen die Erdölpreise (Importeffekt) und zum anderen die Erhöhung der Mehrwertsteuer um 2,5 Prozentpunkte auf 20 Prozent (fiskalischer Effekt). Die äusserst expansive Geldpolitik habe hingegen kaum zur Teuerung beigetragen, sondern das System nach dem Schock der Finanzkrise sogar stabilisiert. Die Bank of England räumte aufgrund eigener Berechnungen immerhin ein, dass die erste Runde der quantitativen Locke-

**Entwicklung der Konsumentenpreise in Grossbritannien**
In Prozent, EU-harmonisiert

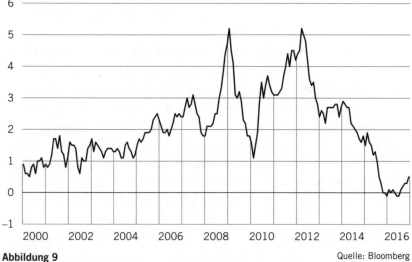

**Abbildung 9** Quelle: Bloomberg

rung von bis zu 200 Milliarden Pfund einen Inflationsschub von 0,75 bis 1,5 Prozentpunkten ausgelöst haben könnte. Zudem ist trotz der ultraexpansiven Geldpolitik die Kreditvergabe der Banken an kleine und mittelständische Unternehmen seit 2009 kontinuierlich gesunken. Das bestätigt die Ansicht von Kritikern, wonach die monetäre Lockerung gar nicht dort ankomme, wo sie benötigt werde, nämlich an den Kreditmärkten.

Wie auch bei anderen Notenbanken gab es im geldpolitischen Ausschuss der britischen Zentralbank Differenzen zwischen den Mitgliedern, wobei sich allerdings auch hier letztlich meist die Befürworter einer ultraexpansiven Geldpolitik durchsetzten. In Grossbritannien war der stärkste Befürworter der Bilanzausweitung der amerikanische Wirtschaftsprofessor Adam Posen. Er kämpfte mehr als ein Jahr lang für eine nochmalige Lockerung der Geldpolitik, nachdem das erste Programm im Januar 2010 abgeschlossen worden war. Im Oktober 2011 hatte er dann endlich die Mehrheit im Rat der Bank of England hinter sich. Der Schritt wurde beschlossen, weil sich die Konjunktur in Grossbritannien nur langsam entwickelte und weil sich die Schuldenkrise im Euroraum angeblich negativ auf die Refinanzierung der britischen Banken auswirkte. Die Wachstumsschwäche auf der Insel erweise sich als hartnäckiger und ausgeprägter als befürchtet, hiess es im Herbst 2011. Wieder einmal sollte also das Wirtschaftswachstum auf Pump erzwungen werden. Dabei ist – wie in anderen Regionen – in Grossbritannien nicht die mangelnde Liquidität das Problem, sondern die mangelnde Nachfrage der Konsumenten, die sich noch von den Schuldenexzessen der vergangenen Jahre erholen müssen. Banken wie Privatpersonen sind noch immer dabei, ihre Bilanzen zu sanieren – also die Schulden abzubauen. Das wirkt sich in einer Volkswirtschaft automatisch auf das Wachstum aus. Doch erneut will eine angelsächsische Notenbank die Konsumenten mit billigem Geld zum weiteren Schuldenmachen verführen.

Dazu beigetragen haben dürfte, dass die Notenbank in England, obwohl formell unabhängig, unter starken politischen Druck geraten ist. Im Herbst 2011 riefen Schatzkanzler George Osborne sowie Wirtschaftsminister Vince Cable lauthals nach einer weiteren geldpolitischen Lockerung. Als diese angekündigt wurde, zeigten sie sich hocherfreut. Unabhängigkeit sieht anders aus. Und damit nicht genug: Unaufhörlich fordern Politiker, dass die Notenbanker auch noch zum «credit easing» übergehen und neben britischen Staatspapieren auch Anleihen von Unternehmen sowie gar verbriefte Kredite an kleine und mittelständische Firmen kaufen und garantieren sollen. Bisher hat die Notenbank diesen Rufen widerstanden. King wehrte sich dagegen stets mit dem Argument, dass dies einem Eingriff in den Preissetzungsmechanismus für private Vermögenswerte entsprechen würde, der sich für eine Notenbank nicht rechtfertige. Doch im Juni 2012 lenkte die Bank of England in einen Kompromiss ein. Zusammen mit dem Schatzamt lancierte sie ein Programm zur Vergabe verbilligter Kredite an die Banken, wofür sie als Sicherheiten auch private Kredite der Banken akzeptierte. Wegen des begrenzten Volumens dieses Programms sowie der verbreiteten Skepsis darüber, ob die Kreditnachfrage denn überhaupt genügend gross sein werde, zeigten sich die Wirtschaftsverbände nur beschränkt zufrieden. Das Programm war an die Vergabe von Bankkrediten an Klein- und Mittelbetriebe geknüpft.

Im Juli 2013 trat die Geldpolitik in Grossbritannien dann in eine neue Ära ein. Mit dem Kanadier Mark Carney wurde erstmals in der über 300-jährigen Geschichte der Bank of England ein Ausländer an die Spitze des altehrwürdigen Instituts berufen. Zuvor hatte sich Carney seine Meriten bei der Bank of Canada verdient. Er löste den in Pension gehenden Mervyn King ab, der nach zehn Jahren auf dem Thron der Bank einen Sitz auf Lebenszeit im britischen Oberhaus erhielt. Carney gilt als Vertreter einer ultraexpansiven Geldpolitik, während sein Vorgänger King immerhin gelegentlich darauf hingewiesen hatte, dass zur Ankurbelung des Wachstums auch strukturelle Massnahmen durch die Regierung ergriffen werden müssten. Mit seiner gleich zu Anfang der Amtszeit lancierten Idee, die Geldpolitik nicht mehr an der Geldwertstabilität, sondern an einem Wachstumsziel gemessen am nominalen Bruttoinlandsprodukt auszurichten, scheiterte Carney jedoch kläglich.

Auch unter der Führung von Mark Carney lag die britische Notenbank mit ihren Projektionen und Prognosen teilweise grotesk weit daneben. So unterschätzte die Bank den Wirtschaftsaufschwung der Jahre 2013 bis 2015 massiv, weshalb sich der für Mitte 2016 prognostizierte Rückgang der Arbeitslosigkeit auf 7 Prozent bereits Ende 2013 eingestellt hatte. Das veranlasste die Bank of England jedoch nicht dazu, die Zinsen früher als erwartet zu erhöhen. Im Gegenteil: Carney (er)fand immer neue Ausreden, etwa angebliche wirtschaftliche Schwächezeichen, warum eine Zinserhöhung immer noch verfrüht sei. Insofern ignorierte die Bank of England alle möglichen statistischen Informationen über den Wirtschaftsverlauf und über die Inflation, um weiter an der extrem lockeren Geldpolitik festzuhalten. Die monetäre Ausrichtung auf der Insel lag somit weitgehend im unergründlichen und freien Ermessen des geldpolitischen Ausschusses der britischen Notenbank.

Statt sich an der Arbeitslosigkeit zu orientieren, schielte Carney schliesslich auf die Unterauslastung der Wirtschaft. Die ungenutzte Kapazität müsse erst völlig verschwunden sein, bevor man an eine Zinserhöhung denken könne, sagte er. Anfang 2016 lagen die Leitzinsen in Grossbritannien dann immer noch bei 0,5 Prozent – so wie bereits seit rund sieben Jahren. Eine erste Erhöhung des Zinssatzes erwarteten Marktteilnehmer trotz der gut laufenden Konjunktur auf der Insel zu diesem Zeitpunkt erst für 2017. Lediglich ein Mitglied des geldpolitischen Ausschusses, nämlich Ian McCafferty, plädierte an den Sitzungen der Zentralbank jeweils für die Erhöhung des Zinssatzes um 25 Basispunkte auf 0,75 Prozent. Das Beispiel der Bank of England zeigt, wie schwer sich Währungshüter damit tun, die Zinsen zu erhöhen, während sie mit Zinssenkungen schnell bei der Hand sind. Zumindest insofern dürfte die britische Notenbank ein (negatives) Vorbild für viele Zentralbanken auf der ganzen Welt sein.

## Die Schweiz – im Bann des starken Frankens

Wo steht die Schweiz in diesem ganzen Chaos? Gelegen im Herzen Europas, ist die Schweiz eine Insel und ein Sonderfall, wie Vertreter des Landes immer wieder gerne betonen. Doch auch die Wohlstands- und Stabilitätsinsel Schweiz ist keine Insel der Glückseligen und kann sich den Vorgängen um sie herum nicht entziehen. Zu stark ist die Wirtschaft und zu sehr sind die Finanzmärkte heutzutage international miteinander verwoben. Insofern ist auch die Eidgenossenschaft sehr stark davon betroffen, wenn es den grossen Blöcken der Welt, vor allem den USA und der Eurozone beziehungsweise der Europäischen Union, schlecht geht. Davon zeugen vor allem die Turbulenzen an den Devisenmärkten im Jahr 2011, als der Franken gegenüber dem Euro und dem Dollar innerhalb sehr kurzer Zeit stark an Wert gewann. Eine schnelle Erstarkung einer Währung bringt die Exporteure unter Druck, da sich ihre Produkte im Ausland verteuern. Dies hat für eine kleine, exportorientierte Volkswirtschaft wie die Schweiz schmerzliche Konsequenzen. So können sich beispielsweise Unternehmen nicht mehr schnell genug an die Geschehnisse anpassen und müssen mit sinkenden Margen oder gar Verlusten bis hin zu Konkursen rechnen, was sich dann wieder in Entlassungen und einer steigenden Arbeitslosigkeit spiegelt. Die starke Aufwertung des Frankens durch die Flucht vieler Europäer in den sicheren Hafen Schweiz rief im September 2011 die Schweizerische Nationalbank auf den Plan, die gegenüber dem Euro eine Wechselkursobergrenze für den Franken festlegte. Dies ist aus der Sicht des Euro eine Wechselkursuntergrenze von 1.20 Franken pro Euro. Kurse darunter liess die Schweizerische Nationalbank nicht mehr zu, da sie an dieser Schwelle oder leicht darüber ab dem 6. September 2011 unlimitiert Euro aufkaufte. Erst am 15. Januar 2015 hob die Schweizerische Nationalbank die Wechselkursgrenze wieder auf – damals für nahezu alle Beobachter total überraschend. In den knapp dreieinhalb Jahren dazwischen hatte die Schweizerische Nationalbank die Wechselkursgrenze erfolgreich verteidigt, womit der Franken währungsmässig faktisch an den Euro angebunden war. Dabei zeigt sich ein Vorteil der Eidgenossenschaft gegenüber den Ländern in der Eurozone. Sie ist geldpolitisch weiterhin souverän. Dennoch handelt sie nicht völlig autark. Ihre Massnahmen werden international genau beobachtet und sorgen auch innerhalb der Eidgenossenschaft für hitzige Diskussionen. Dies zeigte sich beispielsweise, als die Schweizerische Nationalbank in den Jahren zuvor am Devisenmarkt intervenierte und dafür Dutzende Milliarden Franken aufwendete. Die Einführung der Wechselkursgrenze erfolgte jedoch mit dem grossen Rückhalt führender Geldpolitiker, Wirtschaftsvertreter und Politiker. Sie fand zudem auch in der Bevölkerung eine starke Unterstützung.

Ganz anders verhielt es sich bei der Aufhebung des Mindestkurses. Im Januar 2015 ging ein Aufschrei durch die Schweiz, der noch lange nachhallte. Die Schweizerische Nationalbank begründete die Massnahme damit, dass sie geldpolitischen Spielraum zurückgewinnen wolle und der Mindestkurs nicht mehr nachhaltig sei. Die beiden grossen Währungsräume Dollar und Euro entwickelten sich nämlich seit einiger Zeit auseinander. Während die Geldpolitik in den USA auf sehr expansivem Niveau etwas restriktiver wurde, gestaltete die Europäische Zentralbank die Geldpolitik immer expansiver. Dies machte es für die Schweizerische Nationalbank immer schwieriger, den Mindestkurs durchzusetzen. Zudem habe die heimische Wirtschaft drei Jahre Planungssicherheit durch den Mindestkurs dazu nutzen können, um sich auf veränderte Rahmenbedingungen mit einem noch stärkeren Franken einzustellen, begründete die Notenbank ihren Schritt. In der Unternehmenswelt wurde dies freilich zum Teil deutlich anders gesehen. Entsprechend war das Aufheulen vieler exportorientierter Unternehmen und der

Schweizer Tourismusbranche laut. Und in der Tat mehrten sich in den folgenden Monaten die Meldungen, dass Unternehmen den Abbau von Arbeitsplätzen in der Schweiz planten. Ordnungspolitisch war es hingegen überfällig, sich von der Kursgrenze zum Euro zu trennen und wieder zu flexiblen Wechselkursen überzugehen. Einige Beobachter stellten zu Recht grundsätzlich infrage, ob die Einführung des Mindestkurses richtig gewesen war.

Die Ursache für die heftige Erstarkung des Frankens vor Einführung des Mindestkurses war eine sich immer stärker akzentuierende Vertrauenskrise im Hinblick auf die beiden grossen Währungen Dollar und Euro. Davon profitierte, nebenbei bemerkt, sogar der japanische Yen. Die Erstarkung des Frankens und des Yen waren Ausdruck der weltweit herrschenden Finanzkrise und des Misstrauens der Anleger in den Dollar und den Euro. Dadurch legte der Franken derart stark zu, dass er, gemessen an der Kaufkraftparität zwischen der Schweiz und der Eurozone, laut der einhelligen Meinung von Experten stark überbewertet war. Durch die Einführung des Mindestkurses näherten sich der Euro-Franken-Wechselkurs und die Kaufkraftparität für dieses Währungspaar von 2012 bis 2014 dann zwar wieder an. Doch nach der Aufhebung des Mindestkurses im Januar 2015 erweiterte sich die Differenz erneut erheblich (vgl. Abbildung 10). Natürlich kann man auch bei der Anwendung der Kaufkraftparität tricksen, indem man entsprechende Parameter des Modells wunschgemäss wählt, doch herrscht durchaus Einigkeit darüber, dass der Franken nach allen herkömmlichen Kriterien bis ins Jahr 2016 hinein stark überbewertet war. Dies stellt für die Schweizer Wirtschaft eine grosse Gefahr dar, da sie, wie erwähnt, stark vom Export abhängig ist. So schnell wie der Franken an Wert zunahm, konnten sich die Unternehmen nicht auf die veränderten Rahmenbedingungen einstellen, sprich die Effizienz erhöhen und die Kosten senken. Insofern erachteten die meisten Beobachter die Einführung der Wechselkursgrenze als gerechtfertigt und zogen Parallelen zur massiven Frankenerstarkung in den Jahren 1977/78.

Da die gezogene Demarkationslinie glaubwürdig vertreten und verteidigt wurde, brauchte die Schweizerische Nationalbank am Anfang nicht allzu grosse Mittel aufzuwenden, um die Grenze zu verteidigen. Ihre Händler mussten nur selten intervenieren. Dies hing vermutlich damit zusammen, dass zum einen die Unterstützung aus der Politik und der Wirtschaft gross und zum anderen mit der Marke von 1.20 Franken pro Euro eine glaubwürdige Grenze gewählt worden war. Als sich im Frühjahr 2012 die Krise im Euroraum wieder verschärfte, war die Schweizerische Nationalbank gezwungen, doch stärker am Devisenmarkt einzugreifen. Dabei rutschte der Kurs des Euro zum Franken für Sekunden sogar zweimal unter die Interventionsmarke.

Die aussergewöhnliche Massnahme der Schweizerischen Nationalbank und der damit verbundene Eingriff in den freien Handel am Devisenmarkt war im Vergleich zu den Aktionen der US-Notenbank und der Europäischen Zentralbank viel eher zu rechtfertigen. Doch auch die Schweizerische Nationalbank ist nicht frei von Sünde. Zusammen mit der US-Notenbank und der Europäischen Zentralbank senkte auch sie nach dem Ausbruch der Finanzkrise die Zinsen sehr stark. Im Herbst 2008 reduzierten die Schweizer Währungshüter sehr schnell den Leitzins von 2,75 Prozent auf 0,5 Prozent. Damals entwickelte sich die Schweizer Wirtschaft noch verhältnismässig gut, wenngleich ein grösserer Einbruch drohte. Insofern kann man die aussergewöhnlich schnelle und starke Reduktion durchaus kritisieren. In zwei weiteren Schritten senkten die Währungshüter den Leitzins im Frühjahr 2009 und nochmals im Sommer 2011 erst auf 0,25 Prozent und dann auf null.

Kurz vor Weihnachten 2014 wurde dann eine neue Eskalationsstufe erreicht. Am 19. Dezember kündigte die Schweizerische Nationalbank erstmals seit den 1970er-Jahren wieder die Einführung von Negativzinsen in der Höhe von −0,25 Prozent auf den 22. Januar 2015 an. Liquidität wurde somit kostenpflichtig. Damit wollte die Schweizerische Nationalbank nach eigenen Angaben den Aufwertungsdruck auf den Franken verringern, der vor allem durch die zu diesem Zeitpunkt akute Rubelkrise sowie die Erwartung noch expansiverer geldpolitischer Massnahmen in der Eurozone verstärkt worden war. Dies sollte dadurch geschehen, dass Anlagen in Franken unattraktiver werden. Negativzinsen bedeuten, dass Geschäftsbanken für die Liquidität, die sie auf Girokonten der Schweizerischen Nationalbank halten, mit Gebühren zur Kasse gebeten werden. Allerdings offerierte die Notenbank einen hohen Freibetrag, der bei Banken, die der Mindestreservevorschrift unterstehen, das 20-Fache der gesetzlich geforderten Reserve ausmachte. Zeitlich fiel die Einführung der Negativzinsen, die mit einer Absenkung des Zielbandes des 3-Monate-Libor von 0,25 Prozent bis −0,75 Prozent einherging, kurz vor die Aufhebung des Mindestkurses am 15. Januar 2015. Kleinanleger waren von der Massnahme bis Frühjahr 2016 nicht betroffen. Negativzinsen waren in der Schweiz keine Neuheit. Bereits im Herbst 1971 hatte die Schweizerische Nationalbank in einem Gentlemen's Agreement mit den Schweizer Geschäftsbanken ein Verzinsungsverbot für kurzfristige ausländische Frankenguthaben eingeführt. Ferner einigte man sich auf einen Negativzins für den künftigen Zuwachs solcher Guthaben, der damals allerdings noch als Kommission bezeichnet wurde. Der Negativzins betrug zunächst 2 Prozent pro Quartal und wurde später bis auf 10 Prozent erhöht. Da es allerdings sehr leicht war, die Bestimmungen zu umgehen, funktionierte die Massnahme insgesamt nicht besonders gut.

Aus wirtschaftlicher Sicht wäre eine Erhöhung der Zinsen in der Schweiz zwar seit Jahren längst angezeigt, doch würden steigende Zinsen den Aufwertungsdruck auf den Franken erhöhen, da die Wechselkurse zwischen den verschiedenen Volkswirtschaften sehr stark auch auf dem jeweiligen Zinsniveau der Währungsräume beruhen. Steigen in einem Wirtschaftsraum die Zinsen, während sie in einem anderen gleich bleiben, führt dies tendenziell dazu, dass die Währung des Wirtschaftsraums mit steigenden Zinsen erstarkt, weil die Anleger dort mehr Rendite für ihr Geld bekommen und somit tendenziell mehr Mittel dorthin fliessen. Bei einem sinkenden Zinsniveau wäre die Wirkungskette genau umgekehrt. Zudem muss man kritisch konstatieren, dass die Schweizer Währungshüter auf einem Auge blind zu sein scheinen. Als der Franken gegenüber dem Euro im Jahr 2007 etwa genauso stark unterbewertet war, wie er im Herbst 2011 überbewertet war, griffen sie nicht ein (vgl. Abbildung 10). Auch dies zeigt tendenziell, dass Notenbanken nur vermeintlich unabhängig sind. Sie sind immer auch Opfer ihres Umfeldes und der politischen Forderungen. Ein sehr schwacher Wechselkurs war für die Schweizer Wirtschaft gut, und deswegen interessierte sich in der Öffentlichkeit niemand dafür, obwohl durch eine schwache Währung die Importe tendenziell teurer werden und die Konsumenten mehr für Waren aus dem Ausland bezahlen müssen.

In das Bild einer etwas einseitig agierenden Schweizerischen Nationalbank passt, dass die Schweizer Notenbanker auch zu früh damit begannen, am Devisenmarkt zu intervenieren, um den Franken im Hinblick auf den Euro zu schwächen. Zwar geben die Hüter des Frankens, die ihren Sitz in Bern und in Zürich haben, offiziell nicht bekannt, ob und wann sie am Devisenmarkt intervenieren beziehungsweise interveniert haben, doch lässt sich aus dem Kursverlauf oft durchaus schliessen, wann dies der Fall gewesen sein muss (vgl. Abbildung 11). So tanzte beispielsweise im Jahr 2009 der Kurs des Euro im Hinblick auf den Franken – dies ist die international übliche Perspektive auf das Währungspaar im Gegensatz zu Franken in Euro – verdächtig lange auf der Marke von 1.51 Franken pro Euro. Diese Schwelle

**Entwicklung der Kaufkraftparität und des Euro in Franken**

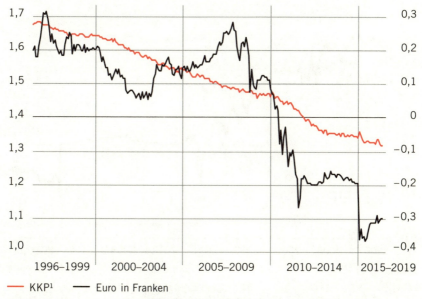

— KKP¹  — Euro in Franken

¹Kaufkraftparität auf Basis der Konsumentenpreise    Quelle: NZZ / Bloomberg

**Abbildung 10**

wurde erst im Dezember unterschritten, und der Euro sackte bis auf gut 1.46 Franken ab. Auch an dieser Marke sieht der Chart so aus, als ob die Schweizerische Nationalbank den Kurs einen Monat lang verteidigt hätte. Das Gleiche gilt für den Zeitraum von April bis Anfang Mai 2010, als der Kurs des Euro wochenlang exakt auf 1.43 Franken lag. Danach scheinen die Währungshüter ihren Widerstand aufgegeben und ihre Finger von Interventionen gelassen zu haben – zumindest wenn man dem Chartverlauf glauben mag. Vermutlich wurden die Schweizer Währungshüter um ihren Präsidenten Philipp Hildebrand dann erst wieder in den dramatischen Tagen des Herbstes 2011 aktiv. Als im Euroraum die Krise mit der Gemeinschaftswährung eskalierte und der Euro innerhalb weniger Tage um fast 20 Prozent von über 1.20 Franken fast auf Parität zum Franken rutschte, griff die Schweizerische Nationalbank zur ultimativen Massnahme. Kurz nachdem sich der Euro wieder auf über 1.10 Franken erholt hatte, kündigte sie wie bereits erwähnt am 6. September 2011 an, ab sofort eine Wechselkursgrenze von 1.20 Franken pro Euro festzulegen.

**Kurs des Euro in Franken und Interventionen der SNB**

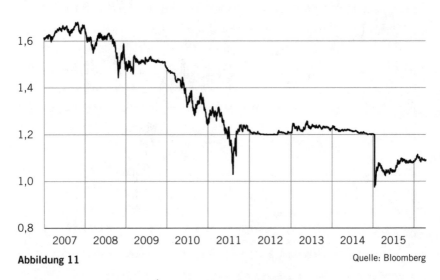

Abbildung 11 — Quelle: Bloomberg

Schon bevor die Schweizerische Nationalbank diese Ultima Ratio ergriff, war sie durch die Devisentransaktionen in den Jahren 2009/10, bei der sie Franken druckte und dafür Euro kaufte, in der Schweizer Öffentlichkeit stark unter Druck geraten. Die Währungshüter führten die Transaktionen durch, weil sie die Gefahr einer Deflation orteten. Doch dieses Argument wurde selbst unter Experten damals wie heute als eher vorgeschoben erachtet. In der Öffentlichkeit und in der Politik ereiferten sich vor allem die Vertreter des äussersten rechten Lagers über das Verhalten der Schweizerischen Nationalbank. Man warf den Währungshütern vor, mit dem Geld der Schweizer zu spekulieren und die Schweizerische Nationalbank in einen gigantischen Hedgefonds zu verwandeln. Bis Ende des Jahres 2011 hatte die Schweizerische Nationalbank Devisenbestände im Umfang von 260 Milliarden Franken angehäuft. Davon ging anfangs nur wenig auf die erst im September gezogene Untergrenze zurück. Im Sommer 2012 stiegen die Devisenbestände vor allem wegen der Wechselkursgrenze auf 365 Milliarden Franken. Bis Ende 2015 schnellte die Bilanz der Schweizerischen Nationalbank wegen der Mindestgrenze und anderer Interventionen im Devisenmarkt auf sage und schreibe 593 Milliarden Franken oder rund 92 Prozent des Bruttoinlandsprodukts an. Aufgrund der grossen Devisenkäufe und der dadurch aufgeblähten Bilanz schwankten die Jahresergebnisse der Schweizerischen Nationalbank in den letzten Jahren enorm. Einem Gewinn von 10 Milliarden Franken in einem Jahr konnte ein Verlust von fast 20 Milliarden Franken im nächsten Jahr folgen. Die Haupttreiber für die Gewinne und Verluste waren neben den Fremdwährungsreserven die Goldbestände in Höhe von rund 50 Milliarden Franken sowie die Zinserträge, die Dividenden und gewisse Kursgewinne auf dem Aktien- und Anleihenportfolio. Bereits Ende 2011 waren die Fremdwährungspositionen der Schweizerischen Nationalbank so gross, dass laut einer Analyse der *Neuen Zürcher Zeitung* eine Verteuerung des Euro und des Dollar gegenüber dem Franken um nur jeweils 2 Rappen der Schweizerischen Nationalbank einen Verlust von etwa 3 Milliarden Franken bescheren würde und ein um 2 Prozent sinkender Goldpreis einen Verlust von rund 1 Milliarde Franken. Das Gleiche gilt auch für die Höhe der möglichen Gewinne bei umgekehrten Vorzeichen. Die Vorgänge bei der Schweizerischen Nationalbank sind auch deshalb ein Politikum, weil die Bank laut einer Vereinbarung mit dem Eidgenössischen Finanzdepartement (EFD), also dem Finanzministerium, bis 2017 jedes Jahr insgesamt 2,5 Milliarden Franken an den Bund und die Kantone verteilen muss – ausser, die sogenannte Ausschüttungsreserve der Schweizerischen Nationalbank fällt unter null. Und genau das ist im Jahr 2010 passiert. Dabei hat die Schweizerische Nationalbank laut Gesetz lediglich den Auftrag, die Preisstabilität zu gewährleisten und dabei konjunkturellen Entwicklungen Rechnung zu tragen. Sowohl der Bund als auch die Kantone haben sich jedoch an die Gewinnausschüttungen der Notenbank gewöhnt.

Die Stimmung in der Öffentlichkeit kochte vor allem deshalb hoch, weil die enormen Eurokäufe der Nationalbank im ersten Halbjahr 2010 ihren Devisenreserven einen Verlust von rund 30 Milliarden Franken bescherten. Ein solcher Vorgang war allerdings alles andere als neu. Bereits von 1971 bis 1977 erlitt die Schweizerische Nationalbank wegen der damaligen Erstarkung des Frankens Währungsverluste von rund 5 Milliarden Franken. 1978 kam ein Verlust von 4,4 Milliarden Franken dazu. Und von 1985 bis 1987 betrugen die Wertverluste auf den vorhandenen Devisenbeständen schliesslich knapp 11 Milliarden Franken. Laut dem emeritierten Geldpolitikprofessor Ernst Baltensperger wurden diese Verluste aber nur zum Teil ausgewiesen, weil man die Devisenbestände damals nicht zum Marktwert, sondern zu einem sogenannten Gleichgewichtskurs bilanzierte und zur Deckung der Verluste einen Rückgriff auf früher gebildete stille Reserven vornahm. Auch die Schwankungen des Goldpreises verursachten immer wieder starke Verluste. Als 1999 der Preis für das Edelmetall seinen Tiefststand erreichte, brachte diese Entwicklung der Schweizerischen Nationalbank einen Verlust auf ihrem Goldbestand von über 40 Milliarden Franken, der, gemessen an der Kaufkraft, sogar noch grösser war. In einem Gastbeitrag für die *Neue Zürcher Zeitung* wies Baltensperger im April 2011 darauf hin, dass die jüngsten Verluste der Schweizerischen Nationalbank sowohl absolut als auch im Vergleich zu ihrer Bilanzsumme durchaus mit früheren Verlusten vergleichbar seien. Der Grandseigneur der Schweizer Geldpolitik erläuterte zudem, Bewertungsschwankungen seien unvermeidbar. Um ihrem geldpolitischen Auftrag nachzukommen, müsse die Schweizerische Nationalbank nämlich stets einen Bestand an Währungsreserven in Form von Devisen und Gold vorhalten, der nicht unter dem Gesichtspunkt von Gewinn und Verlust bewirtschaftet werden dürfe. Schliesslich hätten den immensen Verlusten immer auch wieder grosse Gewinne gegenübergestanden. Zudem merkte Baltensperger an, die Politik der Schweizerischen Nationalbank dürfe nicht am Ertrag ihrer Währungsreserven, also nicht an den daraus resultierenden Gewinnen und Verlusten, gemessen werden. Entscheidend für die Beurteilung der Schweizerischen Nationalbank sei, ob sie die hohe Liquidität und die aufgeblähte Bilanzsumme zeitig wieder zurückfahren werde, wenn der Schweiz eine steigende Inflation drohe. Die Gefahr einer steigenden Teuerung besteht letztlich immer, wenn Geld sozusagen aus dem Nichts geschaffen wird, wie dies auch in der Schweiz geschah. Daher müssen die Währungshüter einer drohenden Inflation gegenüber sehr wachsam sein.

Da die Schweizer Notenbanker in ihrer Not zwischenzeitlich sogar eine Währungsgrenze festgelegt hatten, sind aufgrund der dazu nötigen Eurokäufe die Fremdwährungsbestände bis Ende 2015, wie bereits erwähnt, auf satte 593 Milliarden Franken – rund 92 Prozent des Bruttoinlandsprodukts – gestiegen.

Unabhängig von den unterschiedlichen Ursachen und den hehren Zielen der verschiedenen Notenbanken wurde auch in der Schweiz die Geldmenge erheblich ausgeweitet und die Bilanz der Schweizerischen Nationalbank enorm vergrössert – gemessen am Bruttoinlandsprodukt sogar stärker als in jeder anderen bedeutenden Volkswirtschaft. Wie in den USA, im Euroraum und in Grossbritannien wird auch in der Schweiz die grosse Herausforderung sein, die geschaffene Liquiditätsflut rechtzeitig einzudämmen, also den Stöpsel aus der Badewanne zu ziehen und die Liquidität nach und nach abzulassen. Dabei wird es auch in der Schweiz möglicherweise zu heftigen politischen Widerständen kommen. Dies zeigte sich bereits in den Jahren 2011/12, als verschiedene Gruppierungen mit dem Einsatz der Schweizerischen Nationalbank nicht vollständig zufrieden waren, sondern sogar die Anhebung der Wechselkursgrenze auf 1,30 Franken oder 1,40 Franken forderten. Von diesen Gruppierungen, die politisch vor allem links der Mitte stehen, wird unweigerlich wieder die Forderung kommen, die Schweizerische Nationalbank dürfe nicht aufhören, den Wechselkurs des Frankens zum Euro zu manipulieren, um die heimische Wirtschaft zu stützen. Dies gilt wohl selbst dann, wenn bereits offenkundig ist, dass die Schweizer Unternehmen diese Unterstützung gar nicht mehr benötigen. Eine weitere unbekannte Grösse ist die Inflationstoleranz in den USA und im Euroraum. Je häufiger dort Inflationsraten über dem akzeptierten Mass von rund 2 Prozent toleriert werden, desto schwerer dürfte es auch der Schweizerischen Nationalbank fallen, die Liquidität wieder einzudämmen und umso grösser dürfte die Versuchung sein, auch in der Eidgenossenschaft eine etwas höhere Inflation zuzulassen als erwünscht, obwohl die Schweiz eines der letzten Länder auf der Erde ist, das eine Inflation braucht, um die vergleichsweise geringen Schulden zu reduzieren.

## Japan – unter immensem politischem Druck

Die Geldpolitik allein könne Japan nicht aus der Deflation führen, sagte Masaaki Shirakawa, der ehemalige Präsident der japanischen Notenbank. Bereits seit knapp zwei Jahrzehnten verharrt der Leitzins im Land der aufgehenden Sonne bei quasi null. Im Herbst 1995 senkte die Bank of Japan den Zinssatz von 1 Prozent auf 0,5 Prozent. Seitdem schwankt der Leitzins zwischen 0 Prozent und 0,5 Prozent. Seit Dezember 2008 liegt er sogar nur noch bei 0,1 Prozent. Obwohl die Programme zum Aufkauf von Staatsanleihen jedes Jahr grösser werden, zieht die Inflation bisher kaum an. Das könnte sich ändern, denn wie kaum eine andere Notenbank flutet die japanische Zentralbank die Märkte mit Liquidität – bisher allerdings weitgehend vergebens. Japans Erfahrungen im vergangenen Jahrzehnt zeigen, dass man auch mit einer ultraexpansiven Geldpolitik die Wirtschaft nicht wieder auf einen stabilen Wachstumspfad zwingen kann. Umso erstaunlicher ist es, dass sich in den USA und in Europa die Zentralbanken an der Politik der Bank of Japan zu orientieren scheinen. Japan ist ein exzellentes Beispiel dafür, dass

Geldpolitik nicht alle Probleme lösen kann. Gefordert sind vielmehr Politiker, die endlich Strukturreformen anpacken und diese den Bürgern einleuchtend erklären. In dem asiatischen Inselstaat werden der Globalisierung zum Trotz beispielsweise der Binnenmarkt sowie der Arbeits-, Gesundheits- und Agrarsektor auch im 21. Jahrhundert noch immer stark vom internationalen Wettbewerb abgeschottet. Deshalb, so wird von Aussenstehenden oft kritisiert, mangelt es vielen Unternehmen an der nötigen Robustheit. Doch in Japan sind Politiker, Unternehmer und Bürger schon seit Jahrzehnten nicht mehr bereit, dringend nötige Veränderungen zu akzeptieren, sondern wursteln Jahr für Jahr mehr schlecht als recht weiter – auf Kosten der kommenden Generationen, die für die Versäumnisse bezahlen werden.

Weil sich die politische Klasse weigert, die bei der Bevölkerung unbeliebten, aber dringend nötigen Reformen anzupacken, gerät die Bank of Japan, die formell seit dem Jahr 1998 unabhängig ist, immer mehr unter Druck. Politiker von Regierung und Opposition fordern von der Bank of Japan, die laxe Geldpolitik noch stärker zu lockern. Diesem Drängen gaben die Zentralbanker im Februar 2012 und dann nochmals im April nach. Sie stockten das Programm zum Ankauf von Wertpapieren erst um 10 Billionen und dann nochmals um 5 Billionen Yen auf nun insgesamt 70 Billionen Yen (das sind 692 Milliarden Euro beziehungsweise 832 Milliarden Franken) auf. Zudem stockte die Bank of Japan zur Förderung der sogenannten Zukunftsindustrien ein bereits bestehendes Kreditprogramm um 2 Billionen auf 5 Billionen Yen auf und verlängerte es um zwei Jahre bis 2014. Auch dieser Eingriff in die Märkte und in die Strukturpolitik ist aus geldpolitischer Sicht höchst fragwürdig. Ohnehin kauft die japanische Zentralbank seit Jahren für gut 20 Billionen Yen (das sind 198 Milliarden Euro beziehungsweise 237 Milliarden Franken) Wertpapiere und erleichtert es dem hoch verschuldeten Staat so, sich zu refinanzieren. Wie sehr Politiker auf die japanische Nationalbank Druck ausüben, zeigte exemplarisch ein Vorgang im Juni 2012, als zwei ehemalige Investmentbanker von Nomura beziehungsweise Morgan Stanley zu neuen Ratsmitgliedern der Bank of Japan ernannt wurden. Beide galten als Befürworter einer noch stärkeren Lockerung der Geldpolitik. Zuvor war ein Favorit der Notenbank – ebenfalls ein ehemaliger Investmentbanker, der jedoch als Gegner weiterer expansiver Massnahmen angesehen wurde – vom Parlament abgelehnt worden.

Doch damit war es längst noch nicht genug. Der Druck aus der Politik auf die japanische Notenbank nahm immer mehr zu – gleichzeitig stieg die

Skepsis des damaligen Gouverneurs Shirakawa. Dennoch kündigte er im September 2012 die Aufstockung des laufenden Programms um 10 Billionen Yen auf dann 80 Billionen Yen (930 Milliarden Franken) an. Die Hälfte der Aufstockung war für lang laufende japanische Staatsanleihen und die andere Hälfte für kurzfristige Staatstitel, sogenannte T-Bills, vorgesehen. Im Oktober erhöhte die Bank of Japan die Summe dann nochmals um 11 Billionen Yen auf 91 Billionen Yen (960 Milliarden Franken). Und im Januar 2013 kündigten die Notenbanker einen unbefristeten Kauf von Staatsanleihen und anderen Wertpapieren ab dem Jahr 2014 an. Zudem verpflichtete sich die Bank of Japan in einer gemeinsamen Erklärung mit der Regierung auf ein Inflationsziel von 2 Prozent. Der japanischen Regierung um Ministerpräsident Shinzo Abe ging das aber alles noch nicht weit genug, insofern suchte sie einen Nachfolger für Shirakawa und wurde schliesslich mit Haruhiko Kuroda fündig. Zuvor hatte Abe unverhohlen damit gedroht, die gesetzliche Unabhängigkeit der Bank of Japan abzuschaffen. Shirakawa legte entsprechend unter Protest und früher als geplant bereits im März 2013 sein Amt nieder. Dies war ein klares Signal gegen die drastischen Interventionen der Regierung – ein für Japan, das Land der versteckten Kritik und der Gesichtswahrung, extrem ungewöhnlicher Vorgang.

Kuroda war bei der Nominierung noch Präsident der Asiatischen Entwicklungsbank, hatte zuvor lange Zeit als Leiter der internationalen Abteilung im japanischen Finanzministerium gearbeitet und galt als Verfechter einer aggressiven Geldpolitik und direkter Interventionen in die Devisenmärkte. Diesem Ruf wurde er schnell gerecht. Bei seinem Amtsantritt im April 2013 versprach Kuroda, die um die Nulllinie pendelnde Inflationsrate in Japan binnen zweier Jahre auf 2 Prozent bringen zu wollen. Zudem plante er, die Geldbasis ebenfalls innerhalb von zwei Jahren zu verdoppeln und dann auch mehr als doppelt so viele Staatsanleihen in der Bilanz zu halten. Darüber hinaus begann die Notenbank, auch noch Anlageklassen wie börsengehandelte Indexfonds und Anteile börsenkotierter Immobiliengesellschaften zu erwerben. Unter Berücksichtigung auslaufender Staatsanleihen kaufte die Notenbank dann jährlich netto staatliche Papiere über 50 Billionen Yen (450 Milliarden Franken). Ende 2014 hatte sie schliesslich Staatsanleihen für rund 200 Billionen Yen in den Büchern. Aufgrund dieser Entwicklung musste die japanische Notenbank auch die sogenannte Banknotenregel vorübergehend ausser Kraft setzen. Die Regel besagt, dass die von der Notenbank gehaltenen Staatsanleihen nicht den Banknotenumlauf (im Jahr 2013 waren das 88 Billionen Yen) überschreiten darf. Damit sollte verhindert werden, dass der Staatshaushalt über die Notenpresse finanziert wird. Zu diesem Zeitpunkt war Japan bereits mit 240 Prozent des Bruttoinlandsprodukts verschuldet. Ende 2014 wurde dann der Ankauf von Staatsanleihen nochmals erhöht.

Sosehr sich Kuroda jedoch anstrengte, seine Politik umzusetzen und den Forderungen der Regierung gerecht zu werden, so wenig erreichte er seine Ziele. Zwar kletterte die Inflation im Frühjahr 2015 auf das Ziel von 2 Prozent, doch dies lag allein an einer Mehrwertsteuererhöhung von 5 Prozent auf 8 Prozent zum 1. April 2014. Ohne diesen Effekt wären die Preise unverändert geblieben. Die Neuverschuldung in Japan erreichte 7 Prozent des Bruttoinlandsprodukts, war also mehr als doppelt so hoch wie die Verschuldungsgrenze in Europa von 3 Prozent. Die Erreichung des Inflationsziels musste Kuroda mehrere Male nach hinten verschieben, zuletzt auf das Sommerhalbjahr 2017. Die Wirtschaft kam trotz aller Massnahmen nicht in Schwung, es fehlten weiterhin die dafür nötigen, aber unbeliebten Strukturreformen. Japan drohte sogar mehrfach in eine Rezession zurückzufallen, was 2014 dann auch für ein halbes Jahr geschah. Im Januar 2016 tat es Kuroda dann einigen seiner europäischen Kollegen gleich und führte ebenfalls Negativzinsen ein. Mit einer knappen Mehrheit von fünf zu vier Stimmen beschloss der geldpolitische Rat der Bank of Japan, künftig Teile der Überschussreserven der Geschäftsbanken mit einem negativen Zinssatz von 0,1 Prozent zu belegen.

Finanzpolitisch wird es im Land der aufgehenden Sonne immer düsterer. Japan war 2015 mit geschätzt rund 250 Prozent seiner jährlichen Wirtschaftsleistung verschuldet. Damit übertrifft das asiatische Land die Schulden Italiens (133 Prozent) um fast das Doppelte und liegt nach dem Schuldenschnitt in Athen sogar weit über dem Wert von Griechenland (173 Prozent). Da in Japan die Schulden allerdings hauptsächlich im Inland gehalten werden, ist man von ausländischem Kapital – im Gegensatz zu vielen europäischen Krisenländern – kaum abhängig. Nur gut 8 Prozent der Schulden werden von Ausländern finanziert. Mitte 2014 hielten die japanischen Geschäftsbanken etwa 29 Prozent der ausstehenden Staatsanleihen, die japanischen Versicherungen rund 19 Prozent, staatliche Einrichtungen (ohne Notenbank) etwa 9 Prozent und die Bank of Japan gut 20 Prozent. Die japanische Notenbank war also bereits der zweitwichtigste Gläubiger des Landes geworden. Bis Anfang 2016 lag der Wert dann sogar bei 30 Prozent.

Zu Recht fürchten sich die Geldpolitiker des Inselstaates immer mehr davor, dass an den Finanzmärkten der Eindruck entsteht, Japan werfe die Gelddruckmaschine für Geldnoten an, um das immense Defizit des Landes zu finanzieren. Dadurch könnte das Vertrauen in die Notenbank verloren gehen, und es könnten sich eine stark steigende Inflation sowie damit einhergehend steigende Zinsen entwickeln. Doch tatsächlich anziehende Zinsen wären für den Staat der Todesstoss, da diese den Schuldendienst auf die hohe Staatsverschuldung sehr schnell in die Höhe treiben und Japan an den Rand des Konkurses führen würden. Fast die Hälfte der Ausgaben finanzierte die Regierung in den vergangenen Jahren mit neuen Schulden. Dabei ist Japan wie erwähnt ohnehin schon das am höchsten in der Kreide stehende Industrieland der Welt. Immer mehr setzt sich bei vielen Beobachtern der Eindruck durch, dass es sich bei dem exorbitanten Ankauf von Staatsanleihen um eine sogenannte Monetarisierung der Staatsschulden handelt. Das bedeutet, dass sich der Staat quasi selber finanziert, indem er das benötigte Geld von der – formell ja unabhängigen – Notenbank drucken lässt. Daher werden Vertreter der Bank of Japan auch nicht müde, das Ankaufprogramm für Staatsanleihen mit dem Versuch zu rechtfertigen, das Wirtschaftswachstum solle gefördert und nicht etwa das Haushaltsdefizit gedeckt werden. Doch diese Argumentation verliert immer mehr an Glaubwürdigkeit. Mitte des Jahres 2015 machte der Bestand an Staatsanleihen bei der Bank of Japan bereits fast 70 Prozent der jährlichen Wirtschaftsleistung aus. Ende 2011 waren es noch 18 Prozent gewesen, was ebenfalls schon hoch war.

Die Ursache für die jahrzehntelange Deflation in Japan war das Platzen einer Immobilienblase Anfang der 1990er-Jahre, wodurch Unternehmen und Banken immense Abschreibungen vornehmen mussten und dabei gewaltige Verluste erlitten. Die daraufhin eingeleitete Nullzinspolitik der Bank of Japan nutzten die Unternehmen und Banken aber nicht dazu, mit dem günstigen Geld neue Märkte zu erschliessen oder Innovationen zu fördern, sondern sie senkten lediglich die Kosten und bauten Schulden ab. Im Nachgang der geplatzten Immobilienblase steigerten die in der Hauptstadt Tokio beheimateten Währungshüter die Geldversorgung der Geschäftsbanken um fast 30 Prozent. Zugleich wuchsen die Kredite dieser Geschäftsbanken an die Unternehmen jedoch nur um gut 3 Prozent. Das Geld kam also kaum in der Wirtschaft an, weil es die Banken zur Sanierung ihrer Bilanzen nutzten. Heutzutage sieht es allerdings anders aus. Nicht mehr die Unternehmen brauchen dringend Kredite, sondern der Staat ist auf Käufer seiner Staatsanleihen angewiesen. Das übernehmen, wie die anfangs präsentierten Zahlen zeigen, primär die Geschäftsbanken, die somit nach und nach zu gigantischen Staatsanleihefonds degeneriert sind.

Ebenso wie die Schweizerische Nationalbank sah sich auch die japanische Zentralbank durch die eskalierende Finanzkrise dazu gezwungen, am Devisenmarkt zu intervenieren. Im Rahmen der weltweiten Krise war nämlich auch der Yen gegenüber dem Dollar und dem Euro massiv erstarkt. Im Jahr 2007 kostete der Dollar phasenweise noch über 120 Yen. Dann zog der Wert der japanischen Währung kontinuierlich, aber in Wellenbewegungen bis auf unter 80 Yen für einen Dollar an. Im Rahmen dieser Erstarkung – es mussten ja immer weniger Yen für einen Dollar bezahlt werden, was einer Aufwertung des Yen gleichkommt – intervenierte die japanische Notenbank mehrfach zugunsten des Dollar, um die Erstarkung des Yen aufzuhalten oder zumindest zu bremsen. Einen ersten Höhepunkt erreichten die Interventionen am Devisenmarkt nach der dreifachen Katastrophe im Frühjahr 2011, bestehend aus Erdbeben, Tsunami und atomarem Desaster. Als die japanische Währung direkt nach der Kernschmelze massiv erstarkte, startete die japanische Notenbank mit anderen bedeutenden Zentralbanken eine konzertierte Aktion, um den Yen zu schwächen. Die ohnehin durch das Unglück angeschlagene japanische Wirtschaft sollte nicht noch zusätzlich durch eine enorme Aufwertung des Yen belastet werden, die sich dämpfend auf die Exporte der Unternehmen auswirken würde. Der Eingriff ins freie Spiel der Marktkräfte war insofern erfolgreich, als der Yen danach für mehrere Monate über der Marke von 80 Yen für einen Dollar pendelte. Das war das Niveau, auf dem er auch in den Monaten vor dem Tsunami in etwa gelegen hatte und mit dem viele exportorientierte Unternehmen in Japan zu diesem Zeitpunkt kalkuliert hatten.

Durch die weitere Eskalation der Finanzkrise im Euroraum sowie durch die schwachen Konjunkturdaten in den USA geriet der Yen im zweiten Halbjahr 2011 aber erneut unter Aufwertungsdruck. Allerdings setzte die japanische Notenbank dann eine Grenze bei rund 76 Yen für einen Dollar. In seiner besten Zeit stieg der Yen am 31. Oktober 2011 bis auf 75.57 Yen pro Dollar. Das entsprach dem höchsten Stand in der Geschichte. Lediglich direkt nach dem starken Erdbeben in Kobe im Jahr 1995, als der Yen innerhalb kurzer Zeit um rund 20 Prozent dramatisch stieg, erreichte die japanische Währung mit 79.75 Yen für einen Dollar einen ähnlichen Wert. Auch damals intervenierten die Notenbanken in einer gemeinsamen Aktion am

Devisenmarkt, um den rasanten Höhenflug des Yen zu bremsen. Zwar legten die japanischen Währungshüter im Gegensatz zu ihren Schweizer Kollegen keine offizielle Grenze, etwa bei eben jenen 76 Yen pro Dollar, fest, die unumstösslich verteidigt werden sollte. Doch sie liessen den Yen, abgesehen von kurzzeitigen Ausnahmen, nicht mehr unter diese Schwelle fallen (vgl. Abbildung 12). Erst im Februar und März 2012 erlitt der Yen dann einen Schwächeanfall, als sich die Wirtschaft in den USA zu erholen schien und die Krise in Europa etwas an Dramatik verlor. Dabei kletterte die Währung bis auf 85 Yen pro Dollar. Im Sommer 2012 erstarkte die japanische Währung dann wieder auf rund 80 Yen pro Dollar.

Im Frühjahr 2016 war von einer Stärke des Yen dann allerdings keine Rede mehr, gesprochen wurde nur noch von der Schwäche der Währung. Die aggressive Aufstockung des Wertpapierkaufprogramms der Bank of Japan ab Ende 2012 schickte die japanische Währung auf einen dramatischen Sinkflug. In einer ersten Welle von Herbst 2012 bis Frühjahr 2013 schwächte sich der Yen gegenüber dem Dollar von rund 80 auf etwa 100 Yen pro Dollar um 25 Prozent ab. In einer zweiten Welle ging es von Mitte 2014

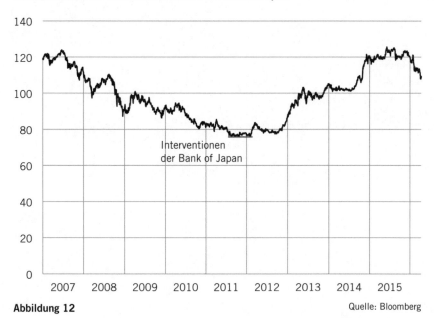

**Kurs des Dollar in Yen und Interventionen der Bank of Japan**

**Abbildung 12**　　　　　　　　　　　　　　　　　　　　　　　　Quelle: Bloomberg

bis Mitte 2015 von gut 100 auf in der Spitze 126 Yen pro Dollar um 26 Prozent bergab. Ähnliche Bewegungen gab es auch gegenüber anderen Währungen. So sieht es letztlich aus, wenn eine Regierung beziehungsweise eine Notenbank den Aussenwert ihrer Währung nach und nach zerstört.

# Ein Bild des Schreckens – die Aktivitäten der einzelnen Notenbanken

«Das Papiergeld kehrt früher oder später zu seinem inneren Wert zurück – null.»

Voltaire, französischer Philosoph

## Implosion der Leitzinsen auf faktisch null

Die Finanzkrise hat zu einer kaum je da gewesenen Konvergenz bei den Leitzinsen geführt. Der Leitzinssatz ist der von einer Zentralbank für den eigenen Währungsbereich festgelegte Zinssatz, zu dem sich Geschäftsbanken bei ihr gegen die Hinterlegung von Sicherheiten Geld leihen dürfen. Mit dem Leitzins versuchen die Notenbanken laut verschiedener Definitionen, das Zinsniveau, die Kreditvergabe, die Liquidität, die Preisentwicklung und letztlich den heimischen Geld- und Kapitalmarkt zu steuern. In den grossen Währungsräumen unterschieden sich die Leitzinsen vor dem Ausbruch der Turbulenzen teilweise erheblich. Ende des Sommers 2007, kurz bevor das Unheil seinen Lauf nahm, lag die sogenannte Federal Funds Target Rate der US-Notenbank noch bei 5,25 Prozent, der Hauptrefinanzierungssatz der Europäischen Zentralbank in der Eurozone betrug 4 Prozent, und die Official Bank Rate der Bank of England in Grossbritannien stand bei 5,75 Prozent. In der Schweiz war das Zinsniveau zu diesem Zeitpunkt – wie traditionell üblich – deutlich niedriger. Der Libor-Target-Satz der Schweizerischen Nationalbank lag bei 2,75 Prozent. Einen Ausreisser stellten allein die Leitzinsen in Japan dar. Aufgrund der seit über einem Jahrzehnt grassierenden Deflation lag die Target Rate der Bank of Japan bereits seit Herbst 1995 bei 0,5 Prozent (vgl. Abbildung 13). Gut anderthalb Jahre danach hatte die Welt eine Serie der grössten und schnellsten Leitzinssenkungen der Geschichte gesehen, die alle grossen Währungsräume betraf.

Sowohl in den USA als auch in Grossbritannien und in der Schweiz sank der Leitzinssatz auf faktisch null. Lediglich die Europäische Zentralbank, damals noch stärker in der Tradition der Deutschen Bundesbank verhaftet, hielt sich etwas zurück und senkte den Zins auf lediglich 1 Prozent. Zudem

**Leitzins verschiedener Zentralbanken**
In Prozent

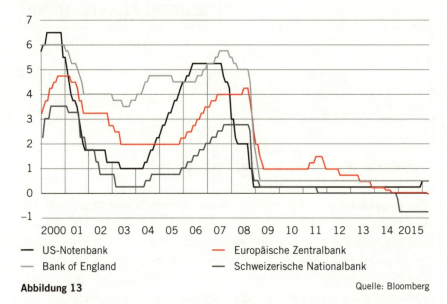

Abbildung 13    Quelle: Bloomberg

unternahm sie zwischendurch als einzige Zentralbank einen Anlauf, das Zinsniveau etwas zu normalisieren. 2011 erhöhte sie, angetrieben von den deutschen Inflationsfalken im Rat der Europäischen Zentralbank, den Leitsatz in zwei Schritten auf 1,5 Prozent. Allerdings konnte sie dieses Niveau nicht allzu lange durchhalten, da sich eine erneut verschlechternde Konjunktur innerhalb und ausserhalb der Eurozone sowie die neuerliche Eskalation der Schuldenkrise zu negativ auf das Wirtschaftsumfeld auswirkten. Im Herbst 2011 senkten die europäischen Währungshüter den Hauptrefinanzierungssatz daher in zwei Schritten auf 1 Prozent und im Juli 2012 sogar auf 0,75 Prozent. Aufgrund der harzenden Konjunktur im Euroraum und der immer wieder eskalierenden Schuldenkrise in Griechenland reduzierten die europäischen Währungshüter die Leitzinsen in den Jahren 2013 und 2014 in mehreren Schritten weiter. Im August 2014 wurden schliesslich 0,05 Prozent erreicht, ein zuvor nie dagewesener Wert. Darüber hinaus startete die Europäische Zentralbank, wie im Kapitel «Die Eurozone – Zerreissprobe zwischen Nord und Süd» beschrieben, Anfang 2015 ihr eigenes Wertpapierkaufprogramm.

Im Frühjahr 2016 senkte die Europäische Zentralbank den Zinssatz in der Eurozone von 0,05 Prozent auf 0 Prozent und schaffte damit den Zins endgültig ab. Die Europäische Zentralbank weitete zudem das Wertpapierkaufprogramm aus. Auch Grossbritannien und Japan hielten bis zu diesem Zeitpunkt mit Sätzen von 0,5 Prozent und 0,1 Prozent unverändert weiter an ihrer Tiefstzinspolitik fest. Die Schweizerische Nationalbank ging zur Schwächung des sehr starken Frankens sogar noch weiter. Zusammen mit der Aufhebung des Euro-Franken-Mindestkurses senkte sie die Leitzinsen in zwei Schritten im Dezember 2014 und im Januar 2015 in den negativen Bereich. Seitdem liegt das Zielband der SNB bei −0,25 Prozent bis −1,25 Prozent, wobei der angestrebte mittlere Wert −0,75 Prozent beträgt. Die SNB erhebt also quasi eine Steuer auf Einlagen bei ihr. Bewegung nach oben gab es einzig in den USA. Nach sieben Jahren faktischer Nullzinspolitik mit einer Federal Funds Target Rate von 0 Prozent bis 0,25 Prozent erhöhte die US-Notenbank im Dezember 2015 den Leitzins um 25 Basispunkte auf 0,25 Prozent bis 0,5 Prozent. Vorausgegangen war der ersten Zinserhöhung seit dem Jahr 2006 eine endlos anmutende Diskussion innerhalb des zinsbestimmenden Offenmarktausschusses der Federal Reserve und an den Finanzmärkten, wobei die Aussicht auf steigende Zinsen jeweils für Turbulenzen an den Aktienmärkten der Industriestaaten und vor allem der Schwellenländer sowie bei den Währungen der Schwellenländer verursachte. Die Diskussion und die Turbulenzen erstaunten umso mehr, als die Konjunktur in den USA seit Jahren robust und auch die Arbeitslosigkeit wieder deutlich gesunken war. Dies zeigte einmal mehr, wie schwierig Zinswenden nach oben für Notenbanker aufgrund des herrschenden Drucks sind.

Ob und wann die Zentralbanken von der Tiefst- beziehungsweise Nullzinspolitik wieder abrücken und sich die Zinsen normalisieren oder ob alle anderen Notenbanken dem Weg der dauerhaften Nullzinspolitik der japanischen Zentralbank folgen, steht noch in den Sternen. Auf jeden Fall ist eines schon jetzt sicher: Sollten die Zentralbanker in aller Herren Länder versuchen, das Zinsniveau dereinst zu normalisieren, dürften sie von den Politikern und Unternehmern in ihrer Heimatregion sowie von transnationalen Organisationen wie dem Internationalen Währungsfonds (IMF) unter erheblichen Druck geraten, da diese angesichts der Zinserhöhung aufschreien werden. Dies hat sich in den USA im Jahr 2015 bereits beispielhaft gezeigt. Einmal mehr wird sich dann zeigen, dass es sich bei der viel beschworenen Unabhängigkeit der Notenbanken nur um eine formelle, nicht aber um eine tatsächliche Unabhängigkeit handelt. Und wieder einmal werden die Leitzinsen wohl zu lange zu niedrig bleiben.

## Vervielfachung der Notenbankbilanzen

Die Notenbanken senkten nicht nur den Leitzins in einem enormen Tempo und halten seitdem an der Quasi-Nullzinspolitik fest, sondern blähten durch die ausserordentlichen geldpolitischen Lockerungen ihre Bilanzen in einem ungeheuerlichen Ausmass auf. Die Finanzkrise hat die Welt der Zentralbanken fundamental verändert. Im Vergleich mit der Zeit vor der Finanzkrise haben die Notenbanken der Industriestaaten heutzutage sehr viel mehr Risiken in ihren Büchern stehen. Die Bilanz der US-Notenbank betrug Ende 2007 noch rund 800 Milliarden Dollar, explodierte dann 2008 auf über 2000 Milliarden Dollar, stand im Sommer des Jahres 2012 bei rund 2900 Milliarden Dollar und erreichte zum Jahreswechsel 2014/15 ihr bisheriges und bis Anfang 2016 bestehendes Spitzenniveau von etwa 4500 Milliarden Dollar. Ein ähnliches Bild ergibt sich in Europa. Ende 2007 betrug die Bilanz der Europäischen Zentralbank rund 1300 Milliarden Euro. Dieser Wert stieg bis August 2012 auf über 3000 Milliarden Euro an. Er sank dann zwar bis Sommer 2014 durch eine restriktivere Politik der Europäischen Zentralbank wieder auf 2000 Milliarden Euro, doch mit dem Beginn des neuen Wertpapierkaufprogramms wuchs die Bilanz bis Anfang 2016 erneut auf rund 2750 Milliarden Euro – Tendenz weiter steigend. Und die Bank of England vergrösserte ihre Bilanz seit 2008 von unter 100 Milliarden auf über 400 Milliarden Pfund.

Ursache der enormen Vergrösserung bei den Zentralbankbilanzen waren die Käufe verschiedener Wertschriften, hauptsächlich von Staatsanleihen aus dem jeweiligen Währungsgebiet, im Rahmen der monetären Lockerungen. So initiierte die US-Notenbank mehrere Runden extremer geldpolitischer Ausweitungen, bei denen sie verschiedene Wertschriften kaufte. Die Europäische Zentralbank erwarb ebenfalls direkt Staatsanleihen von Mitgliedsländern der Eurozone, die aufgrund ihrer hohen Verschuldung unter Druck gekommen waren und sich selbst nicht mehr am Markt zu erträglichen Konditionen refinanzieren konnten. Zudem stellte sie an zwei Terminen Ende 2011 beziehungsweise Anfang 2012 den Banken der Eurozone unlimitiert Kredite für drei Jahre in einer Gesamthöhe von rund 1000 Milliarden Euro zur Verfügung. Im Fachjargon wurde die Aktion als Drei-Jahre-Tender bezeichnet. Dies war praktisch eine Staatsfinanzierung durch die Hintertür, da die Banken einen grossen Teil der Mittel wieder in Staatsanleihen investierten. Anfang 2015 begann die EZB dann mit ihrer eigenen Version eines

Quantitative Easing, bei dem sie auf unterschiedlichen Märkten in der Eurozone Wertpapiere aufkaufte. Auch die Bank of England kaufte britische Staatsanleihen und weitete ihre Bilanz damit stark aus. In der Schweiz hingegen war der Fall etwas anders gelagert. Hier investierte die Schweizerische Nationalbank enorme Summen zur Schwächung des Frankens.

Die Massnahmen sind in ihrem Ausmass allesamt ungeheuerlich. Blickt man auf die Folgen dieses – wie manche Beobachter meinen – grössten geldpolitischen Experiments aller Zeiten, kann einem angst und bange werden. So hat sich im Vergleich zum Vorkrisenniveau die Bilanz der Bank of England mehr als vervierfacht, jene der US-Notenbank und der Schweizerischen Nationalbank haben sich sogar mehr als verfünffacht, und die der Europäischen Zentralbank hat sich mehr als verdoppelt. Die Bank of Japan legte erst 2012/13 richtig los, doch seitdem hat sich ihre Bilanz ebenfalls mehr als verdreifacht (vgl. Abbildung 14).

Aufschlussreich ist es auch, wenn man die Grösse der Bilanzen bei den Zentralbanken im Vergleich zu dem jeweiligen Bruttoinlandsprodukt des Heimatlandes beziehungsweise der Heimatregion betrachtet. Aus dieser Perspektive hat die Schweizerische Nationalbank am meisten getan. Zwischendurch machte ihre Bilanz beinahe 90 Prozent des schweizerischen

**Bilanzen führender Notenbanken I**
Stand Juli 2015; indexiert: 1.1.2007 = 100

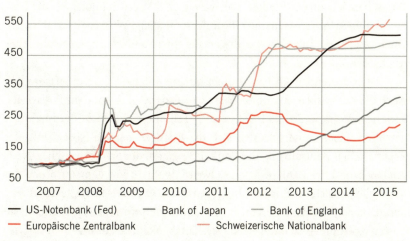

**Abbildung 14**  Quelle: Bloomberg

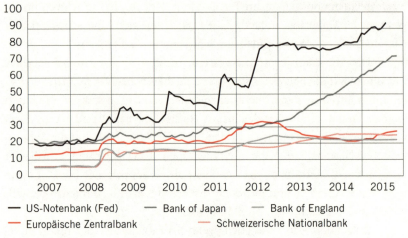

**Bilanzen führender Notenbanken II**
Stand Juli 2015; in Prozent des jeweiligen Bruttoinlandsprodukts

Abbildung 15    Quelle: Bloomberg

Bruttoinlandsprodukts aus (vgl. Abbildung 15). Die Bank of Japan kommt inzwischen mit ihrer Bilanz auf über 70 Prozent des japanischen Bruttoinlandsprodukts. Vergleichsweise harmlos sehen dagegen die Bank of England, die US-Notenbank und die Europäische Zentralbank aus, deren Bilanzen Anfang 2016 jeweils zwischen 20 Prozent und 30 Prozent der heimischen Wirtschaftsleistung darstellten. Der Vergleich mag etwas hinken, da die Länder verschiedene Grössen und eine unterschiedliche Wirtschaftskraft haben. Doch zeigt er die Bilanzausweitungen aus einem anderen, noch gefährlicher wirkenden Blickwinkel.

Die Notenbanken haben nicht nur die Bilanzen extrem ausgeweitet. Auch die Zusammensetzung der Bilanzen, also die Aktiv- und die Passivseite, änderte sich stark. Da die Institute zum Teil unterschiedliche Massnahmen getroffen haben, unterscheiden sich die Bilanzen der US-Notenbank, der Europäischen Zentralbank, der Bank of England, der Schweizerischen Nationalbank und der Bank of Japan teilweise deutlich. Vor dem Ausbruch der Krise glichen sich die Bilanzen hingegen stark. Auf der Aktivseite der Bilanz befinden sich normalerweise Devisen- und Goldpositionen als markanteste Posten sowie die Ausleihungen an Geschäftsbanken. Letztere werden vorwiegend im Rahmen sogenannter Offenmarktoperationen vorgenommen. Die

Passivseite wird dagegen normalerweise von den in der Wirtschaft im Umlauf befindlichen Banknoten sowie von den Bankreserven dominiert.

Durch die Pleite der amerikanischen Investmentbank Lehman Brothers im Herbst 2008 und das danach herrschende gegenseitige Misstrauen unter den Banken über den jeweiligen Zustand des Gegenübers war der Interbankenhandel nahezu zum Erliegen gekommen. Mit einer Reihe von Massnahmen versuchten die Zentralbanken deshalb, den Geschäftsbanken künstlich Liquidität zur Verfügung zu stellen. Sie führten beispielsweise zusätzliche Finanzierungsoperationen ein, erweiterten die akzeptierten Sicherheiten, die die Geschäftsbanken für die Aufnahme von Krediten bei den Notenbanken hinterlegen müssen, und vergrösserten den Teilnehmerkreis für den Zugang zu den Geldern der Zentralbank. Wegen all dieser Operationen wuchsen die Bilanzen der Zentralbanken – wie vorher beschrieben – in einem noch nie da gewesenen Ausmass. In Bezug auf die Bank of England handelte es sich bei der Ausweitung der Bilanz in den Wochen und Monaten nach der Pleite von Lehman Brothers um die grösste ihrer Geschichte. Sie war noch grösser als während der Grossen Depression im vergangenen Jahrhundert.

## Explosion der Geldbasis

Mit der Aufblähung der Bilanzen ging auch eine Ausweitung der Geldmenge M0, der sogenannten Geldbasis, einher. Die Geldbasis, die auch als monetäre Basis oder als Zentralbankgeld bezeichnet wird, umfasst je nach exakter Definition den Bestand des Zentralbankgeldes der Geschäftsbanken, das heisst die Mindest- und die Überschussreserven, sowie den Bargeldumlauf, das heisst die Banknoten und Münzen ausserhalb des Bankensystems. Im weitesten Sinn spiegelt die Geldbasis laut Experten die Passivseite einer Zentralbankbilanz. Auch bei der Ausweitung der Geldmenge M0 liegt die Schweiz im internationalen Vergleich der Notenbanken weit vorne. Von 2008 bis 2012 hatte sich die Geldbasis in der Eidgenossenschaft verfünffacht. Auf eine annähernde Steigerung kam nur Grossbritannien, wo sich die Geldbasis im gleichen Zeitraum mehr als vervierfacht hat. In den USA wiederum gab es eine Verdreifachung der Geldmenge M0. Sie ist aber immerhin seit etwa einem Jahr konstant. Vergleichsweise besser sah aus dieser Sicht der Euroraum aus, in dem sich die Geldbasis «nur» in etwa verzweieinhalbfachte. Schaut man auf die summierte Entwicklung der Geldbasis für China, die Eurozone, Japan, die Schweiz, die USA und das Vereinigte Königreich, zeigt sich ebenfalls ein dramatischer Anstieg (vgl. Abbildung 16). Die Geldbasis hat sich seit dem Jahr 2008 beinahe verdreifacht – und dieser Trend dürfte noch nicht am Ende sein.

Derzeit schlägt sich die immense Ausweitung der Geldmenge M0 noch nicht in den Geldmengen M2 und M3 nieder, die für die Analyse der Inflationsrisiken relevant sind. Die Banken geben das Geld noch nicht allzu stark in den Wirtschaftskreislauf, sondern reichen es vor allem in Europa wieder an die Notenbank quasi zur Zwischenlagerung zurück. Die Deutsche Bank wies Anfang 2012 in einer Studie darauf hin, dass durch die Krise kurzfristig erhebliche Verzerrungen der Geldmenge und der Nachfrage nach Geld auftreten würden. Die Gründe seien vor allem eine Nachfrage aus Vorsichtsgründen und Portfolioumschichtungen. Diese Volatilität der Geldnachfrage mindere den Nutzen der Geldmengenaggregate als Indikator für die mittel- bis langfristigen Inflationsraten. Sowohl in den USA als auch in Europa ist die Geldmenge M2 in den vergangenen 25 Jahren stets gestiegen, wobei es verschiedene Beschleunigungsphasen gab. Die Geldmenge M3 wird

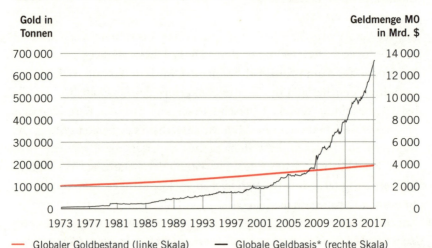

**Aggregierte Entwicklung der Geldmenge M0 in führenden Volkswirtschaften**

— Globaler Goldbestand (linke Skala)   — Globale Geldbasis* (rechte Skala)

\* Geldmenge M0 in Mrd. $: Summe aus China, Eurozone, Japan, Schweiz, UK und USA
ab 06/2016: Prognose Flossbach von Storch

Quelle: Flossbach von Storch

**Abbildung 16**

seit 2006 in den USA zwar weiterhin von der US-Notenbank berechnet, aber nicht mehr veröffentlicht. In den Vereinigten Staaten nahm die Geschwindigkeit der Geldmengenausweitung gemessen an M2 beispielsweise Ende der 1990er-Jahre und dann sprunghaft in den Jahren 2008/09 und 2011 im Rahmen der Krisenbekämpfung zu. In Europa gab es von 2006 bis 2008 eine deutliche Beschleunigung. Ab 2009 hat sich das Wachstum der Geldmenge M2 jedoch durch die Bankenkrise in Europa verlangsamt. Dies hielt aber nur bis 2013 an. In den Jahren 2014 und 2015 wuchs die Geldmenge M2 in der Eurozone wieder deutlich schneller als zuvor. Die Explosion der Geldbasis spiegelt sich, wie erwähnt, bisher also kaum in der Geldmenge M2 in den USA und in den Geldmengen M2 und M3 in der Eurozone. Dies kann aber noch geschehen.

Von den rund 1000 Milliarden Euro aus den beiden Drei-Jahre-Tendern der Europäischen Zentralbank von Dezember 2011 und Februar 2012, so schätzen Marktteilnehmer, sind rund 500 Milliarden gleich wieder an die Europäische Zentralbank zurückgeflossen. Dennoch zeigt die Explosion der Geldmenge M0 das bestehende Kreditschöpfungspotenzial. Angesichts der immensen Liquidität und der niedrigen Zinsen konnten die Geschäftsbanken viel mehr Kreditwünsche erfüllen als unter «normalen» Umständen. Durch die Kreditvergabe der Geschäftsbanken an Privatpersonen und Unternehmen findet die Liquidität klassischerweise ihren Weg in die Realwirtschaft. Richtig ernst wird es aber erst, wenn sich die niedrige Umlaufgeschwindigkeit des Geldes erhöht und die Kreditnachfrage wirklich erheblich steigt. Doch auch die anderen 500 Milliarden Euro des damaligen Drei-Jahre-Tenders bargen die Gefahr von Verzerrungen. Laut den Experten der Kölner Vermögensverwaltung Flossbach von Storch hatten manche Institute, etwa die Wiesbadener Aareal Bank, erst einmal zu den lukrativen Konditionen der Europäischen Zentralbank 1 Milliarde Euro aufgenommen und dann entspannt geschaut, was sie damit anstellen können. Auch die Banken der Autokonzerne Volkswagen und Daimler hätten sich ein paar Milliarden geliehen, um das Leasinggeschäft anzukurbeln. Bert Flossbach wies damals ferner darauf hin, dass viele Banken mit dem vorhandenen Geld eigene Bonds, vor allem hoch rentierende Hybridanleihen, zurückkaufen. Darüber hinaus, meinte er, dürften viele der fällig werdenden Anleihen von Banken nicht durch neue ersetzt werden. Anstatt den Anlegern hohe Renditen zahlen zu müssen, würden die Banken lieber die Kredite billiger von der Europäischen Zentralbank nehmen. Für institutionelle Anleger wie Versicherungen und Pensionskassen stünden dadurch weniger Anleihen der Banken für Investitionen zur Verfügung. Dieses Geld müsse woanders angelegt werden. Auf der Suche nach neuen Anlagemöglichkeiten würden sich grosse institutionelle Anleger vermehrt dem Kreditgeschäft, etwa der Immobilienfinanzierung, zuwenden oder würden es direkt in Immobilien, Energie- und Infrastrukturanlagen investieren. Wie man also sieht, fand die Geldschwemme durch die damaligen Drei-Jahre-Tender durchaus langsam und schleichend den Weg in die Realwirtschaft.

# Was im Bankensystem schief läuft

## Giralgeld – Geld aus dem Nichts

Viele Wissenschaftler gehen davon aus, dass Banken als reine Finanzintermediäre agieren, wie der Schweizer Wirtschaftsprofessor Mathias Binswanger in seinem Buch *Geld aus dem Nichts* ausführt. Dieser Logik zufolge sammeln die Banken die Ersparnisse von Bürgern und Unternehmen ein, um sie als Kredite an Unternehmen und Haushalte zu vergeben. Die Sichtweise greift allerdings zu kurz. Vielmehr haben Geschäftsbanken in unserem Finanzsystem auch eine immer stärkere Funktion als Geldproduzenten – sie schaffen über die Kreditvergabe Geld, das sie nicht vorher in Form von Ersparnissen eingenommen haben müssen. Geschäftsbanken erzeugen dadurch Geld, und zwar quasi aus dem Nichts.

Binswanger erklärt den Prozess folgendermassen: «In einer modernen Wirtschaft entsteht Geld hauptsächlich durch die Kreditvergabe der Geschäftsbanken. Wann immer eine Geschäftsbank entscheidet, dass ein Bankkunde kreditwürdig ist und sie ihm deshalb einen Kredit gibt, dann wird der entsprechende Betrag dem Konto des Bankkunden gutgeschrieben. In dem Moment, in dem die Gutschrift erfolgt, erhöht sich dann entsprechend auch die Geldmenge, die heute zum grössten Teil aus Einlagen auf Bankkonten besteht. Diese Einlagen sind Giralgeld oder Buchgeld, welches materiell gar nicht in Erscheinung tritt und nur als Zahl auf dem Konto existiert.» (Binswanger, S. 28)

Wenn die Banken die Kredite gegen gute Sicherheiten vergeben, mit genug Kapital arbeiten und es mit der Geldschöpfung nicht übertreiben, dann könnte dieses System funktionieren. Es ist jedoch zu befürchten, dass die Realität anders aussieht. Dies liegt unter anderem daran, dass viele Banken als «too big to fail» eingestuft werden – also als zu gross, um sie in Konkurs gehen zu lassen. Zudem ist die Geldschöpfung lukrativ, denn die Banken nehmen bei der Vergabe von Krediten Zinsen ein. So besteht die Versuchung, auch Kredite an weniger kreditwürdige Kunden zu vergeben. Dies hat sich beispielsweise beim Ausbruch der US-Immobilienkrise im Jahr

2007 gezeigt, als deutlich wurde, dass Finanzhäuser während des Booms Immobilienkredite an Personen vergeben hatten, die weder über regelmässige Einkünfte noch Vermögen verfügten.

Wie Thorsten Polleit im *Degussa Marktreport* vom 19. Februar 2016 schreibt, hat die Vermehrung der Geldmenge in einem System mit ungedecktem Papiergeld mehrere problematische Konsequenzen. So sorge die Ausweitung der Geldmenge zu Boom-and-Bust-Zyklen beziehungsweise Wirtschaftsstörungen, da der Marktzins durch die Schaffung von neuem Geld aus dem Nichts künstlich herabgedrückt werde. Die niedrigen Zinsen haben Fehlallokationen zur Folge: Unternehmen tätigen beispielsweise Investitionen, die sie bei höheren Zinsen nicht getätigt hätten. Zudem sorgt das viele neu geschaffene Geld laut Polleit dafür, dass die Schulden schneller wachsen als das Volkseinkommen, was zu einer Situation der Überschuldung führen kann.

In einer Stellungnahme vom 1. Dezember 2015 argumentiert die Schweizerische Bankiervereinigung hingegen, die Geldschöpfung ermögliche den Banken keinen risikolosen Gewinn auf Kosten Dritter. Vielmehr trügen die Geschäftsbanken als Kreditgeber ein beträchtliches Risiko. Dies sei ihre volkswirtschaftliche Rolle.

## Faule Kredite und zu wenig Kapital

Dass die Schuldenkrise so schnell nicht gelöst wird, zeigt auch die weiterhin sehr schwierige Lage vieler europäischer Banken. Studien belegen ein anhaltendes Nord-Süd-Gefälle, wie dies bereits die Stresstests der Europäischen Zentralbank im Oktober 2014 gezeigt haben.

Die Kluft im europäischen Bankensektor wird deutlich bei der Qualität der Aktiva der Banken. So hat die Bank für Internationalen Zahlungsausgleich in ihrem Jahresbericht für 2015 darauf hingewiesen, dass einige europäische Banken – explizit nennt sie grosse italienische und spanische Finanzhäuser – zum wiederholten Mal vergleichsweise hohe Verluste durch faule Kredite verbucht hätten. Gemäss der Landesbank Baden-Württemberg (LBBW) lag das Volumen an notleidenden Krediten bei den Banken in der Eurozone mit 9,2 Prozent des Bruttoinlandsprodukts (BIP) Ende 2014 doppelt so hoch wie 2009. Laut einem Analytiker der Bank haben die europäischen Banken in den vergangenen Jahren auf ihren toxischen Krediten geringere Abschreibungen vorgenommen als die US-Finanzhäuser und auch die Vorsorgerückstellungen seien kleiner.

Die Bandbreite beim Bestand fauler Kredite ist unter Europas Finanzhäusern hoch. Laut der Landesbank Baden-Württemberg sind vor allem bei Banken in südeuropäischen Ländern hohe Quoten zu beobachten. Diese Positionen schwebten wie ein Damoklesschwert über diesen Finanzhäusern. Ihr Abbau gilt als entscheidend dafür, dass der Bankensektor gesundet, dass die Kreditvergabe angekurbelt wird und dass sich das Wirtschaftswachstum beschleunigt. Ein Analytiker der Zürcher Beratungsgesellschaft Independent Credit View sieht auch ein grosses Problem darin, dass sich Banken zierten, faule Kredite als solche zu benennen und Wertberichtigungen vorzunehmen. Den Bemühungen der EZB zum Trotz sei dies nach wie vor der Fall, nicht nur bei Banken in südeuropäischen Ländern. Laut dem Analytiker ist nicht auszuschliessen, dass das Volumen an notleidenden Krediten bei den europäischen Banken noch deutlich höher ist, als dies die offiziellen Zahlen aussagen. Bei einigen Finanzhäusern gebe es handfeste Indizien dafür, dass die Risikovorsorge unzureichend ist. Im Sommer 2016 machten diesbezüglich vor allem italienische Banken Negativschlagzeilen. So ging bereits die Angst vor einer neuen Finanz- und Bankenkrise um.

Die schwierige Lage von Banken aus europäischen Peripheriestaaten zeigte sich auch in einer im Juli 2015 veröffentlichten Studie von Independent Credit View zur Bonität europäischer Banken. In dieser kamen Finanzhäuser aus Italien und Spanien, aber auch Institute aus Österreich, Deutschland, Frankreich und Grossbritannien schlecht weg.

Was den Aufbau von Kapital anbetrifft, zeigt sich bei den europäischen Banken ebenfalls eine Kluft. So betrug der Kapitalbedarf der Finanzhäuser in Südeuropa – namentlich in Italien und Spanien – gemäss der Studie von Independent Credit View fast das Anderthalbfache von deren derzeitiger Marktkapitalisierung. Auch die Banken Deutschlands, Österreichs und Frankreichs hätten zum Teil hohen Kapitalbedarf, in Nordeuropa und der Schweiz sei dieser hingegen gering.

Im Jahresbericht der Bank für Internationalen Zahlungsausgleich für 2015 heisst es dazu, die Banken in Industrieländern hätten zwar in den vergangenen Jahren einen guten Teil ihrer Gewinne zum Aufbau ihrer Kapitalpolster eingesetzt. Die anhaltend niedrigen Zinsen und die gedämpfte wirtschaftliche Aktivität trübten aber den Ausblick, da dies die Gewinnaussichten der Finanzhäuser schmälere. Bleibe das Umfeld so bestehen, werde dies bei den Finanzhäusern Gewinne wegfressen, und ihre Widerstandsfähigkeit werde deshalb wieder in Zweifel gezogen. Die niedrigen beziehungsweise negativen Zinsen sorgen derweil für starken Druck auf das Nettozinsergebnis. Letzteres ist für viele Banken die wichtigste Ertragsquelle und macht bis zu 70 Prozent oder gar 80 Prozent der Erträge aus. Zudem sind gute Ergebnisse nötig, um Abschreibungen und Wertberichtigungen vornehmen zu können.

Aufgrund der zu erwartenden Rückgänge beim Ergebnis drängt sich laut der Studie von Independent Credit View bei vielen Banken die Frage der Daseinsberechtigung auf. Bei kleinen und mittleren Banken in Südeuropa, aber auch in Deutschland und in Österreich gilt die Bonität häufig als problematisch. Manche Finanzhäuser entgingen dem Kollaps nur dank den Liquiditätsspritzen und dem Wohlwollen der EZB bei der Aufsichtspraxis. Kennzeichen derartiger «Zombie-Banken» sind eine weiterhin hohe Quote an faulen Krediten und anhaltend niedrige Erträge.

Wie die Grafik der Bank für Internationalen Zahlungsausgleich zeigt, sind die Gewinne von US-Banken in den vergangenen Jahren deutlich höher ausgefallen als diejenigen von europäischen Finanzhäusern. In den Jahren 2009 bis 2014 hatten viele Banken den geringeren Einnahmen – ausgelöst unter anderem durch die fallenden Zinsen – keine ähnlich hohen Kostensenkungen entgegengesetzt. Dies hat dann zu einer Verschlechterung der Kosten-Ertrags-Relationen geführt.

Angesichts der Entwicklung rechnet Independent Credit View damit, dass sich die Spaltung im europäischen Bankensektor in der Tendenz noch weiter verstärken wird. Bei Banken, die bereits jetzt saniert seien und sich in einem guten wirtschaftlichen Umfeld bewegten, fielen inzwischen schon rückläufige Kosten für die Risikovorsorge an. Dies gibt ihnen die Chance, bessere Ergebnisse zu erzielen und mehr Kapital aufzubauen. Bei «Probleminstituten» dagegen kann dieser Mechanismus nicht greifen. Die niedrigen Zinsen an den Kapitalmärkten wie auch der hohe Anteil an ertraglosen Aktiven erschweren die Gesundung dieser Institute.

An dieser schwierigen Situation können auch die Stresstests der Europäischen Zentralbank wenig ändern. Bereits in den Jahren 2010 und 2011 hatte es solche Tests für die europäischen Banken gegeben, die Ergebnisse waren blamabel. Banken wie die grossen irischen Finanzhäuser 2010 und das französisch-belgische Haus Dexia 2011 bestanden sie – um kurz darauf Staatshilfe zu beanspruchen. Die Tests 2014 fielen wohl etwas härter aus,

**Europas Banken hinken hinterher**

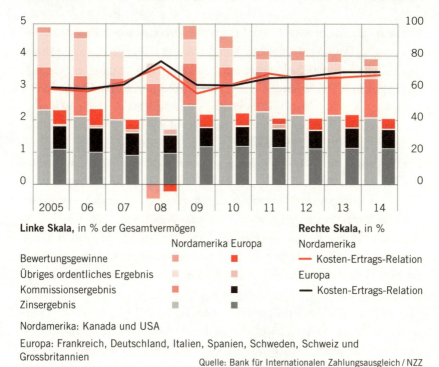

Nordamerika: Kanada und USA
Europa: Frankreich, Deutschland, Italien, Spanien, Schweden, Schweiz und Grossbritannien

Quelle: Bank für Internationalen Zahlungsausgleich / NZZ

Abbildung 17

aber auch hier gibt es Fragezeichen. Die Wissenschaftler Anat Admati und Martin Hellwig finden in ihrem wegweisenden Buch *Des Bankers neue Kleider* aus dem Jahr 2013 sehr kritische Worte zu Banken-Stresstests. Solche Tests sollten zwar feststellen, ob die Finanzhäuser genug Eigenkapital haben, um Negativentwicklungen wie eine Rezession zu bewältigen. Man habe in der Vergangenheit aber versucht, die zu niedrigen Eigenkapitalanforderungen mit quantitativen Modellen und Stresstests genau auf die Risiken der Banken auszutarieren. Die Entwicklung der Modelle, die bei Stresstests verwendet werden, werde von den Interessen der Politik, der Banken und der Regulierer selbst beeinflusst.

## Aufgeblähtes europäisches Bankensystem

Letztlich führt kaum etwas an der Erkenntnis vorbei, dass es in Europa zu viele Banken gibt. Darauf hat unter anderem der bei der Europäischen Zentralbank angesiedelte Europäische Rat für Systemrisiken (ESRB) in einer im Juni 2014 veröffentlichten Studie hingewiesen. Laut dem ESRB ist die Bankenbranche in Europa in den 20 Jahren vor Publikation des Berichts deutlich stärker als anderswo gewachsen. Im Jahr 2013 betrugen die Assets des Bankensektors in der EU laut ESRB 274 Prozent des Bruttoinlandsprodukts, in einzelnen Ländern sogar mehr als 400 Prozent. In Japan lag dieser Wert hingegen bei 192 Prozent des Bruttoinlandsprodukts und in den USA bei 83 Prozent.

Das europäische Bankensystem schaffe Ungleichgewichte wie übertriebene Investitionen in den Immobilienmarkt und ziehe Talente aus anderen Branchen ab, kommentierten die Vertreter des ESRB. Zudem hätten aufgeblähte Bankensysteme auch die Tendenz, riskanter zu sein. Von ihnen gehe die Gefahr aus, Banken- und Schuldenkrisen zu schaffen und diese zu verschlimmern.

Die versteckten Insolvenzen von Banken, die die Wirtschaft bremsen, zeigen auch die widersprüchliche Rolle der Europäischen Zentralbank. Einerseits hat sie die Aufsicht über die Grossbanken der Eurozone übernommen und will diese streng prüfen. Gleichzeitig verhindert sie mit immer neuen Rettungsaktionen und Geldspritzen das Ausscheiden von quasi insolventen Finanzhäusern aus dem Markt und erhält das aufgeblähte Bankensystem. Dies ist einer der Unterschiede zu den USA, wo in der Finanzkrise zahlreiche Banken aus dem Markt ausgeschieden sind.

## Die unheilige Allianz zwischen Banken und Staaten

Kritisch zu sehen ist ausserdem, dass zwischen Geschäftsbanken und Staaten in Europa eine Art «unheilige Allianz» besteht. Aus Sicht von Wolfgang Schröter, Autor des Buchs *Der grosse Schulden-Bumerang*, mündet die Symbiose von Banken und Staaten zunehmend in eine Art Teufelskreis, in dem abwechselnd Banken und Staaten gerettet werden. Als einer der grundlegenden Fehler im System gilt dabei die Tatsache, dass Banken bei Investitionen in Staatsobligationen kein Eigenkapital vorhalten müssen. Dies sorgte in den vergangenen Jahren dafür, dass Banken hohe Volumina an Staatsanleihen auf ihre Bücher nahmen und so selbst neue Schulden eingehen konnten. Mit dem Wachstum dieses Schuldenturms steigt die Gefahr, dass die Situation eskaliert. Dies dürfte bisher nur deshalb verhindert worden sein, weil die Europäische Zentralbank die prekären Schulden von Banken und Staaten in riesigem Umfang stützte. Wie lange diese Garantien funktionieren, lässt sich nicht sagen. Ein gefährliches Experiment sind sie aber allemal.

Aus Sicht von Schröter sorgt die extrem expansive Geldpolitik der EZB für eine Verflachung der Zinsstrukturkurve und zerstört den Banken das für das Kreditgeschäft so wichtige Geschäftsmodell der Fristentransformation. Zudem unterliegt die EZB einer Vielzahl von Interessenkonflikten. Die eigentlich für Geldwertstabilität und Inflationsbekämpfung zuständige Zentralbank war in letzter Zeit oft damit beschäftigt, Banken und Staaten zu retten. Gleichzeitig hat sie aber 2014 die Aufsicht über Europas Grossbanken übernommen. Damit sind die Linien zwischen Sanktionierung und Rettung fliessend geworden.

Zu befürchten ist, dass die Nullzinspolitik der Zentralbanken zu weiterer Verschuldung führt und Europa bei der Krisenbewältigung dem Beispiel Japans folgt. Das fernöstliche Land befindet sich seit Anfang der 1990er-Jahre in einem deflationären Umfeld und verschuldet sich immer stärker. Europa könnte sogar eine noch schwierigere Entwicklung bevorstehen. Schliesslich halten in Japan Inländer den grössten Teil der Staatsschulden. In vielen europäischen Ländern stammen die Gläubiger hingegen aus dem Ausland. Historisch gesehen hätten solche Situationen bei Staatsbankrotten oft prekäre Folgen gehabt, da dies potenziell Zwietracht unter den Völkern säe, sagt Schröter. Auslandsschulden liessen sich innenpolitisch als «Schuldknechtschaft» ausschlachten.

Hanno Beck, Professor an der Hochschule Pforzheim und Koautor des Buchs *Die grosse Geldschmelze*, meint, dass Banken und Staaten schon immer solche Allianzen eingegangen seien. In neuerer Zeit falle dieses Phänomen aber stärker auf, da die Finanzmärkte international stärker verzahnt seien. So drohten beim Kollaps von Staaten in Südeuropa schnell Banken mit Hauptsitz in den nordeuropäischen Ländern ernste Konsequenzen, die sich zu einer Gefahr für das ganze Finanzsystem auswachsen könnten.

Nicht zuletzt wegen indirekter «Rettungsgarantien» sind in den vergangenen Jahrzehnten überdimensionierte Banken entstanden, die als «too big to fail» gelten. In der Finanzkrise wurden solche Finanzhäuser mit Steuergeldern gerettet. Auch heute, sieben Jahre und zahlreiche Regulierungen später, ist das Problem nicht gelöst. Der Gouverneur der Bank of England, Mark Carney, hat 2015 warnend darauf hingewiesen, dass Steuerzahler immer noch die Rechnung bezahlen müssten, falls solche Banken umkippten. Auf der Seite der Staaten ist es ähnlich: Wie das Beispiel Griechenland zeigt, werden Staatsbankrotte auch bei de facto längst insolventen Staaten nicht zugelassen. So entsteht laut Beck ein «laufender Reparaturbetrieb» mit immer neuen Krisen.

Wissenschaftler wie Anat Admati und Martin Hellwig sehen die Lösung für das Problem bei den Banken vor allem in höheren Eigenkapitalquoten für die Finanzhäuser. In ihrem Buch *Des Bankers neue Kleider* schlagen sie eine Erhöhung der Eigenkapitalquoten für Banken auf 20 Prozent bis 30 Prozent der Aktiva vor. Solch höhere Quoten würden dafür sorgen, dass die Banken wieder stabiler würden. Ausserdem würden die Verlustrisiken im Falle eines Kollapses eines Instituts dann wieder stärker zu dessen Eigentümern und weg von den Steuerzahlern wandern.

Um den Teufelskreis zu durchbrechen, wären weitere einschneidende regulatorische Reformen nötig. Zunächst einmal dürfte mit der Entwicklung in Griechenland auch dem letzten Beobachter klar geworden sein, dass Staatsobligationen nicht risikolos sind. So wäre es folgerichtig, dass auch sie mit Eigenkapital unterlegt werden müssten. Warum dies nicht längst passiert ist, erklärt Schröter damit, dass dann die Renditen für Staatsanleihen stark steigen würden und verschiedene südeuropäische Länder und deren Banken einmal mehr in Schwierigkeiten geraten könnten. Die Marktwirtschaft lebt aber auch von der Akzeptanz von Insolvenzen und deren Folgen. Seit mehreren Jahrzehnten werden diese Mechanismen ausser Kraft gesetzt. Statt Strukturen zu verändern, wurden zahlreiche Krisen lieber mit billigem Geld der Zentralbanken gelindert. Nun könnte eine Zeit gekommen sein, in der die Notenbanken finanzwirtschaftlich, rechtlich und politisch immer mehr an ihre Grenzen stossen.

Es ist zu befürchten, dass sich die Politik weiter durch die Krise «wurstelt», anstatt grundlegende Reformen anzugehen. Ohnehin ist diese bereits so weit fortgeschritten, dass sie erhebliche negative Folgen für die Vermögensentwicklung der Bürger haben dürfte – und bereits hat, wie die «heimliche Enteignung» durch extrem niedrige bis sogar negative Realzinsen zeigt. Laut Beck sind die Chancen für Anleger und Sparer sehr gering, den Folgen der Entwicklung zu entkommen. Dies sei bei solchen systemischen Risiken kaum möglich.

## «Too big to fail» – ein ungelöstes Problem

«Too big to fail» ist auch Jahre nach dem Ausbruch der Finanz- und Schuldenkrise eines der Schlüsselprobleme des Finanzsystems. Ohne eine Antwort auf diese Frage wird die prekäre Lage nicht zu bewältigen sein. In der Finanzkrise wurden Banken reihenweise mit zweistelligen Milliardenbeträgen von ihren heimischen Steuerzahlern gerettet, da die Regierungen die Folgen eines Scheiterns als zu bedrohlich einschätzten. In der Schweiz musste 2008 die Grossbank UBS mit Steuergeldern gerettet werden. Mit der Frage, wie gross und bedeutsam ein Finanzinstitut sein muss, um im Notfall gerettet zu werden, hat mittlerweile der Begriff der «Systemrelevanz» Eingang in den Sprachgebrauch gefunden.

Systemrelevante Finanzinstitute geniessen eine implizite Staatsgarantie, die Marktverzerrungen nach sich zieht. Regulatoren und Grossbanken haben in den vergangenen Jahren zwar einiges unternommen, um das Problem zu entschärfen. Gelöst ist es aber weiterhin nicht. Dies könnte unangenehme Folgen nicht nur für den Steuerzahler, sondern auch für Anleger haben.

Zur Bewältigung des «Too big to fail»-Problems sind mittlerweile auf internationaler Ebene einige Initiativen ergriffen worden. Wie eine Studie der Landesbank Baden-Württemberg aufzeigt, lassen sich diese in drei Kate-

**Immer noch zu dünne Eigenkapitaldecke von Europas Banken**
Eigenkapital der Banken im Euroraum in Prozent der Bilanzsumme

**Abbildung 18**            Quelle: Degussa Goldhandel

gorien aufteilen. Erstens handelt es sich um Einschränkungen von Aktivitäten der Bank. Hier setzt beispielsweise das Ring Fencing in Grossbritannien an, bei dem ein Schutzwall zwischen dem Investment Banking und den Retailaktivitäten von Banken gezogen werden soll. In den USA ist dabei die «Volcker Rule» zu nennen, die den Banken den Eigenhandel verbietet. Die zweite Kategorie umfasst Regelungen, die die Gefahr eines Ausfalls systemrelevanter Banken vermindern sollen. Dazu zählen vor allem Vorschriften für höhere Kapitalpolster. Die dritte Kategorie setzt bei Regimen für die geordnete Abwicklung von Grossbanken an, wie sie beispielsweise die europäische Abwicklungsrichtlinie vorsieht.

Gelöst ist das Problem aber nicht. Finanzinstitute, die im Ernstfall vom Steuerzahler gerettet werden dürften, profitieren weiter von impliziten Staatsgarantien. Wie der Internationale Währungsfonds 2014 festgestellt hat, zahlen sich diese für die systemrelevanten Grossbanken de facto in Form von versteckten Subventionen in Milliardenhöhe aus. Dies sorgt für Wettbewerbsverzerrungen. Schliesslich überlassen Gläubiger ihnen aufgrund ihrer impliziten Staatsgarantie Kapital zu besseren Konditionen. Die Studie der Landesbank Baden-Württemberg zitiert einen Bericht des Internationalen Währungsfonds, laut dem systemrelevante Banken in der Eurozone 2013 weiterhin einen Refinanzierungsvorteil von 0,6 bis 0,9 Prozentpunkten besassen. Die Wissenschaftler Viral Acharya, Deniz Anginer und A. Joseph Warburton kommen derweil zu dem Ergebnis, dass dieser Kostenvorteil bei systemrelevanten Finanzinstituten im Zeitraum 1990 bis 2012 rund 0,3 Prozentpunkte pro Jahr betrug.

Dies kann dazu führen, dass systemrelevante Banken sogar grössere Anreize haben, Risiken einzugehen und sich zu verschulden. Die versteckte Subventionierung schafft Fehlanreize und benachteiligt Finanzhäuser ohne implizite Staatsgarantie. So sehen nicht wenige Kunden den Systemrelevanz-Stempel mittlerweile als eine Art Gütesiegel an. Bei der «Too big to fail»-Problematik spielt auch die bereits angesprochene «unheilige Allianz» von Banken und Staaten eine Rolle. So dürften die indirekt ausgesprochenen «Rettungsgarantien» für einige mittlerweile systemrelevante Banken dazu beigetragen haben, dass sie so gross geworden sind.

Wie die Beispiele Irland und Island in der Finanzkrise bewiesen haben, kann das «Too big to fail»-Problem ganze Volkswirtschaften nach unten reissen. Dafür, dass dies bei einer Eskalation an den Finanzmärkten erneut geschehen könnte, spricht die Tatsache, dass einige Bankensysteme in Europa auch 2013 noch sehr gross waren, teilweise sogar grösser als im Jahr 2007 (vgl. Abbildung 19).

Wird die «Too big to fail»-Problematik nicht gelöst, könnte dies drastische Folgen für die Steuerzahler, aber auch für Anleger haben. Kurzfristig gesehen könnten Anleger zwar darin Vorteile erblicken, dass grosse Teile des Finanzsektors von staatlichen und quasistaatlichen Finanzinstituten dominiert würden, sagt Christian Dreyer, Geschäftsführer der CFA Society Switzerland. Schliesslich gebe dies eine trügerische Sicherheit. Langfristig sei dadurch aber die Stabilität des Systems gefährdet, und es drohten ständige «Betriebsunfälle». Folglich sei es im Sinne der Anleger, dass das absolut zentrale «Too big to fail»-Problem gelöst werde. Wenn Banken aber pleitegehen könnten – und zu einer funktionierenden Marktwirtschaft gehöre das Scheitern –, dann habe dies auch Folgen für die Investoren, deren sie sich bewusst sein sollten. Dies bedeute beispielsweise, dass auch die Einlagen von Sparern bei Banken im Falle eines Kollapses gefährdet seien.

**Bankaktiva im Verhältnis zum Bruttoinlandsprodukt**
2013 / 2007

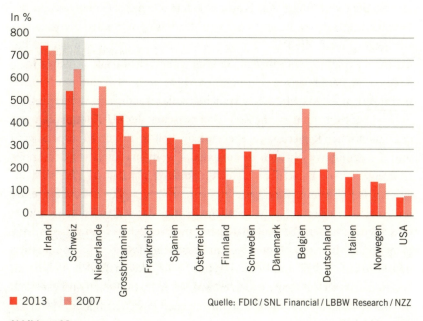

Abbildung 19

## Regeln zur Bankenabwicklung als stumpfes Schwert?

Die neuen europäischen Regeln für die Abwicklung maroder Banken haben derweil einen schwierigen Start hinter sich. Die EU-Kommission hat im Februar 2016 Pläne Italiens, die Regeln zu umgehen, gutgeheissen. Die Idee dieser sogenannten Bail-in-Regeln ist es, dass beim Kollaps einer Bank Aktionäre, Anleihegläubiger und letztlich auch Sparer mit Einlagen von mehr als 100 000 Euro vorrangig zur Kasse gebeten werden. Dies soll den Steuerzahler, der in der Finanzkrise immer wieder zur Rettung maroder Banken einspringen musste, in Zukunft schonen. Seit Anfang 2016 ist der Ausschuss für die einheitliche Abwicklung (Single Resolution Board) aktiv. Diese Behörde ist für den Abwicklungsmechanismus für europäische Banken zentral. Doch was ist von den neuen Bail-in-Regeln zu erwarten, und lassen sie sich im Ernstfall überhaupt anwenden?

Markus C. Kerber, Professor an der Technischen Universität Berlin und Kläger gegen die Bankenunion, hält die Bail-in-Regeln bereits für gescheitert. Schon beim ersten Fall, bei dem sie zur Anwendung hätten kommen sollen – in Italien –, habe dies schliesslich nicht funktioniert. Politisch lasse sich eine solche Beteiligung der Aktionäre und Gläubiger sowie der Sparer nicht vermitteln. Aus Angst vor dem Zorn der Gläubiger und der Bevölkerung sei der italienische Ministerpräsident Matteo Renzi davor zurückgeschreckt, die Bail-in-Regeln anzuwenden. Stattdessen hat die italienische Regierung entschieden, Spezialvehikel («bad banks») sollten faule Kredite aus Bankbilanzen übernehmen, diese verbriefen und am Kapitalmarkt verkaufen. Manche dieser Tranchen sollen staatlich garantiert werden.

Laut Kerber hat es eine Kollusion zwischen der EU-Kommission und der italienischen Regierung gegeben, um die Bail-in-Regeln zu suspendieren und die Beihilfevorschriften zu umgehen – wohl aus Angst vor der Ansteckungsgefahr von Bankenkonkursen für andere Finanzhäuser. Dies sei skandalös. Die EU-Kommission hatte im Februar festgestellt, dass die Pläne der italienischen Regierung keine staatliche Beihilfe darstellten. Hätte sie anders entschieden, hätten die Bail-in-Regeln angewendet werden müssen. Aus Sicht von Kerber steckt hinter diesem Entscheid, dass die EU-Kommission den Euro auf Gedeih und Verderb retten wolle. Dies lasse sich auch damit erklären, dass viele Akteure in den europäischen Institutionen und vor allem der Europäischen Zentralbank um ihre eigenen Posten kämpften. Wenn das Europrojekt scheitere, drohten sie diese zu verlieren.

Thorsten Polleit, Chefökonom von Degussa Goldhandel und Honorarprofessor an der Universität Bayreuth, hält die Bail-in-Regeln für ein «stumpfes Schwert». In Zypern wurden Gläubiger zwar bereits zur Kasse gebeten, um Banken zu sanieren. Im grösseren Stil dürften sich die Regeln aus seiner Sicht aber nicht umsetzen lassen, da dann ein Bank Run, also ein Sturm von Kunden auf die Banken, drohe. Die Dimension des Problems im europäischen Bankensektor sei so gross, dass es sich nicht mit den Bail-in-Regeln lösen lasse. Laut Polleit stehen in den Bilanzen der Banken in Europa Verbindlichkeiten über rund 5400 Milliarden Euro, während deren liquide Mittel auf den Konten bei der EZB lediglich 680 Milliarden Euro betragen.

Giles Edwards, Analytiker bei der Ratingagentur Standard & Poor's, geht davon aus, dass europäische Regierungen auch in Zukunft bei der Schieflage von Banken versuchen werden, diese am Leben zu halten. Dies gelte auch für kleinere Banken, insbesondere wenn die Finanzstabilität potenziell gefährdet sein könnte. Möglicherweise wäre es besser, Lösungen zu finden, idealerweise aus dem Bereich der Privatwirtschaft, als den Zusammenbruch einer Bank in Kauf zu nehmen, der einen Bail-in erforderlich macht. Die Regierungen dürften sich etwa gegen den Zusammenbruch einer Bank sträuben, wenn dieser zu Verlusten bei Privatanlegern führen würde.

**«Liquiditätslücke» bei europäischen Banken**
Täglich fällige Bankguthaben und Basisgeld der Banken in der Eurozone, in Mrd. Euro

**Abbildung 20**

Folglich erwartet Edwards in solchen Fällen, dass eher andere Alternativen gesucht werden – wie in Italien gesehen. Obwohl viele europäische Banken ihre Bilanzen gestärkt hätten, bleibe das Umfeld schwierig und seien künftige Insolvenzen nicht auszuschliessen.

## Was taugt die Einlagensicherung im Ernstfall?

Wie sicher ist das Geld auf dem Bankkonto bei einem solchen Bankenkollaps? Spätestens seit den Krisen in Zypern und in Griechenland fragen sich das nicht wenige Sparer in Europa. In Zypern wurden 2013 private Spareinlagen oberhalb der Grenze von 100 000 Euro herangezogen, um in Schieflage geratene Banken zu stabilisieren. Auf dem Höhepunkt der Griechenlandkrise kam es 2015 zu Zugangsbeschränkungen bei Bankkonten und Schliessfächern – die Bürger konnten beispielsweise nur noch 60 Euro pro Tag in bar abheben.

Angesichts der Verletzlichkeit des Bankensektors in Europa stellt sich die Frage, wie sicher die Einlagensicherungssysteme in den einzelnen Ländern sind. Ökonom und Autor Daniel Stelter geht nicht davon aus, dass die nationalen Einlagensicherungssysteme in Europa einer neuen Finanz- und Bankenkrise gewachsen wären. Käme es dazu, müssten aus seiner Sicht wohl wieder die Steuerzahler einspringen und die Banken retten – alleine schon, um Bank Runs zu verhindern. Sehr pointiert zum Thema geäussert hat sich auch der ehemalige deutsche «FDP-Rebell» Frank Schäffler, der mittlerweile den Thinktank Prometheus gegründet hat. Laut ihm funktionieren Einlagensicherungssysteme nur bei «schönem Wetter». Komme leichter Regen oder Wind auf, reichten sie nicht aus und müssten staatlich gestützt oder kollektiviert werden.

Dabei spielt er auf die Bestrebungen auf EU-Ebene an, die Einlagensicherung stärker europäisch zu harmonisieren. Der Bereich ist Teil der sogenannten Bankenunion, die einen integrierten europäischen Bankenmarkt schaffen soll. Mit der jüngsten Reform der Einlagensicherungssysteme in der EU, der Umsetzung der EU-Einlagensicherungsrichtlinie, seien diese Systeme weiter harmonisiert worden, schreibt die Deutsche Bank in einer Studie. Zudem lege diese erstmals einheitliche Regeln für deren Finanzierung fest. Die nationale Struktur der Einlagensicherungssysteme bleibe aber bestehen. Damit unterscheide sich die Reform in der Einlagensicherung auf europäischer Ebene deutlich von den anderen Bereichen der Bankenunion – Aufsicht und Abwicklung –, in denen die Reformen deutlich weitreichender gewesen seien.

Im November 2015 hat die EU-Kommission derweil einen Vorschlag für die Schaffung eines gemeinsamen Einlagensicherungsfonds für die Staaten der Eurozone vorgelegt (vgl. Abbildung 21). Gemäss den Analytikern der Landesbank Baden-Württemberg würden bei der Schaffung dieses European Deposit Insurance System (EDIS) ab Sommer 2017 erstmals nicht mehr 100 Prozent der Gelder in den nationalen Topf fliessen. Das Zielvolumen für den europäischen Einlagensicherungsfonds beträgt derweil 0,8 Prozent der gedeckten Depositen beziehungsweise rund 45 Milliarden Euro.

Ob es eine solche europäische Einlagensicherung braucht, ist hingegen heftig umstritten. Laut Deutsche Bank Research erwarten die Befürworter, dass ein solches europäisches System im Falle einer Krise widerstandsfähiger wäre und auch Effizienzvorteile brächte. Auch Patrick Loeb, Geschäftsführer des für die Einlagensicherung in der Schweiz zuständigen Vereins Esisuisse,

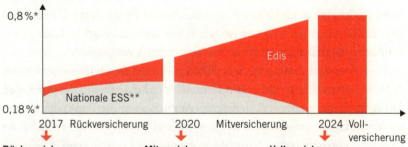

**Geplante europäische Einlagensicherung**
Einführung ab 2017 in drei Stufen

**Rückversicherung:**
Zunächst wird der nationale Topf geleert, danach maximal 20% aus Edis.
Wenn nicht ausreichend: Nationale Institute müssen nachlegen.

**Mitversicherung:**
Anteil der Entnahme aus Edis steigt sukzessive, da parallel mehr Bankenbeiträge direkt in Edis fliessen.

**Vollversicherung:**
Alle Schadensfälle werden zu 100% aus Edis finanziert, Ziel 45 Mrd. Euro erreicht. Es sei denn, das nationale Bankensystem hat sein Zielvolumen bis dato noch nicht erreicht – dann werden auch keine Schadensfälle aus Edis finanziert.

\* der gedeckten Einlagen
\*\* Einlagensicherungssysteme

Quelle: Bloomberg / NZZ

**Abbildung 21**

hält die Einführung einer europäischen Einlagensicherung angesichts der Schaffung einer Bankenunion für einen folgerichtigen Schritt. Die Bankenunion schaffe einen neuen Finanzmarkt innerhalb der EU, und dieser Markt müsse nach einheitlichen Regeln gesteuert werden. Ohne eine gemeinsame Einlagensicherung bleibe die Bankenunion auf halber Strecke stehen.

Aus Sicht von Kritikern wie Stelter dürfte die Einführung eines solchen Systems hingegen auf eine weitere Umverteilung beziehungsweise eine «Sozialisierung von faulen Privatschulden» hinauslaufen. Wenn eine solche europäische Einlagensicherung das Ziel sei, hätte man sie früher einführen müssen, sagt er. Angesichts der Entwicklung bei den Schulden sei eine «saubere Lösung» nun nicht mehr möglich, dafür gebe es zu viele Altlasten. Schäffler hält einen europäischen Sicherungsfonds, der alle Einlagen gleich sicher machen soll, für eine Illusion. Schon heute funktionierten die nationalen Einlagensicherungssysteme nicht oder sehr schlecht.

Laut den Analytikern der Landesbank Baden-Württemberg stehen die «Gewinner» einer solchen Einführung mit den europäischen Krisenstaaten bereits fest. Statt der bisherigen freiwilligen, länderübergreifenden Beistandsklausel erfolge zwingend eine Vergemeinschaftung. Es entstehe der Eindruck, dass der Zugriff auf die deutsche Einlagensicherung beabsichtigt sei. Das von der EU-Kommission geplante europäische Einlagensicherungssystem gelte zudem nur in der Eurozone, die EU-Bankenabwicklungsrichtlinie BRRD hingegen EU-weit. So werde der Graben zwischen Banken aus der Eurozone und anderen Bankensystemen noch vergrössert.

Stelter geht davon aus, dass Deutschland bei diesen Diskussionen auf der schwächeren Seite steht. Das Interesse der hochverschuldeten Länder, den deutschen Sparern und Steuerzahlern die Kosten von Banksanierungen aufzubürden, sei gross. Diese Staaten seien in Europa zunehmend in der Überzahl. Deutschland sei beispielsweise wegen der ungelösten Flüchtlingskrise gezwungen, Kompromisse mit diesen Ländern einzugehen.

Wie ist die Lage in der Schweiz? Im Bankengesetz ist die Absicherung von Kundenvermögen bei Banken in der Schweiz vorgeschrieben. Der Verein Esisuisse ist gesetzlich damit beauftragt, dies zu gewährleisten. Wie aus der Website von Esisuisse hervorgeht, kommt das System zum Tragen, wenn die Finanzmarktaufsicht (FINMA) entscheidet, dass eine Bank ihre Geschäfte nicht mehr fortführen kann. Im Fall der Zahlungsunfähigkeit einer Bank oder eines Effektenhändlers sollen die anderen Mitglieder des Vereins umgehend die benötigten Gelder bereitstellen.

Laut Esisuisse werden beim Konkurs einer Bank Einlagen bis zum Betrag von 100 000 Franken pro Einleger und Bank privilegiert behandelt. Dies bedeutet, dass diese Einlagen in die zweite Konkursklasse eingehen. Dies sei ein grosser Vorteil, da die erste und die zweite Konkursklasse im Allgemeinen nur einen kleinen Teil der Forderungen gegen die Konkursmasse auf sich vereinten, heisst es auf der Website. Die Sicherung gelte nur pro Einleger und Bank. Laut Bankengesetz liegt der Maximalbetrag der Einlagensicherung bei 6 Milliarden Franken.

Der im Dezember 2014 publizierte Schlussbericht der Expertengruppe Brunetti, die sich ebenfalls mit der Einlagensicherung befasst hat, enthält derweil fünf Empfehlungen zur Anpassung des Einlagensicherungssystems, darunter die Verbesserung des Bekanntheitsgrades, eine Neugestaltung der Vereinsstatuten von Esisuisse sowie eine Prüfung von Kosten und Nutzen einer Erhöhung der Systemobergrenze von 6 Milliarden Franken.

# Die grosse Manipulation – die unerträglichen Preissignale der freien Märkte

> «Es liegt in der Natur des Kapitalismus, dass es periodisch zu Ausbrüchen des Wahnsinns kommt.»
>
> John Kenneth Galbraith, Wirtschaftswissenschaftler

## Die Auswirkungen auf die Aktien- und Rohstoffmärkte

Die Welt ist aus den Fugen geraten, wie wir gesehen haben. Je länger die Folgen der Finanzkrise dauern, desto mehr greifen sie einen Kern des Kapitalismus an: die freie Preisbildung an freien Märkten. Dass Politiker jeder Couleur von jeher versuchen, das freie Spiel der Marktkräfte nach ihren Interessen zu beeinflussen, statt die richtigen Lösungen durch den Markt entdecken zu lassen, ist nicht aussergewöhnlich. Neu ist hingegen die Vehemenz, mit der die – zumindest formell – von den Regierungen einigermassen unabhängigen Notenbanken die freie Preisbildung an den Märkten manipulieren und zum Teil sogar Preissignale fast völlig ausschalten. Für die Anleger sind das keine guten Aussichten, denn althergebrachte und erprobte Konzepte werden wegen unberechenbarer politischer Eingriffe infrage gestellt. Man kann den Eindruck bekommen, die Industriestaaten einschliesslich der USA, wo einst das Herz des Kapitalismus schlug, befinden sich auf dem Weg in eine neue Art der sozialen Planwirtschaft.

Die scheinbar endlose Geschichte der Manipulationen begann am 18. März 2009. Kurz nachdem der Dow Jones seinen Tiefstpunkt erreichte, startete die US-Notenbank den Kauf von Staatsanleihen mit längerer Laufzeit für insgesamt mehr als 1 Billion Dollar. Zuvor war an den Märkten bereits eine gewisse Zeit lang über diese Art der ausserordentlichen geldpolitischen Lockerung spekuliert worden. Normalerweise senken Notenbanken die Leitzinsen, um das geldpolitische Umfeld zu lockern und so die Wirtschaft durch niedrige Zinsen und daraus resultierend billige Kredite wieder in Schwung zu bringen. Die sogenannte quantitative Lockerung wurde jedoch nötig, weil die Leitzinsen in den USA bereits seit

Dezember 2008 bei quasi null lagen und somit nicht mehr weiter gesenkt werden konnten.

Die ohnehin im März 2009 an den Aktienmärkten angelaufene Erholung wurde dadurch erheblich verstärkt und bis zum Frühjahr 2010 verlängert. Im März lief die erste Runde der ausserordentlichen geldpolitischen Lockerungen aus. Insgesamt legte der Dow Jones dabei in der Spitze um gut 50 Prozent zu (vgl. Abbildung 22). Als die Aktienbörsen im Sommer 2010 aufgrund von Konjunktursorgen und der sich akzentuierenden Schuldenkrise in Europa wieder schwächelten und ein neuerlicher Kursrutsch zu befürchten war, griffen die Währungshüter um den Präsidenten der US-Notenbank erneut in die Trickkiste. Beim jährlich stattfindenden globalen Branchentreffen der Notenbanker im idyllischen Jackson Hole im US-Bundesstaat Wyoming kündigte Bernanke am 27. August 2010 eine zweite Runde geldpolitischer Lockerungen an: Quantitative Easing 2 (QE 2). Zwar wurde das Programm erst ab dem Herbst umgesetzt, doch die Märkte starteten aufgrund der guten Erfahrungen mit der ersten Runde der ausseror-

**US-Aktienmarkt entwickelt sich parallel mit der Bilanz der US-Notenbank**

■ S&P 500, in Punkten, linke Skala
■ Dauer von Wertpapierkaufprogrammen
■ US-Leitzins, in %, rechte Skala

■ Bilanz der US-Notenbank, in Bio. USD (nur Staatsanleihen, Agency Debt, Hypothekenpapiere), rechte Skala

Quelle: Bloomberg / NZZ

**Abbildung 22**

dentlichen geldpolitischen Lockerungen (QE 1) sofort durch. Bis zum Sommer 2011 kletterten die Kurse schliesslich ohne grosse Unterbrechung um knapp 30 Prozent. Das Programm endete im Juni 2011. Die Begriffe ausserordentliche geldpolitische Lockerung und Quantitative Easing sind ein Euphemismus, denn sie beschönigen das wahre Geschehen. Stattdessen könnte man klar und deutlich vom Anwerfen der Gelddruckmaschinen sprechen, um Banknoten herzustellen. Die US-Notenbank begann nämlich damit, Geld zu drucken – wobei heutzutage die Geldscheine nicht mehr tatsächlich gedruckt werden, sondern die Notenbanken das Geld buchhalterisch in Umlauf bringen.

Die im Rahmen dieser Massnahmen aus dem Nichts geschaffenen Gelder flossen nicht einmal direkt in die Aktienmärkte oder in andere Finanzmarktsegmente – ausser eben in Staatsanleihen oder andere festverzinsliche Papiere. Ein Grossteil der Wirkung war psychologischer Natur. Der Beistand der US-Notenbank in kritischen Zeiten signalisierte den Marktteilnehmern, dass sie einen etwaigen weiteren Kurszerfall nicht zulässt. Das stärkte das Vertrauen der Börsianer und erhöhte ihre Risikobereitschaft. Aus sicheren Häfen wie amerikanischen, deutschen oder Schweizer Staatsanleihen wurden in der Folge entsprechend Gelder abgezogen und in Aktien investiert. Das Dilemma der amerikanischen Notenbank ist jedoch, dass sie die Liquidität zwar schaffen, ihren Fluss aber nicht kontrollieren kann. Entsprechend dem Gesetz, wonach die Flut alle Boote hebt, setzten nicht nur die Aktienmärkte der westlichen Welt, getrieben von Quantitative Easing 1 und Quantitative Easing 2, zu einem Höhenflug an, sondern auch die Aktienmärkte vieler Schwellenländer – und es entstand zudem eine neue Hausse an den Rohstoffmärkten.

Wie in den vorangegangenen Kapiteln beschrieben, folgten auf Quantitative Easing 1 und 2 in den USA noch zahlreiche weitere Massnahmen und Wertpapierkaufprogramme der US-Notenbank und auch anderer Zentralbanken. Dies war wohl der wichtigste Grund für die weiter steigenden Kurse an den Aktienmärkten.

Es ist jedenfalls sehr auffällig, dass sich der breite amerikanische S&P 500 seit Frühjahr 2009 nahezu synchron mit der Bilanz der amerikanischen Zentralbank bewegt. In den Zeiträumen, in denen die Federal Reserve seine Bilanz mithilfe der äusserst umfangreichen Wertpapierkaufprogramme aufgebläht und die amerikanische Wirtschaft dadurch mit viel zusätzlichem Kapital versorgt hat, ist der S&P 500 stark gestiegen. Hingegen dümpelte der

Index weitgehend seitwärts, wenn die US-Notenbank nicht mit einem Kaufprogramm im Markt aktiv war. Das letzte Programm dieser Art lief im Herbst 2014 aus. Seitdem hat der S&P 500 zwar am 20. Mai mit 2135 Punkten noch einmal ein Rekordhoch erreicht, doch im grossen Bild ist der Index bis April 2016 mit heftigen Schwankungen und leicht fallender Tendenz seitwärts gelaufen.

Die Aktienmärkte standen in den letzten Jahren quasi unter Drogeneinfluss Und die Droge war die ultraexpansive Geldpolitik der amerikanischen Notenbank. Doch da die Bilanz der Federal Reserve seit Ende 2014 nicht mehr wächst, dürften die zu Junkies verkommenen Marktteilnehmer bald immer stärker unter Drogenentzug leiden und Aktien verkaufen – es sei denn, die US-Notenbank oder eine andere grosse Zentralbank setzt den nächsten Schuss.

## Die Folgen für die Devisenmärkte und den Goldpreis

Die Teilnehmer an den Devisenmärkten reagierten auf die geöffneten geldpolitischen Schleusen weniger gnädig als jene am Aktienmarkt. Direkt nach dem Beginn von Quantitative Easing 1 und der Ankündigung von Quantitative Easing 2 stürzte der Dollar förmlich ab und setzte in der Folge den Wertzerfall jeweils weiter fort. Entsprechend verlor der Dollar-Index im Anschluss an Quantitative Easing 1 und Quantitative Easing 2 massiv an Wert. Der Dollar-Index spiegelt den Wert der amerikanischen Währung, die oft auch «Greenback» genannt wird, gegenüber einem Korb von sechs Währungen. Den mit Abstand grössten Anteil darin hat der Euro. Weitere Währungen sind unter anderem der Yen, das britische Pfund und der Franken.

Zugleich flüchteten die Anleger angesichts der drohenden «Zerstörung» der Papierwährung Dollar in die beiden ultimativen Hartwährungen Gold und Silber. Deren bereits seit Jahren andauernde Hausse intensivierte sich nochmals. Zum Höhenflug der Edelmetalle trugen allerdings auch die weltweit überbordende Verschuldung, die negativen Realzinsen und der Wirtschaftsboom in China bei. Am 21. September 2011 kündigte die US-Notenbank dann die nächste Manipulation an, und am 8. Dezember zog die Europäische Zentralbank nach. Unter dem Schlagwort Operation Twist teilte die US-Notenbank mit, rund 400 Milliarden Dollar in Staatsanleihen mit kurzer Laufzeit von unter drei Jahren in lang laufende Government Bonds umzuschichten. Die «Operation Twist» war nicht völlig neu, denn sie wurde 1961 schon einmal angewendet. Damit wollten die Währungshüter nach den kurzfristigen Zinsen nun endgültig auch die politisch unerwünscht hohen, langfristigen Zinsen unter ihre Kontrolle bringen. Langfristige Kredite sollten sich dadurch vergünstigen. Ihr Zinsniveau wirkt sich jeweils auch wieder auf das Niveau der Hypothekarzinsen aus. Von sich verbilligenden Hypotheken erhoffte sich die US-Notenbank eine Wiederbelebung des nach dem Platzen der Immobilienblase völlig darniederliegenden Häusermarktes in den USA.

### Die Effekte auf die Anleihemärkte

Die Europäische Zentralbank hatte am 8. Dezember 2011 ihre Variante der quantitativen Lockerung angekündigt, die ab dem 21. Dezember umgesetzt wurde: Sie lieh den Banken der Eurozone an zwei verschiedenen Terminen für drei Jahre unlimitiert Geld zu niedrigen Zinsen. Die Kreditinstitute nutzten das Angebot und nahmen jeweils rund 500 Milliarden Euro auf, also insgesamt 1000 Milliarden Euro. Diese Gelder wurden zum Teil wieder in die Staatsanleihen der Krisenstaaten investiert, um die fehlende privatwirtschaftliche Nachfrage zu kompensieren und die politisch als zu hoch erachteten Zinsen der Krisenländer zu senken. Dies war wohl auch von der Europäischen Zentralbank gewünscht. Manche Politiker, wie der damalige französische Präsident Nicolas Sarkozy, legten den Banken explizit den Kauf von Staatsanleihen mit dem Geld nahe, weshalb an den Finanzmärkten später vom sogenannten Sarkozy-Trade gesprochen wurde.

Der eigentliche Sündenfall war aber bereits im Mai 2010 passiert. Damals hatte die Europäische Zentralbank begonnen, Staatsanleihen zu kaufen, um so die hohen Refinanzierungskosten der Krisenstaaten zu senken. Ebenso wie die US-Notenbank wollte die Europäische Zentralbank nicht mehr zulassen, dass die Entwicklung der Rendite und der Kurse von Staatsanleihen sich im freien Handel an freien Märkten bildet. Sie begann damit, die Renditen und die Kurse zu manipulieren, sprich auf ein politisch gewünschtes oder zumindest noch zu ertragendes Niveau zu senken. Es war ein doppelter Sündenfall der Europäischen Zentralbank – zum einen, weil die Marktzinsen manipuliert wurden und zum anderen, weil damit gegen den Geist des vertraglichen Verbots der Währungsunion verstossen wurde, wonach die Europäische Zentralbank nicht die Schulden der Mitglieder der Währungsunion finanzieren darf. Im Fachjargon wird von einer Monetarisierung der Schulden gesprochen. Wenn eine Notenbank die Anleihen des eigenen Staates kauft, finanziert sich der Staat quasi selber, da diese ja – trotz einer gewissen formellen Unabhängigkeit – ein Teil des Staatsapparates ist. Es wird quasi von einer Tasche in die andere umgeschichtet. Dies ist wohl die reinste Form des Gelddruckens.

Die Manipulationen gehen aber nicht nur von der US-Notenbank und der Europäischen Zentralbank aus. Auch die Bank of England ist gross ins Geschäft der quantitativen Lockerung eingestiegen, und die Bank of Japan kaufte ebenfalls Anleihen des eigenen Staates. Letztere war quasi ein Vorreiter, da sie in der Neuzeit als Erste, nämlich im Jahr 2001, mit einer derartigen Politik begann. Durch die künstliche Nachfrage nach Staatsanleihen sinken die Renditen dieser Wertpapiere. Das ist angenehm für die Staaten, denn sie müssen für ihre Schulden weniger Geld an die Gläubiger bezahlen. Für die Gläubiger, also die Käufer dieser Staatsanleihen, ist es jedoch schlecht und gleicht einer Art Betrug. Sie erhalten für die von ihnen eingegangenen Risiken nämlich eine zu niedrige Rendite. Die Renditen von Staatsanleihen sollen schliesslich im Idealfall die Bonität des Schuldners spiegeln. Dadurch erkennen die Investoren ihr Risiko. Je niedriger die Kreditwürdigkeit eines Schuldners ist, desto höher ist die Rendite, die die Investoren für den Kauf der Staatsanleihen fordern. Genauso verhält es sich übrigens mit Unternehmensanleihen. In beiden Fällen spiegelt sich die Bonität der Schuldner, vor allem in den Ratings der drei grossen Agenturen Standard & Poor's, Moody's Investors Service und Fitch Ratings. Durch die Interventionen der Notenbanken wird nun das Zusammenspiel von Risiko und Rendite gestört – normalerweise gehen beide Hand in Hand. Die Käufer von Staatsanleihen können so nicht mehr gut erkennen, welche Risiken sie eingehen und werden für die Risiken schliesslich zu gering entschädigt. Zwar kann man die Risiken auch an anderen Kriterien ablesen, beispielsweise am Markt für Kreditausfallversicherungen. Dort sichern sich die Käufer von Staatsanleihen gegen die Pleite eines Schuldners ab. Doch es bleibt das Faktum, dass die Renditen der Staatsanleihen in Anbetracht der bestehenden Risiken zu niedrig ausfallen. Auch so werden die Marktkräfte an den internationalen Finanzmärkten derzeit ausgehebelt. Den Schaden haben die Anleger und die Marktwirtschaft insgesamt.

## Die Probleme für die Anleger

Für die Investoren haben die Interventionen und Manipulationen der Notenbanken zwei Seiten. Einerseits verhalfen sie ihnen zu einer sagenhaften Liquiditätshausse an den Aktien- und Rohstoffmärkten. Derlei Aufschwünge bei Aktien und Rohstoffen waren explizit von der US-Notenbank gewünscht, denn dadurch steigt der Wohlstand jener Amerikaner, die in Aktien und Rohstoffen investiert haben. Dies sollte den Wohlstandsverlust durch die stark gesunkenen Immobilienpreise ausgleichen und so den für die amerikanische Wirtschaft sehr wichtigen Konsum der Bürger aufrechterhalten. In den USA ist der private Konsum nämlich für rund zwei Drittel des Bruttoinlandsprodukts, also der amerikanischen Wirtschaftsleistung, verantwortlich.

Andererseits werden altbewährte Konzepte der Geldanlage – die etwa auf der Beobachtung der Konjunktur, der Entwicklung von Unternehmensgewinnen oder der Analyse von Kennzahlen wie Kurs-Gewinn-Verhältnis (KGV) und Kurs-Buchwert-Verhältnis (KBV) fussen – ad absurdum geführt, wenn die Märkte primär von politischen Aktionen und einer ausufernden Liquidität getrieben werden. Zudem bringt die jahrelange Nullzinspolitik institutionelle Anleger wie Versicherungsgesellschaften und Pensionskassen in erhebliche Schwierigkeiten. Den Kunden versprochene Renditen, wie beispielsweise bei Lebensversicherungen, oder vom Staat festgelegte Renditen, wie etwa der BVG-Mindestsatz oder der BVG-Umwandlungssatz in der Schweiz, sind kaum mehr zu erreichen. Letztlich werden dadurch Schuldner subventioniert und Sparer bestraft. Dabei profitieren aus Branchensicht die Banken, die sich billiger verschulden und so ihre Bilanzen sanieren können – und es leiden die Versicherungen und die Pensionskassen.

Ferner stellen die Massnahmen Portfoliokonzepte wie die Diversifikation infrage. Unter Diversifikation versteht man die Aufteilung seiner Gelder auf verschiedene Anlageklassen. Investoren sollten sich stets ein gemischtes Portfolio aus unterschiedlichen Wertpapieren zusammenstellen. Dies ist laut der modernen Portfoliotheorie der beste Weg, langfristig die Rendite zu steigern und die Anlagerisiken zu senken. So müssten beispielsweise in der Theorie bei steigenden Aktienkursen die Kurse von Anleihen tendenziell sinken und ihre Renditen steigen. Doch wenn sich durch die Mischung unterschiedlicher Wertpapiere die Risiken in den Portefeuilles reduzieren sollen, dann muss diese Beziehung auch funktionieren. Durch die ultraexpansive Geldpolitik der Notenbanken wurden die Märkte jedoch mit Liquidität geflutet – die Flut hebt alle Boote, heisst es zu Recht. Wo Preissignale aufgrund künstlicher Liquidität zustande kommen, geschieht jedoch Kurioses. Dann steigen beispielsweise die Aktienkurse, und die Renditen der Anleihen bleiben trotzdem tief. Oder Rohstoffpreise legen zu, obwohl sich die Wirtschaft in vielen Regionen der Welt abkühlt. Die Kehrseite dieses Geschehens ist später, dass die Ebbe auch alle Boote wieder sinken lässt. Dann kommt es vermutlich zu einem noch grösseren Debakel, als es geschehen wäre, wenn man dem Markt und den Marktpreisen von Anfang an ihren freien Lauf gelassen hätte, ohne sie zu manipulieren.

## Die Auswirkungen auf die Zinsstrukturkurve

Die Anleger an den Finanzmärkten schauen primär in die Zukunft. Sie wollen sich für das positionieren, was da kommen mag. Dabei sind die zwei wichtigsten Fragen, ob sie sich auf ein tendenziell inflationäres oder deflationäres Umfeld einstellen müssen und ob ein wirtschaftlicher Aufschwung oder Abschwung vor der Tür steht. Zur Beantwortung der zweiten Frage lieferte seit Jahrzehnten die sogenannte Zinsstrukturkurve wichtige und oft richtige Hinweise. Als Faustregel galt: Je steiler die Kurve, desto besser die wirtschaftliche Lage – je flacher, desto eher wird es konjunkturell schwierig. Eine inverse Zinsstrukturkurve deutete indessen auf eine drohende Rezession innerhalb von sechs bis zwölf Monaten hin. Diesen Indikator haben die Notenbanken in den USA, im Euroraum, in Grossbritannien und in der Schweiz jedoch mit ihrer ultraexpansiven Geldpolitik ausgeschaltet. Für die Anleger wird das Handeln an den Finanzmärkten dadurch noch mehr zum Blindflug.

Die Zinsstrukturkurve setzt sich aus den Renditen der (Rest-)Laufzeiten von unterschiedlichen staatlichen Geld- und Kapitalmarktpapieren eines Landes zusammen. Das Laufzeitenspektrum bewegt sich dabei in der Regel zwischen ein beziehungsweise drei Monaten und 20 beziehungsweise 30 Jahren. Manche Länder haben allerdings auch schon ultralang laufende Staatsanleihen über 50 und sogar 100 Jahre herausgegeben. Grundsätzlich wird zwischen normalen, flachen, inversen und buckligen Zinsstrukturkurven unterschieden (vgl. Abbildung 23). Bei der normalen Zinsstrukturkurve steigen die Renditen mit der Restlaufzeit an. In Deutschland war dies beispielsweise laut einer Untersuchung in den Jahren 1972 bis 2009 in rund

**Stilisierte Zinsstrukturkurven**

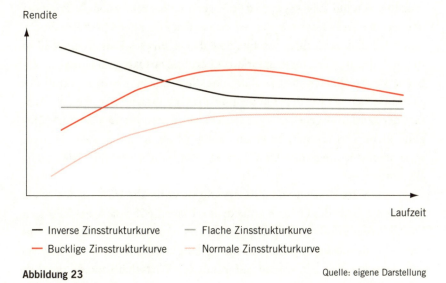

— Inverse Zinsstrukturkurve   — Flache Zinsstrukturkurve
— Bucklige Zinsstrukturkurve   — Normale Zinsstrukturkurve

**Abbildung 23**   Quelle: eigene Darstellung

70 Prozent aller Monate der Fall. Eine flache Zinsstrukturkurve spiegelt dagegen ein nach Laufzeiten fast ausgeglichenes Zinsniveau. Dies ist in gut 20 Prozent aller Monate der Fall gewesen. Bei der inversen Kurve, die in weniger als 10 Prozent der Monate vorkam und damit sehr selten ist, sinken die Zinssätze mit zunehmender Laufzeit. In der Praxis beziehungsweise bei den Übergängen gibt es jedoch auch immer wieder Mischformen. Dann kommt es zu einer buckligen Zinsstrukturkurve.

Für die Anleger ist vor allem wichtig, ob die Kurve steil, flach oder invers ist. Als Faustregel kann man sagen: Je steiler die Kurve ist, desto besser läuft die Wirtschaft. Gefährlich wird es, wenn die Zinsstrukturkurve invertiert. Die inverse Struktur entsteht, wenn Anleger sinkende Inflationsraten und Zinsen erwarten, weil sie dann vermehrt in Bonds mit langen Laufzeiten investieren. Die inverse Zinskurve gilt als Vorbote einer Rezession – abgesehen von immer wieder auftretenden ausserordentlichen Ereignissen, wie etwa der deutschen Wiedervereinigung. Der Signalcharakter der Kurve für drohende Rezessionen ist kein Mythos, sondern empirisch gut belegt. Allein seit 1989 gibt es zahlreiche Studien, die nachweisen, dass das Gefälle der Zinsstrukturkurve, also die Differenz zwischen kurz- und langfristigen Zinssätzen, hilfreich für die Prognose von Rezessionen und die Entwicklung des realen Bruttoinlandsprodukts ist. Die US-Notenbank kommt in einer Untersuchung vom Juli 2008 sogar zu dem Ergebnis, dass professionelle Prognostiker bei der Vorhersage von Rezessionen in den folgenden Quartalen durchschnittlich klar schlechter abschneiden als ein simples Prognosemodell in Echtzeit, das auf der Zinsstrukturkurve beruht. Die Ökonomen der US-Notenbank bezeichneten dies als Rätsel, da die Profis ja die Aussagekraft der Zinskurve kennen würden. Oft meinten die Ökonomen dann aber, die Aussage der Zinskurve gelte aus irgendwelchen Gründen für die derzeitige Situation nicht. Das erinnert an einen häufig gehörten Satz an den Märkten, wenn man eine unerwünschte Prognose nicht wahrhaben will: «Diesmal ist alles anders.»

Im März 2012 war die Zinsstrukturkurve für die USA ziemlich steil. Am kurzen Ende des Laufzeitenspektrums lagen die Zinssätze bei 0 Prozent bis 0,4 Prozent und am langen Ende bei rund 2 Prozent bis 3 Prozent – es war keine Rezession in Sicht. Das war Anfang 2007 ganz anders. Einerseits war das damalige Zinsniveau aufgrund des Wirtschaftsbooms deutlich höher. Andererseits verlief die Zinsstrukturkurve sehr flach – und dabei sogar schon invers. Die kurzen Zinssätze lagen nämlich mit 5,1 Prozent bereits über den langen Sätzen von 4,8 Prozent beziehungsweise 4,9 Prozent. Die Inversion war schon deutlich vor dem Ausbruch der Subprime- und Bankenkrise ein Signal dafür, dass sich ein Wirtschaftsabschwung oder gar eine Rezession anbahnen. So kam es dann auch.

Ein Rezessionssignal kann durch die Zinsstrukturkurve derzeit jedoch gar nicht mehr gesandt werden. Die Ursache dafür ist der seit Dezember 2008 quasi bei null liegende Leitzins. Durch die extreme Nullzinspolitik der Zentralbanken in den Industrieländern ist es seit geraumer Zeit also unmöglich, dass die Zinskurve invers wird, da das kurze Ende immer nahe null oder sogar darunter liegt.

# Die stille Enteignung – die Folgen der «ganz normalen» Geldentwertung

> «Sie müssen sich entscheiden, worauf Sie vertrauen: auf die natürliche Stabilität des Goldes oder auf die Ehrlichkeit und die Intelligenz der Regierung. Bei allem Respekt für diese Gentlemen rate ich Ihnen, solange das kapitalistische System existiert, votieren Sie für Gold.»
>
> George Bernard Shaw, Literaturnobelpreisträger

## Politiker können nicht sparen oder: der Fluch der Fiat-Währungen

«Diesmal ist alles anders.» Dieser Glaube hat schon oft ins Unglück geführt, auch an den Finanzmärkten. Schaut man sich die Währungsgeschichte an, so zeigt sich, dass sogenannte Fiat-Währungen fast immer irgendwann kollabieren. Die beiden Gold- beziehungsweise Währungsexperten James Turk und John Rubino nannten in ihrem 2004 erschienenen Buch *Der kommende Kollaps des Dollar und wie man davon profitiert* die Geschichte ungedeckter Währungen eine «endlose Litanei des Scheiterns». Als Fiat-Währungen werden Währungen bezeichnet, die nicht gegen Gold eingelöst werden können. Wenn eine Währung also nicht wie früher zu Zeiten des Goldstandards in Goldeinheiten definiert ist, sondern lediglich von einer Regierung geschaffen und kontrolliert wird, dann ist sie eine Fiat-Währung, weil sie nur durch Anordnung (auf Lateinisch: fiat = es werde) der Regierung existiert. Somit sind derzeit bedeutende Währungen wie der Dollar, der Euro, das Pfund, der Franken, der Yen sowie auch sämtliche anderen gegenwärtig existierenden Währungen ebenfalls Fiat-Währungen. Nach der endgültigen Beerdigung des Goldstandards 1931 trat 1944 das Bretton-Woods-System fester Wechselkurse in Kraft, bei dem nur noch der Dollar auf einer Golddeckung beruhte. Dieses System wich im Jahr 1973 schliesslich einem System frei schwankender und untereinander im Wettbewerb stehender Papierwährungen.

Doch sind Fiat-Währungen wirklich zum Scheitern verurteilt? Ja, sagen die Befürworter eines Goldstandards, weil Regierungen zu jeder Zeit grundsätzlich unfähig seien, den Wert der Währung langfristig zu bewahren. Die Argumente sind einfach, aber unglaublich plausibel. Jede demokratische Regierung und sogar jeder König oder Diktator ist zwei Gruppen im Volk verpflichtet: den Steuerzahlern und den Empfängern staatlicher Leistungen. Die Steuerzahler ärgern sich über die hohen Abgaben und schreien auf, wenn sie noch mehr zahlen sollen. Überschiesst eine Regierung bei der Besteuerung, wenden sich schliesslich immer mehr Steuerzahler von ihr ab. Die Leistungsempfänger wollen dagegen auf allen möglichen Gebieten – von der Sozialhilfe über Schulen, Schwimmbäder, Theater und Strassen bis hin zur Altersvorsorge – immer mehr Geld ausgeben. Befriedigt die Regierung ihre Wünsche nicht, wenden sich immer mehr Leistungsempfänger von ihr ab. Um es sich mit keiner der Gruppen zu sehr zu verscherzen, erklären Politiker nicht etwa die bitteren Tatsachen, nämlich dass man in einer Welt begrenzter finanzieller Ressourcen nicht mehr ausgeben kann, als man einnimmt und somit nicht alle Wünsche erfüllbar sind. Sie entscheiden sich angesichts einer Opposition, die den Wählern meist das Blaue vom Himmel verspricht, vielmehr für die Aufnahme von Schulden, um neue Ausgaben zu finanzieren, ohne die Steuern erhöhen zu müssen. Dann wird genug neues Geld in Umlauf gebracht, um das resultierende Defizit zu decken. Die Regierung verschafft also den gegenwärtig stimmberechtigten Bürgern einen übermässigen, weil nicht erarbeiteten Konsum, der zulasten künftiger Generationen geht, denn diese werden irgendwann die Schulden bezahlen müssen.

Die Entscheidung für die Schuldenwirtschaft führt letztlich zu einem schleichenden Wertverlust der Währung, also zu einer Inflation. Der Dollar hat seit dem Ende des Bretton-Woods-Systems fester Wechselkurse anno 1971, bis zu dem der Dollar an das Gold gekoppelt war, gegenüber dem Gold mehr als 90 Prozent seines Werts eingebüsst. Die Kaufkraft ist also in gleichem Ausmass gesunken. Beispiele für ausufernde Schulden, eine überschiessende Inflation und die Zerstörung der Währung gibt es in der Menschheitsgeschichte unzählige. Schon die alten Römer verstanden die Kunst der Geldentwertung meisterhaft. Kaiser verkleinerten entweder die Münzen, schnitten sie in Stücke oder bohrten Löcher hinein, um dadurch noch mehr Münzen prägen zu können. Oder sie verwendeten statt Gold und Silber immer weniger wertvolle Metalle wie beispielsweise Zinn als Basis für die Münzen. Frankreich war im 18. Jahrhundert wirtschaftlich ähnlich bankrott wie heute Griechenland. Deshalb glaubte man dort, inspiriert durch die abstrusen Ideen des damals in Frankreich aufgetauchten Schotten John Law, dem enterbten Sohn eines reichen Goldschmieds, eine Zeit lang Folgendes: Je mehr Geld die Regierung druckt, desto stärker steigt ihr Wohlstand – und durch die Steuerung der Geldmenge ist ein Wachstum ohne Inflation möglich. Das Ergebnis dieses gigantischen geldpolitischen Experiments war, dass im Jahr 1720 die Preise in Frankreich monatlich um 23 Prozent emporschossen. Die anschliessenden sozialen und politischen Verwerfungen legten einen der Grundsteine für die Französische Revolution. Eine Extremversion der Inflation lieferte die Weimarer Republik. Verkürzt gesagt, überwies Deutschland bis 1921 rund ein Drittel der aus dem Ersten Weltkrieg resultierenden Reparationszahlungen, geriet dadurch an die Grenze seiner Belastbarkeit und weigerte sich schliesslich im Dauerstreit mit den Kriegsgewinnern über die Höhe der Reparationsleistungen, den Rest zu zahlen. Dies beantworteten Frankreich und Belgien schliesslich mit der Besetzung des Ruhrgebiets, des Herzstücks der deutschen Industrie, was die Wirtschaft noch mehr schwächte. Deutschland warf in seiner Not schliesslich die Gelddruckmaschinen an – und im Jahr 1923 kostete ein Laib Brot 1,5 Millionen Mark.

Ist diesmal wirklich alles anders? Die Menschen haben schliesslich aus der Geschichte gelernt und sind schlauer geworden. Zudem fehlt Regierungen der direkte Durchgriff auf die Währung, weil viele Notenbanken heutzutage zumindest eine gewisse Unabhängigkeit geniessen. Werden daher die gegenwärtigen führenden Währungen niemals den Weg der Mark in der Weimarer Republik oder anderer zerstörter Währungen wie etwa des argentinischen Peso gehen? Die Antwort auf diese Frage ist derzeit noch eine Glaubenssache. Auch der Goldstandard war nicht frei von Krisen und Kritik. So konnten die USA Anfang der 1970er-Jahre, als die Leitwährung Dollar auf einer Golddeckung beruhte, ihre Verpflichtungen unter anderem infolge des teuren Vietnamkrieges nicht mehr einhalten. Zudem orten etliche Ökonomen den Goldstandard als Auslöser von Deflation, wobei aus wirtschaftlicher Sicht ein wenig Deflation im Prinzip genauso gut oder schlecht ist wie ein wenig Inflation.

Fest steht jedenfalls, dass der langfristige, also meist über Jahrzehnte stattfindende Niedergang einer Fiat-Währung stets dem gleichen Szenario folgt. Der Staat erhöht die Ausgaben, um die zu hohen Bedürfnisse der Bevölkerung zu erfüllen, die Schulden steigen dadurch stark an, und dann entzieht sich eine Nation den Verpflichtungen, indem sie die Währung schwächt oder gar zerstört. Griechenland ist für diesen Prozess ein Paradebeispiel. Allerdings hat das Land keine eigene Währung mehr und reisst dadurch nun die gesamte Eurozone mit in den Strudel. In vielen Ländern bestehen die gleichen Probleme, wenngleich noch nicht so ausgeprägt wie in Griechenland. Doch weder Griechenland noch die Eurozone sind Einzelfälle. Im Gegenteil: Die Verschuldung ist in vielen Ländern der Welt enorm hoch. Vergleicht man die Eurozone mit anderen Gebieten, relativieren sich die gegenwärtigen Geschehnisse. Im Euroraum sank die Verschuldung gemessen am Bruttoinlandsprodukt von Ende 1998 bis zu Beginn der Finanzkrise im Jahr 2007 tatsächlich um rund 7 Prozentpunkte von 73 Prozent auf 66 Prozent. Andernorts sah die Entwicklung dagegen weniger positiv aus. So gab es in Grossbritannien nur einen Rückgang um 3 Punkte von 47 Prozent auf 44 Prozent und in den USA sogar einen Anstieg um etwa 1 Prozentpunkt von 63 Prozent des Bruttoinlandsprodukts auf 64 Prozent. Auch wenn man sich die Entwicklung seit Beginn der Finanzkrise ansieht, steht die viel gescholtene Eurozone vergleichsweise nicht so schlecht da. Zwar ist die Schuldenquote laut dem deutschen Statistischen Bundesamt insgesamt wieder um rund 26 Prozentpunkte gestiegen, doch im einstigen Vorzeigeland USA betrug der Anstieg von 2007 bis 2015 41 Punkte und in Grossbritannien sogar 47 Prozentpunkte. Sicherlich ist die Entwicklung in manchen Ländern der Währungsunion völlig aus dem Ruder gelaufen, und es gibt genug Anlass zu berechtigter Kritik. Insgesamt steht die Eurozone jedoch dank einigen stabilitätsorientierten Staaten, die das Schicksal des Euroraums auch künftig entscheidend mitprägen werden, im Vergleich zu Ländern wie den USA, Grossbritannien und vor allem auch Japan besser da.

Das ändert in den sogenannten Triaderegionen USA, Europa und Japan aber nichts am Grundproblem. Viele Politiker denken heutzutage ausschliesslich an ihre Wiederwahl und ermöglichen so einen übermässigen Konsum zulasten künftiger Generationen, der die Schulden scheinbar unaufhaltsam ansteigen lässt. Schon in der ersten Hälfte des vergangenen Jahrhunderts soll der Literaturnobelpreisträger George Bernard Shaw daher gesagt haben: «Sie müssen sich entscheiden, worauf Sie vertrauen: auf die natürliche Stabilität des Goldes oder die Ehrlichkeit und Intelligenz der Regierung. Bei allem Respekt für diese Gentlemen rate ich Ihnen, solange das kapitalistische System existiert, votieren Sie für Gold.»

## Flucht in Gold aus Angst vor den Regierungen

Den Satz von George Bernard Shaw haben sich in den vergangenen Jahren immer mehr Menschen dies- und jenseits des Atlantiks zu Herzen genommen. Dies beweist der rasante Anstieg des Goldpreises bis zum Jahr 2011. «In God we trust» steht prominent auf vielen Münzen und Geldscheinen der USA. Und tatsächlich mögen viele Amerikaner auf Gott vertrauen. Doch nur noch wenige Bürger trauen ihrer Regierung. Laut einer Umfrage des Gallup-Instituts im Jahr 2011 befand sich der Anteil an Menschen, die noch auf den US-Kongress vertrauen, mit rund 10 Prozent auf dem niedrigsten Stand seit über 30 Jahren. Sogar die Zahl der Bürger, die Vertrauen in Banken haben, war mit 23 Prozent noch deutlich höher, was angesichts der jüngsten Bankenkrise doch erstaunlich ist. Gross ist hingegen das Vertrauen in Gold, wie die Zahlen beweisen. Der Preis für eine Unze des Edelmetalls stieg am 6. September 2011 in der Spitze nominal auf 1921 Dollar pro Feinunze. Real gesehen, also unter Einbezug der Inflation und auf der Basis von 1982, notierte Gold dagegen bei rund 700 Dollar. Der reale Rekord von rund 865 Dollar pro Unze stammt aus dem Jahr 1980 und kam 2011 in Reichweite. Vom Hoch im Jahr 2011 konsolidierte der Goldpreis jedoch den vorherigen jahrelangen Anstieg und fiel bis Mitte 2015 auf rund 1100 Dollar zurück.

Das Goldrallye wurde und wird vor allem von drei Faktoren getrieben. Erstens ist Gold eine Versicherung gegen Regierungen und Notenbanken, die ausser Kontrolle geraten. Da sich Gold gegenüber fast allen bedeutenden Währungen – eine Ausnahme ist die Fluchtwährung Franken – im Jahr 2011 auf einem Rekordniveau bewegte, scheinen fiskalisch ausser Kontrolle geratene Regierungen nicht nur in den USA, sondern in vielen anderen Regionen der Welt eine Plage zu sein. Das gilt sicher für den Euroraum, für Grossbritannien und Japan. Die USA waren 2011 mit über 15 Billionen Dollar verschuldet, was laut dem Internationalen Währungsfonds (IWF) einem Anteil am Bruttoinlandsprodukt von knapp über 100 Prozent entspricht – Tendenz steigend. Das war der höchste Stand seit 60 Jahren. In einigen Ländern der Eurozone, in Grossbritannien und vor allem in Japan sah es noch düsterer aus.

Zweitens wird Gold von der Ausweitung der Geldmenge beflügelt. In den USA, im Euroraum, in Grossbritannien, in der Schweiz und in Japan betreiben die Notenbanken, wie wir in den vorangegangenen Kapiteln gesehen haben, seit Jahren faktisch eine Nullzinspolitik. Und da die Zinsen bereits bei null sind, greifen die Währungshüter, die von scharfen Kritikern inzwischen als Währungszerstörer angesehen werden, in ihrer Not zu unkonventionellen Massnahmen, nämlich zum Anwerfen der Gelddruckmaschinen. Seit 2007 haben die US-Notenbank, die Europäische Zentralbank und die Bank of England die Geldmenge um sagenhafte 6 Billionen Dollar ausgeweitet. Drittens spricht auch das Umfeld niedriger oder gar negativer Realzinsen – das ist der Zinssatz nach Abzug der Inflation – für Gold. Die Höhe der Realzinsen stellt die Alternativkosten des Kaufs von Gold dar, da Gold im Gegensatz zu Anleihen keine Verzinsung oder im Gegensatz zu Aktien keine Dividenden abwirft, sondern nur im Wert an sich steigen kann. Die letzten Jahrzehnte haben gezeigt, dass der Goldpreis bei niedriger beziehungsweise negativer Realrendite – so wie auch in den letzten Jahren – rasant zulegt.

Aufgrund der Finanzkrise und aufgrund von Politikern, die getreu dem Bonmot von Friedrich August von Hayek «Brot für heute, Hunger für morgen» weit mehr ausgeben, als sie einnehmen, erlangt Gold immer mehr seine Funktion als marktgängigstes Gut überhaupt und als ultimative Währung zurück. Und wenn Gold tatsächlich ein Mass für das Vertrauen in die Regierungen ist, dann bedeutete das nominale Rekordhoch von Gold im Jahr 2011, dass das Vertrauen in die Regierungen zu diesem Zeitpunkt ein Rekordtief erreicht hatte.

## Das Leiden der kleinen Leute am üblichen Kaufkraftverlust

Die Fans von Gold, die im Branchenjargon auch «gold bugs» (Goldkäfer) genannt werden, schauen mit einer gewissen Verachtung auf die Fiat-Währungen: «Von allen Erfindungen, die ersonnen wurden, um die arbeitenden Menschen zu betrügen, war keine wirkungsvoller als die Illusion des Papiergeldes», sagen viele Vertreter des Goldstandards. Währungen, die nicht durch Gold oder zumindest einen anderen nachhaltigen Wert gedeckt sind, würden letztlich immer schleichend an Kaufkraft verlieren und seien irgendwann vollständig dem Untergang geweiht. Schon der französische Philosoph Voltaire soll im 18. Jahrhundert verächtlich gesagt haben: «Am Ende kehrt Papiergeld zu seinem inneren Wert zurück – null.» Wie im vorangegangenen Kapitel erläutert wurde, ist die Ursache dafür, dass Politiker grundsätzlich unfähig sind, mit den verfügbaren Mitteln zu haushalten, weil sie unbedingt wiedergewählt werden wollen. Die zunehmende Überschuldung sorgt dann – stark vereinfacht gesagt – dafür, dass eine Währung durch Inflation nach und nach immer mehr an Kaufkraft verliert.

Stimmt die These auch heute noch? Schliesslich waren die Notenbanken in den vergangenen 25 Jahren sehr erfolgreich darin, die Inflation unter Kontrolle zu halten. Eine Zeit lang dachte man sogar, die Inflation sei besiegt. Zudem hat sich der Wettbewerb der Währungen im System freier Wechselkurse anscheinend bewährt. Wenn sich die Geschichte wiederholen sollte, dann müsste es laut den Währungsexperten James Turk und John Rubino in den betroffenen Staaten der Eurozone, aber auch in Ländern wie in den USA oder in Grossbritannien zu folgenden Phänomenen kommen: Erstens würden die Regierungen ihren Verwaltungsapparat und ihre Machtfülle aufblähen. Zweitens würden der Konsum und damit die Schulden der Länder immer stärker wachsen, und drittens würden die neuen Schulden durch das Drucken von Papiergeld – beziehungsweise heutzutage durch die elektronische Geldschöpfung per Mausklick auf den Konten der Notenbanken – finanziert werden. Trifft dies alles zu? Ja, ja und nochmals ja – und zwar in einem ungeheuerlichen Ausmass.

Die Deutsche Bundesbank hatte bereits 2010 für die *Neue Zürcher Zeitung* die Veränderung der Kaufkraft von Währungen wie dem Dollar, dem Franken, dem Yen und dem Euro seit 1971 berechnet. Die Inflation existierte natürlich auch vorher schon, doch im Mai 1971 gab die deutsche Bundesregierung den Wechselkurs der D-Mark frei. Das damalige Bretton-Woods-System fester Wechselkurse wurde schliesslich im Jahr 1973 ausser Kraft gesetzt. Aus den Ergebnissen lässt sich der Kaufkraftverlust der Währung seit dem Jahr 1971 ablesen (vgl. Abbildung 24).

Je nach Berechnungsmethode gelangte die Deutsche Bundesbank – die damals nur die Daten zur Verfügung stellte, diese aber nicht werten oder interpretieren wollte – zu folgendem Resultat: Der Dollar hatte nach der Berechnungsmethode A seit 1971 sagenhafte 86,6 Prozent beziehungsweise nach der Berechnungsmethode B 81,8 Prozent an Kaufkraft verloren. Die Bundesbank hatte den heutigen Eurogegenwert eines Betrages in ausländischer Währung nach zwei verschiedenen Methoden berechnet. Bei der Methode A erfolgte die Umrechnung in eine deutsche Währung, wobei die durchschnittlichen Monatswechselkurse zugrunde gelegt wurden. Danach wurde das heutige Kaufkraftäquivalent in Euro des umgerechneten DM/Euro-Betrages anhand der Preisentwicklung in Deutschland ermittelt. Bei

**Kaufkraftentwicklung von D-Mark bzw. später Euro**

**Abbildung 24** Quelle: Deutsche Bundesbank

der Methode B wurde eine Fortschreibung des Betrages in der ausländischen Währung mit dem entsprechenden ausländischen Preisindex vorgenommen. Danach erfolgte die Umrechnung in Euro mithilfe des aktuellen Wechselkurses zwischen der jeweiligen Währung und dem Euro. Die Ergebnisse für den Franken und den Yen sind ebenfalls schockierend, wenngleich nicht ganz so dramatisch. Der Franken büsste 41,3 Prozent beziehungsweise 65,5 Prozent an Wert ein, beim Yen sind es 42,3 Prozent beziehungsweise 66,2 Prozent (vgl. Abbildung 25). Für die D-Mark beziehungsweise den Euro beträgt der Wertverlust 67,0 Prozent. Zum Vergleich dazu: Eine Feinunze Gold hatte laut Bundesbank im Jahr 2010 eine 4,9 Mal grössere Kaufkraft als im Januar 1971. Dies zeigt, dass viele Menschen Gold immer noch als die einzige und ultimative Hartwährung ansehen – weniger in normalen Zeiten als in Krisen.

Allerdings muss man berücksichtigen, dass die Messung der allgemeinen Kaufkraft schon über deutlich kürzere Zeiträume mit grossen Schwierigkeiten verbunden und daher mit Vorsicht zu geniessen ist. Die allgemeine Kaufkraft bezieht sich auf ein Güterbündel und wird immer dann herangezogen, wenn man daran interessiert ist, wie sich die Kaufkraft des Geldes allgemein entwickelt. Üblicherweise wird die allgemeine Kaufkraft anhand eines Konsumentenpreisindex gemessen. Dies ist aber über lange Zeiträume

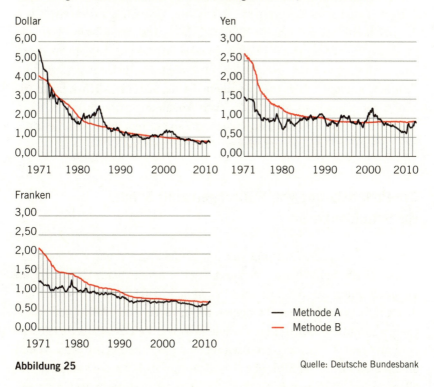

**Abbildung 25** Quelle: Deutsche Bundesbank

schwierig, da sich die zugrunde liegenden Warenkörbe, die die Konsumgewohnheiten der jeweiligen Zeit spiegeln, mit den Jahren deutlich verändern. Ein Warenkorb des Jahres 1971 hat mit dem heutigen nur noch wenig gemein. Man denke allein an die gesamte Hightechelektronik mit Geräten wie Computern und Smartphones, die es früher nicht gab. Zudem hatten Nahrungsmittel damals einen viel grösseren Anteil am Warenkorb und der Freizeitsektor einen geringeren.

Die Ergebnisse zeigen dennoch deutlich, wie stark Papiergeld auf lange Sicht an Kaufkraft verliert, selbst wenn die Inflation relativ niedrig ist. Dies ist so über weite Strecken seit 1971 beziehungsweise vor allem seit 1985. So betrug die Inflation laut Bundesbank in der Schweiz seit 1971 durchschnittlich 2,7 Prozent und in Deutschland 2,8 Prozent. In den USA betrug sie dagegen stattliche 4,4 Prozent. Damit lag in der Schweiz und in Deutschland die Teuerung in diesem Zeitraum nur geringfügig über dem Niveau, unter dem die Europäische Zentralbank in Frankfurt Preisstabilität versteht.

Die Europäische Zentralbank strebt eine Inflation von unter, aber nahe bei 2 Prozent an. Dieses Ziel erreichte sie seit ihrer Gründung auch meist. Doch das heisst eben nicht, dass die Kaufkraft des Geldes stabil bleibt. Wer sein Geld also einfach unter das Kopfkissen legte oder es nur auf dem Sparbuch hatte und dort nur sehr geringe Zinsen erhielt, wurde langfristig von der Teuerung enteignet. Dies trifft vor allem die sogenannten kleinen Leute, die häufig vor Anlagen in Aktien oder auch Anleihen zurückschrecken. Es ist aber sinnvoll, nach Anlagen zu suchen, die so gut rentieren, dass die Inflation zumindest kompensiert oder gar übertroffen wird.

## Die Privatisierung von Währungen zum Schutz vor Schuldenkrisen

Wer das Unmögliche will und wer das Undenkbare denkt, der muss das Unleidliche leiden, schrieb – verkürzt zitiert – bereits Franz Grillparzer im 19. Jahrhundert. An den österreichischen Schriftsteller muss unwillkürlich denken, wer mit liberalen Ökonomen wie etwa Thorsten Polleit über Währungen diskutiert. Der frühere Chefökonom von Barclays Capital Deutschland und seine Gesinnungsgenossen sehen die Geschehnisse in Europa und an anderen Orten der Welt nämlich nicht nur als Schulden-, sondern vor allem auch als Währungssystemkrise. Das Grundübel liege in der herrschenden monetären Architektur, die vom Papiergeld geprägt sei. Fiat-Währungen sind, wie wir gesehen haben, Währungen, die nicht gegen einen Sachwert wie Gold einlösbar sind, sondern von Regierungen geschaffen und kontrolliert werden. Das Problem bei derlei Systemen ist, dass die Inverkehrsetzung von Geld durch die Ausweitung der Bankkreditvergabe erfolgt. Damit wird quasi aus dem Nichts Geld geschaffen. Das Fiat-Geldsystem, das währungshistorisch einmalig ist, sorgt nicht nur für Wirtschaftsstörungen, sondern lässt die Schulden in einer Volkswirtschaft relativ zum Realeinkommen kontinuierlich steigen, führt zu Boom-and-Bust-Zyklen und hat entscheidend zur Schuldenkrise beigetragen, meinen die Vertreter der Antipapierwährungsgilde. Insofern sehen sie die derzeitigen Massnahmen von Regierungen und Zentralbanken nur als Bekämpfung der Symptome, nicht aber der Ursachen.

Selbst wenn eine elegante Lösung der grassierenden Krise und dann ein Neustart im herrschenden Fiat-Geldsystem gelänge, würde die Welt jedoch ceteris paribus, also bei sonst gleichbleibenden Bedingungen, langfristig wieder in die gleiche Falle tappen. Die zu sehr niedrigen Zinsen neigenden und von den Regierungen beeinflussten Notenbanken würden aller Voraussicht nach erneut eine Schuldenspirale in Gang setzen. Dafür spricht auch die gegenwärtig weltweite Gleichschaltung der Geldpolitik. Einen Wettbewerb um die bessere Geldpolitik gibt es derzeit nicht. Polleit sieht die Europäische Zentralbank zudem längst nicht mehr in der Tradition der Deutschen Bundesbank. Dies gilt wohl nicht erst seit Beginn des Kaufs von Staatsanleihen durch die Europäische Zentralbank im Mai 2010, der für sie vorher undenkbar gewesen wäre. Die Abkehr von der Politik der Bundesbank, die ja gerade durch die Euroeinheitswährung ermöglicht wurde – manche Verschwörungstheoretiker meinen sogar ermöglicht werden sollte –, ist schon 2003 eingeleitet worden. Damals wurde die monetäre Säule innerhalb der Zwei-Säulen-Strategie der Europäischen Zentralbank, die die übermässige Ausweitung der Geldmenge begrenzte, de facto abgeschafft oder zumindest geschwächt.

Ökonomen wie Polleit favorisieren eine Privatisierung von Währungen, wie sie schon die österreichischen Nationalökonomen Friedrich August von Hayek und Ludwig von Mises empfohlen haben. Derlei Empfehlungen sind für die überwältigende Mehrheit der Menschen erklärungsbedürftig, da sie mit der Idee des Währungswettbewerbs wenig vertraut sind. Doch das spricht nicht gegen das Konzept. Die Bevölkerung hat sich in vielen Ländern an die Privatisierung von Post, Telekom, Bahn und gewissen Versicherungen gewöhnt und die wohlstandsmehrenden Vorteile des Wettbewerbs erkannt. Ein funktionierender Wettbewerb unter privaten Währungen dürfte zu werthaltigeren Währungen sowie einer Abkehr von der Schuldenwirtschaft und von grossen Krisen führen. Bis sich diese denkbare Idee durchsetzt, dürfte es aber noch eine Weile dauern, und die Menschen werden noch unter den Folgen der Fiat-Währungen leiden.

## Die Vorteile privater Währungen und der Weg dorthin

«Freiheit ist Sklaverei», hiess eine Maxime des Wahrheitsministeriums in George Orwells Überwachungsroman *1984*. Das war natürlich schon damals Fiktion, doch kann es in der Realität tatsächlich anstrengend sein, die Freiheit zu haben, zwischen verschiedenen Möglichkeiten wählen zu dürfen. Die Menschen in Demokratien haben diese Anstrengung in den letzten Jahrzehnten jedoch zu schätzen gelernt. Das gilt besonders für die Freiheit, zwischen den Gütern und Dienstleistungen verschiedener Anbieter wählen zu können. In einem Bereich gilt das jedoch nicht. In fast allen freien, demokratischen Ländern gibt es noch «Zwangsgeld», das heisst nur eine einzige, als gesetzliches Zahlungsmittel anerkannte Währung. Die Schweiz ist hier allerdings eine Ausnahme, denn private Währungen sind zugelassen.

Die segensreichen Wirkungen des Wettbewerbs haben sich letztlich in immer mehr Branchen durchgesetzt. Die freie Wahl zwischen verschiedenen privaten Angeboten führt in aller Regel zu besseren Produkten mit einem höheren Nutzen für die Kunden als staatlich orchestrierte Planung. Beim Geld verteidigt der Staat sein Monopol jedoch bis aufs Messer, und für viele Menschen ist die Privatisierung kaum vorstellbar, ja geradezu eine absurde Idee. Der Staat hat weiterhin das Währungsmonopol. Doch das Verlangen nach der Privatisierung von Währungen nimmt in einem Umfeld nahezu grenzenloser Staatsschulden und auf Hochtouren laufender Gelddruckmaschinen der Zentralbanken zu.

Was ist Geld? Es ist das allseits akzeptierte Tauschmittel, weil es das Gut ist, das sich am besten und einfachsten gegen andere Güter tauschen lässt, da es gut transportierbar, lagerfähig und homogen ist. Dabei erfüllt Geld verschiedene Funktionen. Die Tauschfunktion gilt als die wichtigste Funktion, die Wertaufbewahrungs- und Recheneinheitsfunktion sind zudem wesentliche Unterfunktionen der Tauschfunktion. Sonst ist Geld aber ein Gut wie jedes andere Gut auch. Beispielsweise gilt auch hier das Gesetz des abnehmenden Grenznutzens – je mehr man davon hat, desto geringer ist der zusätzliche Nutzen. Steigt zudem die Menge des vorhandenen Geldes in einer Volkswirtschaft, sinkt bei sonst gleichbleibenden Bedingungen der Tauschwert. Auch beim Geld gelten also die Gesetze von Angebot und Nachfrage.

Der Zukunftsforscher John Naisbitt prognostiziert, dass Währungen früher oder später privatisiert werden. Der Durchbruch werde erfolgen, sobald die Menschen verstünden, dass Geld, ebenso wie beispielsweise Autos, Kühlschränke oder Fernseher, eine Ware sei. Zentralbanken würden in der Zukunft nicht mehr gebraucht, meint Naisbitt. Viele Befürworter der Privatisierung von Währungen unterscheiden zwischen «gutem» und «schlechtem» Geld. Laut Thorsten Polleit bildet sich gutes Geld im freien Wettbewerb, also durch Angebot und Nachfrage. Es stehe daher im Einklang mit den ökonomischen und ethischen Prinzipien einer Marktwirtschaft, da es die Eigentumsrechte aller Marktteilnehmer schütze. Schlechtes Geld sei hingegen Geld, das unter Verletzung der ökonomisch-ethischen Prinzipien einer Marktwirtschaft in Umlauf gebracht werde. Das staatliche Papiergeld sei also schlechtes Monopolgeld, so Polleit, weil es mit Privilegien ausgestattet sei und per Kreditvergabe durch Geschäftsbanken aus dem Nichts geschaffen werde, was ökonomisch gesehen einer legalisierten Geldfälschung gleichkomme. Die Privilegien des Staatsgeldes sind beispielsweise, dass es das einzige gesetzliche Zahlungsmittel ist, mit dem schliesslich auch die Steuern und Abgaben entrichtet werden müssen. Laut Michael von Prollius, Gründer des Forums Ordnungspolitik und Koautor des Buchs *Geldreform*, beeinträchtigt schlechtes Geld zudem den Austausch von Gütern und Dienstleistungen und untergräbt die soziale Ordnung. Das Preissystem, das Herzstück der Marktwirtschaft, werde durch die Inflationspolitik gestört, und die Zinsen könnten ihre Koordinationsfunktion nicht mehr ausreichend wahrnehmen.

Der Staat kann jedoch noch nicht alle Gegenbewegungen unterbinden, denn im Prinzip läuft die Schaffung eines alternativen Geldsystems schon seit einigen Jahren. Anleger ersetzen Geld nämlich immer mehr durch Gold. Im wirtschaftlichen Boom der 1980er- und 1990er-Jahre wurde Gold vor allem als Edelmetall angesehen, und es geriet ein wenig in Vergessenheit, dass Gold nicht nur ein Rohstoff ist, sondern vor allem auch die ultimative Währung. Im Zuge der immer stärker steigenden Staatsverschuldung in vielen Ländern sowie vor allem durch die Finanzkrise und die laufenden Notenpressen der Zentralbanken kletterte der Goldpreis jedoch von 300 Dollar pro Unze im Jahr 2002 auf in der Spitze fast 2000 Dollar im Jahr 2011. Das Edelmetall entwickelte sich zu einer Versicherung gegen ausser Kontrolle geratene Regierungen und Zentralbanken. Allerdings erfüllt Gold derzeit vor allem eine Funktion von Geld, nämlich jene der Wertaufbewahrung, weniger hingegen die des Tauschmittels.

Seit Jahrzehnten neigen Zentralbanken zu einer chronischen Niedrigzinspolitik und weiten kontinuierlich die Geldmenge aus. Komme es zu einer Krise, versuchten die Notenbanker mit noch mehr Geld und noch niedrigeren Zinsen der Lage Herr zu werden, obwohl sie mit genau dieser Politik die Krise erst verursacht hätten, sagt Polleit. Allein seit US-Präsident Richard Nixon im Jahr 1971 die verbliebene Golddeckung der Weltleitwährung Dollar aufgab, hätten sich mehr als 100 Finanzkrisen ereignet. Die wesentliche Ursache der Krisen sei die massenhafte Liquidität, sagt Michael von Prollius.

Die Liquidität habe ihren Ursprung im staatlichen Zentralbanksystem. Erst die Zentralbanken hätten eine unbegrenzte Vermehrung der Geldmenge ermöglicht, wobei die privaten Geschäftsbanken als Transmissionsakteur dienten. Zugleich bestehe aufgrund ähnlich gelagerter Interessen eine sehr enge Verbindung zwischen Big Government und Big Business.

Friedrich August von Hayek, Wirtschaftsnobelpreisträger und Schüler von Ludwig von Mises, – beide sind führende Vertreter der Österreichischen Schule der Nationalökonomie – forderte in seinem 1976 erschienenen Buch *Denationalisation of Money* ein Ende des staatlichen Geldangebotsmonopols und die Privatisierung des Geldsystems. Der Wettbewerb zwischen den privaten Geldern würde wie bei anderen Gütern für ein gutes Produkt, in dem Fall also für gutes Geld sorgen. Hayek wies ferner darauf hin, dass keine Behörde von vornherein feststellen könnte, welches die optimale Geldmenge sei. Dies könne nur der Markt entdecken. Werde immer mehr Geld neu geschaffen, gebe es Gewinner und Verlierer. Diejenigen, die das neu geschaffene Geld als Erste erhielten, gehörten zu den Gewinnern, weil sie zu unveränderten Preisen kaufen könnten – und würden reicher. Diejenigen, die dagegen das neue Geld erst später oder überhaupt nicht bekämen, gehörten zu den Verlierern – und würden ärmer. Die Ausweitung der Geldmenge geht daher laut den Ökonomen der Österreichischen Schule stets mit einem Geldwertschwund und einer Umverteilung in der Bevölkerung einher.

Ludwig von Mises zeigte ferner, dass eine Ausweitung der Geldmenge durch die Vergabe von Bankkrediten, die nicht durch echte Ersparnisse gedeckt sind – so wie es im heutigen Kredit- und Papiergeldsystem der Fall ist –, notwendigerweise zu Fehlentwicklungen und Krisen führt. Die Erhöhung der Geldmenge per Kredit sei nämlich nicht nur inflationär, weil die damit finanzierbare Nachfrage das Angebot an Ressourcen übersteige. Die Ausweitung der Geldmenge senke die Marktzinsen künstlich und setze damit Investitionen in Gang, die sonst nicht realisiert worden wären und deren Erfolg davon abhänge, dass die Zinsen künstlich tief bleiben. Die Folgen davon seien Fehlinvestitionen, Spekulationswellen, Boom-and-Bust-Zyklen und Überschuldung, die zu einem Kollaps des Papiergeldsystems führen müssen – so jedenfalls die Theorie von Ludwig von Mises.

Erkennt man da Parallelen zur gegenwärtigen Entwicklung? Ja, denn genau die angeprangerte Ausweitung der Geldmenge passiert seit Jahren. In den USA hat sich die Geldmenge, gemessen an der Geldmengendefinition M2, allein seit dem Jahr 2000 mehr als verdoppelt. Das gleiche gilt für die Eurozone und auch für die Schweiz. Aufgrund des seit Jahrzehnten teilweise zweistelligen jährlichen Geldmengenwachstums bezeichnen Kritiker die Zentralbanken oft als Inflationsbehörden. Auch laut dem Austrian Economics Center ist eine wichtige Ursache der jüngsten Krise die Flut des billigen Geldes. Sie führe zu schlechten Investitionen, die dann in Zeiten der Krise korrigiert werden müssten. Erst beim Platzen einer Blase würden nämlich Investitionsfehler offenkundig, schreibt etwa Barbara Kolm in ihrer Präsentation *Was die Konzepte der Austrians in der aktuellen Krise bringen*. Die österreichische Lösung sei die Privatisierung des Geldes und die Einführung eines fixen Währungssystems, zum Beispiel mit einem Goldstandard, einer 100-prozentigen Deckung der Einlagen und einer Abschaffung der Zentralbanken. Letztere sind nicht unbedingt eine Erfindung von Kapitalisten, sondern ihre Installation wurde auch im kommunistischen Manifest gefordert, das Karl Marx und Friedrich Engels um die Jahreswende 1847/48 verfassten.

Für Norbert F. Tofall liegen die tieferen Ursachen der Finanzkrise daher ebenfalls im herrschenden Geldsystem und im staatlichen Papiergeldmonopol, in dem Geld und Kredite aus dem Nichts geschöpft werden. Das staatliche Geldsystem sei ein Schneeballsystem aus ungedeckten, künftigen Zahlungsversprechungen, schreibt Tofall in einem Beitrag für das Liberale Institut Zürich, und werde wie jedes Schneeballsystem früher oder später zusammenbrechen. Für den ehemaligen wissenschaftlichen Mitarbeiter des Bundestagsabgeordneten und «FDP-Rebellen» Frank Schäffler soll durch den Einstieg in die monetäre Planwirtschaft dieser Zusammenbruch möglichst weit in die Zukunft verschoben werden, damit man nicht über die möglichen Alternativen nachdenken muss. Die Alternative wäre für die Regierungen und die staatlichen Zentralbanken auch unerfreulich. Sie bestünde nämlich in einer marktwirtschaftlichen Geldordnung und in der Zulassung eines allumfassenden Währungswettbewerbs.

Um Geld tatsächlich dem Wettbewerb auszusetzen und zu privatisieren, müsste der Staat als Erstes sein Monopol aufgeben, also jene Gesetzesklauseln abschaffen, die die jeweilige Währung eines Landes zum einzigen zugelassenen Zahlungsmittel bestimmt. In der Europäischen Union ist dies beispielsweise im Vertrag über die Arbeitsweise der Europäischen Union (AEUV) geregelt. Gemäss Artikel 128 sind die von der Europäischen Zentralbank ausgegebenen Banknoten die einzigen Banknoten, die in der Währungsunion als gesetzliches Zahlungsmittel gelten. Sollte der Staat sein

Geldmonopol dereinst tatsächlich aufgeben, läge es dann an den Marktteilnehmern, etwas daraus zu machen, sagt Thorsten Polleit. Eine Alternativwährung bräuchte als Erstes wohl eine gewisse Popularisierung, also eine steigende Anerkennung und Wahrnehmung innerhalb der Bevölkerung. Befürworter einer Privatisierung des Geldes erhoffen sich dabei bereits vom Auftreten ernst zu nehmender Wettbewerber für den Euro beziehungsweise von der Zulassung privater Geldproduktion eine disziplinierende Wirkung auf den Rat der Europäischen Zentralbank. Wettbewerb ist schliesslich der beste Regulator. Das Gleiche würde im Prinzip auch für andere Währungsräume und ihre Notenbanken gelten, wie beispielsweise die USA.

Nach der Aufgabe des Geldangebotsmonopols, sagen die Befürworter des Währungswettbewerbs, müssten die Verbindlichkeiten der Banken in einem festen Umtauschverhältnis an das Gold gebunden werden, das noch im Besitz der Zentralbanken ist. Dann würde den Geldbesitzern das Recht eingeräumt, ihre Bankguthaben jederzeit in Gold tauschen zu dürfen. Das hätte den Vorteil, sagt Polleit, dass Bankenpleiten nicht mehr die volkswirtschaftliche Geldmenge vermindern würden und Steuerzahler nicht mehr für die Verluste der Banken haften und somit bezahlen müssten. Danach könnte man das Geldsystem privatisieren und ein «free banking» schaffen, sodass die Menschen ihr Zahlungsmittel frei wählen und vertraglich vereinbaren könnten. Dann herrschte eine Freiheit der Geldwahl, wie bei allen anderen Gütern.

Welches Geld sich dann durchsetzen würde, ist offen. Vermutlich würde jedoch einmal mehr Geld mit einer Gold- oder Silberdeckung der neue Marktstandard, so wie es in der Geschichte über viele Jahrhunderte der Fall war. Das würde auch in die Theorie von Carl Menger passen. Laut dem Gründer der Österreichischen Schule entsteht Geld in einem freien Marktprozess notwendigerweise aus einem Sachgut, das aufgrund seiner Eigenschaften schon geschätzt wurde, bevor es sich in Geld verwandelte. Dies gilt beispielsweise für Gold, Silber und andere Metalle. Zentralbanken würden dabei die Hoheit über das Geld verlieren und vermutlich durch privat organisierte Einlagensicherungsfonds ersetzt.

# Der Verrat an den Sparern – die Folgen der staatlich orchestrierten Umverteilung

«Von allen Erfindungen, die ersonnen wurden, um die arbeitenden Menschen zu betrügen, war keine wirkungsvoller als die Illusion des Papiergeldes.»

Daniel Webster, ehemaliger amerikanischer Aussenminister

## Umverteilung von Sparern zu Schuldnern

«Und bist du nicht willig, so brauch ich Gewalt», heisst es in Goethes tragischer Ballade vom Erlkönig. Nach Ausbruch der Finanzkrise waren weder die Konjunktur im Allgemeinen noch der Arbeitsmarkt im Speziellen in den USA und andernorts willig. Sie waren nicht bereit, sich im politisch gewünschten Mass zu erholen. Trotz der Ankurbelungsprogramme der Regierung und trotz der Senkung der Leitzinsen auf praktisch null wollten Wirtschaft und Arbeitsmarkt nicht so reagieren wie staatlich verordnet. Also wurde Gewalt angewendet und die Brechstange ausgepackt. Mit dem Kauf sowie später dann mit der Umschichtung von Staatsanleihen manipuliert die US-Notenbank die Zinsen bei Anleihen mit mittleren und langen Laufzeiten, um die Zinsen tief zu halten und letztlich auch das Zinsniveau am Hypothekenmarkt zu senken, damit so die Wirtschaft wieder wächst. Die Beeinflussung des Zinsniveaus ist zwar gelungen – es ist in den USA so niedrig wie seit der Grossen Depression nicht mehr –, doch die Wirtschaft und der Arbeitsmarkt entwickelten sich sehr lange Zeit trotzdem nur schleppend. Man kann das Pferd zwar zur Tränke führen, saufen muss es aber selber, könnte man dazu flapsig sagen. Keynesianische Ökonomen würden von einer Liquiditätsfalle sprechen, da die immer stärkere Erhöhung der Liquidität bei der Ankurbelung der Wirtschaft nichts mehr nützte, denn die Nachfrage war schlicht zu gering. Wie wir gesehen haben, beeinflusst die US-Notenbank mit ihrer Geldpolitik auch die Notenbanken in Europa und auf der ganzen Welt. Statt einfach die Spitzen der Hochkonjunktur und der Rezession zu mildern, herrscht die Illusion, durch eine Art Steuerung mithilfe von Leitzins und Geldmenge ein quasi dauerhaft rezessionsfreies Wachstum erzielen zu können. Der in unserer Zeit weitverbreitete Machbarkeitswahn hat längst auch bei einigen Währungshütern um sich gegriffen. Dabei gehört die Rezession genauso zum Konjunkturverlauf wie der Boom.

Die ultraexpansive Geldpolitik der vergangenen acht Jahre sowie die bereits in den letzten beiden Jahrzehnten oft zu niedrigen Leitzinsen sind aber weder kosten- noch folgenlos. Zum einen wird mit dem Kauf von Staatsanleihen durch die Notenbanken nicht nur die Verschuldung eines Staates finanziert, sondern auch die Verzinsung der Bonds künstlich tief gehalten. Das ist sehr problematisch, weil die Renditen dann nicht mehr wirklich das Risiko der Anlage spiegeln. Die uralte Regel, dass Rendite und Risiko stets miteinander einhergehen, wird so verletzt, und Anleger werden für eingegangene Risiken nicht mehr marktgerecht entschädigt. Das benachteiligt letztlich alle Investoren. Zum anderen führen die niedrigen Zinsen und die Anleihekäufe letztlich zu verzerrten Anreizen, Umverteilungen und Problemen bei vielen institutionellen Anlegern. Die Zinsen haben in einer Volkswirtschaft eine wichtige Steuerungsfunktion. Sie signalisieren den Bürgern, Unternehmern und Teilnehmern an den Finanzmärkten, ob es gerade tendenziell attraktiver ist, zu sparen oder sich zu verschulden. Dem Wirtschaftsverlauf objektiv nicht angemessene Leitzinsen – worüber sich zugegebenermassen oft trefflich streiten lässt – verzerren die Strukturen für Anreize. Sind die Leitzinsen zu niedrig, werden Investoren zu Projekten verführt, die sich beim richtigen Zinsniveau nicht rechnen würden und bei denen das unangenehme Ende rasch kommt, wenn die Zinsen schnell steigen. Zwar kann man nicht per se sagen, dass Sparen seliger ist als Konsumieren. Das niedrige Zinsniveau verleitet Menschen und Unternehmen jedoch dazu, zu konsumieren statt zu sparen – obwohl es vielleicht gerade vernünftiger wäre, erst zu sparen, um Schulden abzubauen und sich so vermehrten Konsum in der Zukunft zu verdienen. Das umsichtige Verhalten, nämlich in der Gegenwart Mass zu halten – also quasi Vorräte anzulegen – für einen höheren Konsum in der Zukunft, gehört ja gerade zu den grossen Errungenschaften der Menschheitsgeschichte. Überspitzt könnte man daher sagen, die geringen Zinsen bestrafen die Sparer für ihr solides Verhalten, weil sie weniger Rendite bekommen, und sie subventionieren beziehungsweise belohnen die Schuldner dafür, sich ihre Wünsche auf Pump sofort erfüllen zu wollen. Dabei spricht nichts gegen eine Finanzierung gewisser sinnvoller Käufe oder gegen Investitionen mithilfe eines Kredits. Dazu gehören beispielsweise der Immobilienerwerb bei Privatpersonen und Zukunftsinvestitionen bei Unternehmen. Doch je tiefer die Zinsen sind, desto grösser ist die Gefahr, dass mit dem billigen Geld unsinnige Projekte finanziert werden und es so zu einem falschen Einsatz des Kapitals kommt.

Eine Umverteilung findet jedoch nicht nur im Privatsektor statt, sondern auch in der Unternehmenswelt – zulasten von Versicherungsgesellschaften und Pensionskassen und zugunsten von Banken. Durch das niedrige Zinsniveau beziehungsweise die relativ steile Zinsstrukturkurve fällt es Banken leichter, ihre teilweise maroden Bilanzen zu sanieren. Sie können sich, vereinfacht gesagt, am kurzen Ende der Zinskurve billig Geld leihen und es dann langfristig verleihen. Nicht zufällig sind die Einnahmen der Banken aus dem Zinsgeschäft in den vergangenen Jahren vorübergehend sprunghaft gestiegen. Diese Möglichkeit der Bilanzsanierung ist politisch gewollt. Ein typisches Beispiel für das Phänomen ist die Tatsache, dass sich Banken im Euroraum kurzfristig bei der Europäischen Zentralbank quasi umsonst Kredite beschaffen konnten und dieses Geld dann in Staatsanleihen mit mittleren und längeren Laufzeiten europäischer Staaten anlegen. So warfen die Staatsanleihen krisengeschüttelter Länder wie Spanien oder Italien in den vergangenen Jahren teilweise über 5 Prozent oder sogar 6 Prozent Zinsen ab, was den Banken, die sich umsonst bei der Europäischen Zentralbank Geld leihen können, einen sehr attraktiven Trade bot. Zugleich hilft dies den krisengeschüttelten Staaten, die mit den Banken Investoren finden, die in einem freien, unverzerrten Markt nicht oder nicht in dem Ausmass zu finden wären.

Die zu tiefen Zinsen gehen aber zulasten von Sparern sowie institutionellen Anlegern wie Pensionskassen, Versicherungen und Vermögensverwalter und stellen sie vor grosse Herausforderungen in der Anlagepolitik. Pensionskassen und Versicherungen müssen nämlich festen Verpflichtungen nachkommen, weil sie bestimmte Renditeversprechen abgegeben haben oder vom Staat zu Mindestverzinsungen gezwungen werden. Muss etwa ein Lebensversicherer Garantieleistungen von durchschnittlich 2,8 Prozent erfüllen, erhält aber für «sehr sichere» Anlagen wie etwa zehnjährige Staatsanleihen nur einen Zins von 1,0 Prozent, so klafft eine Zinslücke von 1,8 Prozentpunkten. Diese muss ein Unternehmen durch das Eingehen höherer Risiken schliessen. Das kann erstens geschehen, indem in Staatsanleihen mit einer niedrigeren Bonität oder in noch längere Laufzeiten investiert wird. Es kann zweitens durch mehr Investitionen in Unternehmensanleihen mit längerer Laufzeit oder von Konzernen mit niedrigerer Bonität umgesetzt werden. Das kann wiederum zur Emission absurd wirkender Bonds führen, wie der 100-jährigen Anleihe der US-Eisenbahngesellschaft Norfolk Southern Corp. im Sommer 2010. Reicht dies immer noch nicht, können drittens mehr Investitionen in teilweise riskantere Anlageklassen wie Immobilien, Hedgefonds, Private Equity, Rohstoffe, strukturierte Kredite und strukturierte Produkte verschoben werden. Nicht von ungefähr wies schon im Jahr 2010 die Ratingagentur Standard & Poor's darauf hin, dass vor allem bei Lebensversicherungen das Hauptrisiko von einem grossen Anteil der Anleihen in den Depots sowie vom tiefen Zinsniveau ausgehe. Und der Schweizerische Versicherungsverband äusserte im Hinblick auf die Vorsorgeeinrichtungen die Warnung, diese würden gezwungen, Spargelder riskanter anzulegen, um die Mindestvorgaben zu erfüllen.

Ein zu niedriges Zinsniveau ist letztlich für private Sparer und institutionelle Anleger eine Belastung – ausser für diejenigen, die nach Hypothekarkrediten nachfragen. Doch die Sparer haben keine grosse Lobby. Zudem sind die von den Notenbanken niedrig gehaltenen Zinsen aus mehreren Gründen politisch gewollt. Sie erleichtern den Staaten die Beibehaltung der Schuldenwirtschaft, sie helfen den Banken bei der Bilanzsanierung, und sie sollen den mancherorts am Boden liegenden Bau- und Immobiliensektor wiederbeleben. Schon seit den 1990er-Jahren reagieren die Notenbanken auf jeden Abschwung und jede Krise mit tiefen Zinsen und der Ausweitung der Geldmenge. Diese Politik erzeugt jedoch nicht nur die beschriebenen adversen Effekte, sondern führt auch fortlaufend zur Entstehung von Blasen in Teilen des Finanzsystems. Diese Geldpolitik mit der Brechstange stösst längst an ihre Grenzen und richtet vermutlich mehr Schaden an, als sie Nutzen stiftet. Sie trägt zudem vor allem zur Bekämpfung der Symptome statt der Ursachen bei. So kommt es zu hohen Verschuldungen bei Staaten und Privatpersonen, zu viel Regulierung und zu wenig Eigenverantwortung.

## Finanzielle Repression durch zu niedrige Zinsen

Als das Leiden der kleinen Leute könnte man ein Phänomen bezeichnen, das im Jahr 2012 vermehrt unter dem Begriff «finanzielle Repression» die Runde machte. Immer mehr wurde dadurch das Problem der schleichenden Umverteilung von Sparern zu Schuldnern auch der breiten Öffentlichkeit bewusst.

Mit einer finanziellen Repression ist gemeint, dass eine Regierung – oftmals einschliesslich der Notenbank – über verschiedenste Massnahmen Druck ausübt, damit dem Staat Geld von Gläubigern oder Bürgern zufliesst, das er in einem freien Markt nicht oder nicht zu so günstigen Bedingungen bekommen würde. Das geht häufig mit negativen Realzinsen einher. Die Inflation ist also höher als das Zinsniveau, was vor allem die Sparer bedroht. Am meisten leiden darunter die sogenannten kleinen Leute, wie wir in den nachfolgenden Kapiteln sehen werden, da sie ihr Geld meist in niedrig verzinsten Anlageprodukten halten.

Eine jahrzehntelange Phase der finanziellen Repression gab es bereits nach dem Zweiten Weltkrieg, als viele Staaten ihre immensen Schuldenberge abtragen mussten. Inzwischen sind die Schulden, gemessen an den 22 grössten Industriestaaten, wieder genauso hoch wie damals. Seit einem Thesenpapier der renommierten Ökonomin Carmen M. Reinhart – sie verfasste zusammen mit Kenneth S. Rogoff das Finanzkrisenbuch *Dieses Mal ist alles anders* (*This Time Is Different*) – gewinnt der Begriff immer mehr an Popularität. Das Phänomen ist allerdings nur in seiner Vehemenz neu. Ein Prozess der heimlichen Umverteilung, nämlich durch vor allem in den USA tendenziell zu niedrige Leitzinsen, läuft schon seit vielen, vielen Jahren. Etliche Experten für Geldpolitik gehen ebenfalls davon aus, dass der Leitzins in den USA bereits seit einem sehr langen Zeitraum tendenziell zu tief ist. Diese Meinung teilt etwa Ernst Baltensperger, emeritierter Professor der Universität Bern und Grandseigneur der schweizerischen Geldpolitik. Nach dem Platzen der New-Economy-Blase sei die Politik der US-Notenbank deutlich zu expansiv gewesen, weil man sich in den USA zu stark vor einer Deflation gefürchtet habe. Baltensperger ist sogar der Meinung, dass die Geldpolitik in den USA vermutlich schon vor 2001 tendenziell zu locker gewesen sei. Damals habe man allerdings Glück gehabt, weil mehrfach ein unerwartet kräftiges Wirtschaftswachstum die Folgen einer an sich zu expansiven Politik entschärft hätte. Die gleiche Meinung vertritt auch Bernhard Herz, Professor für Geld und Internationale Wirtschaft an der Universität Bayreuth. Gemessen an der sogenannten Taylor-Regel sei die Geldpolitik in den USA nach dem Platzen der Internetblase deutlich zu expansiv gewesen, sagt Herz. Und in der Tat kam der amerikanische Ökonom John B. Taylor, der Begründer der Taylor-Regel, in seiner im Januar 2009 erschienenen Untersuchung *The Financial Crisis and the Policy Responses: An Empirical Analysis of What Went Wrong* zu dem Ergebnis, dass die laxe Geldpolitik in den USA den

Boom am Immobilienmarkt verursachte und dies wiederum zu Kaufexzessen der Bürger auf Kredit führte, da sich diese durch die steigenden Immobilienpreise immer reicher fühlten – und es auf dem Papier eine Zeit lang tatsächlich auch waren. Eine am Lehrstuhl von Bernhard Herz verfasste Studie kommt zum selben Resultat. In dem Papier *Taylor-Regel und Subprime-Krise* zeigen zwei Wissenschaftler, dass die Leitzinsen in den USA, gemessen an der Taylor-Regel in den Jahren 1993/94 und 1998/99 sowie dann vor allem von 2001 bis 2006, viel zu expansiv waren (vgl. Abbildung 26). Bei der US-Notenbank hatten also die geldpolitischen Tauben das Sagen. In der Spitze betrug die Abweichung satte 3 Prozentpunkte. Das war im vierten Quartal 2001.

Die erwähnte Taylor-Regel eignet sich gut zur Beurteilung des geldpolitischen Umfeldes und gibt in diesem Bereich meist gute Anhaltspunkte, wo der Leitzins hätte liegen sollen, wenn die weitgehend erfolgreiche Geldpolitik zwischen Mitte der 1980er-Jahre und Mitte der 1990er-Jahre fortge-

**Zu tiefe Leitzinsen in den USA: Federal Funds Rate und Taylor-Regel**
In Prozent

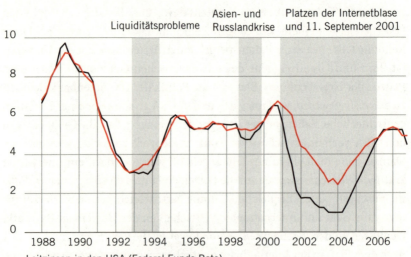

— Leitzinsen in den USA (Federal Funds Rate)
— Sinnvolle Leitzinsen in den USA nach der Taylor-Regel

Die schattierten Flächen beschreiben Perioden, in denen die Federal Funds Rate signifikant negativ vom Taylor-Zins abwich.

**Abbildung 26**  Quelle: Universität Bayreuth

setzt worden wäre. Ein Vorteil ist ihre Einfachheit. Allerdings umfasst sie zahlreiche Variablen. Das macht sie flexibel, birgt aber die Gefahr, die Variablen nach eigenem Gusto zu wählen. Abweichungen von der Regel können allerdings durchaus sinnvoll sein, was beispielsweise dann der Fall ist, wenn Informationen vorliegen, die nicht in die Regel einfliessen. Und in der Tat gab es in den drei genannten Zeiträumen jeweils exogene Schocks. Zuerst die schwierige Liquiditätslage in den USA nach der Erholung von der schweren Rezession 1990/91, dann durch die dreifache Krise mit Asien, Russland und dem in Schieflage geratenen Hedgefonds LTCM im Fokus sowie schliesslich durch das Platzen der New-Economy-Blase im Jahr 2000 und die Anschläge vom 11. September 2001. Letztlich kommen die Experten aber zu dem Schluss, dass die Geldpolitik zu lange zu expansiv gewesen sei und die Märkte dadurch mit zu viel Liquidität versorgt worden seien. Dieser Meinung sind inzwischen zahlreiche Ökonomen weltweit, so etwa auch die beiden renommierten Forscher Michael David Bordo und Christopher M. Meissner von der University of California in Davis. Sie kommen in ihrer Untersuchung zu dem Schluss, dass Perioden mit geringen Zinssätzen und einer dynamischen Wirtschaftsentwicklung die beiden einzigen Grössen waren, die die Kreditvergabe anheizten und damit den Grundstein für Fehlallokationen und die Bankenkrise legten. Damit stellen auch sie dem langjährigen Präsidenten der US-Notenbank Alan Greenspan und seiner über lange Zeit zu expansiven Geldpolitik im Nachhinein ein schlechtes Zeugnis aus.

Die Aussage einer seit vielen Jahren tendenziell zu grosszügigen Geldpolitik lässt sich laut den beiden Professoren Baltensperger und Herz für die USA gut untermauern, weniger jedoch für die Europäische Zentralbank. In der Eurozone, sagt Bernhard Herz, habe die Inflation im Durchschnitt seit der Gründung meist bei rund 2 Prozent gelegen. Angestrebt wird von der Europäischen Zentralbank ein Wert von unter, aber nahe bei 2 Prozent. Insofern hätten die Europäischen Währungshüter ihr Ziel erreicht. Im Rahmen der Finanzkrise passiere nun aber Ungeheuerliches. Sowohl Baltensperger als auch Herz sind sich einig, dass die Geldpolitik im Euroraum – genauso wie in den USA, in Grossbritannien und in der Schweiz – derzeit zu expansiv ist, wenngleich es dafür – kurzfristig – durchaus Gründe gebe. Insofern besteht die Gefahr, dass auch in Europa, wie früher bereits in den USA, die Geldpolitik über lange Jahre hinweg zu locker bleibt – vor allem dann, wenn die Notenbanken erneut den zeitigen Ausstieg verpassen.

## Das Anlageverhalten der Deutschen

Die Welt ist für die Frau und den Mann von der Strasse also ungemütlich geworden. Und das finanzielle Leiden der kleinen Leute wird sich fortsetzen, denn sie sind von den dramatischen Vorgängen an den Finanzmärkten am meisten betroffen. Erst bekommen sie auf ihre Spareinlagen kaum noch Rendite, was das Erreichen von Anlagezielen und die Altersvorsorge sehr schwierig macht. Und dann droht ihnen aufgrund der laufenden Gelddruckmaschinen der Notenbanken in den kommenden Jahren auch noch höhere Inflation. Warum die Kleinanleger am meisten leiden, zeigt eine repräsentative Untersuchung der GfK Marktforschung Nürnberg vom Januar 2015 zum Anlageverhalten der Deutschen. Die Untersuchung wurde im Auftrag der Gothaer Asset Management, der Vermögensverwaltungstochtergesellschaft der Gothaer Versicherung, durchgeführt. Sie knüpft thematisch an Studien der Jahre 2010, 2012 und 2014 an. Wenig überraschend haben die deutschen Anleger eine hohe Risikoaversion, die sich spiegelbildlich in einem hohen Sicherheitsbedürfnis zeigt. Für knapp 60 Prozent der Anleger steht die Sicherheit bei der Geldanlage an erster Stelle. Eine hohe Rendite erachten dagegen nur 9,5 Prozent als wichtigstes Ziel. Damit hat sich das Sicherheitsbedürfnis der Deutschen durch die Finanzkrise nochmals erhöht. Im Jahr 2010 gaben lediglich 45 Prozent der Befragten die Sicherheit als ihr wichtigstes Ziel an, und die Rendite wurde noch von rund doppelt so vielen Personen als bedeutendstes Anlageziel genannt.

Die Studie von 2015 zeigte, dass die Deutschen primär in liquide, niedrig verzinste Anlagen investieren oder das Geld sogar mehr oder weniger in bar halten. So ist für 51 Prozent der Befragten das Sparbuch die wichtigste Anlage. 14 Prozent geben an, überhaupt keine Investitionen zu tätigen. Danach folgen mit 35 Prozent der Bausparvertrag, mit 32 Prozent das Tagesgeld und mit 30 Prozent die Kapitallebensversicherung (vgl. Abbildung 27; Doppelnennungen waren möglich, weshalb die Summe nicht 100 Prozent ergibt). Anlageformen wie Immobilien, Investmentfonds oder Aktien, die früher oft kaum über die 10-Prozent-Marke hinaus kamen, erzielen inzwischen Werte von 25 Prozent bis 15 Prozent. In Aktien investieren nun immerhin 15 Prozent der Befragten. Die Langfristigkeit der getroffenen Anlagen offenbart sich in der Frage nach dem Zweck der Geldanlage, die in der Studie von 2012 gestellt wurde. Für knapp ein Drittel war die Altersvorsorge damals ein wichtiger Anlagezweck. Allerdings äusserten 36 Prozent,

**Wie die Deutschen ihr Geld anlegen**

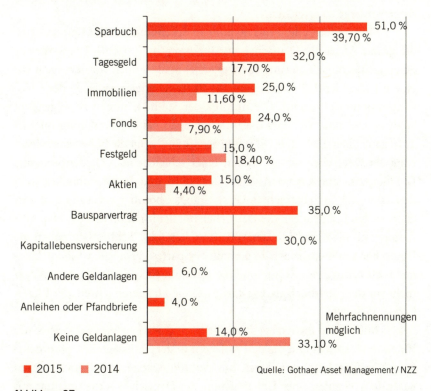

■ 2015   ■ 2014         Quelle: Gothaer Asset Management / NZZ

**Abbildung 27**

dass sie keine konkreten Anschaffungswünsche hegen, die sie mit ihren Anlagen erfüllen möchten. Oftmals wurden noch mittlere und kleinere Anschaffungen als Anlagezweck genannt. Ferner gaben 11 Prozent der Befragten an, die Ausbildung ihrer Kinder sei ein wichtiges Anlageziel. Grosse Anschaffungen waren für 6,1 Prozent ein Anreiz zum Anlegen. Auch bei dieser Frage waren Mehrfachnennungen möglich. Es zeigt sich somit, dass für eine Mehrheit der Befragten langfristige Anlageziele im Vordergrund stehen. Insofern wirken sich für viele Sparer die über einen langen Zeitraum zu niedrigen Zinsen und eine möglicherweise drohende Inflation sehr schädlich auf die Anlageziele und die damit verbundenen Wünsche und Hoffnungen aus. Zugespitzt könnte man sagen, die Deutschen sparen sich arm. Viele wissen das sogar, denn 2014 meinten 43 Prozent der Befragten, dass es durch die Schuldenkrise schwieriger geworden sei, die Ziele bei der Altersvorsorge zu erreichen.

Eine weitere, allerdings nicht neue Erkenntnis aus der Befragung ist die grosse Angst der Deutschen vor Inflation (44 Prozent). Die Sorge vor einer ausfernden Teuerung steht an erster Stelle – noch vor der Angst vor einem sinkenden Lebensstandard (41 Prozent) oder dem Ende der Währungsunion (10 Prozent). Die Autoren der Studie kommen zu folgendem Schluss: Die Tatsache, dass die Inflation auch bei der Befragung im Jahr 2010 ganz oben unter den Befürchtungen stand, zeigt die hohe Sensibilisierung der Deutschen für die Gefahr einer schleichenden Geldentwertung. Die Liquiditätsmassnahmen seitens der Politik und der Notenbanken würden daher skeptisch betrachtet. Diese Urängste beruhen vermutlich auf den historischen Erfahrungen der Deutschen mit der Inflation und der Hyperinflation, vor allem zur Zeit der Weimarer Republik. Schliesslich haben die Deutschen schon mehrfach ihr gesamtes erspartes Vermögen verloren. Dennoch schrecken diese Ängste und die extrem niedrigen Zinsen die Anleger nicht vor dem Sparbuch ab. Es ist, wie schon in früheren Jahren, der Klassiker der Geldanlage.

Aktien sind die Anlageform, die noch einen gewissen Schutz vor der Inflation verspricht und die den Anlegern in der Vergangenheit oft ordentliche Renditen bescherte. Doch mit der Aktie stehen die Deutschen auf Kriegsfuss. Gemäss einer Untersuchung des Deutschen Aktieninstituts aus dem Jahr 2014 waren in Deutschland nur noch 8,4 Millionen Anleger direkt oder indirekt in Aktien investiert, 2012 waren es 9,5 Millionen und 2001 in der Spitze sogar 12,9 Millionen. Vor allem die Mittelschicht hat sich in den vergangenen Jahren von Aktienanlagen verabschiedet. Laut den Experten des Aktieninstituts ist ein klares Muster erkennbar: Je geringer die Ausbildung, je niedriger die berufliche Position und je niedriger das Einkommen, desto stärker sinkt die Zahl der Aktionäre und der Besitzer von Aktienfonds. Als Ursache dafür wird nicht nur die Finanzkrise ausgemacht, sondern es werden auch Gründe wie die Doppelbesteuerung von Aktien, die unzureichenden Ansätze zur kapitalgedeckten Altersvorsorge und die Defizite in der ökonomischen Bildung der Bürger vermutet. Überraschend an den Zahlen der vergangenen Jahre ist jedoch, dass der Rückgang der Aktionäre vor allem durch den Ausstieg aus der reinen Fondsanlage verursacht wurde. Dies lässt laut Deutschem Aktieninstitut auf ein vermehrtes Nutzen der Chancen von Einzelinvestments durch sogenannte Selbstentscheider unter den Anlegern schliessen. Die Anleger scheinen sich also vermehrt von den Banken abzuwenden und ihr Schicksal selbst in die Hand zu nehmen. Für diesen Trend spricht auch der Boom bei den Anlagebüchern und den Trading-Ratgebern.

## Das Anlageverhalten der Schweizer

Für die Schweiz liegen leider weniger konkrete Studien vor als für Deutschland. Allerdings untersuchte die Schweizerische Nationalbank im Jahr 2014 das Vermögen der privaten Haushalte. Darin kommen die Notenbanker zu dem Ergebnis, dass Immobilien mit durchschnittlich 44,0 Prozent der mit Abstand wichtigste Wert in der Vermögensstruktur der privaten Haushalte sind. Danach folgen mit 23,1 Prozent die Ansprüche gegenüber Pensionskassen und Versicherungen. Eine untergeordnete Rolle spielen demnach mit 17,8 Prozent Bargeld und Einlagen, mit 6,9 Prozent Aktien, mit 5,3 Prozent Anteile an kollektiven Kapitalanlagen wie beispielsweise Fonds und mit 2,4 Prozent Schuldtitel (vgl. Abbildung 28). Zu Letzteren zählen beispielsweise Anleihen, Kassenobligationen und Geldmarktpapiere.

Allerdings verzerrt diese Sichtweise die Anlage des reinen Geldvermögens, da Immobilien mit einbezogen werden. Ein anderes Bild, das sich besser mit dem Anlageverhalten in Deutschland vergleichen lässt, ergibt

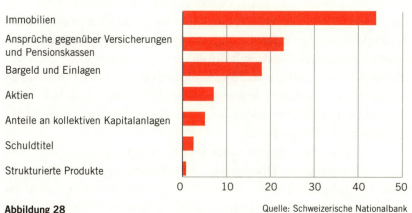

**Struktur der Aktiven der privaten Schweizer Haushalte**
Ende 2014, in Prozent

**Abbildung 28**  Quelle: Schweizerische Nationalbank

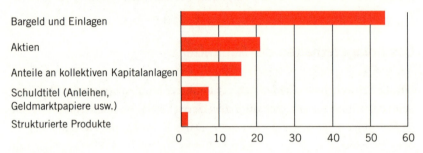

**Abbildung 29** Quelle: Schweizerische Nationalbank / eigene Berechnungen

sich, wenn man die Immobilien sowie die Ansprüche gegenüber Versicherungen und Pensionskassen ausblendet und sich auf das reine Anlageverhalten konzentriert. In dieser engeren Betrachtung entfallen 53,9 Prozent der Geldanlagen auf Bargeld und Einlagen, 20,9 Prozent auf Aktien, 16,1 Prozent auf Anteile an kollektiven Kapitalanlagen wie beispielsweise Investmentfonds, 7,3 Prozent auf Schuldtitel und 1,8 Prozent auf strukturierte Produkte. Auch die Schweizer haben also den Grossteil ihres Nichtimmobilienvermögens in sehr niedrig verzinsten Anlageformen investiert. Sie leiden somit ebenso unter einem sehr niedrigen Zinsniveau wie die Deutschen und wären von einer stark anziehenden Inflation erheblich betroffen.

Zudem dürften in der anfangs erwähnten Kategorie «Ansprüche gegenüber Versicherungen und Pensionskassen», die rund 25 Prozent des Gesamtvermögens ausmachen, die Gelder zu grossen Teilen ebenfalls in niedrig verzinsten Anlageformen investiert sein, beispielsweise in Schweizer Staatsanleihen. Das Gleiche gilt für die private Altersvorsorge, die sogenannte Säule 3a. Auch hier sind Staatsanleihen ein wesentlicher Bestandteil des Portfolios. Allerdings investieren die Schweizer stärker in Aktien als die Deutschen und die Österreicher, was ihnen einen etwas besseren Schutz gegenüber der Inflation bietet.

Dass sich das Anlageverhalten der kleinen Leute in der Schweiz nicht allzu stark von jenem in Deutschland unterscheidet, zeigen auch die Ergebnisse der Untersuchung *Aktienbesitz in der Schweiz 2010* vom Institut für Banking and Finance an der Universität Zürich (neuere Zahlen liegen nicht vor). Bei der Frage nach der prozentualen Aufteilung des Vermögens stellte sich heraus, dass 50 Prozent der Befragten ihre Gelder auf Bankkonten halten, 25 Prozent in Anlagefonds, 20 Prozent in Obligationen oder Geldmarktpapieren, ebenfalls 20 Prozent in Aktien und 10 Prozent in Derivaten wie strukturierten Produkten. Es handelt sich bei dieser Untersuchung um Medianwerte in Prozent des Vermögens aller Befragten, und Mehrfachnennungen waren möglich. Die Interpretation dieser Zahlen ist etwas kompliziert. Der Median teilt die Stichprobe laut der Universität Zürich so auf, dass genau 50 Prozent der Befragten einen auf oder unter dem Median liegenden Wert aufweisen und ebenfalls genau 50 Prozent einen solchen, der auf oder über dem Median liegt. Im Vergleich zum arithmetischen Mittel, dem Durchschnitt, hat der Median den Vorteil, gegenüber extrem abweichenden Werten robuster zu sein. Konkret bedeutet dies beispielsweise, dass höchstens die Hälfte aller Anleger, die Derivate halten, weniger als 10 Prozent ihres Vermögens in Derivaten angelegt haben. Zugleich haben nicht mehr als die Hälfte der Derivatebesitzer mehr als 10 Prozent ihres Vermögens in diese Anlageklasse investiert.

Die Untersuchung ergab auch, dass Menschen mit einem niedrigen Vermögen von unter 100 000 Franken deutlich stärker ihr Geld auf Bankkonten haben als Personen mit einem Vermögen von über 500 000 Franken oder sogar von über 1 Million Franken. Zudem investieren die reichen Bürger mit einem Geldvermögen von mehr als 1 Million Franken deutlich stärker in Aktien als die weniger betuchten Personen. Je ärmer jemand ist, desto stärker legt er sein Geld in niedrig verzinste Anlagen an. Das macht ihn gegenüber den Folgen der niedrigen Zinsen und einer potenziell anziehenden Inflation verwundbarer. Ferner fanden die Forscher heraus, dass das Alter bei der Aktienanlage eine wichtige Rolle spielt. Je jünger die Befragten waren, desto weniger investierten sie tendenziell in Aktien. Je älter die Befragten waren, desto mehr investierten sie tendenziell in die Dividendenpapiere. Das Ergebnis ist wohl keine Frage von Rationalität oder Irrationalität, sondern eher eine des Einkommens. Insofern wären junge Menschen von einer hohen Inflation stärker betroffen als ältere.

## Das Anlageverhalten der Vermögenden

Deutlich besser diversifiziert als die Kleinkunden sind die vermögenden Investoren, wie Studien der Johannes Kepler Universität Linz im Auftrag von LGT Wealth & Asset Management aus den Jahren 2010 und 2014 zeigen. Dabei wurde das Anlageverhalten vermögender Privatpersonen in Deutschland, Österreich und der Schweiz untersucht. Es zeigte sich, dass bei Schweizern Aktien mit einem Anteil von 44 Prozent (Österreich: 36 Prozent) am durchschnittlichen Vermögensportfolio die bedeutendste Anlageklasse sind. Jeweils rund 10 Prozent wurden als mögliche Absicherung gegen eine Inflation oder gegen überraschend grosse Unwägbarkeiten, sogenannte Worst-Case-Szenarien, in alternative Anlagen, Rohstoffe sowie in Gold und in andere Edelmetalle angelegt. Obwohl auch jeweils 29 Prozent des durchschnittlichen Vermögens in Bargeld gehalten wurden, profitiert diese Klientel damit relativ gesehen von den Massnahmen der Notenbanken oder leidet zumindest weniger unter ihnen. Durch die ausserordentlichen geldpolitischen Lockerungen wurden ja, wie wir gesehen haben, die Preise von Aktien (und zwischendurch auch Rohstoffen sowie auch der Goldpreis) sehr stark in die Höhe getrieben, was wiederum zur Erhöhung des Vermögens in dieser Gruppe beigetragen hat.

Da Aktien auch ein etwas besserer Inflationsschutz sind als niedrig verzinste Anlageprodukte, dürfte diese Klientel auch besser vor einer drohenden höheren Inflation geschützt sein. Zudem können sich wohlhabende Privatkunden wohl generell besser auf die Tücken der Weltwirtschaft und der Finanzmärkte einstellen. Viele von ihnen nehmen nämlich die professionelle Beratung von Vermögensverwaltern oder Vermögensverwaltungsbanken in Anspruch. Ab einer Anlagesumme von rund 500 000 Euro aufwärts erhalten Privatanleger in derlei Banken in der Regel eine sehr viel bessere Beratung als ein durchschnittlicher Retailkunde, der mit einem deutlich kleineren Sparvertrag in die Filiale einer Grossbank oder Bankengruppe geht. Allerdings zeigt auch diese Anlegergruppe einen Hang zu Anlagen in der Heimat, der sogenannten «home bias».

Nach Ländern ergeben sich nochmals Unterschiede. So ist der Aktienbesitz mit einem Anteil von 89 Prozent bei den Wohlhabenden in der Schweiz besonders hoch. In Deutschland beträgt er noch 75 Prozent und in Österreich 79 Prozent. Dagegen sind Lebensversicherungen in Deutschland und Österreich, vor allem aus steuerlichen Gründen, mit 69 Prozent und

70 Prozent deutlich häufiger bei betuchten Kunden zu finden als in der Schweiz mit 42 Prozent. Insgesamt investieren laut dieser Erhebung wohlhabende Privatkunden deutlich weniger in niedrig verzinste Anlageprodukte als die durchschnittlichen Kleinkunden. Jedoch hat auch diese Gruppe Risiken im Portfolio. So halten 47 Prozent der in der Schweiz befragten Wohlhabenden Anleihen im Depot. Das Gleiche trifft auf 71 Prozent der Österreicher und 31 Prozent der Deutschen (hier im Jahr 2010) zu. Sollte es zu Marktphasen mit einer höheren Inflation kommen, ist diese Anlageklasse besonders stark betroffen. Die reichen Privatkunden kamen in der Untersuchung von 2010 in allen Ländern auf einen Anteil von 36 Prozent bis 43 Prozent reiner Sachanlagen. Dazu gehören neben Edelmetallen und anderen Rohstoffen beispielsweise auch Kunstobjekte und Schmuck.

## Das Wunder des Zinseszinseffektes

Die herrschende Geldpolitik hat für die Anleger und Sparer Folgen. Langfristig baut sich in der Eurozone ein grosses Inflationspotenzial auf, das sich später einmal realisieren kann. Kurzfristig leiden die Anleger und Sparer unter dem tendenziell viel zu niedrigen Zinsniveau. Das ist keine Marginalie. Durch den Zinseszinseffekt kann langfristigen Anlegern und vor allem auch Personen, die am Kapitalmarkt für ihren Ruhestand vorsorgen wollen, ein immenser Schaden entstehen. Das Wunder des Zinseszinseffektes wird durch die entgangenen Gewinne für die Anleger zum Albtraum. Durch den Zinseszinseffekt steigen nämlich die Vermögen exponentiell an, da der Zuwachs mit jeder neuen Zinsperiode stets grösser wird. Der gleiche exponentielle Effekt gilt aber auch für Schulden. In vielen Ländern herrscht daher für gewisse Bereiche ein Zinseszinsverbot. In Deutschland beispielsweise gibt es laut dem Bürgerlichen Gesetzbuch ein generelles Zinseszinsverbot. Ausgenommen davon sind allerdings Guthabenzinsen auf Spareinlagen bei Banken sowie Darlehenszinsen auf Hypotheken von Pfandbriefbanken. Eine weitere Ausnahme ist der sogenannte Kontokorrentkredit. In der Schweiz lässt das Obligationenrecht Zinseszinsen nur unter Vorbehalt zu, und für Verzugszinsen herrscht ebenfalls ein Zinseszinsverbot. Grundsätzlich beruht der Zinseszinseffekt darauf, dass die Zinsen nach jeder Zinsperiode dem Sparkapital zugeschlagen und fortan mit verzinst werden. Daraus ergibt sich, dass der Zinsfaktor bei der Berechnung des Kapitals mit der Laufzeit potenziert wird. Durch die Potenzierung werden Zinserträge der vorangegangenen Jahre mit in die Berechnung einbezogen, sodass es zum Zinseszins kommt. Dies führt dazu, dass sich der gesparte Ertrag nach und nach potenziert. Daher spricht man von der Kraft des Zinseszinses. Er gilt als einer der wichtigsten und am wenigsten verstandenen Wirkungen in der Wirtschaftswelt.

Das bekannteste Beispiel ist vermutlich der sogenannte Jesuspfennig, das hier anhand eines Euro erklärt werden soll. Das Beispiel zeigt, was mit dem Betrag von 1 Cent passiert wäre, wenn er bei der Geburt von Jesus im Jahre null zu einem Zinssatz von 5 Prozent angelegt worden wäre. Bis in die Gegenwart hätte sich daraus ein beinahe unermessliches Kapital ergeben. Die Summe würde 41 Stellen vor dem Komma aufweisen und im Bereich der Sextilliarden liegen. Hier zeigt sich, dass der Zinseszinseffekt vor allem langfristig eine enorme Wirkung entfaltet. Nach 100 Jahren wären aus dem 1 Cent zwar nur 1,32 Euro geworden und nach 200 Jahren immerhin 173 Euro. Doch nach 300 Jahren hätte sich bereits ein Betrag von 22 740 Euro ergeben, und nach 400 Jahren wären es satte 2,9 Million Euro gewesen. Und schon nach «lediglich» 500 Jahren hätte sich der 1 Cent auf sensationelle 393 Million Euro vermehrt.

Der Jesuspfennig ist sicher ein Extrembeispiel. Doch auch nach kürzeren Laufzeiten und bei einem höheren Anfangskapital spielt der Zinseszinseffekt eine enorme Rolle. Legt man beispielsweise 5000 Euro zu 5 Prozent über 50 Jahre an, ergeben sich daraus 57 337 Euro, wenn man die Zinsen dem Kapital zuschlägt und mit verzinst. Wenn man sich die Zinsen hingegen jeweils auszahlen lässt, kommen am Ende der Laufzeit lediglich 17 500 Euro zusammen – das ist ein enormer Unterschied. Überträgt man die Zahlen auf die realen Verhältnisse der vergangenen Jahre, sieht man den potenziellen Schaden, den ein zu niedriges Zinsniveau anrichten kann. Wer beispielsweise eine Summe von 50 000 Euro über 20 Jahre oder gar 30 Jahre anlegte, hat einen nicht zu unterschätzenden Nachteil, sollte das Zinsniveau auch nur um 1 Prozentpunkt zu niedrig gewesen sein. Lag das Zinsniveau bei 2 Prozent statt 3 Prozent, beträgt der Unterschied beim Anlageergebnis satte 16 000 Euro (vgl. Abbildung 30). Legt man als anderes Beispiel etwa 20 000 Euro auf 30 Jahre an, was manche Eltern vielleicht bei der Geburt für ihre Kinder tun, ergibt sich am Ende der Laufzeit bei 2 Prozent Zinsen eine Summe von 36 227 Euro. Bei 4 Prozent sind es dagegen stattliche 64 868 Euro – eine Differenz von fast 30 000 Euro. Die drei Tabellen zeigen, wie sich ver-

**Zinseszinsbeispielrechnungen**
Mit Zinsansammlung statt Zinsauszahlung, unterjährig linear verzinst

| 20 000 Euro Anlagesumme | Zinssatz | | | | | |
|---|---|---|---|---|---|---|
| Laufzeit | | 1 Prozent | 2 Prozent | 3 Prozent | 4 Prozent | 5 Prozent |
| | 5 Jahre | 21 020 | 22 082 | 23 185 | 24 333 | 25 526 |
| | 10 Jahre | 22 092 | 24 380 | 26 878 | 29 605 | 32 578 |
| | 15 Jahre | 23 219 | 26 917 | 31 159 | 36 019 | 41 579 |
| | 20 Jahre | 24 404 | 29 719 | 36 122 | 43 822 | 53 066 |
| | 30 Jahre | 26 957 | 36 227 | 48 545 | 64 868 | 86 439 |

| 50 000 Euro Anlagesumme | Zinssatz | | | | | |
|---|---|---|---|---|---|---|
| Laufzeit | | 1 Prozent | 2 Prozent | 3 Prozent | 4 Prozent | 5 Prozent |
| | 5 Jahre | 52 551 | 55 204 | 57 964 | 60 833 | 63 814 |
| | 10 Jahre | 55 231 | 60 950 | 67 196 | 74 012 | 81 445 |
| | 15 Jahre | 58 048 | 67 293 | 77 898 | 90 047 | 103 946 |
| | 20 Jahre | 61 010 | 74 297 | 90 306 | 109 556 | 132 665 |
| | 30 Jahre | 67 392 | 90 568 | 121 363 | 162 170 | 216 097 |

| 100 000 Euro Anlagesumme | Zinssatz | | | | | |
|---|---|---|---|---|---|---|
| Laufzeit | | 1 Prozent | 2 Prozent | 3 Prozent | 4 Prozent | 5 Prozent |
| | 5 Jahre | 105 110 | 110 408 | 115 927 | 121 665 | 127 628 |
| | 10 Jahre | 110 462 | 121 899 | 134 392 | 148 024 | 162 889 |
| | 15 Jahre | 116 097 | 134 587 | 155 797 | 180 094 | 207 893 |
| | 20 Jahre | 122 019 | 148 595 | 180 611 | 219 112 | 265 330 |
| | 30 Jahre | 134 785 | 181 136 | 242 726 | 324 340 | 432 194 |

**Abbildung 30** Quelle: eigene Berechnungen auf www.zinsen-berechnen.de

schiedene Anlagesummen bei Laufzeiten von 5 bis 30 Jahren sowie bei Zinssätzen zwischen 1 Prozent und 5 Prozent entwickelt hätten.

Dies soll und kann jedoch nur ein Anhaltspunkt sein, wie gross der Schaden eines tendenziell zu tiefen Zinsniveaus für die Anleger ist. Letztlich lässt sich nicht exakt bestimmen, ob und vor allem um wie viel die Leitzinsen effektiv zu niedrig waren. Im Fall der USA gehen Beobachter jedoch von durchaus 1 bis 2 Prozentpunkten über mehrere oder gar viele Jahre aus. Zeitweise war die Differenz wohl sogar noch höher. Da Notenbanken, ausgelöst durch den politischen Druck, quasi in jeder Marktphase zu niedrigeren Zinsen neigen, weil sich Politiker davon ein höheres Wirtschaftswachstum sowie günstigere Kredite für den Staat versprechen, dürften die Zinsen ohnehin tendenziell immer eher zu niedrig sein, wohingegen sich ein Abweichen nach oben nur sehr selten ergeben dürfte. Aufgrund der exzessiv expansiven Geldpolitik in den USA, im Euroraum, in Grossbritannien, in Japan und in der Schweiz entgehen auch den Bürgern dieser Länder aufgrund der niedrigen Leitzinsen und des daraus resultierenden allgemein niedrigen Zinsniveaus hohe Zinseinnahmen. Was private Anleger und institutionelle Investoren wie beispielsweise Versicherungen und Pensionskassen schädigt und ärgert, wie wir in den beiden vorangegangenen Kapiteln gesehen haben, freut und begünstigt zugleich Schuldner wie etwa Häuslebauer, aber auch Banken, weil sich diese billig refinanzieren dürfen. Auch sie können sich nämlich billiger verschulden und müssen einen geringeren Zinsdienst leisten.

So sieht eine Art der Umverteilung von Sparern zu Schuldnern in der Praxis aus. Sie ist schleichend und unscheinbar – und kann doch langfristig für die Betroffenen extrem grosse Auswirkungen haben. Realisiert sich in der Zukunft dann vielleicht auch noch das von den Notenbanken aufgebaute hohe Inflationspotenzial, wird es für die Anleger doppelt schmerzlich, da das Vermögen noch «weginflationiert» wird. Analytiker der französischen Grossbank Société Générale kommentierten Anfang 2012 in einer Studie die Folgen einer drohenden hohen Inflation mit den Worten: «Niemand hört Sie schreien, wenn die Gelddruckmaschinen laufen.»

## Exkurs

**Zinsen und Staatsschulden**

Die Zinsen spielen übrigens auch bei der Entwicklung der Staatsschulden eine erhebliche Rolle. So schrieb die Deutsche Bundesbank bereits im März des Jahres 1997 in ihrem Monatsbericht, es müsse als Warnzeichen gelten, dass der Anstieg der Schuldenquote in den vergangenen Jahren wesentlich mit der hohen Zinsbelastung zusammenhänge. Damit nähre sich, meinten die Experten der Deutschen Bundesbank schon damals, die Verschuldung aus sich selbst. Die Neuverschuldung diene wegen der hohen Verschuldung des Staates faktisch nur noch der Finanzierung der bestehenden Zinslast.

# Von der Schulden- zur Pensionskrise

## Niedrige Renditen schädigen Pensionssysteme

Die anhaltend niedrigen Zinsen bedrohen die Zahlungsfähigkeit von Pensionsfonds sowie Versicherungen und schaffen erhebliche längerfristige Risiken. Dies hat die Organisation für wirtschaftliche Zusammenarbeit und Entwicklung (OECD) in ihrem im Juni 2015 vorgestellten «Unternehmens- und Finanzausblick» mitgeteilt. Vorsorgeeinrichtungen und Lebensversicherer könnten die Renditeversprechen aus Zeiten mit hohen Zinsen nur dann gewährleisten, wenn sie auf ertragsstarke Anlagen auswichen. Derzeit legen Pensionsfonds und -kassen in vielen Ländern im Durchschnitt rund 40 Prozent ihrer Gelder in Obligationen an, Versicherungen sogar noch mehr. Da als sicher geltende Anleihen im derzeitigen Umfeld kaum Zinsen bringen, ist die Wiederanlage von Geldern schwierig, wenn bestehende Bonds auslaufen.

Dass die künstlich niedrig gehaltenen Renditen Pensionssysteme schädigen, zeigt sich am Beispiel der Schweizer Pensionskassen. Das schwierige Anlagejahr 2015 mit Negativzinsen und geringeren Erträgen an den Aktienmärkten hat dort seine Spuren hinterlassen. Die meisten Pensionskassen erzielten Renditen zwischen 0 und 1 Prozent, viele lagen auch im Minus. Um die Renten zu finanzieren und die Altersguthaben zu verzinsen, wäre laut einer Beratungsfirma 2015 eine Rendite von 2,75 Prozent nötig gewesen. Die Pensionskassen müssen deshalb ihre Reserven anzapfen, die nach den positiven Ergebnissen der Vorjahre immerhin oft gut geäufnet sind. Diese dürften sie auch brauchen, weil ihnen weitere schwierige Jahre bevorstehen, die sogar das System in seiner heutigen Form gefährden könnten.

Aus Sicht des unabhängigen Finanz- und Vorsorgeexperten Daniel Dubach sind die Folgen der von der Schweizerischen Nationalbank eingeführten Negativzinsen das grösste Problem der Pensionskassen. Die Situation stuft er als besorgniserregend ein. Auch Peter Zanella von dem Beratungsunternehmen Towers Watson geht davon aus, dass die Schweizer Vorsorgeeinrichtungen vor einer «ganz schwierigen Zeit» stehen. Angesichts des Zinsniveaus liefen die Pensionskassen Gefahr, in den kommenden Jahren im Durchschnitt 0 Prozent auf diesen Anlagen zu verdienen, sagt Dubach.

Darüber hinaus sei auch eine erneute Verschärfung beziehungsweise seien noch niedrigere, also Negativzinsen nicht auszuschliessen. Das «Experiment» der Schweizerischen Nationalbank mit den Negativzinsen mache den Pensionskassen sehr zu schaffen, sagt auch Zanella. Bei Marktbedingungen wie den derzeitigen könnten die Vorsorgeeinrichtungen die zur Deckung ihrer Verpflichtungen nötigen Renditen einfach nicht erwirtschaften.

Zwar haben die Aktien- und Immobilienanlagen der Pensionskassen in den Jahren 2012 bis 2014 erhebliche Wertsteigerungen verbucht. Diese wurden aber vor allem von der laxen Geldpolitik der Zentralbanken ausgelöst, und es ist zu bezweifeln, dass die «Inflation der Vermögenspreise» nachhaltig sein wird. Vielmehr drohen Fehlallokationen. Die Hoffnung auf höhere Erträge in den Bereichen Private Equity, Hedgefonds oder Infrastruktur erkaufen die Kassen mit höheren Risiken.

Allerdings bleibt ihnen oft auch wenig anderes übrig, wollen sie die notwendigen Renditen erreichen. Der Gesetzgeber legt den Kassen zusätzliche Steine in den Weg: Die Vorsorgeeinrichtungen sind dazu verpflichtet, die Guthaben ihrer Versicherten im obligatorischen Teil für 2015 zum Mindestzinssatz von 1,75 Prozent zu verzinsen. Angesichts der niedrigen Renditen fragt man sich nach dem Sinn des vom Bundesrat im Voraus bestimmten, per Anfang 2016 immerhin auf 1,25 Prozent gesenkten Satzes. Ein weiterer politisch festgelegter Parameter, der Mindestumwandlungssatz in der obligatorischen beruflichen Vorsorge, erweist sich als noch grösseres Problem. Der Umwandlungssatz ist der Prozentsatz des angesparten Vermögens in der Kasse, der Rentnern pro Jahr ausbezahlt wird. Da der Mindestumwandlungssatz mit 6,8 Prozent viel zu hoch angesetzt ist, kommt es in der zweiten Säule zur andauernden Quersubventionierung von Rentnern. Glücklicherweise können Pensionskassen den Satz bei den überobligatorischen Leistungen selbst festsetzen, was ihnen Spielraum für Senkungen gibt. Dies führt aber zu einer zweiten systemfremden Umverteilung, die zulasten besser verdienenden Versicherten geht.

## Demografie als Stressfaktor mit sozialer Sprengkraft

Für erheblichen Druck auf die sozialen Sicherungssysteme sorgt gleichzeitig die demografische Entwicklung, da die politischen Reformen der Alterssicherungssysteme in vielen Ländern nicht mit der Alterung der Bevölkerung

Schritt halten. Laut einer im März 2016 publizierten Studie der US-Bank Citigroup namens «The Coming Pensions Crisis» machten über 65-Jährige im Jahr 2015 mit 0,6 Milliarden einen Anteil von rund 8 Prozent der Weltbevölkerung aus. Bis zum Jahr 2050 dürfte ihre Zahl auf 1,4 Milliarden und ihr Anteil auf 15 Prozent steigen. In China dürfte sich dieser voraussichtlich auf 24 Prozent verdoppeln und in Japan von 26 Prozent auf mehr als einen Drittel der Bevölkerung steigen. In Europa wird ein Anstieg von 17 Prozent im Jahr 2015 auf 27 Prozent erwartet.

Diese demografische Alterung vollzieht sich schleichend. Gemeinsam mit der Schuldenkrise habe der Trend aber ein erhebliches Gefahrenpotenzial, sagt Hans Groth vom St. Galler World Demographic & Ageing Forum (WDA). Die beiden Entwicklungen bildeten einen nicht zu unterschätzenden «Stressfaktor» mit sozialer Sprengkraft.

Die Tatsache, dass Menschen länger leben, ist grundsätzlich sehr erfreulich. Die eigentlichen Probleme sind die Unfähigkeit der Politik und der mangelnde Wille der Bevölkerung vieler Länder, die nötigen Anpassungen zu treffen – wie beispielsweise das gesetzliche Rentenalter entsprechend zu erhöhen.

Welche Auswirkungen hat dieser Trend auf Vermögensanlagen? Um diese Frage zu beantworten, lohnt sich zunächst ein Blick auf die wirtschaft-

**Länder mit sehr alter Bevölkerung**
Staaten mit den höchsten Anteilen von über 60-Jährigen 2011 und 2050 (erwartet), in Prozent

| 2011 | | 2050 | |
|---|---|---|---|
| Japan | 31 | Japan | 42 |
| Italien | 27 | Portugal | 40 |
| Deutschland | 26 | Bosnien u. Herzegowina | 40 |
| Finnland | 25 | Kuba | 39 |
| Schweden | 25 | Südkorea | 39 |
| Bulgarien | 25 | Italien | 38 |
| Griechenland | 25 | Spanien | 38 |
| Portugal | 24 | Singapur | 38 |
| Belgien | 24 | Deutschland | 38 |
| Kroatien | 24 | Schweiz | 37 |

**Abbildung 31** Quelle: UNO/NZZ

lichen Konsequenzen der demografischen Alterung. Etliche Ökonomen erwarten für Europa eine deflationäre Entwicklung ähnlich wie jene in Japan. Dort dürfte die Bevölkerungszahl gemäss WDA von 127 Millionen im Jahr 2011 auf 114 Millionen Einwohner im Jahr 2050 schrumpfen. Die demografische Alterung äussert sich später in einer niedrigeren Bevölkerungszahl. Das sind dunkle Aussichten für Japan.

Aus diesen Trends lässt sich allerdings nicht automatisch auf eine wirtschaftliche Verlangsamung in den betroffenen Ländern schliessen. Gemäss Monika Bütler, Professorin an der Universität St. Gallen, ist für das wirtschaftliche Wohlergehen nicht die totale Wirtschaftsleistung, sondern die Wirtschaftsleistung pro Kopf der Bevölkerung entscheidend. Durch die Verknappung der Arbeitskräfte stiegen die Löhne tendenziell. Wenn eine geschickte Wirtschaftspolitik die Innovations- und Arbeitsanreize nicht verzerre, brauche die Alterung per se das Pro-Kopf-Wachstum nicht zu senken. Laut Bütler besteht die Gefahr vor allem darin, dass zu grosszügige Leistungen bei Rentenhöhe und Renteneintrittsalter die Arbeitskräfte und die Firmen zu stark belasten.

## Das versteckte Schuldendilemma

Viele Industriestaaten versinken in Schulden. Laut der Bank für Internationalen Zahlungsausgleich ist die Staatsverschuldung in fortgeschrittenen Volkswirtschaften im Zeitraum 2007 bis Ende 2015 von 75 Prozent auf rund 120 Prozent gestiegen. Erschreckend ist dabei, dass diese Zahlen jedoch nur die halbe Wahrheit abbilden. Sie zeigen nur die sogenannte explizite beziehungsweise offiziell ausgewiesene Staatsverschuldung. Die impliziten Schulden der Staaten berücksichtigen sie hingegen nicht. Diese umfassen unter anderem die künftigen Kosten der sozialen Sicherungssysteme sowie Pensionsansprüche von Bürgern – also zugesagte, aber nicht finanzierte Versprechen staatlicher Leistungen. Diese ungedeckten Versprechen drohen wegen der Alterung der Bevölkerung in vielen Ländern noch zu steigen. Schliesslich führt die steigende Lebenserwartung bei gleichzeitiger Reformunfähigkeit der Politik dazu, dass die sozialen Sicherungssysteme zusätzlich belastet werden.

Die Berliner Stiftung Marktwirtschaft erstellt regelmässig Rankings für die Länder der EU, in denen neben den expliziten Schulden der 28 EU-Staaten auch absehbare künftige Defizite der öffentlichen Haushalte –

die impliziten Schulden – berücksichtigt werden. In dem im November 2015 publizierten EU-Nachhaltigkeitsranking stellte die Stiftung Marktwirtschaft fest, dass sich die explizite Staatsverschuldung in vielen EU-Ländern jüngst stabilisiert habe. Ausserdem sei die Gesamtschuldenlast aus expliziten und impliziten Schulden im Vergleich mit dem Vorjahr im EU-Durchschnitt gesunken. Allerdings sei die Fiskalpolitik weiterhin in keinem EU-Staat tatsächlich nachhaltig. Es bestünden mehr oder weniger grosse «Nachhaltigkeitslücken», die sich aus der Summe der expliziten und der impliziten Verschuldung errechnen. Für die Gesamt-EU lag diese «Nachhaltigkeitslücke»

**EU-Nachhaltigkeitsranking 2015**
In Prozent des Bruttoinlandsprodukts

| | Explizite Schulden + | Implizite Schulden = | Nachhaltigkeitslücke (Gesamtschulden) |
|---|---|---|---|
| Italien | 132 | –75 | 57 |
| Estland | 10 | 53 | 63 |
| Lettland | 41 | 54 | 95 |
| Ungarn | 76 | 26 | 102 |
| Portugal | 130 | –21 | 109 |
| Kroatien | 85 | 59 | 144 |
| Deutschland | 75 | 74 | 149 |
| Polen | 50 | 140 | 190 |
| Bulgarien | 27 | 182 | 209 |
| Österreich | 84 | 137 | 221 |
| Rumänien | 40 | 223 | 263 |
| Schweden | 45 | 228 | 273 |
| Litauen | 41 | 238 | 279 |
| Frankreich | 96 | 195 | 291 |
| Dänemark | 45 | 253 | 298 |
| Slowakei | 53 | 267 | 320 |
| Tschechien | 43 | 343 | 386 |
| Niederlande | 68 | 322 | 390 |
| Zypern | 108 | 283 | 391 |
| Griechenland | 179 | 213 | 392 |
| Malta | 68 | 336 | 404 |
| Finnland | 59 | 396 | 455 |
| Grossbritannien | 88 | 410 | 498 |
| Slowenien | 81 | 464 | 545 |
| Belgien | 107 | 472 | 579 |
| Spanien | 99 | 493 | 592 |
| Luxemburg | 23 | 961 | 984 |
| Irland | 107 | 1064 | 1171 |
| EU-28 | 89 | 177 | 266 |

Abbildung 32      Quelle: EU-Kommission / Stiftung Marktwirtschaft / NZZ

2015 bei 266 Prozent des Bruttoinlandsprodukts der 28 Länder. Das Problem hat also ein gewaltiges Ausmass.

Die Schweiz hat im Vergleich mit den meisten EU-Ländern eine niedrige Staatsverschuldung. Wie eine 2014 publizierte Studie des Forschungszentrums Generationenverträge (FZG) der Universität Freiburg im Breisgau und der UBS ergeben hat, steht aber auch hierzulande nicht alles zum Besten. Alleine in der AHV betrug die implizite Staatsverschuldung gemäss der Studie 173,4 Prozent des Schweizer Bruttoinlandsprodukts. Vor allem in den Bereichen Gesundheit und Pflege bestehen zusätzliche implizite Schulden. Die Forscher halten den Zusammenhang zwischen der Altersvorsorge und dem öffentlichen Haushalt für naheliegend. Schliesslich seien Rentenversprechen, die nicht aus dem Vorsorgesystem heraus finanziert werden könnten, eine Verpflichtung des Staats. Im Ergebnis kam die Schweiz im Jahr 2011 auf eine «Nachhaltigkeitslücke» von 166 Prozent des BIP. Die expliziten Schulden betrugen 35,5 Prozent des BIP, die tatsächliche Staatsverschuldung einschliesslich der impliziten Schulden lag gemäss der Studie bei 202,9 Prozent. Davon wurden bestehende explizite Vermögen in Höhe von 36,9 Prozent des BIP abgezogen.

Welchen Einfluss hat die implizite Verschuldung auf Vermögensanlagen? Aus Sicht von Daniel Kalt, Chefökonom Schweiz der Grossbank UBS, sind solche Projektionen schwierig. Würde die Finanzierungslücke in der AHV aber beispielsweise durch eine kontinuierliche Erhöhung der Mehrwertsteuer geschlossen, so hätte dies negative Begleiterscheinungen. Der Wirtschaft würden so Mittel entzogen, beispielsweise würde der Konsum geschwächt. Dies könnte auch negative Auswirkungen auf Unternehmen haben.

Bereits heute bremsen riesige Schuldenberge in vielen Industrieländern das Wirtschaftswachstum. Bruno Gisler vom Vermögensverwalter Aquila geht davon aus, dass die implizite Staatsverschuldung durch die demografische Entwicklung noch steigen dürfte. Teile davon dürften irgendwann zu einer expliziten Staatsverschuldung mutieren. Dies habe Folgen für die Finanzmärkte. So berücksichtigten die Bonitätsbewertungen von Ratingagenturen die implizite Staatsverschuldung nicht oder nur ungenügend, Ratings müssten folglich angepasst werden.

## Auf dem Weg in die Pensionskrise?

In einer Rede im Jahr 2012 in Zürich prangerte der amerikanische Demografieforscher Laurence Kotlikoff die Umverteilung von den Jungen zu den Alten in den staatlichen Sicherungssystemen westlicher Länder scharf an. Viele davon seien «Ponzi-» beziehungsweise «Schneeballsysteme», die selbst einen Milliardenbetrüger wie Bernard Madoff «zum Erröten bringen» würden. Diese Entwicklung dürfte aus Kotlikoffs Sicht einige Staatsbankrotte nach sich ziehen. Die Schuldenkrise und die demografische Entwicklung übten hier eine fatale Wechselwirkung aus.

Ins gleiche Horn stiess die amerikanische Bank Citigroup mit einer im März 2016 veröffentlichten Studie. Dieser Analyse zufolge fehlten zu diesem Zeitpunkt in den staatlichen Rentensystemen von 20 OECD-Ländern 78 Billionen Dollar. Auch ein grosser Teil der Pensionsverpflichtungen von Unternehmen sei ungedeckt. So seien die meisten Pensionspläne von Konzernen in den USA und Grossbritannien unterdotiert, in den USA hätten Pensionsfonds lediglich einen durchschnittlichen Deckungsgrad von 82 Prozent. Diese Kennzahl sagt aus, wie stark Pensionsverpflichtungen durch dafür zurückgelegte Vermögen gedeckt sind. Zwar betrage das weltweit privat zurückgelegte Pensionsvermögen derzeit 26 Billionen Dollar, wovon 55 Prozent in Pensionsplänen in den USA lägen, heisst es in der Studie weiter. Auch in anderen Ländern wie den Niederlanden, der Schweiz, Australien, Grossbritannien und Kanada gebe es bedeutende Pensionsvermögen, doch deren Volumen reiche nicht aus.

Die Nullzinspolitik, mit der die Zentralbanken marode Banken und Staaten stützen, hat so zur Folge, dass Investoren geradezu in riskantere Anlagen wie Aktien oder alternative Anlagen wie Private Equity, Hedgefonds oder Rohstoffe getrieben werden. Der «Suche nach Rendite» in anderen Anlageklassen – hervorgerufen durch den «Anlagenotstand bei Obligationen – stehen die Ökonomen der internationalen Organisation OECD skeptisch gegenüber, denn solche Strategien würden grosse Risiken bergen. So könne dies die Solvenzsituation von Pensionsfonds und Versicherungen im Falle eines negativen Schocks – beispielsweise einer Phase mit mangelnder Liquidität in bestimmten Märkten – ernsthaft gefährden, schreiben sie in einem im Juni 2015 veröffentlichten Bericht.

Alexander Friedman, Chef der Vermögensverwaltungsgesellschaft GAM, ging in einem Interview im Juli 2015 davon aus, dass Pensionsfonds und Versicherungen weltweit bereits erhebliche Anpassungen in ihren Portfolios vorgenommen haben. Auch sehr konservative Investoren würden bei der Vermögensanlage mittlerweile höhere Risiken eingehen, sagt Friedman. Als Beispiel nannte er den weltgrössten, 1,1 Billionen Dollar schweren japanischen Pensionsfonds Government Pension Investment Fund und kleinere Fonds. Diese hätten im vierten Quartal 2014 japanische Staatsobligationen im Wert von 5,56 Billionen Yen (46 Milliarden Dollar) verkauft, das entspricht dem höchsten Volumen seit dem Jahr 1998. Dafür habe der Pensionsfonds grössere Investitionen in ausländische Aktien und Obligationen getätigt. Korrekturen an den Aktienmärkten würden die Vorsorgeeinrichtungen in einer Situation treffen, in der sie aufgrund ihrer veränderten Anlagepolitik den Schwankungen des Aktienmarkts stärker ausgeliefert seien als je zuvor.

In der Tat gehen Ökonomen davon aus, dass die derzeit an den Märkten zu beobachtende Inflation der Vermögenspreise nicht nachhaltig sein wird. Die Geldschwemme hat Aktienkurse und Immobilienpreise in die Höhe getrieben und dabei für Fehlallokationen von Kapital gesorgt, die sich irgendwann bereinigen dürften. Die Zentralbanken stehen in dieser Hinsicht vor einem Dilemma. Belassen sie die Zinsen noch lange auf Nullniveau, bilden sich immer grössere Blasen; erhöhen sie die Zinsen, könnten sich die Vermögenspreise deutlich korrigieren, was einen neuen Crash auslösen könnte. Beide Szenarien hätten negative Folgen für die Altersvorsorgesysteme in vielen Ländern. Eine weitere negative Folge der Entwicklung ist, dass Vorsorgeeinrichtungen und Versicherungen wegen der niedrigen Zinsen bereits heute auf einen Teil des Zinseszinseffekts verzichten müssen. GAM-Chef Friedman geht davon aus, dass ein zusätzlicher Prozentpunkt Rendite bei Pensionsfonds und Pensionskassen weltweit jährliche Einnahmen von 40 Milliarden bis 50 Milliarden Dollar generieren würde.

Auch der Rückversicherer Swiss Re hat sich in einer Studie zu den «unbeabsichtigten Folgen» der künstlich niedrig gehaltenen Zinsen geäussert. Laut dem Rückversicherer wirkt die expansive Geldpolitik der Zentralbanken auf die Sparer wie eine Steuer, da ihnen Erträge entgehen. In den USA hätten die Leitzinsen gemäss der Studie im Zeitraum 2008 bis 2013 rund 1,7 Prozentpunkte höher liegen müssen. Gemeinsam mit anderen Faktoren hätten die entgangenen Zinsen amerikanische Sparer so in dieser Periode 470 Milliarden Dollar gekostet.

Diese «finanzielle Repressionssteuer» habe vor allem wohlhabende Anleger getroffen. Jene hätten aber auch von den in die Höhe getriebenen

Aktienkursen und Immobilienpreisen profitiert. Als weitere Folgen der finanziellen Repression sieht Swiss Re die mögliche Bildung von Blasen bei Vermögenspreisen, die Konvergenz von sonst heterogenen Asset-Allokations-Strategien von Finanzmarktteilnehmern sowie eine grössere ökonomische Ungleichheit. Je länger die unkonventionelle Geldpolitik anhalte, desto schwieriger werde der Ausstieg.

Als wäre die Situation nicht heikel genug, dürfte die demografische Entwicklung die Pensionssysteme in vielen Ländern in den kommenden Jahren empfindlich treffen. Die immer höhere Lebenserwartung der Menschen, gekoppelt mit einer Verweigerung nötiger Reformen durch die Politik, könnte sich als weiterer Schock für die sozialen Sicherungssysteme erweisen – und dies während einer Zeit, in der viele europäische Länder bereits hoch verschuldet sind. Friedman befürchtet als Folge der Entwicklung eine wachsende politische Instabilität im kommenden Jahrzehnt. Auch die Altersvorsorgesysteme in Japan und China sieht er vor einer schwierigen Situation. Die Entwicklung werde auch das Rentensystem der USA treffen, allerdings sei die demografische Situation dort besser.

# Der Krieg gegen das Bargeld hat begonnen

## Dämonisierungen, Einschränkungen und Verbote

Der Kampf gegen das Bargeld ist nicht neu. So gab es in den USA bis 1945 Scheine über 500 Dollar, 1000 Dollar und 10 000 Dollar. In den 1930er-Jahren existierte sogar noch eine Note über 100 000 Dollar, mit welcher der Zahlungsverkehr zwischen Banken erfolgte. Ab 1945 wurde die Produktion dieser Scheine jedoch gestoppt, und bis 1969 entfernte die Regierung sämtliche dieser Noten aus dem Zahlungsverkehr. 1970 erliess die Regierung in Washington dann den «Bank Secrecy Act». Er verpflichtete Finanzinstitute dazu, den Regierungsbehörden bei der Enthüllung von Geldwäsche zu helfen. Die Finanzinstitute mussten Bargeldzahlungen und Zahlungen in Höhe von mehr als 10 000 Dollar pro Tag melden. Viele Länder in Europa haben später mit gleichen oder ähnlichen Regulierungen nachgezogen. Die Einführung der Massnahme wurde in den Vereinigten Staaten damals als nötiges Hilfsmittel zur Verbrechensbekämpfung verkauft.

In den vergangenen Jahren haben Regierungen, Notenbanken und linke Ökonomen im Rahmen der immer stärker grassierenden finanziellen Repression spätestens ab 2014 den Krieg gegen das Bargeld neu entfacht. Die Idee eines Verbots von Bargeld wurde anfangs vor allem durch die beiden an der Harvard University lehrenden Ökonomen Kenneth Rogoff und Larry Summers unterstützt. Ähnlich äusserten sich später auch Andrew Haldane, Chefökonom der Bank of England, und John Cryan, CEO der Deutschen Bank. Im deutschsprachigen Raum reihte sich Peter Bofinger, Mitglied des deutschen Sachverständigenrats zur Begutachtung der gesamtwirtschaftlichen Entwicklung, in den «war on cash» ein. Die Forderung nach einem Verbot von Bargeld gewinnt an Popularität, weil Zentralbanken mit ihren Negativzinsen immer stärker an praktische Grenzen stossen. Sollten die Negativzinsen nämlich noch stärker ausgeweitet werden, könnte dies dazu führen, dass Sparer ihr Geld bei der Bank abheben und zu Hause horten. Schlimmstenfalls würde dies sogar zu einem Bank Run führen. Mit einem Verbot von Bargeld könnten Regierungen dieses Ausweichen der Bürger verhindern.

Immer mehr Länder schränken in einer ersten Stufe bereits die Benutzung von Bargeld ein, obwohl dieses meist das einzige gesetzliche Zahlungsmittel ist. Zugleich werden elektronische Transaktionen begünstigt oder die Bürger gar zu solchen verpflichtet. Ein Tiefpunkt wurde im Februar 2016 erreicht, als es innerhalb der EU zu einem Doppelschlag gegen das Bargeld kam. Zum einen forderte ausgerechnet der bürgerliche deutsche Finanzminister Wolfgang Schäuble, die Bürgerrechte noch weiter einzuschränken und Barzahlungen von über 5000 Euro in der gesamten EU zu verbieten. Er begründete die Idee mit dem Kampf gegen Geldwäscherei und Terrorismusfinanzierung. Würden Sozialisten auf eine solche Idee kommen, man wunderte sich nicht. Aber ein CDU-Minister einer CDU/CSU-geführten Regierung? Zum anderen wurden Pläne bekannt, wonach die Europäische Zentralbank die 500-Euro-Note abschaffen will. Sie ist die wertvollste Note im Geldsystem der EU vor der 200-Euro-Note. Sollte es dazu kommen, wäre die 1000-Franken-Note noch stärker als bisher jene mit dem weltweit höchsten Wert. Sie spielt in der Schweiz sogar als Zahlungsmittel noch eine bedeutende Rolle. Laut Jahresbericht 2013 der Schweizerischen Nationalbank zahlten Banken und die Post 22 Millionen dieser Noten auf Girokonten bei der Zentralbank ein und bezogen zugleich 25 Millionen Stück. Der durchschnittliche Umlauf betrug 36 Millionen Scheine. Wie beliebt der Schein ist, zeigt auch die Tatsache, dass Ende 2014 rekordhohe 40,54 Millionen 1000-Franken-Noten im Umlauf waren. Die Tendenz ist aufgrund der Finanzkrise und der Notenbankpolitik der vergangenen Jahre steigend – ebenso wie die Nachfrage im Euroraum nach den 500-Euro-Noten, die nun abgeschafft werden sollen.

In Dänemark hatte die Regierung bereits vor den Initiativen von Schäuble und der EZB einen Gesetzentwurf vorgelegt, laut dem Restaurants, Tankstellen und kleine Läden nicht mehr verpflichtet sind, Bargeld anzunehmen. Die dänische Zentralbank hatte darüber hinaus angekündigt, im Jahr 2016 die staatliche Herstellung von Banknoten und Münzen einzustellen und diese bei Bedarf an Private zu vergeben. Obergrenzen für die Bargeldnutzung gibt es schon in mehreren EU-Staaten. In Frankreich wurde eine solche nach dem Terroranschlag auf das Satiremagazin *Charlie Hebdo* in Paris Anfang 2015 von 3000 Euro auf 1000 Euro gesenkt. Italien hatte bis vor Kurzem eine Grenze von 1000 Euro, erhöhte diese im Oktober 2015 aber auf 3000 Euro, um den Konsum anzukurbeln. Skeptisch zeigt sich der Präsident der Deutschen Bundesbank, Jens Weidmann. Er hatte 2016 in einem Interview erklärt, es sei eine offene Frage, ob ein Verbot grösserer Bartransaktionen illegale Aktivitäten unterbinde. Sogar in der Schweiz, eigentlich der liberale Hort in Europa, gab es Pläne, Barzahlungen ab einer Höhe von 100 000 Franken zur Verhinderung von Geldwäscherei zu verbieten. Eine entsprechende Vorlage hatte der Ständerat angenommen, der Nationalrat allerdings danach abgelehnt, weshalb bisher lediglich höhere Sorgfaltspflichten gelten.

In der Eidgenossenschaft kursieren aber noch weitere Überlegungen, mit welchen Mitteln aus dem Giftschrank der Geldpolitik die Schweizerische Nationalbank die Bürger plagen könnte. Es wird die Einführung eines Wechselkurses zwischen Bargeld und Buchgeld diskutiert, die periodische Belastung von Bargeld mit einer Steuer in Höhe der Negativzinsen und sogar das Verbot von Bargeld. Doch dürften in der Schweiz die Stimmbürger an der Urne derlei Exzesse verhindern, während sie in anderen Ländern durchaus realistisch sind. Die Logik hinter einer Gebühr für Bargeld ist aus der Sicht eines Staates auch bestechend – was wohl vor allem für die krisengebeutelten Regierungen mancher Euroländer zutreffen dürfte. Auf dem Höhepunkt der hellenischen Krise im Frühjahr 2015 kündigte entsprechend beispielsweise Griechenland an, dass die Bürger für die Abhebung von 1000 Euro in bar 1 Euro Gebühr zahlen müssen, also 0,1 Prozent. Angenommen, eine solche Gebühr würde auf 10 Prozent erhöht, was quasi einem drastischen Wechselkurs zwischen Bargeld und Buchgeld entspräche, würde der Kunde beim Abheben von 100 Euro nur noch 90 Euro erhalten. Dies würde es der Zentralbank wiederum ermöglichen, die Negativzinsen beispielsweise auf 4 Prozent oder 8 Prozent zu erhöhen. Für die Bürger wäre es dann immer noch lukrativer, das Geld auf dem Konto zu lassen. Derlei Überlegungen spielen ständig mit, wenn der Gebrauch vom Bargeld eingeschränkt wird oder Gebühren für den Umtausch vom Bargeld und Buchgeld eingeführt werden, auch wenn diese Gebühr am Anfang vielleicht noch so klein ist.

Für die gegenwärtige Diskussion über das Bargeld ist die Durchsetzung von noch stärkeren Negativzinsen im Rahmen des planwirtschaftlich anmutenden Versuchs der Steuerung von Konjunktur und Kapitalverkehr wohl der wichtigste Grund. Als Argumente für eine Abschaffung des Bargelds werden jedoch auch immer wieder der Kampf gegen Steuerhinterziehung, Schwarzarbeit, Geldwäsche und andere kriminelle Machenschaften vorgebracht. Nach den grausamen Anschlägen in Paris im November 2015 dauerte es natürlich nicht mehr lange, bis auch der Kampf gegen den Terrorismus als Argument angeführt wurde. Terroristen würden nämlich auch Bargeld benutzen, was schlechter zu verfolgen sei als elektronische Transaktionen. Es fragt sich, ob die Regierung demnächst auch Autos, Handys und andere Dinge verbieten will, die Terroristen schliesslich auch allesamt benutzen. Die Argumentation zeigt die Lächerlichkeit der Diskussion. In Schweden, einem Land, das sehr stark gegen Bargeld vorgeht, soll die Stockholmer Polizeichefin Carin Götblad gesagt haben, Bargeld sei das Blut in den Adern der Kriminalität. Wer bar zahlt, ist also verdächtig und wird stigmatisiert. So wird das Bargeld kriminalisiert und dämonisiert. Das ist eine fatale Entwicklung.

Darüber hinaus würde die Abschaffung von Bargeld endgültig den gläsernen Konsumenten und eine totale finanzielle Überwachung durch den Staat schaffen, der dann «endlich» jeden Cent und Rappen an Steuern eintreiben kann. Selbst vor konquistadorisch hohen Steuern könnten Bürger dann kaum noch flüchten. Dazu kämen natürlich noch generelle Fragen der Datensicherheit. Was würde beispielsweise geschehen, wenn durch Hackerangriffe oder die Manipulation feindseliger Staaten oder anderer Organisationen das elektronische Zahlsystem einmal zusammenfiele? Schon der amerikanische Staatsmann Benjamin Franklin sagte einst: Wer die Freiheit aufgibt, um Sicherheit zu gewinnen, der wird am Ende beides verlieren.

Im Umfeld der Finanz- und Staatsschuldenkrise der vergangenen Jahre kommt die aktuelle Diskussion über das Bargeld jedoch vor allem aus der geldpolitischen Ecke – alle anderen Gründe sind vorgeschoben. Die Beseitigung der Zinsuntergrenze durch die Abschaffung von Cash mag zwar aus der technokratischen Sichtweise einer Zentralbank Vorteile bei der Umsetzung der Geldpolitik haben. Für den Bürger bedeutet dies jedoch eine Besteuerung der Spareinlagen, der er nicht mehr ausweichen kann. Sparen wird also noch stärker bestraft als ohnehin schon. Dabei gehört doch die Vernunft, heute zulasten der gegenwärtigen Bedürfnisse für die Wünsche von morgen zu sparen, zu den bedeutenden Errungenschaften der Menschheit. Sollte das System erst einmal greifen, müssten Bürger wohl in der Zukunft mit periodischen Zwangsenteignungen rechnen, für die man dann jeweils schon «gute Gründe» finden würde.

Wenn in führenden Währungsräumen das Bargeld abgeschafft würde, hätte dies auch Auswirkungen auf andere Nationen. Doch wie sollten sich dann Menschen in Unrechtsregimen vor Hoch- und Hyperinflationen schützen, wenn sie nicht mehr auf einigermassen stabile ausländische Banknoten zurückgreifen könnten? Dieses Verhalten ist empirisch sehr gut belegt. Beispielsweise wurde während der letzten Hyperinflation in Simbabwe im Jahr 2008 das schlechte Inflationsgeld des heimischen Landes fast vollständig durch den Dollar und den Rand verdrängt, sodass die Regierung diese Währungen letztlich sogar legalisieren musste, da sie sonst keine Staatseinnahmen mehr gehabt hätte. Ähnliches geschah in den 1990er-Jahren in Serbien, wo die Deutsche Mark zum wichtigsten Zahlungsmittel avancierte. Würden Währungen wie der Dollar, der Euro, das Pfund oder der Franken abgeschafft, wäre Menschen in solchen Situationen der letzte Ausweg genommen, sich vor massiver Inflation und einem Unrechtsregime generell zu schützen.

Im Fall eines Bargeldverbots müsste konsequenterweise auch der Besitz von Gold verboten werden, da das aus liberaler Sicht gute Geld, nämlich Gold, sonst schnell das schlechte Staatsgeld verdrängen dürfte. Doch auch bei einem Goldverbot könnten sich andere Tauschmittel herauskristallisieren – etwa Zigaretten, Schmuck, Gutscheine – oder es fände ein Ausweichen auf andere Währungen statt. Entsprechend sagte der deutsche «Wirtschaftsweise» Peter Bofinger im Gespräch mit der Zeitschrift *Der Spiegel*, Bargeld müsse am besten zeitgleich im Euroraum, in den USA, Grossbritannien und der Schweiz verboten werden.

## Plädoyer für die «geprägte Freiheit»

«Geld ist geprägte Freiheit», lautet ein Bonmot des russischen Schriftstellers Fjodor Dostojewski. Wohl gerade deshalb ist Bargeld so in Ungnade gefallen. Bei den Bürgern löst die Idee einer staatlich verordneten Abschaffung von Bargeld Empörung aus, wie viele Leserbriefe in Zeitungen zeigen. Bei einer nicht repräsentativen Umfrage auf der Webseite der *Neuen Zürcher Zeitung* (www.nzz.ch) lehnten überwältigende 96 Prozent der Teilnehmer eine Abschaffung von Bargeld ab. Das Thema ist für viele Menschen tabu. In Deutschland ergab ferner eine repräsentative Umfrage, dass knapp 60 Prozent der Bürger eine Obergrenze für Barzahlungen ablehnen. Die deutsche *Bild-Zeitung* lancierte sogar eine Kampagne für das Bargeld und forderte ihre Leser auf, gegen die geplante Obergrenze für Barzahlungen zu protestieren. Innerhalb weniger Tage kamen über 10 000 Protestnoten zusammen, die das Boulevardblatt an Finanzminister Schäuble weiterreichen wollte.

Zwischen Nordsee und Alpen werden noch immer knapp 80 Prozent aller Transaktionen in bar beglichen. Für die Schweiz gibt es zwar keine vergleichbaren Zahlen, doch dürfte das Verhalten der Bürger ähnlich sein. Zwei Vertreter der Deutschen Bundesbank schrieben in der Fachzeitschrift *Wirtschaftsdienst* im Jahr 2015, dass durch die Abschaffung vom Bargeld kaum nennenswerte Effekte für die Vermeidung von Schattenwirtschaft und Kriminalität zu erwarten seien. In die gleiche Richtung deuten Erkenntnisse von Friedrich Schneider, Professor an der Universität Linz und wohl einer der besten Experten auf diesem Gebiet. Laut Schneider kommt Bargeld zwar in vielen Bereichen der Kriminalität nach wie vor eine Rolle zu, schliesslich hinterlasse es keine Spuren. Restriktionen für Bargeld und entsprechend steigende Transaktionskosten könnten kriminelle Aktivitäten reduzieren. Da die «Margen» der kriminellen Aktivitäten aber auch danach noch sehr hoch wären, dürfte die Eindämmung sehr bescheiden sein. Schneider schätzt, dass sich kriminelle Aktivitäten maximal um 10 Prozent bis 20 Prozent zurückdrängen liessen. Ferner verweist er darauf, dass auch heutzutage schon sehr grosse Teile der Transaktionen nicht in bar, sondern digital durchgeführt würden. Insofern erscheint auch ihm das Kriminalitätsargument als vorgeschoben. Der Präsident der Deutschen Bundesbank, Jens Weidmann, erwies sich daher als Währungshüter im besten Sinn, als er meinte, es wäre fatal, wenn die Bürger den Eindruck erhielten, dass ihnen das Bargeld nach und nach entzogen würde.

Deutlich negative Reaktionen gab es auch von liberalen Ökonomen. Ernst Baltensperger, einer der profiliertesten Geldpolitiker der Schweiz, zeigte sich im Gespräch sehr skeptisch gegenüber solchen Vorstellungen. Auch für ihn hat die Diskussion zwei Aspekte. Erstens gebe es einen gesellschaftspolitischen Aspekt, weil die Abschaffung der Anonymität von Bargeld zwar mit hehren Motiven wie der Bekämpfung illegaler Geschäfte, Schwarzarbeit oder Schwarzgeld begründet werde. Dies führe aber auch zum weiteren Verlust von Privatsphäre. Zweitens existiere der technokratischen Aspekt der Geldpolitik, da einige Notenbanken gerne die Nullzinsbegrenzung bei der Zinssteuerung aufheben würden. Konkreter Anlass der jüngsten Diskussion seien jedoch eindeutig die gegenwärtigen Grenzen der Geldpolitik, meinte auch Baltensperger. Einige Zentralbanken, beispielsweise jene im Euroraum, in der Schweiz, in Dänemark und in Schweden, haben in den vergangenen Jahren negative Zinsen eingeführt. 2016 zog dann die Bank of Japan nach und auch in den USA hatte es derlei Überlegungen während der

Finanzkrise gegeben. Würden Negativzinsen jedoch stark ausgeweitet und die Geschäftsbanken sie dann an die Privatkunden überwälzen, bestünde die Gefahr, dass Bürger ihr Geld von der Bank abheben und es daheim in Tresoren lagern. Wäre Bargeld abgeschafft, bliebe ihnen dieser Fluchtweg verwehrt, und Zentralbanken könnten ihr Negativzins-Regime hemmungslos ausweiten. Laut Baltensperger liegt die Grenze der Negativzinsen etwa in Höhe der Aufbewahrungs- und Versicherungskosten des Bargeldes. Zudem seien Bargeld und Buchgeld keine homogenen Produkte, sondern imperfekte Substitute. Beide hätten ihre Vor- und Nachteile je nach Nutzung.

Die Diskussion über ein Bargeldverbot, die weitere Einschränkung der Benutzung oder die Besteuerung von Cash wurde wie eingangs erwähnt von den keynesianischen Ökonomen Kenneth Rogoff, Larry Summers und Willem Buiter vorangetrieben. Der Harvard-Ökonom Rogoff wurde einem breiten Publikum durch seine Arbeiten zur Finanzkrise bekannt, und der Chefökonom der Citigroup, Buiter, arbeitete zuvor unter anderem für die Bank of England. Beide traten 2015 auch an einer Konferenz zum Thema «Removing the Zero Lower Bound on Interest Rates» (Verschiebung der Nullzinsgrenze) in London als Hauptredner auf. Mitorganisiert wurde der Anlass von der Schweizerischen Nationalbank. Die SNB stellte die gehaltenen Vorträge der Öffentlichkeit allerdings nicht zur Verfügung. Kurz und knapp hiess es von der SNB, die Nationalbank prüfe alle Themen auf theoretischer Ebene, die für die Geldpolitik relevant sein könnten. Die Abschaffung von Bargeld gehöre jedoch nicht dazu. Auch die Abschaffung der 1000-Franken-Note ist laut SNB kein Thema, wie die Zentralbank Anfang 2016 mitteilte.

In der Diskussion sind bei verschiedenen Zentralbanken Ideen wie die Einführung eines Wechselkurses zwischen Bar- und Buchgeld oder eine periodische Belastung von Bargeld mit einer Steuer in Höhe der Negativzinsen. Die Umsetzung von derlei Konzepten dürfte jedoch technisch schwierig sein und das Zahlungssystem komplexer und ineffizienter machen. Für Lars Feld, Professor für Wirtschaftspolitik an der Universität Freiburg und einer der fünf «Wirtschaftsweisen» in Deutschland, widerspiegelt die Diskussion über ein Bargeldverbot auch die fehlende Kontrolle der Notenbanken über die Geldschöpfung, die im gegenwärtigen System primär über die Geschäftsbanken erfolgt. Von einer staatlichen Abschaffung des Bargeldes hält Feld nichts. Die Bürger hingen sehr am Bargeld, meint er. Selbst im staatsgläubigen Skandinavien, wo die Reduktion der Bargeldhaltung bereits weit fortgeschritten sei, wachse der Widerstand gegen eine vollständige Verdrängung.

Am schärfsten äusserte sich Thorsten Polleit: Es sei Unfug, zu behaupten, der gleichgewichtige Realzins einer Volkswirtschaft könne negativ sein oder werden. Laut dem heutigen Chefökonomen von Degussa Goldhandel, der früher in gleicher Funktion bei Barclays Capital fungierte, ist die Schuldenlast vieler Staaten und Banken erdrückend hoch, sodass an eine aufrichtige Begleichung nicht mehr zu denken sei. Liesse sich ein Negativzins durchsetzen, würde das helfen, die Schuldenlast zu senken. Allerdings würde niemand, der bei Sinnen ist, bei Negativzinsen noch sparen. Dann würde auch niemand mehr investieren. Ein Negativzins stehe für eine verkehrte, irrsinnige Welt und sei mit einer arbeitsteiligen, produktiven Wirtschaft nicht vereinbar.

Auch Baltensperger findet es befremdlich, dass es beim Staat beziehungsweise bei Notenbanken Überlegungen gibt, das eigene Geld, das auch das gesetzliche Zahlungsmittel ist, steuerlich zu belasten oder gar abzuschaffen. Letztlich ist der Angriff auf das Bargeld ein Angriff auf die Freiheit.

## Sechs gute Gründe für Bargeld

Diskussionen über die Abschaffung und die zunehmende Einschränkung von Bargeld erregen immer stärker auch die breite Öffentlichkeit. Zwar dürfte fast nirgendwo unmittelbar ein Verbot von Bargeld anstehen, doch die Benutzung wird oft still und leise immer weiter eingeschränkt, wie die zahlreichen Beispiele zeigen. Hier deshalb noch einmal sechs gute Gründe, die für die Benutzung von Münzen und Geldscheinen sprechen:

*Schutz der finanziellen Privatsphäre*
In vielen Ländern ist das Bankgeheimnis abgeschafft worden, damit den Steuerbehörden ja kein Dollar oder Euro entgeht. Der Bürger ist dazu gezwungen, sich dem Staat in dieser Hinsicht völlig zu offenbaren. Selbst in der Schweiz, früher das Bollwerk des Bankkundengeheimnisses, entwickeln sich manche Banken im Umgang mit Inländern zu Aussenstellen der Steuerbehörden. Eine Abschaffung des Bargeldes würde dem Staat und seinen Behörden endgültig die lückenlose Überwachung aller Finanztransaktionen ermöglichen. Zudem gibt es nicht nur eine Privatsphäre gegenüber dem

Staat, sondern auch jene in der Familie. Nicht jeder Ehepartner möchte vermutlich, dass die bessere Hälfte alle möglichen Ausgaben auf der Kreditkartenrechnung sehen kann. Ferner sind im Zeitalter von NSA-Affären und Hackerangriffen Fragen der Datensicherheit allgemein nicht zu vergessen.

*Schutz vor Exzessen der Geldpolitik*
Zentralbanken haben inzwischen in vielen Währungsräumen negative Zinsen eingeführt, beispielsweise im Euroraum, in der Schweiz, in Dänemark, in Schweden und in Japan. Diese negativen Zinsen sind bei den Privathaushalten bisher kaum angekommen. Sollten Geschäftsbanken die Negativzinsen der Notenbanken jedoch im grossen Stil an sie weitergeben, könnten sie sich dieser Enteignung entziehen, indem sie das Geld bei der Bank abheben und zu Hause oder an einem sicheren Ort aufbewahren. Sie entgehen damit der Steuer auf das Spargeld. Ist Bargeld abgeschafft, steht den Menschen dieser Fluchtweg nicht mehr offen. Die Deutsche Bundesbank lehnt Restriktionen der Bargeldhaltung entsprechend strikt ab.

*Schutz vor Risiken der Geschäftsbanken*
Münzen und Geldscheine werden vom Staat beziehungsweise von der Zentralbank geschaffen. Diese sind heutzutage aber nur noch eine Minderheit der Geldmenge. Der überwältigende Teil des Geldes wird durch Geschäftsbanken kreiert, indem diese Kredite gegen Sicherheiten vergeben. Zahlt ein Bürger Geld auf ein Konto einer Geschäftsbank ein, hat er gegenüber dieser eine Forderung in derselben Höhe. Insofern unterliegt das Geld einem gewissen Risiko, denn die Bank könnte in Konkurs gehen, wie die Vorfälle um die britische Bank Northern Rock oder Beispiele in Island und Zypern gezeigt haben. In den meisten Ländern sind Einlagen nur bis zu einer gewissen Höhe, zum Beispiel 100 000 Euro, gesichert. Bargeld ist insofern sicherer als das auf ein Konto bei einer Geschäftsbank eingezahlte Geld. Durch ein Verbot von Bargeld entstünde eine totale Abhängigkeit von Geschäftsbanken.

*Schutz von Minderheiten*
Viele Menschen besitzen auch heutzutage kein Bankkonto. Betroffen sind oft Minderheiten wie Personen mit mangelnder Kreditwürdigkeit oder ohne festen Wohnsitz, zum Beispiel auch Asylbewerber. Bei einer Bargeldabschaffung müsste daher zugleich das Grundrecht auf ein Konto eingeführt werden, da diese Gruppen sonst vom Zahlungsverkehr ausgeschlossen würden.

Zudem nutzen vor allem ältere und ärmere Leute Bargeld, die dann von einem Verbot besonders betroffen wären.

*Schutz vor übermässigem Konsum*
Bargeld hilft, die eigenen Konsumwünsche unter Kontrolle zu halten. Viele Menschen, vornehmlich wiederum jene der älteren Generationen, heben immer noch zum Monatsanfang eine gewisse Summe von ihrem Konto ab und zahlen jeweils in bar. Das hilft, um einen Überblick über die Ausgaben zu behalten. Dieser geht einfacher verloren, wenn jegliche Zahlungen elektronisch erfolgen. Bereits heutzutage haben viele Leute Mühe, ihre Ausgaben zu kontrollieren oder sind gar überschuldet. Die Abschaffung vom Bargeld würde diese Probleme verschärfen.

*Schutz vor Betrug*
Barzahlung erscheint immer noch sicherer als elektronische Zahlungen, denn diese sind durch Skimming, Phishing und Kreditkartenbetrug gefährdet. Laut der Deutschen Bundesbank betrug der Schaden durch Falschgeld in Deutschland letztes Jahr 3,3 Millionen Euro. Doch dies sei nur ein Bruchteil der Schäden gewesen, die durch Kartenbetrug entstanden sind.

Hinzu kommen zahlreiche weitere Gründe, die für Bargeld sprechen. So können Kinder mit Taschengeld beispielsweise spielerisch den Umgang mit Geld erlernen, was beim Einsatz von elektronischem Geld sehr viel weniger anschaulich wäre. Zudem kommen die Gewinne aus der Herstellung von Münzen und Geldscheinen durch den Staat beziehungsweise die Notenbank in vielen Ländern der Allgemeinheit zugute, etwa durch Ausschüttungen an den Staat.

«Bargeld ist geprägte Freiheit», heisst ein Bonmot. Das stimmt, doch es ist noch viel mehr, nämlich ein Schutz gegen zahlreiche Unwägbarkeiten des Lebens.

# Kein einfacher Ausweg – mögliche Lösungen für die Schuldenkrise

«Wenn du der Bank 100 Dollar schuldest, dann hast du ein Problem. Wenn du der Bank 100 Millionen Dollar schuldest, dann hat die Bank ein Problem.»

Jean Paul Getty, Erdöltycoon und Kunstmäzen

## Hoffen auf Wachstum oder: der Glaube an den Weihnachtsmann

*No easy way out* heisst ein Lied von Robert Tepper für den vierten Teil der fiktiven Boxersaga über Rocky Balboa. Auch für viele Länder ist der Ausweg aus ihrer hausgemachten Schuldenkrise nicht einfach. Wie angeschlagene Boxer taumeln die Politiker von einer Notlösung zur anderen. Im Prinzip gibt es vier Möglichkeiten, um aus einem solchen Schlamassel herauszukommen. Erstens kann man die Hoffnung haben, der Schuldenspirale durch ein stärkeres Wirtschaftswachstum zu entkommen. Zweitens können Politiker einen harten Sparkurs umsetzen und die Steuern erhöhen. Drittens kann man irgendwann – wie auch im Fall von Griechenland – einen Schuldenschnitt erwägen oder in extremis sogar den vollständigen Konkurs ausrufen. Und viertens könnten die Notenbanken noch mehr Geld drucken, um offene Rechnungen zu begleichen, was aber schliesslich zu hoher Inflation führen dürfte. Die Wahl zwischen den Szenarien ist letzlich ein politischer Entscheid. Oft kommt es in der Praxis zu einer Mischung mehrerer Massnahmen.

Die Hoffnung auf übermässig gutes Wachstum muss man für viele überschuldete Länder jedoch vermutlich begraben, da das Minus bereits zu hoch ist, um der rollenden Schuldenlawine noch durch Wachstum entrinnen zu können. Allein der Zinsdienst für die bestehenden Kredite ist sehr hoch. In einer Untersuchung aus dem Jahr 2010 kommen die beiden amerikanischen Ökonomen Carmen M. Reinhart und Kenneth S. Rogoff zu dem Ergebnis, dass zwischen der Staatsverschuldung und dem Wirtschaftswachstum praktisch kein Zusammenhang besteht, solange die Staatsverschuldung unter 90 Prozent des Bruttoinlandsprodukts liegt. Wenn die Verschuldung eines Landes diese kritische Schwelle jedoch überschreitet, wird es gefährlich. Dann wirke sich die hohe Staatsschuld dämpfend auf das Wachstum aus. Länder mit einer hohen Staatsverschuldung wachsen gemäss der Studie, in der die Entwicklungen in 44 Staaten bis zurück ins 19. Jahrhundert untersucht worden sind, im Durchschnitt um 2 Prozentpunkte langsamer als Länder, deren Verschuldung bei weniger als 30 Prozent des Bruttoinlandsprodukts liegt. Zu ähnlichen Ergebnissen kam 2012 die Europäische Zentralbank sowie 2011 die Bank für Internationalen Zahlungsausgleich. Sie ist die in Basel domizilierte Zentralbank der Notenbanken. Die Europäische Zentralbank untersuchte das Wachstum von zwölf Ländern der Eurozone in den vergangenen 40 Jahren und stellte fest, dass bereits eine Schuldenquote von 70 Prozent bis 80 Prozent gemessen am Bruttoinlandsprodukt leicht negative Folgen für das Wachstum eines Landes hat. Der Wendepunkt, ab dem das Wirtschaftswachstum klar negativ beeinflusst wird, liegt laut den Ökonomen der Zentralbank bei 90 Prozent bis 100 Prozent Verschuldung. Die Bank für Internationalen Zahlungsausgleich stellte ferner fest, dass die geringe Verschuldung eines Staates einen positiven Effekt für den Wohlstand und das Wachstum hat. Sobald jedoch die Verschuldung die kritische Grenze von 85 Prozent übersteige, bremse ein weiterer Schuldenanstieg um 10 Prozentpunkte das Trendwachstum jeweils klar.

Als Grund für den Zusammenhang führen die Forscher an, dass die Schuldzinsen für die öffentliche Hand rasant steigen, sobald die Schulden aus dem Ruder laufen. Zudem gebe es einen negativen Zusammenhang zwischen einer hohen Staatsverschuldung und einem künftigen Kreditwachstum. So würden sich steigende Risikoprämien für Staatsanleihen in einem höheren Zinsniveau niederschlagen und die Kredite für Unternehmen und Privatpersonen verteuern. Dies wiederum bremse eine wachstumsfördernde Investitionstätigkeit. Historisch gesehen neigen viele Industriestaaten ohnehin zu abnehmenden Wachstumsraten – und nicht etwa zu steigenden. So betrug das Wirtschaftswachstum in Deutschland in den 1950er-Jahren im Durchschnitt 8,2 Prozent pro Jahr, in den 1960er-Jahren 4,4 Prozent, in den 1970er-Jahren 2,9 Prozent und in den 1980er-Jahren schliesslich 2,6 Prozent. In den 1990er-Jahren lag das Wirtschaftswachstum dann gerade noch bei durchschnittlich 1,7 Prozent. Laut Schätzungen von Ökonomen beträgt das sogenannte Potenzialwachstum für Deutschland, gemessen am durchschnittlichen Produktionspotenzial, seit Jahren weniger als 2 Prozent. Bei vielen anderen Ländern sieht der Trend ähnlich aus. Die kritische Verschuldungsgrenze von rund 90 Prozent gemessen am Bruttoinlandsprodukt einer Volkswirtschaft haben viele Länder auch Ende 2015 noch immer weit hinter sich gelassen (vgl. Abbildung 33). Das gilt etwa für Belgien, Spanien, Frankreich und den Durchschnitt der Eurostaaten sowie auch für die USA und Grossbritannien. Deutschland hat sich mit 71 Prozent immerhin ein Stück von dieser Schwelle entfernt. Besser sieht es hingegen für Länder wie die Schweiz oder Australien aus, die mit deutlich weniger als 50 Prozent des Bruttoinlandsprodukts verschuldet sind. Weit über diese Schwelle hinaus sind bereits Portugal, Italien, Griechenland und Japan. Bei diesen Staaten stellt sich die Frage, ob der «point of no return» nicht schon längst überschritten ist.

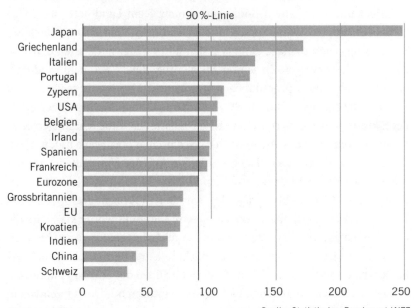

**Staatsschulden verschiedener Länder im Vergleich**
In Prozent des nominalen Bruttoinlandsprodukts, Stand Anfang 2016

**Abbildung 33** — Quelle: Statistisches Bundesamt / NZZ

## Höhere Steuern und drakonisches Sparen – die Party muss bezahlt werden

Wenn das Wachstum schon keine Lösung ist, helfen dann Sparmassnahmen, Steuererhöhungen und Strukturreformen, um zumindest langfristig wieder auf einen Wachstumskurs einzuschwenken? Ein grosses Problem ist, dass diese sogenannte Austeritätspolitik verschiedener Länder, also das an sich richtige und sinnvolle Sparen, anfangs erst einmal die Konjunktur schwächt und der Wirtschaft grosse Nachfrage durch die darbenden Konsumenten entzieht. Das führt zu Beginn immer erst in eine Abwärtsspirale aus Rezession, sinkenden Staatseinnahmen und noch stärker steigenden Schulden. Doch irgendwann erholt sich die Wirtschaft wieder, und es geht langsam bergauf. Ob jedoch eine derart verschuldete Nation wie Griechenland wieder von allein aus diesem Teufelskreis herauskommt, muss bezweifelt werden.

Als Griechenland am 4. Juli 2004 im Lissaboner Estádio da Luz gegen den Gastgeber Portugal mit einem 1:0-Sieg zum ersten Mal Fussballeuropameister wurde und einen Monat später in Athen die Olympischen Spiele ausgetragen wurden, war das Land sportlich wie finanziell vielleicht auf seinem absoluten Höhepunkt der vergangenen Jahrzehnte. Getragen durch die mit der Einführung des Euro einhergehenden niedrigen Zinsen, war es in Griechenland zu einem Boom gekommen. Dem Land hätte scheinbar nichts Besseres passieren können als die Gemeinschaftswährung. Doch der Schein trog schon damals, denn wie sich Jahre später herausstellte, wurde das durch die niedrigen Zinsen reichlich vorhandene Geld nicht produktiv oder zumindest nicht produktiv genug eingesetzt. Dies wurde spätestens im Herbst 2009 sichtbar, als nach den Parlamentswahlen die siegreiche sozialdemokratische Pasokpartei eingestehen musste, dass die Vorgängerregierung die Welt über das Ausmass der griechischen Staatsverschuldung getäuscht hatte. Quasi über Nacht wurde das Athener Haushaltsdefizit, das mit anfangs knapp 4 Prozent und dann 6 Prozent sowieso schon über den Kriterien des Maastrichtvertrages lag, auf über 13 Prozent und später rund 15 Prozent korrigiert. Spätestens zu diesem Zeitpunkt wurde klar, dass die Griechen lange Zeit über ihre Verhältnisse gelebt haben. Sie hatten bei Weitem mehr ausgegeben, beispielsweise für Löhne und Renten, als sie sich selber erarbeitet hatten. In anderen Ländern im Süden der Eurozone waren die Vorgänge ähnlich, wenngleich nicht ganz so gravierend. Doch irgendwann muss auch die schönste und längste Party bezahlt werden. Dies war der

Beginn der Schuldenkrise im Euroraum und der zum Teil drakonischen Sparbemühungen der überschuldeten Länder.

Strukturreformen auf den Arbeitsmärkten, beim Wettbewerb innerhalb verschiedener Branchen und bei der Überarbeitung des Rentensystems sowie der Kampf gegen Schwarzarbeit, Steuerhinterziehung und Korruption sind für viele Länder der einzige Weg aus dem Schuldensumpf. Dabei spielt die Wiedergewinnung der Wettbewerbsfähigkeit durch die Senkung der Lohnstückkosten eine entscheidende Rolle, wenngleich dies die Arbeiter schmerzt, weil der Prozess von sinkenden Löhnen begleitet wird. Doch nur so können Länder wie Spanien und Italien wieder in die Erfolgsspur kommen, das Vertrauen der Marktteilnehmer langfristig zurückgewinnen und sich von Almosen aus den nördlichen Ländern unabhängig machen. Ob es angesichts des Chaos in Griechenland für das Land auch noch möglich ist, bezweifeln inzwischen selbst wohlwollende Ökonomen. Die Lage in Griechenland scheint, allen Rettungsbemühungen zum Trotz, hoffnungslos zu sein.

Für Politiker sind derlei Reformen jedoch eine grosse Herausforderung – egal ob sie in Athen, Madrid und Rom oder in Berlin, Wien und Helsinki politisieren. Bei einem grossen Teil der Bevölkerung sind die Reformen, die meist mit dem Verlust von Privilegien einhergehen, sehr unbeliebt, was sich dann jeweils in den nächsten Wahlen zeigt. So kosteten in Deutschland die Agenda 2010 und die sogenannten Hartz-IV-Reformen dem damaligen Bundeskanzler Gerhard Schröder die Wiederwahl. Doch inzwischen profitiert das Land von den endlich eingeleiteten Reformen. Aus dem einst kranken Mann Europas ist wieder ein «Musterknabe» mit guter Konjunktur und erträglicher Arbeitslosigkeit geworden, wenngleich auch in Deutschland angesichts einer Verschuldung von rund 71 Prozent des Bruttoinlandsprodukts im Jahr 2015 noch viel zu tun wäre. Das ist auch der Weg für die sogenannten GIIPS-Staaten Griechenland, Irland, Italien, Portugal und Spanien.

## Drastischer Schuldenschnitt – ein Staat entzieht sich seinen Verpflichtungen

Geschichte wiederholt sich, wenngleich nicht eins zu eins. Das gilt besonders für die Geschichte der Verschuldung. «Ein Staat erhöht die Ausgaben, um die zu hohen Bedürfnisse der Bevölkerung zu erfüllen. Die Schulden steigen dadurch stark an, und dann entzieht sich eine Nation ihren Verpflichtungen, indem sie die Währung schwächt oder gar zerstört», hiess es bereits an einer anderen Stelle in diesem Buch. Eine Nation kann sich aber ihren Verpflichtungen nicht nur durch die Zerstörung der Währung, durch einen sogenannten Inflationsbankrott entziehen, sondern auch durch einen Schuldenschnitt, der im Englischen als «haircut» (Haarschnitt) bezeichnet wird. Dann lässt ein Land seine Gläubiger, die ihm zuvor vertrauensvoll Geld geliehen haben, im Regen stehen und zahlt grosse Teile des Geldes nicht zurück.

Das ist für die Gläubiger bitter, weil sie auf hohe Summen verzichten müssen. Es ist jedoch ein ordnungspolitisch und marktwirtschaftlich sauberer Weg. Die Gläubiger sollen im kapitalistischen System ihre Schuldner sorgfältig aussuchen. Sehr gute Schuldner wie die Schweiz, Deutschland oder die USA müssen dafür nur niedrige Zinsen zahlen. Als unzuverlässig angesehene Schuldner müssen deutlich höhere Zinsen zahlen. Das ist ökonomisch sinnvoll. Haben Gläubiger jedoch die Lage falsch eingeschätzt oder waren sie bei der Auswahl der Schuldner, denen sie Geld geliehen haben, nicht sorgfältig genug, müssen sie in einem marktwirtschaftlichen System auch die Konsequenzen ihres Handelns tragen. Dazu kann im Extremfall gehören, dass es zu Umschuldungen kommt und die Gläubiger auf einen Teil ihres Geldes verzichten müssen. Auch für den Schuldner ist dies kein leichter Weg, denn das Vertrauen der Anleger kann für lange Zeit zerstört sein. Dies macht es dem Land, das einmal seine Verpflichtungen nicht erfüllt hat, in Zukunft schwerer, erneut Gläubiger zu finden, die ihm Kredite geben.

In der Praxis haben Gläubiger allerdings oft ein kurzes Gedächtnis. Zudem ist die Welt voll mit Beispielen von Ländern, die sich ihren Verpflichtungen durch einen Schuldenschnitt entzogen haben. In vielen Jahrhunderten gab es Dutzende solcher Beispiele. Die beiden Ökonomen Carmen M. Reinhart und Kenneth S. Rogoff listen in ihrem Buch *Dieses Mal ist alles anders. Acht Jahrhunderte Finanzkrisen* allein von 1970 bis 2008 rund 30 Staaten auf, die eine Umschuldung vorgenommen haben. Darunter sind so prominente Beispiele wie Argentinien, Brasilien, Mexiko, Uruguay, Polen, Russland und Südafrika. In einigen dieser Länder kam es im genannten Zeitraum sogar mehrfach zu Umschuldungen. Besonders der teilweise Zahlungsausfall von Argentinien im Jahr 2001 betraf auch viele Privatinvestoren, vor allem in der Schweiz, aber auch in Deutschland und in anderen europäischen Ländern. Inzwischen ist in Europa Griechenland hinzugekommen, wenngleich es sich um eine als freiwillig deklarierte, doch gleichwohl erzwungene Umschuldung handelt.

Ein grosses Problem von Umschuldungen ist in der Regel, dass davon jeweils vor allem der heimische Finanzsektor stark betroffen ist. In den meisten Ländern sind die heimischen Banken und Versicherungen nämlich eine bedeutende Gläubigergruppe, da sie im grossen Stil in Staatsanleihen des Heimatlandes investieren. Das ist in Deutschland, der Schweiz und in Österreich übrigens genauso. Kommt es nun in einem Land zu einem Schuldenschnitt, bedroht dies die Existenzfähigkeit des heimischen Finanzsektors. Je nach der Grösse eines Schuldenschnitts können sofort eine grosse Anzahl heimischer Banken und Versicherungen pleite sein, da die Abschreibungen das Eigenkapital dieser Firmen deutlich übertreffen. Dann herrscht für eine gewisse Zeit erst einmal Chaos in einem Staat, bis sich nach ein paar Monaten oder vielleicht auch erst nach ein bis zwei Jahren die Lage wieder stabilisiert hat. Dieser Weg ist mit enormen Unwägbarkeiten verbunden, kann aber zu einem guten Neustart beitragen. Der Vorgang gleicht dem Sprichwort: «Lieber ein Ende mit Schrecken als ein Schrecken ohne Ende.» Es wird also ein Chaos mit möglicherweise grossen Tumulten in der Öffentlichkeit in Kauf genommen. Dafür gibt es dann jedoch einen Neustart, anstatt die Probleme jahrelang mitzuschleppen.

In der Eurozone war das Problem, dass in Griechenland nicht nur griechische Banken, sondern auch ausländische Banken und Versicherungen involviert waren. Das Gleiche galt für Länder wie Irland, Portugal, Spanien und Italien. Daher war die Befürchtung gross, dass ein richtiger – und auch als solcher deklarierter – Schuldenschild in Griechenland eine hohe Ansteckungsgefahr für die anderen überschuldeten Länder geborgen hätte. Wäre es zu dieser Ansteckung gekommen, hätten Banken und Versicherungen nicht nur Investitionen in griechische Staatsanleihen, sondern vielleicht auch in irische, portugiesische, spanische und italienische Staatsanleihen abschreiben müssen. Dies hätte zur Folge gehabt, dass grosse Teile des europäischen Finanzsektors, also Banken und Versicherungen, in die Pleite geschlittert wären. Über den gigantischen Derivatemarkt und die Verzahnungen der Institute untereinander hätte diese existenzielle Krise wohl auch auf den amerikanischen Bankensektor übergegriffen.

Wie man allein an den Folgen beim Konkurs der amerikanischen Investmentbank Lehman Brothers zu Beginn der Finanzkrise gesehen hatte, ist dies für viele Politiker und Branchenvertreter ein Albtraumszenario. Niemand möchte ausprobieren, welche Folgen ein Crash des Finanzsystems in Europa und in den USA hätte, der sich sicher auch auf den Finanzsektor in

Asien und Südamerika auswirken würde. Daher wird in der Politik die Strategie «durchwursteln» und Zeit kaufen mit immer neuen Massnahmen favorisiert – anstatt den Gläubigern ihre Verluste zuzumuten. Letzteres wäre allerdings ökonomisch und ordnungspolitisch richtig und sinnvoll, weil sie in der Vergangenheit zu leichtsinnig Kredite an Staaten gegeben haben, die sich in der Krise als nicht ausreichend solide erwiesen. Manche Ökonomen, wie etwa der renommierte Schweizer Finanzexperte Felix Zulauf, schlagen vor, man solle alle systemrelevanten europäischen Banken verstaatlichen. Dann könne man auf Dividenden für die Aktionäre verzichten, Boni streichen und Löhne einfrieren, was zu einem schnelleren Kapitalaufbau bei den Instituten führen würde. Nach der Gesundung der Staatsfinanzen und des Bankensektors, was vielleicht fünf bis zehn Jahre dauern würde, könnte man die Banken dann wieder an die Börse bringen und somit in die Privatwirtschaft entlassen.

## Hohe Inflation – niemand hört Sie rufen, wenn die Gelddruckmaschinen laufen

Der Geist ist aus der Flasche. Und wie man ihn wieder hineinbekommt, weiss niemand so genau. Die Gelddruckmaschinen der führenden Zentralbanken laufen längst auf Hochtouren. Zwar sprechen die Währungshüter nicht vom Gelddrucken, sondern euphemistisch von einer «monetären Lockerung zur Stabilisierung des Finanzsystems und der Wirtschaft», doch der Effekt ist der gleiche. Die Ultraniedrigzinspolitik macht es den siechenden Staaten leichter, sich zu refinanzieren, da so die Zinslast für die bestehenden Schulden gesenkt wird. Die Grenze zur Staatsfinanzierung ist in vielen Ländern, so zum Beispiel in den USA und in Grossbritannien, längst überschritten. Die US-Notenbank ist inzwischen vor China der grösste Besitzer amerikanischer Staatsanleihen, und die Bank of England hat Government Bonds im Wert von rund einem Drittel der englischen Staatsschulden im Portfolio. Auch im Euroraum ist man seit Beginn des direkten Ankaufs von Staatsanleihen auf dem besten Weg dorthin. Das gilt besonders, seit die Europäische Zentralbank unter ihrem italienischen Präsidenten Mario Draghi mit den beiden langfristigen Refinanzierungsoperationen Ende 2011 beziehungsweise Anfang 2012 die Katze aus dem Sack gelassen hat. Im Rahmen dieser Operation, an der rund 800 Banken teilnahmen, flossen etwa

1000 Milliarden Euro an das Bankensystem. Das Geld wurde von den Geschäftsbanken dann zum Teil wieder in Staatsanleihen investiert. Hierbei handelt es sich quasi um eine Staatsfinanzierung durch die Hintertür, bei der die Banken schön mithelfen.

Die laufenden Gelddruckmaschinen und die Explosion der Geldbasis M0 bergen irgendwann in den kommenden Jahren die Gefahr einer hohen Inflation. Inflation ist immer ein monetäres Phänomen, wie Milton Friedman, der berühmte Nobelpreisträger für Wirtschaftswissenschaften, erkannte. Nicht etwa Unternehmen und Gewerkschaften verursachen durch hohe Lohnabschlüsse die Teuerung, sondern stets die Herren über die Geldproduktion – und das sind die Regierungen und Notenbanken. Immer geht der Inflation eine Ausweitung der Geldmenge im Verhältnis zur Menge der dafür erhältlichen Güter und Dienstleistungen voraus. Und die Geldmenge hat sich, gemessen an der Geldbasis, im Vergleich zu dem Zustand vor der Finanzkrise bereits vervielfacht. Zur Inflation kommt es erst, wenn das Geld auch seinen Weg in den Wirtschaftskreislauf findet. Bisher hatten die Banken grosse Teile dieser Liquidität wiederum bei der Notenbank geparkt, wenngleich nach und nach immer mehr Geld auch in die Wirtschaft fliesst.

Das Gesetz von Angebot und Nachfrage gilt letztlich auch beim Geld, denn auch Geld ist ein Produkt wie viele andere. Werden immer mehr Einheiten von diesem Produkt geschaffen und bleibt zugleich die Zahl der Dinge gleich, die man mit diesen Produkten kaufen kann, nimmt der Wert der Einheiten ab, und man muss immer mehr dieser Einheiten zum Tausch gegen Güter und Dienstleistungen aufbringen. Derzeit sind jedoch die Zins- und Kreditkanäle im Euroraum durch die Bankenkrise noch weitgehend ausgetrocknet. In vielen südlichen Ländern des Euroraums sind höhere Lohnabschlüsse der Gewerkschaften eine Wunschvorstellung. Allerdings ist es in Deutschland in den vergangenen Jahren schon zu recht hohen Lohnabschlüssen gekommen. So stiegen die Löhne der Mitarbeiter von Bund und Kommunen bis 2014 in mehreren Schritten um insgesamt 6,3 Prozent, und auch die Gewerkschaft IG Metall holte für ihre Branche ein Lohnplus von 4,5 Prozent heraus. Das ist der grösste Sprung seit mehr als 20 Jahren. Dies könnte der Anfang einer Lohn-Preis-Spirale sein: Auf höhere Löhne folgen steigende Preise für Güter und Dienstleistungen usw., wodurch das viele Geld seinen Weg in den Wirtschaftskreislauf findet. Doch auch wenn die geldpolitische Transmission nicht in Schwung kommt, bleibt die Gefahr, dass die hohe Liquidität zu Preisblasen an den Finanzmärkten führt. Dies war schon in den vergangenen Jahren der Fall. So entstehen dann nicht mehr nachvollziehbare Steigerungen an den Aktien- und Rohstoffmärkten, oder es kommt zu gewaltigen Immobilienblasen.

Höhere Inflation wäre aus der Sicht vieler Beteiligter wohl die beste Lösung für die Schuldenkrise. Je höher die Teuerung ist, desto stärker nimmt der Wert der Schulden ab. Das deutsche Ifo-Institut kommt in einer Untersuchung zum Thema *Inflation und Staatsverschuldung* aus dem Jahr 2010 zu dem Ergebnis, dass vor allem Länder mit einer hohen Verschuldung, einer langen Restlaufzeit von ausstehenden Staatsanleihen, hohen Zinsen und einem schwachen Wirtschaftswachstum einen höheren Anreiz zur Inflationierung haben als andere Länder. Stimmen diese Erkenntnisse, dürften vor allem Griechenland, Portugal, Italien und Irland ein stärkeres Interesse an höheren Inflationsraten haben. Dagegen würden Deutschland, Frankreich, Österreich, die Niederlande und Finnland, die niedrigere Inflationsraten haben, kaum besser fahren. Auch die USA würden auf der Basis dieser Erkenntnisse von höheren Inflationsraten nicht besonders stark profitieren, da die ausgegebenen amerikanischen Staatsanleihen im Durchschnitt eine relativ kurze Restlaufzeit aufweisen. Insgesamt können sich also bei einer hohen Inflation viele, wenn auch nicht alle Staaten, aber auch private Schuldner tendenziell schneller entschulden als bei einer geringen Inflationsrate oder gar einer Deflation. Durch steigende Preise erhöht sich nämlich auch das nominale Bruttoinlandsprodukt, und zwar selbst dann, wenn die Wirtschaft real nur wenig wächst. Dies hat zur Folge, dass der Schuldenstand eines Landes im Vergleich zum Bruttoinlandsprodukt weniger hoch aussieht. Ergo sinkt die Schuldenquote. Und damit die Teuerung nicht auch die Zinsausgaben der Staaten in die Höhe treibt, drückt die Zentralbank das Zinsniveau künstlich nach unten. Genau das passiert schon jetzt in aller Herren Länder. Auf diese Weise haben sich die USA nach dem Zweiten Weltkrieg entschuldet. Die ganze Sache hat jedoch einen Haken. Auch die Ersparnisse verlieren massiv an Wert. Bei einer Teuerung von jährlich 4 Prozent halbiert sich die Kaufkraft des Geldes in 18 Jahren und bei einer Inflation von 6 Prozent pro Jahr innerhalb von 12 Jahren. Heutige 50 000 Euro hätten dann in 18 beziehungsweise in 12 Jahren nur noch die Kaufkraft von 25 000 Euro. Diese Lösung der Schuldenkrise ist also ebenfalls sehr schmerzhaft. Manche Ökonomen, wie beispielsweise Thorsten Polleit, der frühere Chefvolkswirt Deutschland bei der britischen Barclays Bank, verweisen darauf, dass eine Inflation mit den höchsten volkswirtschaftlichen Kosten verbunden ist. Dies ist allerdings schwierig messbar. Starke Teuerung sei zudem ein soziales Übel, weil primär ärmere Bevölkerungsschichten und der Mittelstand darunter leiden. Nach den Erfahrungen der Vergangenheit hält er die Lösung der Krise mithilfe einer Inflation jedoch für die wahrscheinlichste Variante.

Für Politiker ist die Lösung elegant. Sie müssen der Bevölkerung, also ihren Wählern, keine unbeliebten Sparmassnahmen oder Steuererhöhungen zumuten und sie auch nicht mit Strukturreformen plagen, sondern setzen auf die stille Wirkung der Inflation. Zwar merken die Menschen irgendwann, dass ihr Geld an Kaufkraft verliert. Doch ist es schwer, jemanden dafür so direkt verantwortlich zu machen, wie dies beispielsweise bei der Erhöhung von Steuern möglich wäre. Die stille und heimliche Schröpfung der Bürger durch eine Inflation ist für Politiker also attraktiv. Es geht jedoch, wie erwähnt, damit eine grosse Umverteilung einher. Wohlhabende Bürger, die in der Regel mehr Erfahrung in Geldanlagedingen haben und dabei auch besser von Bankern beraten werden, können in der Regel ihr Vermögen besser vor Inflation schützen als ärmere Bevölkerungsschichten und der Mittelstand. Gerade die beiden letztgenannten Gruppen legen ihr Geld nämlich zu grossen Teilen in sehr niedrig verzinsten Anlagen an oder halten das Geld sogar mehr oder weniger in bar. Sie trifft der Kaufkraftverlust durch die hohe Teuerung dann mit voller Wucht.

Gerade in Deutschland ist aufgrund der historischen Erfahrungen die Angst der Menschen vor hoher Inflation enorm gross. Dies zeigen auch immer wieder Umfragen unter den Bürgern. Von daher wird es schwierig sein, den Menschen in Deutschland über einen längeren Zeitraum den Sinn einer zu hohen Inflation zu vermitteln. Ein anderer, aus politischer Sicht vermutlich noch eleganterer Weg, die Schulden zu reduzieren, ist eine Mischung aus den in den vorangegangenen Kapiteln beschriebenen Massnahmen sowie der finanziellen Repression.

# Die unheilvolle Zukunft – die dauerhafte finanzielle Repression

«Inflation ist in den meisten Fällen eine subtile Form
der entschädigungslosen Enteignung derjenigen, die Geldvermögen besitzen.»

Helmut Schlesinger, Präsident der Deutschen Bundesbank

Die Welt scheint wieder am Ende des Zweiten Weltkrieges angekommen zu sein – zumindest was die Verschuldung angeht. Damals betrugen die Schulden der 22 grössten Industrienationen knapp 100 Prozent des Bruttoinlandsprodukts. Auf diesem Niveau findet sich die Verschuldung dieser Industrienationen in etwa auch Anfang 2016 wieder. Doch im Gegensatz zur damaligen Kriegswirtschaft ist die Ursache der hohen Schulden diesmal der seit Jahren, ja sogar seit Jahrzehnten übermässige Konsum der Bürger. Sie verschlingen seit langer Zeit mehr, als sie jeweils erarbeiten. Um die immensen Schulden abzubauen, starteten die Staaten nach dem Zweiten Weltkrieg eine Ära der finanziellen Repression, die bis Ende der 1970er-Jahre dauerte. Die USA schafften es dadurch, ihre Verschuldung von 120 Prozent innerhalb von nur zehn Jahren zu halbieren. Auch heutzutage erwartet die Bürger in den USA und in Europa wieder eine Ära der finanziellen Repression. Sie hat längst begonnen.

Doch im Vergleich zu der Situation nach dem Zweiten Weltkrieg ist die Ausgangslage heute eine andere. Während 1945 vor allem die Staaten stark verschuldet waren und in vielen Ländern eine Phase des Wirtschaftsbooms einsetzte, sind heutzutage auch Banken und Haushalte in etlichen Ländern stark verschuldet. Zudem ist in vielen Staaten die Arbeitslosigkeit hoch, und von einem Wirtschaftsboom kann keine Rede sein. Es gibt nun, wie im vorangegangenen Kapitel dargelegt, verschiedene Wege aus der Schuldenfalle. Durch Wachstum könnten die Staaten aus den Schulden herauskommen, doch dies hat in der Vergangenheit nur selten funktioniert. Eine Alternative ist der Weg der Austerität, also zu sparen oder die Steuerlast noch mehr zu erhöhen. Beides ist bei den Bürgern sehr unbeliebt, weshalb Politiker diesen Weg verabscheuen. Eine weitere Möglichkeit sind tief greifende Restrukturierungen innerhalb der Länder oder die Erklärung des Staatsbankrotts – eine Strasse, die vor allem bei grossen Staaten kaum ohne massive Turbulenzen zu befahren ist. Die dargelegten Alternativen sind also entweder nur schwer realisierbar oder für die Politiker im Hinblick auf ihre Wiederwahl sehr unattraktiv. Weitere – wahrscheinlichere – Wege wären die Inflation und die finanzielle Repression. Dabei lenken die Probleme in den Peripherieländern der Eurozone ohnehin von den drohenden Turbulenzen durch die immense Verschuldung von Ländern wie den USA, Grossbritannien oder Japan ab. Für die Eurozone ergeben sich noch andere spezifische Probleme, da hier Länder in einer Währung vereinigt sind, die aufgrund ihrer Struktur und ihrer Grundvoraussetzungen eigentlich nicht zusammenpassen. Zur Lösung der Probleme innerhalb des Euroraums wären daher auch die Rückabwicklung der Eurozone und damit die Schaffung der alten nationalen Währungen oder die Aufspaltung in einen Nord-Euro mit Deutschland und assoziierten Ländern wie den Niederlanden, Österreich oder Finnland und einen Süd-Euro mit Frankreich an der Spitze als einer Art «Club Med», also den Mittelmeeranrainern, denkbar. Sehr heikel wäre allerdings dabei der Umgang mit Frankreich. Zwar würde das Land nach Meinung vieler Ökonomen eher zum Süd-Euro gehören. Doch aus historischen Gründen könnte man – so war zumindest bisher die herrschende Meinung – Deutschland und Frankreich wohl kaum voneinander trennen, sodass Frankreich vermutlich auch zum Nord-Euro hinzugenommen würde. Sollte sich Frankreich unter Hollande jedoch aus eigenem Antrieb von Deutschland entfernen und die Achse «Berlin – Paris» durch das Dreieck «Paris – Madrid – Rom» ersetzen, könnte sich dies vielleicht ändern.

Was versteht man unter einer finanziellen Repression? Generell ist damit die Behinderung des Finanzsektors durch staatliche Interventionen und Regulierungen gemeint. Dabei übt die Regierung über verschiedene Massnahmen Druck aus, damit dem Staat von Gläubigern und Bürgern Geld zufliesst, das er in einem freien Markt nicht oder nicht zu diesen Konditionen erhalten hätte. Zudem kommt es meist zu einer unheiligen Allianz zwischen der Regierung, der Zentralbank und den Geschäftsbanken, häufig unter dem Deckmantel der sogenannten makroprudentiellen Regulierung. Unter makroprudentiell versteht man die Regulierungstätigkeit einer Aufsichtsbehörde, bei der der Fokus auf den Finanzmarkt als Ganzes gerichtet ist. Die Behörden versuchen sozusagen, mit ihren Massnahmen die Stabilität des Finanzsystems und einen reibungslosen Ablauf des Zahlungsverkehrs zu gewährleisten. Das

Gegenteil wäre eine mikroprudentielle Aufsicht, also die Beobachtung einzelner Institute. Oftmals herrschen in Phasen finanzieller Repression negative Realzinsen, das heisst die Teuerung ist höher als die nominalen Zinssätze. Die Regierung übt Druck aus, damit private oder institutionelle Investoren dennoch in Anlagen mit negativen Realzinsen investieren. Kennzeichen der finanziellen Repression sind zudem unter anderem festgelegte Höchstgrenzen für Zinssätze, Zwangsanleihen, steuerliche Anreize zur Umverteilung von Geldern zum Staat, Monetarisierung von Staatsschulden, also das Gelddrucken durch die Notenbank, Kapitalverkehrskontrollen, Verfügungsbeschränkungen für Konten, die direkte Kreditvergabe von Pensionskassen und Versicherungen an den Staat oder das Verbot von Goldbesitz. So drängte die Regierung der USA die Banken und Versicherungen nach dem Zweiten Weltkrieg dazu, Staatsanleihen zu kaufen, und führte zugleich Höchstgrenzen für Zinssätze von lange laufenden Staatsanleihen und Bankeinlagen von 2,5 Prozent ein. Der Besitz von Gold war bis 1974 verboten. Auch in Deutschland gab es von 1937 bis in die 1960er-Jahre Vorgaben für Soll- und Habenzinsen. Eine weitere Ausprägung der finanziellen Repression ist die Einschränkung von Zahlungen mit Bargeld ab einer gewissen Höhe, die Abschaffung von Geldscheinen mit hohem Wert und erst recht die Idee eines Bargeldverbotes.

Durch den Ausbruch der Finanzkrise hat längst erneut eine Ära der finanziellen Repression begonnen. Dabei spielen die Notenbanken eine zentrale Rolle – allerdings gezwungenermassen aufgrund der Unfähigkeit von Politikern, die bestehenden Probleme zu lösen. Durch die Manipulation der Zinssätze nach unten werden die nominalen Zinsen tief gehalten, sodass es in den USA, in Grossbritannien und in der Eurozone seit dem Ausbruch der Finanzkrise bereits über längere Strecken negative Realzinsen gab. Zudem droht durch die Geldflut später noch Inflation. Es ist eine Illusion zu meinen, die Notenbanken könnten zugleich die Weltwirtschaft stützen sowie das Bankensystem retten und die Inflation unter Kontrolle halten. Die Staaten erhalten oder schaffen zudem Anreize für Banken und Versicherungen, in Staatsanleihen zu investieren, weil sie diese nicht oder mit nur sehr wenig Eigenkapital unterlegen müssen, etwa durch die Regulierungen namens Basel II und Basel III oder Solvency II. In den Peripherieländern der Eurozone üben Regierungen längst Druck auf Banken aus, mit den von der Europäischen Zentralbank bereitgestellten Mitteln direkt in Staatsanleihen zu investieren. Die Banken hatten sich beispielsweise zum Jahreswechsel 2011/12 rund 1000 Milliarden Euro zu Sonderkonditionen von der Europäischen Zentralbank geliehen. Verschiedene Politiker, darunter der frühere französische Präsident Nicolas Sarkozy, empfahlen den Banken dann, mit dem Geld in Staatsanleihen zu investieren. In Ländern wie Frankreich kommen solche Hinweise des Präsidenten aufgrund der engen Verstrickung von Politik und Wirtschaft noch immer beinahe einem Befehl gleich. In der Presse erhielt der Vorgang den Namen Sarkozy-Trade. Entsprechend haben sich die Portfolios vieler Banken bereits verschoben. In Frankreich, Irland und Portugal wurden ausgewählte Pensionsfonds bereits an die nationalen Regierungen übertragen. Grossbritannien erhöhte die Liquiditätsanforderung für Banken. Die liquiden Mittel werden natürlich in Staatsanleihen gehalten. Und Österreich schränkte die Kapitalflüsse nach Mittel- und Osteuropa ein. Ähnliche Entwicklungen gibt es auch in Spanien und Japan. In ihrem im April 2012 veröffentlichten Researchpapier «The Return of Financial Repression» listet die Ökonomin Carmen M. Reinhart für den Zeitraum von 2008 bis 2011 bereits acht Massnahmen der finanziellen Repression durch die Regierungen (die Aktionen der Notenbanken sind dabei ausgeschlossen) in sechs verschiedenen Industrieländern auf. Für die Schwellenländer fand sie zugleich 26 Massnahmen in zwölf Ländern. Die Marktkräfte werden somit bei der Ermittlung der Zinsen immer mehr zurückgedrängt. Und dies alles dürfte erst der Anfang sein.

Die finanzielle Repression der Bürger, einhergehend mit leicht erhöhter oder sogar höherer Inflation, scheint auf den ersten Blick ein verträglicher Weg zu sein, um sich der hohen Schulden zu entledigen. Dieser Eindruck täuscht aber. Für Politiker ist die Methode zwar elegant, weil die durch negative Realrenditen stattfindende Sanierung, die einer Steuer auf Anleihen und Spareinlagen gleicht, subtil und schleichend ist. Die Intransparenz führt zu weniger öffentlichen Diskussionen als Steuererhöhungen oder Budgetkürzungen. Die Knebelung der Bürger geht allerdings mit hohen Kosten einher. Durch die von den Notenbanken nach unten manipulierten Zinssätze wird der Eindruck erweckt, Kapital sei im Überfluss vorhanden. Dieses Zerrbild führt zu verfälschten Anreizen und der Fehlallokation von Kapital. Es kann beispielsweise zu einem Immobilienboom kommen, es werden von Unternehmen Projekte angegangen, die bei einem normalen Zinsniveau unrentabel wären, oder es werden Banken und Staaten am Leben gehalten, die unter herkömmlichen Bedingungen nicht überlebensfähig wären. Ferner kommt es zu einer finanziellen Deglobalisierung und zu einem Knirschen im Währungsgebälk.

Zudem besteht die Gefahr, dass Gelder aus den Industrieländern in die Schwellenländer fliessen. Dies führt bei den Schwellenländern zu einem Aufwertungsdruck der Währungen und möglicherweise zum Entstehen von Finanzblasen. Um das zu verhindern, könnten die Schwellenländer wiederum dazu neigen, entweder Kapitalverkehrskontrollen einzuführen oder am Devisenmarkt zu intervenieren und Reserven in Währungen der Industrieländer – vor allem in Dollar und Euro – aufzubauen. Diese investieren sie dann wiederum in die Staatsanleihen der entsprechenden Industrieländer, um so zu einer Senkung von deren Zinsen beizutragen. Dadurch entsteht quasi ein globaler Kreislauf, in dem politische Entscheidungsträger die Kurse von Staatsanleihen und von Währungen der Industrie- und Schwellenländer sowie die Höhe der Zinssätze beeinflussen. Schlimmer noch für den einzelnen Bürger ist hingegen die Umverteilung von den Sparern zu den Schuldnern. In Deutschland, Österreich, der Schweiz und in vielen anderen Ländern halten grosse Teile der Bevölkerung ihr Geld in liquiden Mitteln oder in niedrig verzinsten Wertpapieren. Hier kommt es bei negativen Realzinsen zu einer faktischen Enteignung, die vor allem die Mittel- und Unterschicht betrifft.

Zwar könnte man argumentieren, die Bürger würden nun für den übermässigen Konsum in früheren Jahren bestraft. Doch die Profiteure der einstigen Schuldenpolitik sind nicht unbedingt auch die Profiteure der finanziellen Repression. Es wird also Gewinner und Verlierer geben. Besser und gerechter wäre es hingegen, die Haushalte zu sanieren und die Schulden abzutragen, am Markt nicht mehr überlebensfähige Banken in den Konkurs zu schicken und auch Staaten, die sich finanziell übernommen haben, in ein geordnetes Insolvenzverfahren zu schicken. Die Notenbanken sollten sich zudem wieder auf ihre Kernaufgabe konzentrieren, nämlich auf die Stabilisierung des Papiergeldwertes. Sonst droht am Ende des Prozesses eine Währungskrise, die schlimmstenfalls mit der völligen Neuordnung des Währungsgefüges einhergeht. Die Welt stünde erneut vor einer Währungsreform.

# Epilog – die Schuldenkrise in der Eurozone

«‹Fluctuat nec mergitur.› – ‹Sie schwimmt, geht aber nicht unter.›»
Dieses Motto auf dem Wappen der Stadt Paris sollte auch der Leitspruch für die Börse sein.»

André Kostolany, Börsenkolumnist

## Dem Euro droht der Exitus

In den vorangegangenen Kapiteln haben wir gezeigt, wie die Schuldenpolitik der Regierungen und die Geldpolitik der Zentralbanken ins geld- und währungspolitische Chaos und zu einer grossen Umverteilung zwischen den Bevölkerungsschichten führen können. Dabei werden Sparer bestraft und Schuldner bevorteilt. Die fortdauernde Schuldenkrise im Euroraum ist zwar nicht Kern dieses Buches, doch es geht um Schulden, sehr viel Schulden. Und es geht um den übermässigen Konsum von Staaten und Bürgern sowie um die Rolle der Notenbanken beim Anheizen der Schuldenspirale und beim Aufräumen der Versäumnisse von Politikern. Dies hängt alles auch mit der Eurokrise zusammen und entfaltet Wechselwirkungen. Das Wort «Eurokrise» ist inzwischen zwar etabliert, aber falsch. Es handelt sich bei den gegenwärtigen Turbulenzen vielmehr um eine Schuldenkrise von primär südlichen Ländern in der Europäischen Währungsunion. Ausgelöst wurden die dramatischen Geschehnisse vor allem durch eine Fehlkonstruktion der europäischen Finanzverfassung. Diese wirkt sich mehr und mehr auf den Euro und dessen Wert gegenüber anderen Währungen aus. Zudem belastet die Krise mehr und mehr auch die Handlungsfähigkeit und die Reputation der Europäischen Zentralbank.

Die Länder der Europäischen Währungsunion haben zwar seit über einem Jahrzehnt eine mit viel Tamtam und grossen Versprechungen eingeführte gemeinsame Währung, doch die Europäische Union ist weiterhin nur ein Staatenverbund, der (noch) weit von einem Bundesstaat wie den USA entfernt ist. Dies wird voraussichtlich auch noch viele Jahre, wenn nicht gar Jahrzehnte dauern oder nie eintreten. Für Länder, die sich in ökonomisch völlig unterschiedlichen Ausgangslagen befanden und bis heute grosse

Unterschiede in der wirtschaftlichen Verfassung aufweisen – wie beispielsweise Deutschland und Portugal oder die Niederlande und Griechenland –, gibt es durch die Währungsunion nur noch eine Währung, eine Geldpolitik und nur noch einen gemeinsamen Leitzins. Dieser Leitzins ist ein Mittelwert für die gesamte Eurozone. Das bedeutet, dass er für die einen Länder viel zu niedrig und für die anderen Länder viel zu hoch ist. Dadurch wird die Wirtschaft in der einen Region zu stark angeheizt und in der anderen zu stark gedämpft. Zudem haben nationale Notenbanken und Politiker nicht mehr die Möglichkeit, eine Nation durch eine Abwertung der Währung wieder wettbewerbsfähiger zu machen. Die Erhöhung der Wettbewerbsfähigkeit eines Landes gegenüber anderen Staaten in Europa und auf der gesamten Welt kann nun nur noch über eine interne Restrukturierung, also beispielsweise durch das Senken der Lohnstückkosten, erfolgen, was meist nur in Verbindung mit sinkenden Löhnen zu erreichen ist.

Der Euro bedeutete von Anfang an einen Regimewechsel für jedes Land, der tief greifende Anpassungen in den jeweiligen Strukturen verlangte. Nicht alle Politiker verstanden bei der Beitrittserklärung offenkundig, was sie unterschrieben. Viele Volksvertreter dachten wohl, man gebe nur die nationale Geldpolitik auf. Der Euro und die daraus resultierende einheitliche Geldpolitik, für die plötzlich nicht mehr die nationalen Notenbanken zuständig waren, sondern die Europäische Zentralbank in Frankfurt, brachten jedoch dramatische Konsequenzen für die Lohnpolitik der einzelnen Länder. Die gemeinsame Währung verlangt von den Mitgliedstaaten eine Wirtschaftspolitik, die mit der Stabilität der Währung konsistent ist.

Der Euro ist zwar einerseits der – vermeintlich krönende? – Abschluss der wirtschaftlichen Integration in Europa, seine Einführung kann andererseits jedoch auch als Teil eines gemeinsamen Integrations- und Friedensobjekts der europäischen Länder betrachtet werden. In den beiden vergangenen Jahren entwickelte er sich, so muss man zumindest unweigerlich den Eindruck haben, mehr und mehr zum Spaltpilz. Dies ist er eigentlich nicht, doch er zwingt die Politiker der Mitgliedsländer dazu, eine solide Wirtschaftspolitik zu betreiben. Viele Ökonomen, darunter auch Otmar Issing, einer der Väter des Euro und langjähriger Chefökonom der Europäischen Zentralbank, haben davor gewarnt, den Euro zu früh einzuführen, weil eine gemeinsame Währung tief greifende Konsequenzen für die Strukturen der Volkswirtschaften haben würde. Der Euro war daher eine Frühgeburt. Im Jahr 1999 traten elf Länder der Währungsunion bei, die sehr heterogen waren und sehr unterschiedliche Startbedingungen hatten. Die Rahmenbedingungen hätten sich dann laut dem Plan angleichen sollen. Doch was in der Theorie leicht klang, erwies sich in der politischen Praxis als schwierig. Politiker hätten nämlich Entscheidungen treffen müssen, die die Wähler in aller Herren Länder meist nicht goutieren. Statt zu einer Angleichung der Wettbewerbsfähigkeit, kam es zu einer Auseinanderentwicklung. In Portugal zum Beispiel stiegen die Lohnstückkosten in den ersten zehn Eurojahren gegenüber Deutschland um rund 30 Prozent. Das ist nicht in der Dunkelheit der Nacht geschehen, sondern im hellen Licht der Öffentlichkeit. Die Europäische Zentralbank hat immer wieder – wenn auch viel zu wenig eindringlich – darauf hingewiesen, aber die nationale Politik reagierte nicht. Deswegen entwickelte die Krise eine derartige Tiefe. Je weniger man auf den Beitritt vorbereitet war, desto mehr war nachzuliefern. Inzwischen bereitet das Frühchen Euro seinen Eltern grosse Sorgen.

Insofern umfasst die Bildung einer Währungsunion ohne volle fiskalische Union grosse Risiken. Sie war aber immerhin theoretisch denkbar. Nun versuchen manche Politiker, eine fiskalische und politische Union unter dem Druck der Krise mit der Brechstange zu erreichen, weil dies angeblich für die Rettung des Euro unabdingbar ist. Solche sehr schnell durchgeführten und sehr emotionalen Bemühungen dürften jedoch aller Voraussicht nach in vielen Ländern am politischen Widerstand scheitern – was wiederum unabsehbare Folgen für die Europäische Union und vor allem die Europäische Währungsunion bringen wird. Manche Ökonomen behaupten sogar, dass kein Weg daran vorbeiführt, den Geburtsfehler des Euro, also die fehlende Fiskal- und Transferunion, nun zu korrigieren. Dies ist aber ein riskanter Weg, denn es ist sehr wahrscheinlich, dass dabei die Unterstützung der Bürger auf der Strecke bleibt. In vielen Ländern der Europäischen Währungsunion dürfte es nämlich keine Mehrheit für einen in Richtung USA gehenden Bundesstaat geben. Versuche, derart gravierende Änderungen ohne die Rückendeckung der Bürger vorzunehmen, sind gefährlich. Es ist auch weiterhin eine Alternative, wieder zur ursprünglichen Konzeption zurückzukehren. Das Problem der unterschiedlichen Wettbewerbsfähigkeit verschiedener Länder ist nämlich lösbar. So hatte Deutschland beispielsweise beim Eintritt in den Euro eine überbewertete Währung und litt zunächst unter den relativ hohen Realzinsen, also den Zinsen nach dem Abzug der Inflation. Doch das Land verbesserte seine mangelnde Wettbewerbsfähigkeit, indem die Lohnstückkosten durch Lohnzurückhaltung kontrolliert wurden. Das hat den Arbeitnehmern zwar nicht gefallen und viele Menschen geschmerzt. Ein Land muss in einer solchen Situation jedoch genau das machen. Deutschland hat dies geholfen – und inzwischen werden die Früchte in Form hoher Exporte und einer niedrigeren Arbeitslosigkeit geerntet. Dabei galt die Bundesrepublik in den ersten Jahren der Währungsunion noch als der kranke Mann Europas. Wie sich herausstellte, liess sich diese Krankheit jedoch kurieren.

Staaten und Politiker wollten anfangs zwar eine gemeinsame Währung, doch die Finanzpolitik sollte ausdrücklich bei den einzelnen Mitgliedstaaten bleiben. Um sicherzustellen, dass kein Land über seine Verhältnisse auf Kosten der Bonität anderer Länder lebt, vor allem auf Kosten der Kreditwürdigkeit Deutschlands, gab es in den Verträgen der Europäischen Union das sogenannte No-Bail-out-Prinzip. Kein Staat sollte also von den anderen Staaten gerettet werden dürfen. Dieses Prinzip wurde während der Finanzkrise immer mehr ausgehöhlt. Ein wichtiger und richtiger Weg zur Stabilisierung der Eurozone könnte auch sein, dieses Prinzip wieder zu stärken. Vorschläge für Sanktionsautomatismen und Selbstbindungen gibt es einige. Diese sollten angegangen werden, und die immer stärker werdende unheilige Allianz zwischen Politikern, Zentralbanken und Geschäftsbanken muss beendet werden. Letztere war entstanden, weil die Europäische Zentralbank aufgrund der Unfähigkeit vieler Politiker dazu gezwungen wurde, als Retter in höchster Not in die Bresche zu springen. Ausserdem mussten sie dann auch noch das Bankensystem stützen, weil viele Institute viel zu wenig Eigenkapital hatten. Vermutlich wird es dazu aber nicht kommen, denn derzeit bewegen sich die Politiker in eine andere Richtung. Spätestens wenn der Widerstand der Regierung Merkel bröckelt oder in Deutschland eine andere Regierung mit der Beteiligung linker Parteien gewählt werden sollte, besteht die grosse Gefahr, dass sich die Europäische Währungsunion endgültig in eine Transferunion verwandelt. Dies scheint zwar ein Ausweg zu sein, um die grosse Unterschiedlichkeit zwischen den Mitgliedstaaten im Hinblick auf die Wirtschaft, die Gesellschaft und die haushaltspolitische Disziplin zu übertünchen, doch geht dies auf Kosten der sparsamen Länder. Dann werden die ausgabefreudigen Staaten noch weniger Anreize haben, sich zu disziplinieren – und irgendwann werden auch die Sparerländer undiszipliniert, weil sie keinen Sinn mehr darin sehen, für die anderen das Geld zusammenzuhalten. Vermutlich wird sich die Schuldenspirale in Europa dann noch stärker drehen. Die Anreize zu einer übermässigen Verschuldung und zum

Trittbrettfahren unsolide wirtschaftender Länder waren von Anfang an schwer unter Kontrolle zu halten. Das war auch ein wichtiger Grund dafür, warum viele Ökonomen gegenüber dem Projekt Euro sehr skeptisch waren. Dennoch dürfte die Eurozone nicht direkt vor dem Kollaps oder dem Auseinanderbrechen stehen. Der Euro war ja nicht nur ein ökonomisches, sondern auch ein politisches Projekt. Dieses wollen die Politiker – vermutlich um fast jeden Preis – zum Erfolg bringen. Der Preis dafür dürfte künftig wohl die Sozialisierung von Risiken und die Vergemeinschaftung von Schulden sein. Die Kosten werden die stabilitätsorientierten Länder wie Deutschland, Finnland, die Niederlande, Österreich und andere tragen. Irgendwann werden die Bürger dieser Länder jedoch nicht mehr bereit sein, für das Gemeinschaftsprojekt Euro einen derart hohen Preis zu zahlen. Finnen und Griechen oder Deutsche und Portugiesen solidarisieren sich eben nicht so schnell miteinander wie Ostfriesen und Bayern oder Nord- und Südfinnen. Daher besteht die grosse Gefahr, dass sich die Gemeinschaftswährung politisch langfristig nicht durchsetzen kann und es nicht nur zu grossen ökonomischen, sondern auch sozialen und gesellschaftlichen Turbulenzen in den Ländern der Eurozone kommt. Die Zukunft dürfte ungemütlich werden.

## Die Ratinggiganten – Ausgeburten staatlicher Regulierungswut

«Wer bewertet eigentlich die Ratingagenturen?» Diese Frage tauchte angesichts der prominenten Rolle der Bonitätsprüfer in der europäischen Schuldenkrise sowie der Folgen ihrer Herabstufungen von Ländern der Eurozone oft auf. «Die Finanzaufsicht», mögen nicht nur staatsgläubige Zeitgenossen antworten. Doch gerade der Staat und seine Aufsichtsbehörden haben sehr zum Aufstieg und zur Macht der Ratinggiganten Standard & Poor's, Moody's Investors Service und Fitch Ratings beigetragen. Als die ersten Herabstufungen von Euroländern erfolgten, überboten sich manche Regierungsvertreter, Politiker und Ökonomen mit teilweise absurden Vorwürfen und Forderungen an die Agenturen. Sie warfen ihnen etwa vor, gewinnsüchtige private Firmen zu sein. Doch was anderes als Gewinn sollten sie in einer Marktwirtschaft sonst anstreben? Oder es wurde gefordert, die Agenturen müssten ihre Berechnungsformeln offenlegen. Doch müssen dann auch andere Firmen um Betriebsgeheimnisse bangen? Soll Coca-Cola sein wie ein Augapfel gehütetes Rezept ebenfalls aufdecken? Auch die Feststellung vom Marktversagen in der Ratingbranche ist irreführend. Es handelt sich vielmehr um ein Staatsversagen, wie ein Blick in die Historie zeigt. Richtig wäre daher eine Deregulierung statt einer Drangsalierung des Sektors.

Grundsätzlich sind Ratingagenturen lediglich potenzielle Informationsquellen für die Anleger sowie inzwischen allerdings auch für die Notenbanken. Diese Gruppen können sich bei den Agenturen Einschätzungen über die Kreditwürdigkeit von Schuldnern beschaffen. Die Prüfer geben Expertisen – sie selber sprechen aus Haftungsgründen lieber von Meinungen – zur Bonität von Staaten sowie von Unternehmen ab und bewerten längst auch Finanzprodukte wie verbriefte Hypotheken. Sie verwenden dazu Noten in Buchstabenform. Die bekanntesten sind jene von Standard & Poor's, bei denen «AAA» für die allerbeste Schuldnerqualität steht.

Die erste Ratingagentur in den USA gründete John Moody anno 1909. Damals mussten noch die Investoren für die Ratings bezahlen. Heutzutage zahlen die Bewerteten selber. Dies birgt aber Interessenkonflikte und könnte tendenziell zu etwas zu guten Ratings verleiten. Zwischen 1916 und 1924 wurden dann Poor's Publishing, Standard Statistics und Fitch Publishing ins Leben gerufen. Ein erster unheilvoller Staatseingriff in den freien Markt für Ratings erfolgte in den USA im Jahr 1936. Eine damalige Regierungsbehörde verbot Banken, in spekulative Wertschriften zu investieren. Als Basis für die Einschätzung, was spekulativ ist, wurden die Ratings der genannten Agenturen auserkoren. Alles, was bei ihnen nicht mehr zur Investitionsklasse gehörte, galt fortan als spekulativ. Dies war der erste Schritt dazu, die Ratings der Agenturen in Urteile zu verwandeln, die quasi als sakrosankt gelten. Aufsichtsbehörden für den Versicherungs- und Pensionskassensektor folgten später den Zwangsmassnahmen der Bankenaufsicht, und auch die Regulierer in vielen anderen Ländern beschritten den Weg der staatlichen Bevorzugung gewisser Agenturen, womit zugleich eine Bevormundung der Anleger einherging, da diese sich nicht selber aussuchen durften, auf welche Informationen sie bauen wollen – und auf welche nicht.

In den 1970er-Jahren zementierte die amerikanische Börsenaufsichtsbehörde Securities and Exchange Commission (SEC) die Bedeutung der Agenturen, indem sie den Investmentbanken vorschrieb, Ratings als Anhaltspunkt für Risiken im Anleihenportfolio zu verwenden. Auch die Eigenkapitalunterlegung von Krediten wurde an die Höhe des Ratings der Kreditnehmer geknüpft. Um zu verhindern, dass Banken sich wohlwollende Bewertungen unbekannter oder gar unseriöser Ratingfirmen besorgen, legte die SEC fest, welche Agenturen als «weithin anerkannt, glaubwürdig und zuverlässig» zu gelten haben. Sie machte nur Standard & Poor's, Moody's und Fitch zu anerkannten Ratingorganisationen. Die Anerkennung entwickelte sich zu einer hohen Eintrittshürde für Wettbewerber und schützte etablierte Anbieter vor Konkurrenz. Dies galt umso mehr, als es keine klaren, festen Regeln gab, wann eine Firma als anerkannte Ratingorganisation akzeptiert wird. So sieht staatliche Willkür aus.

In rund 25 Jahren schafften nur noch vier Firmen die Anerkennung. Durch Fusionen und Übernahmen schrumpfte die Zahl dann wieder auf drei. Erst im April 2010, infolge des Desasters mit der Bewertung verbriefter Hypotheken auf dem amerikanischen Immobilienmarkt, wurden neue Agenturen anerkannt. Wieder einmal führten also gut gemeinte Staatseingriffe zu unerwünschten Ergebnissen, weil sie den Wettbewerb einschränkten, gewissen Firmen zur Marktführerschaft verhalfen und ihnen einen grossen Vorsprung vor der Konkurrenz verschafften. Tragischerweise favorisieren Politiker nun noch schärfere Regulierungen, die auf Interessenkonflikte und Intransparenz abzielen. Doch je umfassender die Regulierung ist, desto höher wird die Eintrittsbarriere für neue, kleinere Konkurrenten. Diese können sich die vielen Mitarbeiter, die zur Einhaltung von regulatorischen Vorgaben nötig sind, oft nicht leisten. Gerade mehr Transparenz klingt zwar per se nützlich und harmlos, doch je grösser die Transparenz ist, desto mehr sieht das Geschäft der Agenturen nach Beratung aus, da die Ratingnehmer dann genau wissen, was sie zu tun haben, um das gewünschte Rating zu bekommen.

Besser wäre es, die Markteintrittsbarrieren zu senken und Anlegern mehr Entscheidungsfreiheit einzuräumen, in welche Papiere sie investieren und welche Kriterien sie zur Auswahl der Papiere verwenden wollen. Durch einen leichteren Marktzugang hätten auch kleinere Wettbewerber bessere Chancen. Es würden wohl neue Ideen, Ratingmethodologien und auch Geschäftsmodelle entstehen. Und bei mehr Entscheidungsfreiheit könnten Investoren zur Beurteilung der Kreditwürdigkeit von Schuldnern auf den Derivatemarkt für Kreditausfallabsicherungen, Analysen von Kreditversicherern wie Atradius, Coface und Euler Hermes, andere potenzielle Berater wie Investmentbanken oder kleine, spezialisierte Firmen sowie auf eigene Recherchen zurückgreifen.

Sicherlich haben die Ratingagenturen schon etliche Fehler gemacht, sowohl bei bekannten Konzernen wie Enron, Worldcom und Lehman Brothers als auch bei kleinen, unbekannten Firmen. Und sie haben im Segment der privaten amerikanischen Hypotheken aufgrund falscher Modelle versagt. Laut dem Ökonomen Paul Krugman wurden 93 Prozent der im Jahr 2006 mit «AAA» bewerteten und verbrieften Hypothekenpapiere aus der Subprime-Kategorie später als Ramsch eingestuft. Fehler gehören jedoch zur Marktwirtschaft, und sie werden auch künftig vorkommen. Die Vergabe von Ratings ist – wie vieles an den Finanzmärkten – keine exakte Wissenschaft. Insgesamt ist der Leistungsausweis der Agenturen jedoch zumindest so gut, dass sie trotz Verfehlungen bei den Anlegern noch immer sehr gefragt sind.

Gerade bei den Ratings für Staaten ist die Trefferquote sehr gut. Die Agenturen begannen bereits vor Jahren mit der Herabstufung Griechenlands, als das Land noch nicht ins Gerede gekommen war. 2010/11 waren die Bewertungen zum Teil dann sogar weniger streng als am Derivatemarkt für Kreditausfallabsicherungen. Entsprechend hat die aufgekommene Diskussion auch wenig mit der Qualität der Agenturen zu tun. Es handelt sich vielmehr um eine staatliche Hexenjagd, weil die Bewertungen nicht im Sinn der politisch Handelnden sind. Politiker suchen bei der Aufstellung des Staatshaushalts gerne einen Sündenbock für ihr eigenes Versagen. Statt den Wählern klarzumachen, dass sich ein Staat in einer Welt der begrenzten Ressourcen oft nicht jede wünschenswerte Ausgabe leisten kann, hauen sie wortgewaltig und populistisch auf den Überbringer der schlechten Botschaft ein. Besser wäre es, mehr Wettbewerb in der Ratingbranche zu generieren und Anlegern mehr Handlungsfreiheit zu geben. Dann würden richtigerweise irgendwann die Anleger selbst die Ratingagenturen bewerten und sich bei groben Fehlern von ihnen abwenden.

## Angela Merkel – Gefangene der Märkte und des «Club Med»

Alle gegen Merkel. Im Sommer 2012 war die deutsche Bundeskanzlerin einem Trommelfeuer an vermeintlichen Lösungsvorschlägen für die Schuldenkrise im Euroraum ausgesetzt. Ob Eurobonds, Eurobills, Schuldentilgungsfonds oder Bankenunion – der Kreativität waren keine Grenzen gesetzt. Alle Vorschläge liefen stets darauf hinaus, dass Schulden und Risiken innerhalb der Eurozone gemeinsam getragen werden müssen und dass Deutschland und assoziierte Länder wie Finnland, Österreich oder die Niederlande die Garantie und die Haftung übernehmen – ohne eine rechtliche

Handhabe zur Durchsetzung nachhaltiger Reformen in den Krisenländern oder eigener Interessen zu haben. Seit dem Zweiten Weltkrieg war Deutschland kaum je so isoliert und hatte kaum je unter so immensem Druck gestanden, sich in eine bestimmte Richtung zu bewegen. Früher wurden Kriege schon wegen geringerer Ursachen angefangen. Und in der Tat erinnerten erste Denkfabriken in den USA im Jahr 2012 daran, dass es stets unvermeidbar zu bewaffneten Konflikten gekommen ist, wenn Deutschland seit der Gründung des Deutschen Reichs 1871 vereint und isoliert war. Die Zeiten haben sich zum Glück geändert. Doch die Art und Weise, wie der sonst emotionslosen Merkel im Sommer 2012 der Kragen platzte, als sie sagte: «Keine Eurobonds, solange ich lebe», zeigte den Druck, unter dem die deutsche Regierung steht. Immerhin hat sie die Ordnungspolitik auf ihrer Seite.

Die Vertreter halbwegs vernünftiger Lösungen haben nicht nur in der Eurozone den «Club Med» der Mittelmeeranrainer mit Frankreich an der Spitze gegen sich, sondern werden auch von den USA und aus Asien bedrängt, die Schuldenkrise in Europa mit einem «big bang» – sprich: Deutschland haftet für alles – zu lösen. Die Einpeitscher für diese vermeintlich ultimative Lösung, für die symbolisch die Einführung von Eurobonds steht, sitzen zudem an der Wall Street in New York und in der City of London, den beiden wichtigsten Finanzzentren der Welt. Alle finden Eurobonds gut – bis auf die, die dafür bluten müssten. Die Motivation dahinter ist leicht durchschaubar. Für die Politiker der GIIPS-Staaten – also für Griechenland, Irland, Italien, Portugal und Spanien – ist es leichter, von einem Eurofamilienmitglied eine Kreditkarte ohne Limit zu verlangen, als daheim die Bevölkerung mit marktwirtschaftlichen Reformen und Privatisierungen sowie dem Kampf gegen Schwarzarbeit, Steuerhinterziehung und Korruption gegen sich aufzubringen. Eine der Kernursachen der Krise in der Währungsunion ist ja gerade die unterschiedliche Wettbewerbsfähigkeit zwischen den nördlichen und südlichen Mitgliedsländern. Die Lohnstückkosten liegen teilweise rund 30 Prozent auseinander. Das führt letztlich zu einem Auseinanderklaffen der Zahlungsbilanzen. Im Norden entstehen grosse Zahlungsbilanzüberschüsse und im Süden grosse Zahlungsbilanzdefizite. Dieses Problem ist auch mit den Liquiditätshilfen der Europäischen Zentralbank nicht lösbar. Dazu benötigt es die Erhöhung der Wettbewerbsfähigkeit im Süden, wovor sich Politiker jedoch scheuen, weil dies mit sinkenden Löhnen für viele Bürger einhergeht. Die USA, China und andere asiatische Investoren fürchteten um ihre Investitionen in Anleihen der südeuropäischen Länder. Zudem bangte US-Präsident Barack Obama – der anderen gerne Ratschläge erteilt, daheim aber höhere Schulden hat als der Euroraum im Durchschnitt im Ganzen – um seine Wiederwahl im November 2012, falls die Weltwirtschaft nicht bald in Schwung kommen würde.

Doch warum drängten auch die Teilnehmer an den Finanzmärkten so sehr auf einen «big bang», obwohl bei ihnen doch ökonomische Vernunft herrschen sollte? Vorab gesagt, sind die Finanzakteure eine sehr heterogene Gruppe. Die lautesten Stimmen müssen nicht eine Mehrheit vertreten. Aus der Sicht der Märkte existieren nur zwei Lösungen: die Fiskal- und Transferunion oder das Ende der Eurozone. Zwar gehen zahlreiche Ökonomen durchaus davon aus, dass auch eine mittelfristige, solide Lösung die Märkte beruhigen könnte. Sie müsste jedoch absolut glaubwürdig sein, da in den vergangenen Jahren sehr viel Vertrauen in Europas Politiker verloren gegangen ist.

Dennoch scheint es eine Präferenz für eine schnelle Lösung zu geben. Die Finanzmärkte neigen ja generell dazu, ein Problem lieber schnell als langsam, aber dafür solide zu lösen. Die in den vergangenen Jahren immer wiederkehrenden Rufe nach einem neuerlichen Anwerfen der Gelddruckmaschinen in den USA gegen die ökonomische Vernunft sind dafür ebenfalls ein Beispiel. Banker und Börsianer profitieren zudem von Eurobonds, etwa in der Form geringerer Unsicherheit, ohne dass es sie etwas kostet. Ferner arbeiten viele Ökonomen für Finanzdienstleister. Diese Institute hatten und haben Milliarden und Abermilliarden in südeuropäischen Staatsanleihen oder am Markt für Kreditausfallversicherungen im Feuer. Sie wollten den Bail-out durch Deutschland in Form von Eurobonds, um ihre Portfolios vor Verlusten auf toxischen Immobilien- und Staatskrediten zu schützen oder gar um die eigene Bank am Leben zu halten. Zudem dominieren in der Finanzwelt die Wall Street und die Londoner City. Dort sind die Vertreter der solideren Länder eine Minderheit. Die Banker wollen Geschäfte machen, und dabei stören die Turbulenzen, weil sie die Anleger verunsichern. Laufen die Geschäfte schlecht, fliessen auch die Boni spärlicher. Darüber hinaus wäre ein Vorteil von Eurobonds, dass alle Investoren gleich behandelt würden. Sollte es stattdessen eine Finanzierung der Krisenländer über Bonds der Rettungsschirme EFSF und ESM geben, dürften diese Institutionen bei einer etwaigen späteren Umschuldung wie in Griechenland gegenüber den Banken bevorzugt behandelt werden. Das passt den Banken nicht.

Unterfüttert wurde das Machtspiel gegen Merkel nicht nur mit geschichtlichen Rückgriffen und alten Klischees vom hässlichen Deutschen, sondern auch mit dem Märchen von Deutschland als Hauptprofiteur des Euro und einer eingebildeten Opferrolle der Südeuropäer. Zwar brachte der Euro tatsächlich Exporterleichterungen für die Bundesrepublik, doch nicht deshalb sind deutsche Produkte in Europa sowie überall auf der Welt gefragt, sondern wegen ihrer Qualität. Mit hochwertigen Autos und Maschinen für die Industrie hat Deutschland den perfekten Produktemix für viele Schwellenländer vor allem in Asien und Südamerika. Die Schweiz beispielsweise exportiert hochstehende Waren ebenfalls erfolgreich, und zwar ohne Schützenhilfe durch den Euro. Im Gegenteil: Deutschland litt in den ersten Jahren der Währungsunion unter den höchsten Realzinsen im Euroraum, die die Binnenwirtschaft und den Immobilienmarkt belasteten und viele Investitionen aus dem Land in den Süden trieben. Nicht vergessen sollte man auch, dass Deutschland in der Europäischen Union der grösste Nettozahler ist und den Süden ohnehin mit subventioniert. Wie sehr das Land eigene Interessen sogar vernachlässigt, zeigt auch die Tatsache, dass es zwar mit 27 Prozent für die geldpolitischen Eskapaden der Europäischen Zentralbank haftet, im Rat der Europäischen Zentralbank aber nur eine Stimme hat – genauso wie Zypern.

Doch Deutschland ist längst erpressbar geworden, wie nicht mehr nur der renommierte Ökonom Hans-Werner Sinn vom Ifo-Institut immer wieder feststellt. Der Zug in Richtung Transferunion ist längst abgefahren. Das Land haftete im Sommer 2012 bereits für rund 700 Milliarden Euro, beim Auseinanderbrechen der Währungsunion würde der Betrag unter anderem aufgrund der Verbindlichkeiten anderer Notenbanken bei der Deutschen Bundesbank – Stichwort: Targetsalden – schlimmstenfalls auf weit über 1000 Milliarden Euro steigen. Ende Februar 2016 betrug der potenzielle Haftungspegel für Deutschland laut Ifo-Institut inklusive Targetverbindlichkeiten schon 1579 Milliarden Euro. Angela Merkel kann nur noch versuchen, die permanenten Transfers – die es in einer Fiskalunion immer gibt, so auch in Deutschland und der Schweiz – möglichst niedrig zu halten und an Auflagen zu knüpfen. Die schlimmsten Sünden – Eurobonds oder Ähnliches ohne Fiskalunion – verhinderte Berlin bisher zwar, doch immer wieder muss Merkel weiteres Terrain preisgeben. Sie weiss längst: Deutschland sitzt in der Falle.

## Berlin sollte trotz Brexit stärker nach London schauen

Die Marseillaise ertönt auch heute noch als Glockenspiel täglich um fünf nach zwölf auf dem Marktplatz im deutschen Cham. Die oberpfälzische Kreisstadt ist der Geburtsort des Grafen Johann Nikolaus Luckner, eines Deutschen in französischen Diensten und einstigen Marschalls von Frankreich. Ihm war die 1792 geschriebene Nationalhymne der Franzosen gewidmet. Das Beispiel zeigt, dass die deutsch-französischen Bande seit Langem sehr vielfältig sind. Aus der über Jahrhunderte gepflegten Erbfeindschaft ist nach etlichen erbitterten Schlachten, die im Zweiten Weltkrieg gipfelten, die deutsch-französische Freundschaft gewachsen. Sie ist Basis und Motor der europäischen Einigung und Integration. Auch die jüngsten Krisen der EU und vor allem der Eurozone sind nicht handhabbar gewesen, ohne dass Deutschland und Frankreich zumindest einigermassen am gleichen Strang gezogen und eine gemeinsame «Lösung» gefunden hätten. Das Zusammenspiel ist jedoch oft äusserst schwierig, denn wirtschaftspolitisch herrschen dies- und jenseits des Rheins sehr unterschiedliche Vorstellungen.

Sollte sich Berlin in Wirtschaftsfragen deshalb nicht vielmehr auf London besinnen, anstatt die deutsch-französische Liaison zur «Raison d'être» zu erheben? In Europa gibt es letztlich, vereinfacht gesagt, zwei wirtschaftspolitische Lager. Auf der einen Seite stehen jene Länder, die einen marktwirtschaftlichen Ansatz verfolgen und auf Unternehmertum setzen. Sie wollen mit Strukturreformen die Wettbewerbsfähigkeit ständig verbessern und so eine starke Stellung in einer globalisierten Welt festigen und ausbauen. Grossbritannien und Deutschland sind in diesem Lager die wichtigsten Wortführer. Auf der anderen Seite stehen jene Länder, die den Etatismus gegenüber dem Unternehmertum bevorzugen sowie von staatlichen Interventionen und Investitionen beseelt sind. An der Spitze dieses «Club Med» der Mittelmeeranrainer thronen Frankreich und Italien. Mit anderen Worten stehen sich im Kern deutscher Föderalismus und Dezentralismus sowie französischer Dirigismus und Zentralismus gegenüber. Grossbritannien ist mit seinem Wirtschaftssystem und dem Liberalismus englischer Prägung den Deutschen und dem deutschen Ordoliberalismus viel näher als Frankreichs Staatswirtschaft. Das spiegelt sich auch in einer vergleichsweise geringen Staatsquote in Deutschland und Grossbritannien von jeweils rund 44 Prozent und einer überbordenden Staatsquote in Frankreich von gut 57 Prozent.

Das erste Lager war in den vergangenen Jahrzehnten über weite Strecken deutlich erfolgreicher. Entsprechend stand Deutschland im jüngsten globalen Index des World Economic Forum für die Wettbewerbsfähigkeit verschiedener Länder auf Platz vier, vor Grossbritannien auf Platz zehn. Frankreich landete mit klarem Abstand auf Rang 22, hinter Malaysia; Italien schaffte es sogar nur auf Rang 43, eingerahmt von Kasachstan und Lettland. Auch in Sachen Arbeitslosigkeit schauen die Franzosen mit einer Quote von 10,2 Prozent zerknirscht in Richtung London und Berlin, wo die Arbeitslosigkeit Anfang 2016 laut vergleichbaren Eurostat-Zahlen nur bei 5,1 Prozent beziehungsweise 4,5 Prozent liegt. Grossbritannien unter Margaret Thatcher und Deutschland unter Gerhard Schröder haben längst schmerzliche Strukturreformen hinter sich gebracht, die anderen Ländern noch bevorstehen. In Frankreich muss der wirtschaftliche Leidensdruck dagegen offenbar erst noch deutlich grösser werden, bevor sich Land und Leute endlich zu nachhaltigeren Reformen durchringen.

Ein starker Vorteil in Deutschland (sowie im gesamten deutschsprachigen Raum) ist die Tradition des Föderalismus mit der in vielen Bereichen starken Stellung der Bundesländer und der Bedeutung des Subsidiaritätsprinzips. Letzteres besagt, dass die Betroffenen ihre Probleme selber lösen müssen beziehungsweise dass sie dort gelöst werden, wo sie anfallen. Nur wenn ein Problem auf einer unteren Ebene nicht behoben werden kann, darf es an die jeweils nächsthöhere weitergegeben werden. Die Subsidiarität stärkt zugleich die Wettbewerbsfähigkeit, da die verschiedenen Ebenen stets voneinander lernen können. Frankreich und Grossbritannien sind hingegen sehr zentralistisch geprägte Nationen, in denen die Macht der Hauptstädte dominiert. Zumindest auf europäischer Ebene hat London jedoch die Vorteile der Subsidiarität erkannt und setzt sich vehement für ein hohes Mass an Eigenverantwortung und Selbstständigkeit der Staaten ein.

Sicherlich finden sich auch zwischen Deutschland und Frankreich sowie zwischen Frankreich und Grossbritannien zahlreiche Gemeinsamkeiten. So sind sowohl Deutschland als auch Frankreich Länder mit einer hochentwickelten Ingenieurskultur, was sich etwa in der Automobilindustrie oder beim Gemeinschaftsprojekt Airbus zeigt. Zudem weisen beide Nationen gemessen am durchschnittlichen Bruttoverdienst im Vergleich zu Grossbritannien einen relativ hohen Mindestlohn auf, und die Arbeitskosten pro Stunde sind ebenfalls deutlich höher als auf der Insel. Das Gleiche gilt für den Anteil der Gesundheitskosten am Bruttoinlandsprodukt. Ferner haben beide Länder auf eine nationale Geldpolitik zugunsten der Europäischen Zentralbank verzichtet, während Grossbritannien mit der Bank of England weiter von einer auf die ureigenen Bedürfnisse zugeschnittenen monetären Ausrichtung profitiert.

In Frankreich und Grossbritannien wächst im Gegensatz zu Deutschland die Bevölkerung, was die Briten hoffen lässt, Deutschland bis 2030 als grösste Volkswirtschaft Europas abzulösen. Bis anhin liegt Grossbritannien hinter Deutschland und Frankreich auf Platz drei. London und Paris leiden jedoch unter einer hohen Staatsschuldenquote, und im Unternehmenssektor fehlt ihnen der Mittelstand, das bewunderte Rückgrat der deutschen Wirtschaft mit den unzähligen Weltmarktführern in mittleren und kleinen Nischen. Zudem sind beide Länder stärker vom Dienstleistungssektor geprägt, während in Deutschland die Industrie noch eine grössere Rolle spielt. So ist zwischen Nordsee und Alpen der ohnehin vergleichsweise hohe Anteil der Erwerbstätigen in der Industrie seit 2003 fast stabil geblieben, während er in Grossbritannien und Frankreich um rund 20 Prozent gesunken ist. Das Gleiche gilt auch für den Anteil der Industrie an der Wertschöpfung der Gesamtwirtschaft.

Die dank früheren Reformen unter Gerhard Schröder (und dem schwachen Euro) gut laufende deutsche Wirtschaft braucht derzeit kaum Vorbilder, vielmehr schauen andere neidisch auf die Mitte Europas. Gerade deshalb sollten sich die Deutschen jedoch nicht aus Übermut oder falscher Freundschaft vom merkantilistisch geprägten Frankreich immer stärker auf einen Kurs in Richtung Brüsseler Zentralismus, Dirigismus und Umverteilungsunion zerren lassen. Der natürliche Verbündete ist Grossbritannien mit seinen offenen Kapital-, Güter- und Arbeitsmärkten, der Tradition des Welthandels sowie der Präferenz für Individuum und Selbstverantwortung. Fast alle Londoner Forderungen an die EU, die auf dem Gipfel in Brüssel im Februar 2016 weitgehend erfüllt wurden, sind auch im wirtschaftspolitischen Interesse Berlins (etwa Stärkung der Wettbewerbsfähigkeit, Abbau der Bürokratie, Beibehaltung politischer Souveränität, Migration von Arbeitskräften, aber keine ungebremste Einwanderung ins Sozialsystem).

In diesem Sinne ist der Brexit, also der Austritt Grossbritanniens aus der EU, auch eine Katastrophe für Deutschland. Das marktwirtschaftliche Lager in der EU verliert stark an Gewicht, und schlimmstenfalls könnten viele osteuropäische Staaten, die aufgrund ihrer Erfahrungen mit dem Kommunismus oft ebenfalls genug haben von Bevormundung, Planwirtschaft und Zentralismus, dem Beispiel der Briten folgen. Entsprechend sollte Berlin – unter Berücksichtigung der besonderen deutsch-französischen Liaison – trotz des von einer knappen Mehrheit der Bevölkerung gewünschten Brexit stärker nach London schauen und sich mehr um die wirtschaftspolitischen Wünsche der Briten sorgen.

# TEIL 2

# Wie Anleger auf die verschiedenen Szenarien reagieren sollten

«Inflation herrscht, wenn Sie 15 Dollar für einen 10-Dollar-Haarschnitt bezahlen, den Sie früher für 5 Dollar erhielten, als Sie noch mehr Haare auf dem Kopf hatten.»

Sam Ewing, amerikanischer Humorist

Inflation oder Deflation? Oder tritt doch keines der beiden Szenarien ein? Mit ihrer expansiven Geldpolitik haben die Zentralbanken in den vergangenen Jahren Neuland betreten, und den Bürgern droht dadurch ein immer grösserer Verlust ihrer Vermögen. Schlimmer noch: Diese Enteignung ist bereits Realität, und sie geschieht auch immer offensichtlicher. Wir befinden uns in einer Zeit, in der es sehr schwierig ist, mit Geldanlagen inflationsbereinigt Gewinne zu machen. Angesichts von Negativzinsen und immer weiter wachsenden Schuldenbergen geht es längst um die Rettung der Ersparnisse und Vermögen.

So hat eine «neue Normalität» mit niedrigeren Wachstumsraten und Renditen, Marktmanipulationen durch die Zentralbanken und zunehmender finanzieller Repression Einzug gehalten. Diese Entwicklung dürfte sich noch verschärfen und die Bürger in den Industrieländern noch über viele Jahre hinweg beschäftigen. Die Frage lautet nun, ob sie in eine Deflation, in deutlich höhere Inflationsraten, in eine Stagflation oder gar eine Hyperinflation mündet. Eine Rückkehr zur «alten Normalität» mit höheren Wachstumsraten und einer geringen Inflation ist zumindest für die Industrieländer mittelfristig nicht abzusehen. Dafür waren die Exzesse der vergangenen Jahrzehnte – Schuldenwirtschaft der Staaten und «Politik des leichten Geldes» der Zentralbanken – zu gross. Zudem ist bisher bei dieser Entwicklung keine Umkehr zu beobachten, vielmehr werden die Schuldentürme sogar immer grösser.

Gewisse Folgen dieser verantwortungslosen Politik sind bereits zu spüren: Börsencrashs folgten in den vergangenen Jahren in immer kürzeren Abständen aufeinander. Sparer erhalten auf sogenannte sichere Anlagen kaum noch Zinsen, und das «billige Geld» könnte an vielen Immobilien-

und Aktienmärkten für erhebliche Vermögenspreisblasen gesorgt haben – wie gross diese genau sind, stellt sich ja immer erst im Nachhinein heraus.

Die Frage für die Anleger ist, welches der Szenarien in den kommenden Jahren am wahrscheinlichsten erscheint und welche Anlagen sie folglich stärker oder weniger stark gewichten sollten. Keineswegs ausgeschlossen ist auch, dass mehrere Szenarien nacheinander auf die Anleger zukommen.

# Szenario 1

## Deflation – das grosse Schrumpfen

### Definition und Geschichte

#### «Gute» und «böse» Deflation

Seit einigen Jahren taucht das Schlagwort «Deflation» immer wieder wie eine Art Schreckgespenst in den Medien auf. Notenbanker und Politiker weisen auf diese Gefahr hin und rechtfertigen damit das Drucken von Geld und neue Schulden. Allerdings sind gerade sie schuld daran, dass die Gefahr einer Deflation für die Weltwirtschaft nicht von der Hand gewiesen werden kann.

Im gängigen Sprachgebrauch wird eine Deflation mit einem sinkenden Preisniveau gleichgesetzt. Dies ist allerdings zu einfach, schliesslich handelt es sich bei fallenden Preisen lediglich um eine Folge der Deflation. Wie Roland Baader in seinem Werk *Geldsozialismus* ausführt, wird hier ein Verwirrspiel gespielt. Er definiert Deflation als das Schrumpfen der Geldmenge beziehungsweise das Sinken des Angebots an Geld. Sinkende Preise haben schliesslich auch andere Gründe, wie beispielsweise eine geringere Nachfrage oder ein grösseres Angebot an bestimmten Waren und Dienstleistungen. Ausserdem können niedrigere Preise auch eine Wohltat für die Bürger sein, da sie dann imstande sind, sich mehr zu leisten. Eine solche Entwicklung kann also mehr Wohlstand bedeuten. Wenn ein Kaufkraftgewinn des Geldes durch eine höhere Produktivität zustande kommt, handelt es sich also um eine «gute» Deflation.

Eine schrumpfende Geldmenge ist hingegen keine gesellschaftliche Wohltat, da sie zu Krisen führt. Während «echtes», durch Gold oder Silber gedecktes Geld die gute Form der Preisdeflation schafft, birgt ungedecktes Papiergeld gemäss Baader die Gefahr einer «bösen» Deflation. Diese kann die Folge eines mit Papiergeld angeheizten Booms sein, der anschliessend bereinigt werden muss. Exzessives Gelddrucken der Zentralbanken führt zunächst zu einem künstlichen Boom mit Übertreibungen und Blasen an den Märkten. Wenn die Party später vorbei ist, wird die Deflation im schlimmsten Fall zu einer Art Teufelskreis, aus dem sich Volkswirtschaften nur schwer befreien.

**Elemente einer Deflation**
Zu einer «bösen» Deflation gehören verschiedene Elemente. Angelehnt an den Ausführungen von John Mauldin und Jonathan Tepper in dem Buch *Endgame* sind diese folgende:

1. Überkapazitäten und steigende Arbeitslosigkeit
Eine Deflation kann entstehen, wenn in einer Volkswirtschaft eine anhaltende, starke Flaute herrscht. In solchen Fällen haben die Unternehmen Überkapazitäten und versuchen, diese mittels Preissenkungen abzubauen. Dies reicht allerdings nicht aus, und in der Folge senken die Firmen verstärkt ihre Kosten. Dies wiederum führt zu höheren Arbeitslosenraten.

2. Eine massive Vernichtung von Wohlstand
In einer Deflation geht der Wert des Vermögens zurück, Aktienkurse und Immobilienpreise fallen. So hat die deflationäre Entwicklung in Japan dafür gesorgt, dass die dortigen Häuserpreise seit dem Platzen der Blase 1989 sehr stark gesunken sind. Der japanische Aktienleitindex Nikkei 225 erreichte Ende 1989, vor dem Ausbruch der dortigen Krise und der anschliessenden deflationären Entwicklung, ein Niveau von 38 916 Punkten. Ende April 2016 stand er immer noch beziehungsweise wieder auf einem Stand von 17 740 Zählern. Er hatte also rund 27 Jahre später weniger als die Hälfte seines damaligen Höchstwerts.

3. Schuldenabbau von Unternehmen und Konsumenten
In einer Deflation bauen Unternehmen und Konsumenten Schulden ab – oder versuchen das zumindest. Die Tatsache, dass alle gleichzeitig zu sparen versuchen, schafft ein schwieriges Umfeld für Unternehmen. Während einer Deflation kommt es im Allgemeinen zu vielen Insolvenzen und Restrukturierungen. Ausserdem sind oft Notverkäufe von Vermögenswerten zu beobachten. Dies wird von einem erheblichen Vertrauensverlust begleitet. In der Folge beginnen Wirtschaftsakteure damit, Geld zu horten.

4. Verstärktes Sparen der öffentlichen Hand
In einer Deflation sind Staaten zumeist stark verschuldet. Wird die Lage bedrohlich, sind Regierungen gezwungen, einen Teil ihrer Ausgaben zurück-

zufahren. Die an einen ausgabefreudigen Staat gewöhnte Wirtschaft spürt dies ebenfalls.

5. Reduzierte Kreditvergabe der Banken
Aufgrund der schwierigen Lage der Unternehmen und der schwachen Konjunktur werden auch die Banken vorsichtig und vergeben weniger Kredite. Die Finanzhäuser sind selbst immens unter Druck, beispielsweise weil sie zuvor die Bildung von Blasen mit der Vergabe billigen Geldes begünstigt haben.

6. Geringe Umlaufgeschwindigkeit des Geldes
Während Geld bei einer starken Inflation sehr schnell herumgereicht wird, ist bei einer Deflation genau das Gegenteil der Fall. Die Umlaufgeschwindigkeit des Geldes ist sehr niedrig. Während eine Zentralbank die Inflation mit der Heraufsetzung des Leitzinses bekämpfen kann, ist der Fall bei einer Deflation komplizierter. Geldpolitische Massnahmen können hier lange Zeit wirkungslos bleiben.

**Beispiele für Deflationen – die Weltwirtschaftskrise und Japan**
In der neueren Geschichte gab es einige Perioden, in denen eine Vielzahl an Ländern gleichzeitig eine deflationäre Entwicklung durchmachte. Als «Mutter aller Deflationen» gilt die Weltwirtschaftskrise, die auch als Grosse Depression bekannt ist. Diese begann im Jahr 1929 in den USA und weitete sich innerhalb kürzester Zeit auf die gesamte westliche, ja praktisch die ganze Welt aus. In den meisten Ländern begann ab 1932/33 eine wirtschaftliche Erholung. Als endgültig überwunden gilt die Krise aber erst mit dem Jahr 1939.

Die Weltwirtschaftskrise war die bisher mit Abstand schlimmste Depression in der westlichen Welt, was sich an gewissen Daten zeigt. Gemäss der *Encyclopaedia Britannica* sank die Industrieproduktion in den USA von ihrem Höchst- bis auf den Tiefpunkt um 47 Prozent. Das Bruttoinlandsprodukt ging um 30 Prozent zurück. Die Arbeitslosenquote stieg in den USA auf mehr als 20 Prozent, der Lebensstandard der Bürger sank rapide. Die Aktienmärkte brachen weltweit ein, die weitverbreitete Unsicherheit sorgte für Anstürme der Kunden auf die Banken, und das Finanzsystem geriet ins Wanken. In den USA war bis zum Jahr 1933 rund ein Fünftel der Anfang 1930 operativen Banken insolvent. Als wichtiger Faktor für die Übertragung der Krise von den USA auf andere Länder galt unterdessen der Goldstandard. Die Währungen waren damals zu festen Kursen an Gold gebunden.

Die europäischen Länder und ihre Finanzsysteme wurden von der Krise letztlich ähnlich hart getroffen wie die USA – mit desaströsen Konsequenzen. So gilt die Weltwirtschaftskrise als wichtiger Faktor für die Machtübernahme von Adolf Hitler und seiner Partei, der NSDAP, in Deutschland.

Als aktuelles Paradebeispiel für eine Volkswirtschaft, die sich in einem deflationären Prozess befindet, gilt Japan. Nach dem Platzen der Immobilienblase zu Beginn der 1990er-Jahre geriet das Land in eine Deflation, von der es sich bis heute nicht erholt hat. Weder extrem niedrige Zinsen noch das Drucken von Geld und Interventionen am Devisenmarkt, um die Exportwirtschaft zu stärken, haben geholfen. Die Staatsverschuldung Japans ist laut der Bank für Internationalen Zahlungsausgleich bis Ende 2015 auf 234 Prozent des Bruttoinlandsprodukts gestiegen.

Die Bank of Japan hat mittlerweile in ihrer Bilanz einen riesigen Bestand an japanischen Staatsanleihen angehäuft, laut einer Studie der Landesbank Baden-Württemberg hielt die Bank of Japan Anfang 2015 fast 29 Prozent aller umlaufenden Staatspapiere – bei weiterhin steigender Tendenz. Dies lässt darauf schliessen, dass Japan längst an einem «keynesianischen Endpunkt» angekommen ist, ab dem die expansive Geldpolitik nicht mehr

**Japan kann den Zins nicht mehr anheben**
Leitzins der Bank of Japan in Prozent und Staatsverschuldung in Prozent des Bruttoinlandsprodukts

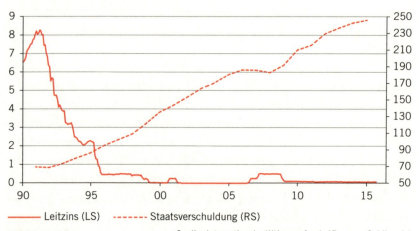

**Abbildung 34**                       Quelle: Internationaler Währungsfonds / Degussa Goldhandel

wirkt. Der Bank of Japan gelingt es nicht, mit ihrer Geldschwemme Inflation zu schaffen, obwohl gleichzeitig auch die Fiskalpolitik in Japan in den letzten Jahrzehnten sehr expansiv gewesen ist. Gleichzeitig steigt die Staatsverschuldung weiter. Wie die Studie der Bank zeigt, ist die Nachfrage der japanischen Wirtschaft nach zusätzlicher Liquidität relativ klein. Letztlich verlässt das viele aus dem Nichts geschaffene Geld die Bank of Japan kaum, da die Geschäftsbanken die Liquidität auf Konten bei der Notenbank «bunkern».

Mit der Anhäufung eines immer grösseren Bestands an japanischen Staatsobligationen ist die Bank of Japan derweil dabei, die Staatsschulden zu monetarisieren. Kauft die Notenbank weiterhin den Grossteil der Neuemissionen des japanischen Staats, so droht auch kein Zahlungsausfall auf dessen Obligationen. Die Liaison zwischen Regierung und Notenbank gilt in Japan als eng. Ausländer halten lediglich rund 9 Prozent aller ausstehenden japanischen Staatsobligationen. Die Analytiker der Landesbank Baden-Württemberg gehen davon aus, dass die Bank of Japan weiterhin stark japanische Staatsanleihen kaufen und irgendwann mit diesen «unkonventionell» verfahren wird. Sie halten es für denkbar, dass die Staatspapiere im Besitz der Notenbank zum Beispiel in eine 100-jährige Anleihe mit niedrigem Zinssatz «gewandelt» werden könnten.

Da die Verschuldung Japans in Fremdwährungen gering ist und der Staat über sehr hohe Devisenreserven verfügt, könnte auch ein Ausfall bei Fremdwährungsverbindlichkeiten vorerst weiter vermieden werden. Das grosse geldpolitische Experiment mit Japan als (schlechtes) Beispiel dafür, was der Eurozone blühen könnte, dürfte also noch eine gute Zeit lang weitergehen.

Seit sich in den vergangenen Jahrzehnten das System mit ungedecktem Papiergeld immer stärker durchsetzte, gab es viel weniger Deflationen als früher. Oftmals wurde diese durch expansive geldpolitische Massnahmen der Zentralbanken sowie durch Rettungsaktionen für in Schieflage geratene Banken und Staaten verhindert. Dies zeigt das Beispiel der USA in der Abbildung 35. Nachdem es zu den Zeiten, in denen der Dollar an das Gold gebunden war, häufiger zu Deflationen kam, wurden diese im Anschluss an die Weltwirtschaftskrise verhindert. Dies heisst allerdings nicht, dass Deflationen nun für immer besiegt sind. Im Gegenteil: So lässt sich argumentieren, dass sich durch die Verhinderung von wirtschaftlichen Abschwüngen in den vergangenen Jahrzehnten ein erhebliches Potenzial für Krisen und Deflationen aufgebaut hat.

**Inflationen und Deflationen in den USA**
Prozent im Jahresvergleich

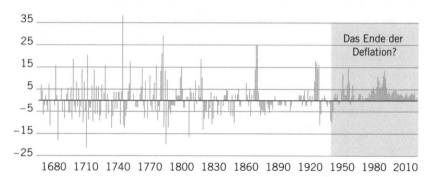

Abbildung 35    Quelle: UBS Wealth Management Research

## Deflation und «säkulare Stagnation» als Endspiel im aktuellen Schuldenzyklus?

Könnten auch die USA und Europa in eine Deflation geraten? Ist eine wirtschaftliche Negativspirale wie in Japan auch in anderen Industrieländern denkbar? In den USA und in Europa waren in den vergangenen Jahren erhebliche deflationäre Kräfte am Werk. Dies dürfte letztlich auch der Grund sein, weshalb die Milliarden und Abermilliarden, die die Zentralbanken zur Krisenbewältigung gedruckt haben, nicht unmittelbar zu einem deutlich höheren Preisniveau führten – zumindest gemessen an den offiziellen Konsumentenpreisindizes. Die Geschäftsbanken horten das von den Zentralbanken zusätzlich ausgegebene Geld zu grossen Teilen bisher lieber, als es weiterzugeben. Die Zins- und Kreditkanäle sind verstopft.

Das hartnäckig schwache Wirtschaftswachstum in vielen Ländern sorgt derweil für düstere Prognosen. In akademischen Zirkeln wird dabei über die Gefahr einer «säkularen Stagnation» diskutiert – hier stand zunächst die amerikanische Wirtschaft im Fokus, dann zunehmend die europäische. Den Begriff hat der ehemalige US-Finanzminister unter Bill Clinton, Lawrence Summers, in einer Rede vor dem Internationalen Währungsfonds im November 2013 ins Gespräch gebracht. Der Begriff geht auf den keynesianischen Ökonomen Alvin Hansen zurück. Dieser prognostizierte in den 1930er-Jahren unter dem Eindruck der Weltwirtschaftskrise eine langanhaltende Periode ohne Wachstum, lag damit aber letztlich falsch.

Eine einheitliche Definition für den Begriff «säkulare Stagnation» gibt es nicht. Er wird jedoch im Allgemeinen assoziiert mit einer langen Phase mit wenig oder gar keinem Wirtschaftswachstum, niedrigen Realzinsen und geringer Inflation. Gekennzeichnet ist eine solche Periode ausserdem dadurch, dass die Geldpolitik quasi «ihr Pulver verschossen» hat und es ihr nicht mehr gelingt, die Wirtschaft mittels expansiver Massnahmen zu stimulieren. Keynesianische Ökonomen nutzen die Debatte, um eine noch expansivere Geldpolitik der Zentralbanken zu fordern. Dabei dürften die Geldschwemme der Noten- und Geschäftsbanken der vergangenen Jahrzehnte und die daraus folgende ausgeweitete Kreditvergabe und Verschuldung massgeblich für die Entstehung der derzeitigen Finanz- und Schuldenkrise verantwortlich sein. Reagieren die Notenbanken auf die Krise mit noch mehr billigem Geld, so könnte die «säkulare Stagnation» beziehungsweise eine Deflation tatsächlich zu einer sich selbst erfüllenden Prophezeiung werden.

Markus Linke, Partner bei der Vermögensverwaltungsgesellschaft Swisspartners, sieht die Wirtschaft in den USA und Europa bereits seit mehreren Jahren in einer lang anhaltenden Stagnation. Man befinde sich am Ende des jahrzehntelang beschrittenen keynesianischen Wegs. So könnte ein deflationäres Szenario wie in Japan drohen. Laut den Ökonomen der Landesbank Baden-Württemberg ist die Wahrscheinlichkeit, dass Europa einer «säkularen Stagnation» unterliegt, sehr viel grösser als in den USA. Das Kernmerkmal einer solchen Entwicklung – niedrige Zinsen – dürfte in der Eurozone in den kommenden Jahren anhalten, schreiben sie. Da die Strukturreformen zu zögerlich seien, sei auch langfristig nicht davon auszugehen, dass sich das Potenzialwachstum im Euroraum signifikant erhöhe. Zudem sei die demografische Entwicklung in Europa unvorteilhafter als in den USA, der fiskalische Konsolidierungsbedarf höher, und Europa begehe in vielerlei Hinsicht ähnliche Politikfehler wie Japan.

Linke beobachtet derzeit eine «Geldblase», die eine Bewertungsblase am Aktienmarkt nach sich ziehe. Die bereits entstandene «säkulare Stagnation» äussere sich auch in den boomenden Aktienrückkaufprogrammen von Unternehmen. Diese zeigten, dass Konzernchefs offensichtlich keine Möglichkeiten sehen, mit Investitionen Geld zu verdienen. Getrieben wurden die Aktienkurse und auch die Immobilienpreise in den letzten Jahren vor allem durch die ultraexpansive Geldpolitik der Notenbanken – ein Phänomen, das als «Inflation der Vermögenspreise» bezeichnet wird. Die Inflation der Vermögenspreise äussert sich aber auch in rapide steigenden Preisen für exotische Sachwerte wie Oldtimer oder Kunst. Dies hat sich beispielsweise im Mai 2015 eindrucksvoll gezeigt, als ein Gemälde Pablo Picassos bei einer Versteigerung des Auktionshauses Christie's in New York für den Rekordpreis von 179 Millionen Dollar verkauft wurde.

Diese Entwicklung dürfte ein Ende finden, wenn die Investoren das Vertrauen in die derzeit anscheinend «allmächtigen» Notenbanken verlieren. Mit der Aufhebung des Mindestkurses des Frankens zum Euro habe die Schweizerische Nationalbank am 15. Januar 2015 bereits eine Art «Reissleine» gezogen. Der US-Notenbank Federal Reserve und der Europäischen Zentralbank stehe dies noch bevor. Der Zeitpunkt lässt sich aber nicht vorhersagen. Letztlich könnte die ultraexpansive Geldpolitik aber die «säkulare Stagnation» noch verschärft haben. Als Folge könnte die finanzielle Repression zunehmen. So erwartet Linke, dass die Regierungen einen immer härteren «Krieg gegen das Bargeld» führen. Als Beispiel nennt er Einschränkungen beim Bargeldverkehr in Frankreich und Italien.

Als Grund gab die französische Regierung an, potenziellen Terroristen die Finanzierung zu erschweren. Linke glaubt aber, dass mehr dahintersteckt. So sei länderübergreifend zu beobachten, dass Regierungen die Kontrolle über das Bargeld ausweiteten. In Zeiten von Negativzinsen steigt die Attraktivität des Hortens von Bargeld. Lassen sich aber immer mehr Investoren ihre Vermögen in bar auszahlen, steigt die Gefahr von Anstürmen auf die Banken (Bank Runs).

### Mit der Gelddruckmaschine gegen das Horrorszenario

Die internationalen Zentralbanken haben in den vergangenen Jahren mit einer regelrechten Geldschwemme gegen die deflationäre Entwicklung angekämpft. Da die Leitzinsen bereits nahe null waren, haben die Notenbanken zu unkonventionellen Massnahmen gegriffen, um eine Deflation zu verhindern. Die US-Notenbank, die Bank of England und etwas später auch die Europäische Zentralbank legten Programme zum Kauf von Staatsanleihen auf. Die EZB hatte zuvor bereits die europäischen Geschäftsbanken mehrmals mit Liquiditätsspritzen unterstützt.

Beendet wurde die Euroschuldenkrise dadurch allerdings nicht. Sie kehrte vielmehr sogar jedes Mal rasch zurück. Was die Europäische Zentralbank betrifft, hat diese klar signalisiert, dass sie keine der grossen europäischen Banken fallen lässt. Der europäische Bankensektor ist zwar nicht gesund, aber vollgepumpt mit «Geldinfusionen», sodass er bisher nicht kollabiert ist.

Kritisch zu sehen ist allerdings, dass die Zentralbanken in der Krisenbekämpfung nach dem Motto «Weiter so!» verfahren. Schliesslich hat die laxe, expansive Geldpolitik der vergangenen Jahrzehnte einen grossen Anteil daran, dass die Finanz- und Schuldenkrise überhaupt entstanden ist. Vor diesem Hintergrund ist der eingeschlagene Weg der Notenbanken fragwürdig. Zudem besteht die Gefahr, dass ihre ultraexpansive Geldpolitik bald nicht mehr wirkt.

Die Ökonomen sind sich uneinig darüber, ob letztlich eine länger anhaltende Deflation oder deutlich höhere Inflationsraten drohen. Viele erwarten, dass es der US-Notenbank gelingt, eine Deflation um jeden Preis zu verhindern. Ein Argument dafür ist, dass eine Zentralbank Geld auf verschiedenen Kanälen in die Volkswirtschaft einspeisen kann, wenn die Bankenkanäle verstopft sind. Die Analytiker der UBS skizzieren, wie dies geschehen könnte: «Sollte der Aufkauf von Staatsanleihen nicht die gewünschte Wirkung zeigen, so könnten die Notenbanken auch private Vermögenswerte wie etwa Aktien und Immobilien aufkaufen und so deren Preise stützen oder im Extremfall sogar Geld unter Umgehung des Bankensystems direkt an die Haushalte oder die Unternehmen verteilen», schrieben sie 2011 in der Studie «Inflation – Rückkehr einer unbequemen Bekannten». Der Preis hierfür könnte allerdings letztlich die Zerstörung der eigenen Währung sein.

Thomas Mayer, Gründungsdirektor des Flossbach von Storch Research Institute und ehemaliger Chefökonom der Deutschen Bank, hat für die ultraexpansive Geldpolitik der Zentralbanken einen einfachen Vergleich parat: Die immer grössere Geldschwemme komme dem Versuch gleich, ein bockendes Pferd zum Galopp zu bringen – was ziemlich schwierig sei. Der Versuch der Notenbanken, mittels einer immer grösseren Geldschwemme die Banken zu einer grosszügigeren Kreditvergabe zu bewegen und Inflation zu schaffen, hat bisher wenige Früchte getragen. Es sei nicht abzusehen, dass es den Zentralbanken gelinge, die Geldordnung auf einen Normalzustand zurückzuführen. Das System mit ungedecktem Papiergeld, das man im Fachjargon auch als Fiat-Geldsystem bezeichnet, werde nach der in den vergangenen Jahren zu beobachtenden enormen Ausweitung der Kreditgeldmenge immer mehr grundsätzlich infrage gestellt. Wenn es nicht gelinge, das Kreditgeldsystem wieder «flottzumachen», werde man zwangsläufig über andere Geldsysteme nachdenken müssen.

Mayer geht davon aus, dass die Welt eine Finanzkrise von einem Wechsel des Geldsystems entfernt ist. Bereits Ende der 1970er-Jahre habe sich einmal ein Verlust des Vertrauens in das Geldsystem abgezeichnet. Der damalige Präsident der US-Zentralbank Federal Reserve, Paul Volcker, habe damals das System gerettet. Unter Volckers Federal-Reserve-Präsidentschaft stieg der Zins zwischen den Banken, die Federal Funds Rate, bis zum Januar 1981 auf ein Hoch von mehr als 19 Prozent und blieb bis Oktober 1982 auf zweistelligem Niveau, wie Mayer in seinem Buch *Die neue Ordnung des Geldes* schreibt. Der ehemalige Deutsche-Bank-Chefökonom geht nicht davon aus, dass Zinserhöhungen in diesem Ausmass heute umsetzbar wären.

### «Deflation? Nicht mit uns!» – der Kampf der US-Notenbank

Ben Bernanke, der ehemalige Chef der US-Notenbank Federal Reserve, hat seinen Willen, eine mögliche Deflation mit aller Kraft zu bekämpfen, unmissverständlich kundgetan. In der berühmten Rede «Deflation: Making Sure ‹It› Doesn't Happen Here», die er am 21. November 2002 in Washington hielt, wird dieser Wille sehr deutlich. Diese Rede war eine Art Warnsignal für seine Kollegen bei der US-Notenbank, und es gelang ihm, diese von den Gefahren einer drohenden Deflation zu überzeugen. Als Folge verfolgte die US-Notenbank eine noch laxere Geldpolitik. Bernankes Nachfolgerin Janet Yellen setzte diesen Weg bisher fort. Im Dezember 2015 hat die Federal Reserve zwar die Leitzinsen um 0,25 Prozentpunkte erhöht, doch die Finanzmärkte sind mittlerweile so stark an die Nullzinsen gewöhnt, dass eine Vielzahl weiterer Zinserhöhungen eher unwahrscheinlich erscheint.

Überhaupt hat die US-Notenbank in den vergangenen Jahrzehnten bei Krisen stets reagiert und die Zinsen zu stark gesenkt. Als eine Folge davon entstanden Blasen an den Finanzmärkten, die dann wieder platzten und für eine Destabilisierung des Systems sorgten. Als Beispiele gelten die expansive Reaktion der US-Notenbank auf den Aktiencrash im Oktober 1987 oder auf die Asienfinanzkrise, die Russlandkrise und den Kollaps des Hedgefonds LTCM in den Jahren 1997/98. Jedes Mal reagierte die US-Notenbank mit einer Geldschwemme, die dann für das Entstehen der im Jahr 2000 geplatzten New-Economy-Blase verantwortlich war. Auch die Blase im US-Immobilienmarkt, die ab 2007 platzte, hat die US-Notenbank mit ihrem billigen Geld mit verursacht.

Nachdem die Leitzinsen auf null gesenkt waren, setzte die Zentralbank ihre expansive Geldpolitik mit neuen Methoden fort. Bernankes Rede aus dem Jahr 2002 wirkt dabei wie eine Art Drehbuch für die US-Notenbank in den Jahren der Finanz- und Schuldenkrise. Bernanke wies darin darauf hin, dass eine Zentralbank nicht «ihr Pulver verschossen» habe, wenn die Leitzinsen bei null angekommen seien: «(A) principal message of my talk today is that a central bank whose accustomed policy rate has been forced down to zero has most definitely not run out of ammunition. (…) (A) central bank, either alone or in cooperation with other parts of the government, retains considerable power to expand aggregate demand and economic activity even when its accustomed policy rate is at zero.» Zu Deutsch: «Eine wesentliche Botschaft meiner heutigen Rede ist, dass einer Zentralbank, deren gewöhnlicher Leitzinssatz bis auf null gedrückt wurde, absolut nicht die Munition ausgegangen ist. (…) Auch wenn ihr Leitzins bei null steht, behält eine Zentralbank entweder alleine oder in Kooperation mit anderen Teilen der Regierung weiterhin eine bedeutende Macht, um die Gesamtnachfrage und die wirtschaftliche Aktivität auszuweiten.»

In einem Papiergeldsystem könne eine Zentralbank beziehungsweise die Regierung immer eine Deflation verhindern und Inflation schaffen, fügte Bernanke damals an: «Indeed, under a fiat (that is, paper) money system, a government (…) should always be able to generate increased nominal spending and inflation, even when the short-term nominal interest rate is zero. The conclusion that deflation is always reversible under a fiat money system follows from basic economic reasoning.» Zu Deutsch: «In der Tat sollte eine Regierung in einem Papiergeldsystem immer höhere Ausgaben und eine höhere Inflation erzeugen können, selbst wenn der kurzfristige Leitzins null ist. Der Rückschluss, dass eine Deflation in einem Papiergeldsystem immer umkehrbar ist, ergibt sich aus einfachen ökonomischen Schlussfolgerungen.»

Dies liege daran, dass die Zentralbank praktisch kostenlos so viele Dollar herstellen könne wie gewünscht. Bernanke schrieb sogar von «the government» (der Regierung), was angesichts der angeblichen Unabhängigkeit der Zentralbank seltsam anmutet: «(T)he US government has a technology, called a printing press (or today, its electronic equivalent), that allows it to produce as many US dollars as it wishes at essentially no cost. By increasing the number of US dollars in circulation, or even by credibly threatening to do so, the US government can also reduce the value of the US dollar in terms of goods and services, which is equivalent to raising the prices in US dollars of these goods and services. We conclude that, under a paper-money system, a determined government can always generate higher spending and hence positive inflation.» Zu Deutsch: «Die US-Regierung besitzt eine Technik namens Druckerpresse (oder heute ihr elektronisches Pendant), die es ihr erlaubt, so viele Dollars wie gewünscht zu produzieren, und das praktisch kostenlos. Indem die Anzahl an Dollars im Umlauf erhöht wird, oder nur schon indem sie glaubwürdig droht, dies zu tun, kann die US-Regierung den Wert des Dollar bezüglich Gütern und Dienstleistungen reduzieren. Dies entspricht einer Erhöhung der Dollar-Preise für diese Güter und Dienstleistungen. Wir folgern, dass eine entschlossene Regierung in einem Papiergeldsystem immer höhere Ausgaben und folglich eine Inflation schaffen kann.»

Bernanke gab damals auch einige Hinweise darauf, welche Instrumente der Geldpolitik er anwenden würde, wenn er eine Deflation bekämpfen müsste. Schon im Jahr 2002 beschrieb er die Vorgehensweise bei quantitativen Lockerungen und der sogenannten «Operation Twist», die damals noch reine Theorie waren. Bei einer quantitativen Lockerung erwirbt eine Zentralbank Wertpapiere, beispielsweise Staatsanleihen. Sie druckt dafür zusätzliches Geld. Dies ist insofern problematisch, als die Zentralbank dabei vom Finanzministerium herausgegebene Schuldpapiere aufkauft und so praktisch als dessen verlängerter Arm agiert. Bei der «Operation Twist» schichtete die US-Notenbank um. Sie verkaufte kurz laufende Obligationen und kaufte dafür lang laufende. Dies sollte die langfristigen Zinsen senken. Bernanke hat diese unkonventionellen Methoden der Geldpolitik bereits in seiner Rede aus dem Jahr 2002 angekündigt: «To stimulate aggregate spending when short-term interest rates have reached zero, the Fed must expand the scale of its asset purchases or, possibly, expand the menu of assets that it buys. Alternatively, the Fed could find other ways of injecting money into the system – for example, by making low-interest loans to banks or cooperating with the fiscal authorities.» Zu Deutsch: «Um die Gesamtausgaben zu stimulieren, wenn die kurzfristigen Leitzinsen null erreicht haben, muss die US-Notenbank den Umfang ihrer Vermögenswertkäufe vergrössern oder, möglicherweise, das ‹Menu› der Vermögenswerte, die sie kauft, ausweiten. Andernfalls könnte die US-Notenbank andere Wege finden, um Geld in das System einzuspeisen – beispielsweise, indem sie niedrig verzinste Kredite an Banken vergäbe oder mit den Finanzbehörden kooperieren würde.»

In einer Art Vorschau auf die spätere «Operation Twist» sagte er in seiner Rede Folgendes: «One relatively straightforward extension of current procedures would be to try to stimulate spending by lowering rates further out along the Treasury term structure – that is, rates on government bonds of longer maturities.» Zu Deutsch: «Eine relativ einfache Erweiterung der derzeitigen Vorgehensweisen wäre der Versuch, Ausgaben durch das Herabsetzen von Zinssätzen entlang der Zinsstrukturkurve von US-Staatsanleihen («treasuries») zu stimulieren – also der Zinssätze länger laufender Staatsanleihen.»

Die Äusserungen von Bernanke zeigen sehr deutlich den «Machbarkeitsglauben» in den Reihen der US-Notenbank. Die Federal Reserve schreckt nicht davor zurück, wichtige Indikatoren wie die Zinsstrukturkurve zu manipulieren. So fliesst Kapital in Märkte, in die es unter normalen Umständen nicht fliessen würde. Die Finanzmärkte haben die Aufgabe, Geld dorthin zu bringen, wo es am effizientesten arbeitet. Diese Funktion wird durch eine solche Politik einer Zentralbank stark geschwächt. Je länger eine solche ultraexpansive Geldpolitik andauert, umso schwieriger werden der Ausstieg und der Weg zurück zu einer «normalen» Geldpolitik. Bei dem Vorgehen der US-Notenbank und – in deren Kielwasser – anderer Zentralbanken handelt es sich letztlich um ein grosses geldpolitisches Experiment, dessen Ausgang völlig unklar ist. Allerdings dürfte es den Notenbankern nicht gelingen, die Schulden einfach verschwinden zu lassen. Letzten Endes muss irgendjemand die Rechnung bezahlen.

Im Laufe der vergangenen Jahre ist zu beobachten, dass sich die Wirkung der expansiven Massnahmen mit jedem Mal abschwächt und dass die Zyklen bis zur nächsten Verschärfung der Krise kürzer werden. Die schwierige Situation im Finanzsystem schlägt sich indessen konjunkturell nieder und verunsichert die Investoren. Dies hat dazu geführt, dass diese ihr Geld horten. Zumindest für einige Zeit droht eine deflationäre Entwicklung, die dann allerdings in eine deutlich höhere Inflation umschlagen könnte. Begleitet wird sie bereits heute von einer immer weiter gehenden finanziellen Repression. Diese äussert sich beispielsweise in künstlich niedrig gehaltenen Zinsen, Einschränkungen beim Bargeldverkehr, Steuern auf Sparguthaben, der Wiedereinführung von Kapitalverkehrskontrollen oder dem eingeschränkten Zugang zu Konten und Schliessfächern in Ländern wie Griechenland oder Zypern.

### Geldanlage in Zeiten einer Deflation

Gesetzt den Fall, die Wirtschaft in den USA und Europa würde tatsächlich in eine länger dauernde Deflation oder eine «säkulare Stagnation» fallen, so hätte dies enorme Auswirkungen für die Anleger. Eine Deflation ist – wie auch eine hohe Inflation – ein solch mächtiges Phänomen, dass sie aus Bürgern Gewinner und Verlierer macht. Zunächst einmal hat eine geringe Deflation negative Auswirkungen auf die Schuldner und ist für die Gläubiger von Vorteil. Die meisten Anlageklassen erleiden in einer Deflation Verluste.

In einem solchen Umfeld geht es für Anleger primär um den Vermögenserhalt. Vermögen aufzubauen, ist in einem Umfeld mit extrem niedrigen Zinsen und platzenden Blasen sehr schwierig bis fast unmöglich. Eine gute Diversifikation bei der Geldanlage dürfte auch in einem solchen Umfeld wichtig sein. Dabei sind Anleger praktisch dazu gezwungen, auch auf die herkömmlichen Anlageklassen zurückzugreifen.

**Vermögensklassen im Überblick**

*Spar-, Tages- und Festgeldkonten*
Da die Konjunkturaussichten und die Finanz- und Schuldenkrise weiterhin für Unsicherheit sorgen, haben viele Anleger erhebliche Geldsummen auf Spar- sowie auf Tages- und Festgeldkonten geparkt. Hier tendieren die Zinsen gegen null, Grosskunden zahlen sogar Negativzinsen. Trotzdem besteht auch in diesem Szenario die Chance auf eine positive Rendite. Herrscht in einem Jahr beispielsweise eine Deflation von 1,5 Prozent, verdient ein Sparer mit einem Tagesgeldkonto, das in diesem Jahr eine Rendite von 0,5 Prozent abwirft, eine reale Gesamtrendite von 2 Prozent.

Einige Banken bieten bei Tagesgeldkonten sogenannte Lockvogelangebote und bezahlen Zinsen, die über dem Marktniveau liegen, um Kunden zu gewinnen. Informationen zu den aktuell höchsten Zinsen von Spar-, Tages- und Festgeldkonten erhalten die Anleger im Internet beispielsweise unter www.fmh.de für Konten in Deutschland sowie unter www.comparis.ch für Konten in der Schweiz.

Die Anleger sollten genau darauf achten, bei welcher Bank sie die Konten führen. Nehmen deflationäre Tendenzen zu, drohen Finanzhäuser schliesslich zu kollabieren. In der Finanzkrise 2008 war dies beispielsweise bei der isländischen Kaupthing Bank der Fall, die in der Schweiz Tagesgeldkonten mit hohen Zinsen anbot. Die Anleger kamen nach dem Kollaps allerdings mit dem Schrecken davon, denn sie erhielten ihr Geld zurück.

*Anleihen*
In Deflationszeiten haben sich in der Vergangenheit Anleihen im Vergleich zu anderen Anlageklassen gut entwickelt. Die Wissenschaftler Elroy Dimson, Paul Marsh und Mike Staunton von der London Business School haben die Renditen von Anlagen für 19 Länder über den Zeitraum von 1900 bis 2011 analysiert. Dies entspricht 2128 einzelnen Jahresanlagerenditen. Das Research Institute der Grossbank Credit Suisse hat die Ergebnisse in einem *Yearbook 2012* und in einem *Sourcebook 2012* veröffentlicht. Die Daten der Wissenschaftler gelten in der Finanzbranche und in der Wissenschaft als wichtige Grundlage, um die langfristige Entwicklung von Aktien, Obligationen und Bargeldanlagen sowie den Einfluss von Inflationen, Deflationen und Wechselkursveränderungen zu erforschen.

Gemäss den Professoren gab es über den Zeitraum von 1900 bis 2011 in 5 Prozent der Fälle Deflationsjahre mit sinkenden Preisen von 3,5 Prozent oder mehr. In diesen Jahren lagen die realen Renditen von Obligationen bei 20,2 Prozent.

Zeiten mit sinkenden Zinsen sind für Anleihen oftmals von Vorteil. Dies hat sich seit den 1980er Jahren gezeigt, seitdem haben die Anleger «drei goldene Jahrzehnte» für Obligationenanlagen erlebt. Laut der Statistik der Professoren Dimson, Marsh und Staunton haben Anleger im Zeitraum von 1966 bis 2015 mit der Anlageklasse «Anleihen weltweit» reale Renditen von 4,2 Prozent pro Jahr erzielt. In der Schweiz waren es im gleichen Zeitraum 3,1 Prozent pro Jahr.

Trotz dieser Zahlen sollten sich die Anleger vor Augen halten, dass dieser Anleihenboom nicht ewig anhalten wird. Das Ende dieser Entwicklung könnte allmählich gekommen sein. Dass hier der Wind in kurzer Zeit stark dreht, ist eine der Gefahren bei Bondanlagen. Angesichts des Zinsniveaus von null bis negativ sind hohe Anleiherenditen für die kommenden Jahre eher unwahrscheinlich bis fast unmöglich.

In einem deflationären Umfeld eignen sich nicht alle Arten von Anleihen. Aufgrund der riesigen Schuldenproblematik sollten Investoren vorsichtig sein. Zudem sind Obligationen Papiergeld- und keine Sachwertanlagen, und es bestehen immer Gegenparteirisiken.

Bei Staatsobligationen sollten Anleger in erster Linie auf Papiere von geringer verschuldeten Staaten mit guten Haushaltsdaten setzen. Höher verschuldete Länder könnten in den Strudel der Schuldenkrise geraten.

Überhaupt sollten die Anleger in einem solchen Umfeld darauf achten, dass sie ihr Geld bei Schuldnern mit hoher Qualität investieren. Dies gilt sowohl für Staaten als auch Unternehmen. Schliesslich drohen in einer Deflation Staats- und Unternehmensbankrotte. In der Weltwirtschaftskrise nach 1929 wurden viele Obligationen wertlos, weil der jeweilige Emittent kollabierte. Folglich sollten die Anleger in einem solchen Umfeld auch mit Unternehmensanleihen vorsichtig sein und bestenfalls auf erstklassige Emittenten mit einem geringen Verschuldungsgrad setzen. Hochverzinsliche Anleihen von hoch verschuldeten Firmen sind besonders gefährdet, da in einem deflationären Umfeld die Zahl der Unternehmensinsolvenzen oft stark steigt.

Bei Investitionen in Fremdwährungsanleihen gilt es, das Währungsrisiko abzusichern. Sonst sind die Risiken proportional gesehen zum möglichen Ertrag zu gross.

*Aktien*
Aktien sind in einem deflationären Umfeld klare Verlierer. In einer solchen tief gehenden Krise geht der Konsum zurück, obwohl Waren günstiger werden. Ausserdem tätigen Unternehmen weniger Investitionen. In der Folge leiden die Gewinne der Firmen und damit auch deren Aktienkurse.

Besonders drastisch zeigte sich dies in der Weltwirtschaftskrise, als die Aktienmärkte einbrachen. Zum Start der Krise am sogenannten Schwarzen Donnerstag, dem 24. Oktober 1929, gab es bereits panische Verkäufe. Gemäss der *Encyclopaedia Britannica* verloren die Kurse zwischen September 1929 und November 1929 rund 33 Prozent an Wert. Mittelfristig gesehen kam es noch viel schlimmer. Der amerikanische Leitindex Dow Jones Industrial fiel vom 3. September 1929, als er einen Rekord von 381 Punkten erreichte, bis zum 8. Juli 1932 auf ein Tief von 41 Zählern. Dies entsprach einem Verlust von 89 Prozent. Es dauerte sage und schreibe bis zum 23. November 1954, bis der Dow Jones Industrial den Rekordstand aus dem Jahr 1929 übersprang und bei 382 Punkten schloss.

Auch das Beispiel Japan zeigt überdeutlich, wie stark Aktien in einer Deflation an Wert verlieren können. Als der japanische Immobilienboom 1989 seine Spitze erreichte, kletterte der Leitindex Nikkei 225 bis auf einen Stand von 38 916 Punkten. Nach dem Ausbruch der Deflation verbuchte das Barometer sehr starke Verluste und dümpelte Ende April 2016 immer noch bei 17 740 Zählern, also nicht einmal der Hälfte des damaligen Stands.

Aktien sind als Geldanlage für ein deflationäres Umfeld wenig geeignet. Bestenfalls können die Anleger einen sehr langen Horizont definieren und auf defensive Titel von Unternehmen mit einem sehr guten Geschäftsmodell und hohen Dividendenrenditen setzen.

*Immobilien*
In einer Deflation leiden auch die Immobilienpreise. Wie die damalige Bank Sarasin 2010 in einer Studie schrieb, sind die Häuserpreise in Japan bis damals seit dem Platzen der Blase 1989/1990 um rund 80 Prozent gesunken. Davor gab es allerdings eine gigantische Blase am japanischen Markt für Liegenschaften.

Für private Wohneigentümer ist in einer Deflation zu beachten, dass Schulden in einem solchen Umfeld besonders schwer wiegen und real sogar an Wert gewinnen – während Preise und Löhne fallen. Dies ist für Wohneigentümer, die sich bei der Bank mit Hypothekarkrediten zur Finanzierung einer Immobilie verschuldet haben, doppelt negativ. Während der Wert ihrer Häuser und Wohnungen sinkt, steigt gleichzeitig der Wert ihrer Schulden. Es ist nicht einmal ausgeschlossen, dass bei einem hohen Grad der Fremdfinanzierung am Schluss die bei der Bank aufgenommenen Schulden mehr wert sind als die Immobilie.

*Gold und andere Edelmetalle*
In Zeiten einer Deflation kann Gold eine sinnvolle Anlage zur Vermögenserhaltung sein. Gemäss Dimson, Marsh und Staunton erzielte Gold in Jahren mit einem Rückgang des Preisniveaus von 3,5 Prozent oder mehr im Durchschnitt eine reale Rendite von 12,2 Prozent (vgl. Abbildung 36). Gerade in Zeiten mit negativen Realzinsen an den Kapitalmärkten hat Gold in der vergangenen Zeit oftmals gut rentiert. In einer Ära der finanziellen Repression, wie sie sich derzeit abzeichnet, ist dies meist der Fall.

In dem «Horrorszenario» einer Deflation drohen viele Anlagen so viel an Wert zu verlieren, dass Gold an Attraktivität gewinnt. Schliesslich hat es einen innewohnenden, realen Wert. Der World Gold Council hat in einer Studie vom Februar 2010 berechnet, dass der Goldpreis im Durchschnitt geschichtlich gesehen um 0,9 Prozent gestiegen ist, wenn die Geldmenge weltweit um 1 Prozent ausgeweitet wurde. In einer Deflation sind weitere Geldspritzen der Zentralbanken zu erwarten. Sinkt das Vertrauen der Investoren in die Zentralbanken, könnte dies dazu führen, dass

**Reale Gold- und Cashrenditen, 1900 bis 2011**
In Prozent

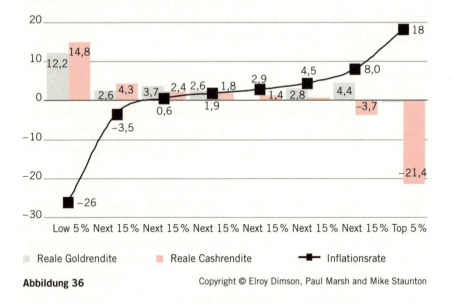

**Abbildung 36**  Copyright © Elroy Dimson, Paul Marsh and Mike Staunton

die Nachfrage der Investoren nach Edelmetallen wie Gold und Silber wieder steigt.

Bei Investitionen in Gold ist stets zu beachten, dass sich der Preis für das Edelmetall sehr volatil entwickeln kann. Dies haben die vergangenen Jahre gezeigt. Nach 2001 kam es nicht zuletzt wegen der wachsenden Inflationsängste der Investoren zu starken Preissteigerungen, die dann wieder deutlich korrigiert wurden. Des Weiteren sollten die Anleger berücksichtigen, dass sie bei Investitionen in Edelmetalle keine Zins- oder Dividendenzahlungen erhalten und dass gegebenenfalls Lagerkosten anfallen. Allerdings verliert dieses Argument in einem Umfeld sehr tiefer beziehungsweise sogar negativer Realzinsen an Bedeutung. Historisch gesehen haben solche Perioden den Goldpreis oft begünstigt.

Dadurch, dass die Anleger an den Papiergeldwährungen mehr und mehr zweifeln, hat Gold einen festen Platz in den Anlegerdepots eingenommen. Dabei ist allerdings nicht unerheblich, in welchem Land der Goldvorrat gehalten wird. Schliesslich besteht die Gefahr, dass Regierungen in verschiedenen Staaten in einer Deflation den Besitz von Gold verbieten. Solche Aktionen unter dem Stichwort der finanziellen Repression gab es geschichtlich gesehen sogar schon in als liberal geltenden Ländern wie den USA. Dort erliess Präsident Franklin D. Roosevelt 1933 ein Verbot für den privaten Besitz von Gold, das erst 1974 wieder aufgehoben wurde.

Die Preisentwicklung für Edelmetalle wie Silber, Platin und Palladium ist von der Konjunktur stärker abhängig als der Goldpreis, da sie auch in der Industrie eingesetzt werden. In einer Wirtschaftsdepression werden sie folglich weniger stark nachgefragt. Dies dürfte ihre Preise in einer Deflation unter Druck setzen. Die Entwicklung ihrer Preise ist ausserdem ebenfalls stark anfällig für Schwankungen.

*Andere Rohstoffe*
Käme es zu einer Wirtschaftsdepression, dürften auch die Rohstoffpreise einbrechen. Schliesslich werden Rohstoffe in solchen Phasen deutlich weniger nachgefragt. In der Weltwirtschaftskrise fielen die Preise für Kaffee, Baumwolle, Seide und Kautschuk im Zeitraum von September 1929 bis Dezember 1930 um rund die Hälfte, wie die *Encyclopaedia Britannica* schreibt.

Unter den gängigen Rohstoffanlagen dürften beim Ausbruch einer Deflation vor allem die Preise von Industriemetallen leiden. Rohstoffe bieten – eine Ausnahme könnte Gold sein – keine gute Absicherung gegen eine Deflation.

### Geldanlageprodukte und Altersvorsorge

Neben den verschiedenen Vermögensklassen sollten die Anleger auch immer darauf achten, in welche Geldanlageprodukte sie ihr Vermögen placieren. Diese haben unterschiedliche Eigenschaften, die gerade in einer tief gehenden Krise entscheidend sein können.

*Fonds*
Investmentfonds sind für Privatanleger wichtige Geldanlageprodukte. Die Fonds poolen das Vermögen ihrer Kunden und legen es in den oben geschilderten Vermögensklassen an. Es gibt alle möglichen Arten der Produkte, beispielsweise Aktien-, Obligationen- oder Immobilienfonds.

Wie sich die Fonds in einer Deflation entwickeln, hängt von ihrem jeweiligen Anlageschwerpunkt ab. Aktienfonds beispielsweise dürften in einer Deflation grosse Probleme bekommen, während sich Obligationenfonds unter Umständen passabel halten könnten. Angesichts des niedrigen

Zinsniveaus verdienen viele Anlagefonds in einem deflationären Umfeld kaum ihre Gebühren. Es besteht also die erhebliche Gefahr, dass Anleger mit den Produkten im Minus landen.

In einem solchen Negativszenario der Deflation haben Anlagefonds aber immerhin den Vorteil, dass es sich bei ihnen um Sondervermögen handelt. Kollabiert also eine Bank oder eine Fondsgesellschaft, so ist das im Fonds angelegte Vermögen von der Konkursmasse getrennt. Das Geld ist also geschützt, falls es zu einer Insolvenz der ausgebenden Gesellschaft kommt.

*Exchange Traded Funds (ETF) und Indexfonds*
Exchange Traded Funds sind Anlagefonds, die an der Börse gehandelt werden. Zumeist bilden sie einen Börsenindex wie den Swiss Market Index, den Deutschen Aktienindex oder auch Anleihenbarometer ab. Grundsätzlich sind Exchange Traded Funds, sorgsam ausgewählt, für Privatanleger interessante Produkte. Sie sind im Allgemeinen deutlich günstiger als traditionelle Anlagefonds. Da der Anleger mit ihnen mehrere Wertschriften auf einmal kauft, bieten die meisten Produkte zudem eine gute Risikostreuung.

Da sich in einer Deflation nur wenige Anlageklassen passabel entwickeln, drohen den Investoren in einem solchen Szenario auch mit Exchange Traded Funds auf Aktienindizes Verluste. Es gibt aber auch welche, mit denen man auf fallende Aktienkurse setzen kann. Diese sind die sogenannten Short Exchange Traded Funds. Da diese für den täglichen Handel sowie für institutionelle Grossinvestoren ausgestaltet sind, eignen sie sich aber nicht für die längerfristige Absicherung von Portfolios. Auch haben bereits verschiedene Behörden wie die US-Börsenaufsicht Securities and Exchange Commission vor solchen Short Exchange Traded Funds gewarnt. Die Produkte eignen sich also nicht für Privatanleger.

Dasselbe gilt für die als besonders innovativ vermarkteten Exchange Traded Funds, die höhere Gebühren verlangen und stark Derivate einsetzen. Im Falle einer tief gehenden Krise drohen hier gewisse Ausfallrisiken.

*Strukturierte Produkte und Zertifikate*
Strukturierte Produkte beziehungsweise Zertifikate haben den Vorteil, dass es hier ein Angebot an Produkten gibt, mit denen sich das Deflationsrisiko überspielen lässt. So können Anleger mit manchen Produkten auf fallende Aktienkurse setzen. Die Möglichkeit, verschiedene Entwicklungen an den

Finanzmärkten abbilden zu können, ist ein Vorteil von Zertifikaten. Mit den meisten anderen Geldanlageprodukten kann man nur auf steigende Kurse setzen.

Die Anleger sollten dabei beachten, dass strukturierte Produkte von Banken ausgegeben werden und dass bei ihnen ein Emittenten- beziehungsweise Ausfallrisiko besteht. Dieses könnte in einer Wirtschaftsdepression zum Tragen kommen, da der Kollaps von Banken droht. Dass dies kein theoretisches Risiko ist, hat sich 2008 beim Konkurs der US-Investmentbank Lehman Brothers gezeigt. Viele Anleger standen schliesslich mit Garantiezertifikaten da, die trotz ihres Sicherheit versprechenden Namens wertlos geworden waren.

In den vergangenen Jahren haben Banken strukturierte Produkte auf den Markt gebracht, die das Emittentenrisiko ausschalten sollen. Solche Zertifikate haben beispielsweise eine Pfandbesicherung, die das Konkursrisiko einschränkt. Allerdings sind die Gebühren dafür höher.

Gemäss der alten Anlageregel «Kaufe nie, was du nicht verstehst!» sollten die Anleger bei strukturierten Produkten stets darauf achten, dass sie deren Funktionsweise durchschauen. Bei manchen Produkten ist dies fast eine Wissenschaft für sich. Je intransparenter ein Geldanlageprodukt ist, desto teurer ist es meist auch. Die weiterhin mangelhafte Transparenz und die oftmals hohen Gebühren sind unterdessen Minuspunkte strukturierter Produkte.

*Lebensversicherungen*

Eine Deflation würde Versicherungen hart treffen, da Staatsbankrotte in einem solchen Szenario nicht unwahrscheinlich sind. Die Assekuranzen legen stark in Staatsanleihen an. So könnte es bei Lebensversicherungen zu Verlusten auf diese als besonders sicher geltenden Obligationen kommen.

Auch Lebensversicherungen haben hohe Gebühren. Zunächst fällt eine hohe Provision für den Versicherungsverkäufer ab, und die anschliessenden Gebühren sind ebenfalls erheblich. Ausserdem macht das niedrige Zinsniveau die Produkte unattraktiv. Diese sind intransparent, und ein Ausstieg aus dem Vertrag kommt die Sparer sehr teuer zu stehen. Privatanleger sollten sich also überlegen, ob Lebensversicherungen eine gute Anlage für sie sind.

Wenn Risiken wie ein Todesfall oder Invalidität abgesichert werden sollen, können Lebensversicherungen einen gewissen Sinn ergeben. Auch die Steuerersparnis kann ein Argument sein. Bei Lebensversicherungen werden allerdings zwei Dinge vermischt, die eigentlich nicht zusammengehören: das Sparen und das Versichern.

*Pensionskassen und Pensionsfonds*
Auch für die Pensionskassen und Pensionsfonds wäre eine Deflation ein Albtraum. Da die Zinsen in diesem Fall dauerhaft tief blieben, würden es die Vorsorgeeinrichtungen nicht schaffen, die benötigten Renditen zu erwirtschaften. Problematisch sind in diesem Zusammenhang die politischen Vorgaben an die Vorsorgeeinrichtungen. Die Folge wären erhebliche Unterdeckungen, und Sanierungen der Pensionskassen würden nötig. In einem solchen Szenario droht sogar eine ausgemachte «Pensionskrise», da die Vorsorgeeinrichtungen sich immer schwerer damit tun, ihre Verpflichtungen zu erfüllen.

Bei Sanierungen von Pensionskassen müssten wohl auch die Arbeitnehmer einen Beitrag leisten. Ausserdem sollten sich erwerbstätige Versicherte für den Fall einer deflationären Entwicklung auf eine – wenn überhaupt – sehr geringe Verzinsung ihrer Altersguthaben einstellen. Ferner dürfte in einer Deflation an einer weiteren Reduzierung der Leistungen kein Weg vorbeiführen.

Realität wurden solche Sanierungen bereits in Japan, das ja seit einiger Zeit in einer Deflation steckt. Bekannt geworden ist hier das Beispiel der Fluglinie Japan Airlines. Das Unternehmen war gezwungen, Kürzungen im zweistelligen Prozentbereich sowohl bei den Rentnern als auch bei den aktiven Versicherten vorzunehmen.

# Szenario 2

## Höhere Inflation – drohende Verluste für Sparer

> «Amerikanische Politiker stehen der Inflation mit einer Hassliebe gegenüber.
> Sie hassen die Inflation, aber sie lieben alles, was sie verursacht.»
>
> John Davison Rockefeller junior

### Definition und Geschichte

Was ist eigentlich Inflation? Der Begriff wird im allgemeinen Sprachgebrauch mit einem Anstieg der Konsumentenpreise gleichgesetzt. Diese Definition ist allerdings fragwürdig. «Inflation ist immer ein monetäres Phänomen», sagte der amerikanische Ökonom und Nobelpreisträger Milton Friedman einst. Ihm zufolge ist eine Inflation immer ein Anstieg der Geldmenge, und die Ursache für die Veränderungen des Preisniveaus ist in den Veränderungen der Geldmenge zu suchen. Bei einer Inflation handelt es sich um einen Kaufkraftschwund des Geldes, der dadurch hervorgerufen wird, dass mehr davon in Umlauf ist. Eine Inflation wird letztlich also von politischen Entscheidungsträgern geschaffen. Nimmt man den Begriff genauer unter die Lupe, so erscheint dies überaus plausibel. Dieser leitet sich vom lateinischen Verb «inflare» ab, was so viel wie «aufblähen» bedeutet.

Ein Aufblähen der Geldmenge hat es mit dem exzessiven Gelddrucken der Notenbanken in den vergangenen Jahren in der Tat gegeben. Mit dem Ausbruch der Finanz- und Schuldenkrise im Jahr 2007 haben die Zentralbanken die Geldmenge immens ausgeweitet. Die offiziellen Daten, die den Anstieg des Preisniveaus errechnen, weisen bisher in den meisten Ländern der Eurozone kaum Inflation aus. Die Geschäftsbanken horten das Geld überwiegend, das sie von den Zentralbanken erhalten haben.

Ein Problem der modernen Messmethoden von Inflation ist, dass hier Konsumentenpreisindizes verwendet werden. Diese haben allerdings ihre Tücken, denn Vermögenswerte, Rohstoffe, Aktien oder Immobilien sind darin nicht enthalten. Wäre dies der Fall, so lägen die Inflationsraten in einigen Ländern deutlich höher. So sind bei vielen Vermögenspreisen starke

Steigerungen zu beobachten, beispielsweise bei den Immobilienpreisen in Deutschland oder in der Schweiz. Diese spiegeln sich aber nicht in den offiziellen Inflationszahlen. Man spricht diesbezüglich von einer Vermögenspreisinflation («asset price inflation»). Beobachter sehen diesen Effekt auch bereits an den Aktienmärkten. Das viele, von den Zentralbanken in die Märkte gepumpte Geld habe die Kurse in den vergangenen Jahren künstlich hochgehalten, argumentieren sie, und führen dazu Kennzahlen wie das Kurs-Gewinn-Verhältnis (KGV) oder das Kurs-Buchwert-Verhältnis (KBV) an. Blasen an den Finanzmärkten zu erkennen, ist nicht leicht. Folglich ist es auch schwierig, eine Vermögenspreisinflation nachzuweisen.

Dennoch gibt es immer wieder Zweifel an den ausgewiesenen Inflationsraten. In den USA herrscht eine lebhafte Diskussion darüber, ob diese nicht zu niedrig sind. In diesem Zusammenhang haben die Betreiber der Website www.shadowstats.com eine Vorreiterrolle übernommen. Auch in Europa gibt es Zweifel an der Repräsentativität der Warenkörbe, die von staatlichen Behörden vorgegeben werden, um Inflation zu messen. Roland Leuschel und Claus Vogt merken diesbezüglich in ihrem Buch *Das Green-*

**Die Preisentwicklung in den USA, 1900 bis 2012**

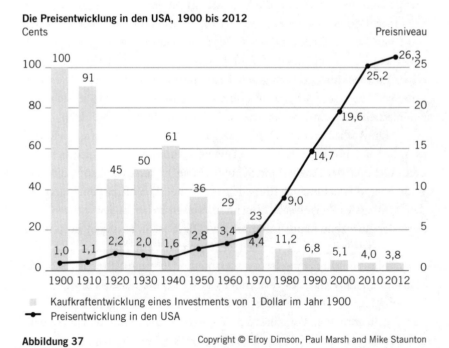

Kaufkraftentwicklung eines Investments von 1 Dollar im Jahr 1900
Preisentwicklung in den USA

**Abbildung 37**  Copyright © Elroy Dimson, Paul Marsh and Mike Staunton

*span-Dossier* an, der Staat habe durchaus das Interesse, die Inflationsrate im Zweifel niedriger auszuweisen, als sie tatsächlich ist. Schliesslich steigt die Belastung des Steuerzahlers bei höherer Inflation, da dieser dann in eine höhere Progressionsstufe rutscht. Für den Staat fällt indessen die reale Belastung, weil Transferzahlungen im Allgemeinen nicht automatisch an die Inflationsrate angepasst sind.

Wer fixe Einkommen bezieht, gehört deshalb bei steigender Inflation zu den Verlierern. Zu ihnen gehören beispielsweise Rentner oder Bürger, die staatliche Unterstützungszahlungen erhalten. Da eine Inflation die Schuldenmacher belohnt und die Sparer bestraft, wirkt sie sich auf die Wirtschaft schädlich aus.

Die oftmals politisch gewollte mässige Inflation wird zumeist verharmlost. Bereits sie hat auf längere Sicht erhebliche Auswirkungen auf die Kaufkraft der Bürger. Dies zeigt eine Studie der Deutschen Bundesbank, die am 18. Januar 2011 in der *Neuen Zürcher Zeitung* publiziert wurde. Sie enthielt zwei Berechnungsmethoden für den Kaufkraftverlust von Währungen im Zeitraum von 1971 bis 2011. Ihr zufolge verlor der Franken in dieser

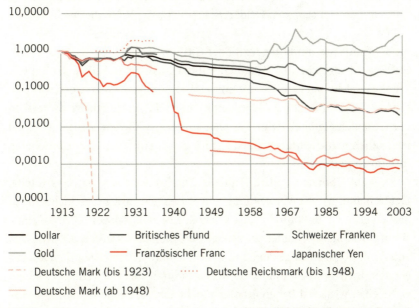

**Kaufkraftschwund in wichtigen Volkswirtschaften**

**Abbildung 38**     Quelle: UBS Wealth Management Research

Periode 41,3 Prozent beziehungsweise 65,5 Prozent seiner Kaufkraft, der Dollar sogar 81,8 Prozent beziehungsweise 86,6 Prozent. Vor allem die Jahre nach dem Ende des Bretton-Woods-Systems fester Wechselkurse und der Abschaffung des Goldstandards waren eine Zeit hoher Inflation.

### Die Gefahren des Papiergeldsystems

«Nicht einlösbares Papiergeld hat sich fast immer als Fluch erwiesen für die Länder, die es angewendet haben.»

Irving Fisher, amerikanischer Ökonom

Längerfristiges Refinanzierungsgeschäft, quantitative Lockerung, «Operation Twist» – mit solchen Begriffen haben die internationalen Zentralbanken in den vergangenen Jahren das Vokabular der Finanzinteressierten vergrössert. Dahinter verstecken sich Entscheide, mit denen beispielsweise die amerikanische Notenbank und die Europäische Zentralbank Geld drucken und marode Banken und Staaten stützen. Dies soll die Krise in den Industriestaaten bekämpfen und hat die Zuspitzung der Euroschuldenkrise schon mehrmals gemildert. Das Pumpen von Milliarden und Abermilliarden an Euro und an Dollar in den Geldkreislauf dürfte die Krise aber nicht lösen.

### Ist die Geldschwemme Medizin oder Gift?

Dabei wird versucht, den Patienten mit der Medizin zu heilen, die ihn erst krank gemacht hat, nämlich mit immer mehr billigem Geld. Doch was passiert, wenn der Markt das Vertrauen in diese Heilungsmethode verliert? In der Geschichte gibt es dafür Beispiele mit schrecklichem Ausgang. Schon jetzt gehen manche Marktteilnehmer für die Zukunft von deutlich höheren Inflationsraten aus.

Laut Thorsten Polleit, früherer Chefökonom von Barclays Capital Deutschland, hat die Verwendung von Papiergeld in der Geschichte oft in Tränen geendet. Er befürchtet, dass derzeit eine politisch gewollte Monetarisierung von Staatsschulden zu beobachten ist. Dabei würden die Schulden von Zentralbanken aufgekauft und so überschuldete Staaten vor dem Kollaps gerettet. Ihr eigentlicher Bankrott werde dadurch aber nur verdeckt. Gelingt es bei einer wirtschaftlichen Erholung nicht, das viele Geld rasch genug wieder abzuschöpfen, könnte die Inflation als Folge beträchtlich steigen.

**Das Risiko von Vermögenspreisblasen**

Dass die grossen Mengen an bislang gedrucktem Geld bisher zu keinem nennenswerten Anstieg der Konsumentenpreise geführt haben, liegt wohl daran, dass die Zins- und Kreditkanäle weiterhin verstopft sind. Banken horten das Geld lieber, als es weiterzugeben. Berücksichtigt man andere Daten als die Konsumentenpreise, so zeigen sich bereits erhebliche Auswirkungen der ultraexpansiven Geldpolitik. So gab es in einigen Ländern eine deutliche Erhöhung der Vermögenspreise. So stiegen beispielsweise in der Schweiz und in Deutschland die Immobilienpreise in guten Lagen in den vergangenen Jahren stark. Die «Vermögenspreisinflation» erfasste auch die Aktienmärkte, bis es Anfang 2016 zu Rückschlägen kam.

Das exzessive Gelddrucken der Zentralbanken dürfte für Sparer, Altersvorsorger und Investoren erhebliche negative Konsequenzen haben. So könnten die in den vergangenen Jahrzehnten entstandenen Kosten und Schulden sozialisiert werden, indem die Kaufkraft des Geldes bei den Bürgern verringert wird. Ökonomen der Schweizer Grossbank UBS schreiben dazu in einer Studie, eine Inflation wirke im Prinzip wie eine Steuer – und noch dazu handle es sich bei ihr um eine, die heimlich erhoben werden könne. Die Inflation enteignet die Bürger, die sich davor nicht schützen können, «peu à peu». Dies ist besser systemverträglich als andere Massnahmen, weil die meisten Bürger die Zusammenhänge nicht verstehen.

**Ein chronisches Problem**

Wie Carmen M. Reinhart und Kenneth S. Rogoff in ihrem Buch *Dieses Mal ist alles anders. Acht Jahrhunderte Finanzkrisen* ausführen, wurde die Inflation mit der Verbreitung des Papiergelds zu Beginn des 20. Jahrhunderts zu einem «weitverbreiteten und chronischen Problem». Bevor das ungedeckte Papiergeld eingeführt wurde, bedienten sich Monarchen und Herrscher allerdings anderer Tricks, um Schuldenrückzahlungen zu vermeiden. Sie verringerten den Edelmetallgehalt der zirkulierenden Münzen oder liessen kleinere Münzen mit demselben Wert prägen. Wie die Abbildung 39 darlegt, lässt sich dabei ein Zusammenhang zwischen der schwierigen Lage von Staatshaushalten beziehungsweise sogar Staatsbankrotten und einer danach folgenden Inflation aufzeigen.

Vor dem Hintergrund der gegenwärtigen Lage in Griechenland wirkt es ironisch, dass – wie in dem Buch von Reinhart und Rogoff erwähnt – Dionysios von Syrakus bereits im 4. Jahrhundert vor Christus unter Androhung

**Staatsbankrotte und darauffolgende Inflationen, 1900 bis 2006**
Prozent der Länder

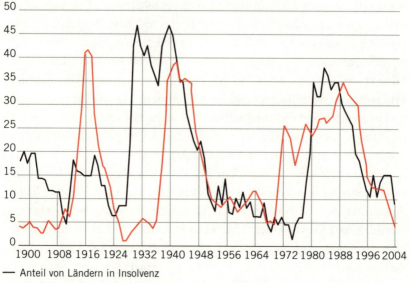

— Anteil von Ländern in Insolvenz
— Anteil von Ländern mit einer Inflationsrate von über 20%

**Abbildung 39**                                Quelle: Swisscanto / Reinhart / Rogoff

der Todesstrafe das in Umlauf befindliche Geld einziehen und anschliessend auf jede 1-Drachme-Münze den Wert von 2 Drachmen prägen liess. Ein weiteres Beispiel für eine historische Währungsabwertung lieferten Heinrich VIII. und sein Nachfolger Edward VI. in England in den Jahren nach 1542. Während dieser Zeit verlor das Pfund gemäss Reinhart und Rogoff 83 Prozent seines Silbergehalts.

In Schweden wurde den Autoren zufolge die Währung im Jahr 1572 um 41 Prozent abgewertet und der russische Rubel 1798 um 14 Prozent – in letzterem Fall ging es um die Finanzierung eines Krieges. Russland wertete seine Währung 1810 erneut um 41 Prozent ab, Österreich die seinige 1812 um 55 Prozent. Beide Abwertungen standen gemäss Reinhart und Rogoff in Zusammenhang mit den Belastungen, die durch die Napoleonischen Kriege ausgelöst wurden.

**Gewalt und Münztricks**

Die Bürger wurden also schon in früheren Jahrhunderten mittels Gewalt und Tricks der jeweiligen Herrscher um die Kaufkraft ihres Geldes gebracht. Aus der Sicht von Reinhart und Rogoff sind «die modernen Gelddruckmaschinen lediglich eine technisch fortschrittlichere und effizientere Methode zur Erreichung desselben Ziels», um Schuldenrückzahlungen zu umgehen. Wie ihre Statistiken zeigen, war die Inflation im 20. Jahrhundert tatsächlich sehr hoch. In vielen Industrieländern galt das Phänomen Inflation in den vergangenen Jahrzehnten als besiegt. Angesichts der immensen Verschuldung zahlreicher Staaten könnte sich dies nun allerdings wieder ändern.

Murray Rothbard, amerikanischer Ökonom und Vordenker der Libertarian Party, sah die Wurzel des Papiergeldübels im System der US-Notenbank, das 1913 durch die Unterzeichnung der Federal Reserve Act unter US-Präsident Woodrow Wilson geschaffen wurde. Die amerikanische Wirtschaft leide unter chronischer Inflation, die von der US-Notenbank geschaffen werde, schrieb Rothbard. Es sei die Aufgabe der US-Notenbank, private Geschäftsbanken bei der Inflationierung zu unterstützen, ihnen Reserven zukommen zu lassen und sie, wenn nötig, zu retten. So hat der Dollar seit der Gründung der US-Notenbank im Jahr 1913 ungefähr 95 Prozent seines Werts verloren. Im Jahrhundert davor war die Kaufkraft des Dollar hingegen weitgehend stabil geblieben.

Die Verwendung von durch nichts gedecktem Papiergeld sorgt aus der Sicht mancher Ökonomen nicht nur für Inflation, sondern auch für eine Aufblähung des Finanzsektors sowie für rasante Auf- und Abschwünge. Historisch gesehen haben Staaten besonders von Inflation Gebrauch gemacht, wenn sie in den Krieg gezogen sind. Dies zeigte sich in den USA etwa im Vietnamkrieg. Im Jahr 1971 erklärte US-Präsident Richard Nixon, dass der Dollar nicht mehr länger in Gold konvertierbar sei, und brachte so das Bretton-Woods-System und den Goldstandard zu Fall. Da Gold als Rettungsanker für Geld fehlte, hätten die Zentralbanker in der Folge stärker darauf achten müssen, eine übermässige Geldmengenausweitung zu verhindern. Wie die derzeitige Entwicklung zeigt, hat dies nicht funktioniert.

Beim Blick auf die heutige Lage lässt sich argumentieren, dass aufgrund des bereits fortgeschrittenen Stadiums des Gelddruckens die Auf- und Abschwünge derzeit in immer kürzeren zeitlichen Abständen aufeinanderfolgen. So gab es mit dem Börsencrash nach dem Platzen der Internetblase zwischen 2000 und 2003 und dem Ausbruch der Finanzkrise 2007 innerhalb weniger Jahre zwei sehr tief greifende Finanzmarktkrisen. Die Rettungsaktionen der Staaten haben die Verschuldung noch stärker nach oben getrieben, und die Zentralbanken haben mit der Schaffung von noch mehr Papiergeld reagiert. Diese Entwicklung macht weitere, fundamentale Krisen wahrscheinlich.

**Inflation um jeden Preis**
Polleit rechnet mit einem Kollaps des derzeitigen Systems. Das Papiergeldsystem werde nicht mehr zur Normalität zurückkehren. Gegen ein Deflationsszenario spricht aus seiner Sicht unter anderem die Entschlossenheit der Vertreter der US-Zentralbank Federal Reserve, eine solche Entwicklung unter allen Umständen zu bekämpfen.

Als Ausweg aus der derzeitigen Schuldenkrise ist eine Entwicklung in Richtung eines Bretton-Woods-III-Systems mit einer international koordinierten Inflationspolitik denkbar. Gold und Silber dürften dabei eine Rolle spielen.

**Internationale Korrelation von Inflationsraten**
Konsumentenpreisindex, Prozent im Jahresvergleich

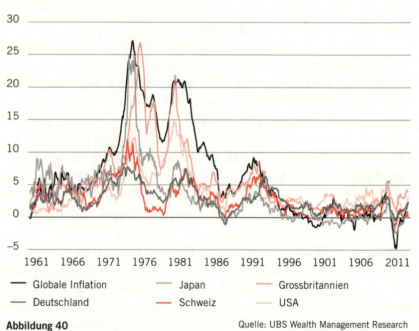

Abbildung 40    Quelle: UBS Wealth Management Research

## Inflation in Deutschland und in der Schweiz

Wie war die Entwicklung der Inflation historisch gesehen in Deutschland und in der Schweiz? Wie bereits erwähnt, korrelieren Inflationsraten weltweit stark. Wie eine Statistik von Dimson, Marsh und Staunton von der London Business School zeigt, hatten die Schweiz und Deutschland seit dem Jahr 1950 die niedrigsten durchschnittlichen Inflationsraten von 19 untersuchten Ländern.

Allerdings ist die viel gepriesene deutsche Stabilitätskultur eine Errungenschaft der letzten Jahrzehnte. Betrachtet man den langen Zeitraum von 1900 bis 2011, dann zählte Deutschland wie Frankreich, Italien und Japan zu den Ländern mit einer eher höheren Inflation – und das selbst dann, wenn man die Hyperinflation der Jahre 1922/23 aussen vor lässt. So kommt Deutschland über diese lange Zeitperiode hinweg auf einen Wert von 4,8 Prozent pro Jahr (geometrischer Durchschnitt) beziehungsweise von 5,6 Prozent (arithmetischer Durchschnitt).

Die Schweiz zeigte sich hingegen einmal mehr als Musterschüler und kam im Zeitraum von 1900 bis 2011 auf den niedrigsten Wert der untersuchten Länder. Die Inflationsrate betrug in der Eidgenossenschaft durchschnittlich 2,3 Prozent pro Jahr (geometrische Berechnungsmethode) beziehungsweise 2,4 Prozent (arithmetische Methode).

In solch turbulenten Zeiten wie diesen gibt es für Deutschland und die Schweiz eine gewisse Hoffnung. Allerdings hat es auch in der Schweiz schon Perioden mit einer höheren Inflation gegeben. Dies war beispielsweise der Fall, nachdem die Schweizerische Nationalbank letztmals 1978 einen Mindestkurs für den Franken festlegte, damals gegen die D-Mark. Mit einer Verzögerung erhöhte sich damals die Geldmenge M2 stark, und wiederum nach einer gewissen Zeit stieg die Inflation von 0,5 Prozent auf bis über 7 Prozent an. Auch Ende der 1980er-Jahre schnellte die Inflation in der Schweiz auf über 6 Prozent hoch.

# Geldanlage bei höherer Inflation

## Vermögensklassen im Überblick

*Spar-, Tages- und Festgeldkonten*
Lassen die Anleger bei steigenden Inflationsraten das Geld auf Spar-, Tages- oder Festgeldkonten liegen, laufen sie Gefahr, Vermögen zu verlieren, wenn die Zentralbank nicht gleichzeitig die Zinsen erhöht.

Es gibt allerdings – vor allem in Deutschland – immer noch Tagesgeldkonten von Banken, die etwas höhere Zinsen bezahlen. Solche Konten sind für Privatanleger oftmals attraktiv. Zusätzlich haben sie den Vorteil, dass die Anleger hier flexibel bleiben und das Geld bei höherer Inflation schnell abziehen und in andere Vermögensanlagen investieren können.

Beim Festgeld sieht es etwas anders aus. Hier ist das Geld unter Umständen für längere Zeit gebunden, und die Flexibilität der Anleger, auf einen Anstieg der Inflation zu reagieren, ist geringer. Festgeldanlagen reagieren allerdings rasch auf Inflationsbewegungen, wie eine Studie der Liechtensteinischen Landesbank zeigt. Die Chancen auf reale Erträge sind bei Festgeld im derzeitigen Nullzinsumfeld aber gering.

*Anleihen*

> «Staatsanleihen sind nicht durch reale Sachwerte unterlegt, sondern nur durch das Regierungsversprechen, aus künftigen Steuereinnahmen zu bezahlen.»
>
> Alan Greenspan, ehemaliger Vorsitzender der US-Notenbank

Höhere Inflation ist für Anleihen Gift. In Zeiten mit höherer Teuerung haben sich Anleihen in der Vergangenheit sehr schlecht entwickelt. Steigen die Inflationserwartungen, so sinkt der Wert von bereits emittierten Obligationen. In Zeiten von Hyperinflationen erlitten Investoren mit ihnen Totalausfälle, aber auch schon in Zeiten mit höheren Inflationsraten wie in den 1970er-Jahren verbuchten die Anleger herbe Verluste.

In der Studie von Dimson, Marsh und Staunton lag die Inflation in 5 Prozent der Jahre bei 18,3 Prozent und mehr. In diesen Perioden entwickelten sich Obligationen mit realen Renditen von −23,2 Prozent verheerend und deutlich schlechter als Aktien, die −12 Prozent aufwiesen. Lag die Inflation bei Werten von zwischen 8 Prozent und 18 Prozent, verloren Obligationen ebenfalls real deutlich an Wert, und zwar −4,6 Prozent pro Jahr. Aktien verbuchten in diesen Zeiträumen hingegen sogar ein leichtes Plus von 1,8 Prozent. Betrug die Inflation indessen zwischen 4,5 Prozent und 8 Prozent, verbuchten Obligationen ein leichtes Plus, lagen aber weiterhin deutlich hinter Aktien zurück, die +5,2 Prozent aufwiesen.

Auch die Studie des Internationalen Währungsfonds aus dem Jahr 2009 kam für Obligationen in Inflationszeiten zu einem wenig schmeichelhaften Ergebnis. Stieg die Inflation innerhalb eines Jahres um 1 Prozentpunkt, sank der nominale Ertrag von US-Staatsanleihen im selben Zeitraum um rund 1,3 Prozentpunkte. Nach rund drei Jahren stabilisierte sich bei lang laufenden US-Staatsanleihen die Ertragsdynamik wieder etwas.

Bei steigenden Inflationserwartungen leiden Anleihen mit längeren Laufzeiten besonders stark. Sogenannte Kurzläufer sind in solchen Zeiten besser geeignet. Dasselbe gilt auch für Floater, also variabel verzinste Obligationen. Wie inflationsindexierte Anleihen bieten sie einen gewissen Inflationsschutz.

*Inflationsindexierte Anleihen*
Anleihen, die die Anleger vor der Teuerung schützen sollen, sind in den USA und in Grossbritannien weit verbreitet. In Ländern, in denen die Inflation geschichtlich gesehen geringer ausgefallen ist, ist dies hingegen weniger der Fall. So gibt es beispielsweise keine inflationsgeschützten Frankenanleihen. Auch in Deutschland ist der Markt relativ begrenzt.

Bei inflationsindexierten Obligationen bleibt die reale Rendite, auch wenn eine steigende Inflation eintritt, unverändert, weil die nominale Rendite an einen Inflationsindex gekoppelt ist. Der Anleger bekommt also einen festen realen Zins.

Anleger haben mehrere Möglichkeiten, in diesem Obligationenbereich Geld anzulegen. Neben dem Direktengagement in solchen Bonds stehen aktiv verwaltete Anlagefonds zur Auswahl, die teilweise auch als Ziel haben, einen Ertrag in Euro beziehungsweise in Franken zu erwirtschaften. Bei solchen Produkten können die Gebühren angesichts des niedrigen Zinsniveaus proportional eher hoch ausfallen. Auch an der Deutschen Börse und an der Schweizer Börse SIX Swiss Exchange sind einige Exchange Traded Funds kotiert, die auf inflationsgeschützte Obligationen setzen. Diese kotierten Indexfonds sind im Allgemeinen deutlich günstiger als aktiv verwaltete Anlagefonds. Bei ihnen muss aber auf die Zusammensetzung geachtet werden. So gibt es Produkte, die erhebliche Anteile des Portfolios in die Anleihen europäischer Peripheriestaaten wie Italien investieren. Für Schweizer Anleger haben die Produkte einen weiteren Haken – ihre Fondswährung ist stets entweder der Euro oder der Dollar. Schweizer Investoren gehen beim Kauf dieser Produkte also ein Währungsrisiko ein.

Dasselbe gilt für die Direktanlage in inflationsgeschützte Obligationen, wenn diese beispielsweise auf Dollar oder Pfund lauten. Gerade dieses Fremdwährungsrisiko sollten die Anleger aber auf keinen Fall vernachlässigen. Gemessen an den oft geringen Ertragserwartungen von Obligationen ist dieses nämlich ziemlich hoch. Eine Währung schwächt sich im Allgemeinen ab, wenn es in ihrem Gebiet zu einer höheren Inflation kommt. Dies könnte den Anlegern bei solchen Engagements in ausländischen Obligationen Verluste bringen.

Ausserdem ist der Markt für inflationsgeschützte Obligationen immer noch ziemlich klein. Gemäss den Analytikern der Bank Sarasin bieten inflationsindexierte Anleihen bei sehr tiefen Realzinsen ohnehin keinen allzu grossen Inflationsschutz. Die Wertpapiere schützen schliesslich nicht vor steigenden Realzinsen. Im Falle einer inflationären Entwicklung dürften solche Anleihen zwar besser rentieren als traditionelle Obligationen, die Anleger sollten aber trotzdem mit Verlusten rechnen, falls die Realzinsen steigen.

Ausserdem besteht auch die Gefahr, dass der Konsumentenpreisindex, an den die Obligation gekoppelt ist, nicht der Inflationsrate des Anlegers entspricht. Dies kann beispielsweise aufgrund einer anderen Warenkorbzusammensetzung der Fall sein. Ferner muss der Anleger die Anleihen bis zum Ende der Laufzeit im Portfolio halten, um den realen Zins zu bekommen. Schliesslich kann der Kurs einer Anleihe während der Laufzeit erheblich schwanken und deutlich unter pari fallen.

*Aktien*
Für Inflationsszenarien empfehlen Banken oft Aktien. Dies tun sie nicht uneigennützig, da sie mit Produkten auf Dividendenpapiere gute Margen erzielen. In Zeiten mit höherer Inflation entwickeln sich Aktien im Allgemeinen tatsächlich besser als Obligationen. Wissenschaftliche Studien haben aber erwiesen, dass der Inflationsschutz von Aktien bei zweistelliger Teuerung zu wünschen übrig lässt. Dann reichen die Renditen der Dividendenpapiere zumeist nicht, um den Kaufkraftschwund auszugleichen. Bei mittelhohen Inflationsraten sieht die Entwicklung von Aktien noch recht gut aus.

In der Studie des Internationalen Währungsfonds aus dem Jahr 2009 waren Aktien nach einem Inflationsschock indessen die Anlageklasse mit der schlechtesten Entwicklung. Stieg die Inflationsrate um 1 Prozentpunkt, fielen in der kurzen Frist von zwölf Monaten die Renditen im US-Aktienmarkt um 2,7 Prozentpunkte. Auf sehr lange Sicht entwickelten sich die Aktien in der Vergangenheit aber deutlich besser als andere Vermögensklassen. Es lässt sich also sagen, dass sie bei einem langen Anlagezeitraum auch einen besseren Inflationsschutz als andere Anlageklassen geboten haben.

*Immobilien*
Immobilien sind in einer Zeit mit höheren Inflationsraten eine gute Anlage, da sie einen gewissen Inflationsschutz bieten. Schon in Goethes *Faust* traute man dem Papiergeldsystem nicht und setzte stattdessen lieber auf Grundbesitz. Gerade für Privatanleger bieten Immobilien eine gute Möglichkeit, ihr Kapital zu sichern, wenn es an den Finanzmärkten stürmt und wenn das Vertrauen in die Papiergeldwährungen sinkt.

Dimson, Marsh und Staunton haben dazu die Preisentwicklung von Wohnimmobilien ab dem Jahr 1900 bis 2011 in sechs Ländern untersucht. Den Immobilienpreisindex mit der besten Wertentwicklung hatte dabei Australien mit einer Wertentwicklung von 2,03 Prozent pro Jahr vor Grossbritannien mit 1,33 Prozent pro Jahr. Norwegen mit 0,93 Prozent, die Niederlande mit 0,95 Prozent und Frankreich mit 1,18 Prozent kamen auf wenig beeindruckende Werte, waren allerdings deutlich besser als die USA mit 0,09 Prozent pro Jahr. In den Vereinigten Staaten zeigten sich dabei noch die Folgen der Immobilienkrise in den Jahren davor. Über die Jahre hinweg dürften die Immobilienpreise also mit der Inflation Schritt gehalten haben, auch wenn Hauspreisindizes zweifellos schwierig zu interpretieren sind.

Geradezu ideal sind Liegenschaften als Geldanlage, wenn die Eigentümer diese selbst nutzen. Hier kommt schliesslich der Vorteil hinzu, dass sie keine Miete zahlen müssen. Bei einer Teuerung wiegt dies sogar doppelt, da die Mieten bei einer Inflation tendenziell steigen. Trotzdem ist es aufgrund des Investitionsbetrags sehr wichtig, dass die Anleger nicht überteuert kaufen.

Auch fremdbewohnte Immobilien bieten ihren Eigentümern einen Schutz vor Inflation. Die UBS rät in einer Studie zum Thema Inflation den Vermietern, bei einer höheren Inflation darauf zu achten, dass die Mietverträge an die Teuerung gekoppelt sind. Ausserdem sollten die Immobilien mit Hypotheken fester Zinssätze abbezahlt werden. Auch in Inflationszeiten gilt

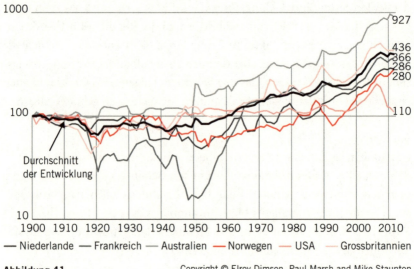

**Abbildung 41** Copyright © Elroy Dimson, Paul Marsh and Mike Staunton

bei Immobilien: Die drei wichtigsten Kriterien sind die Lage, die Lage und nochmals die Lage. Gemeint ist damit beispielsweise eine gute Verkehrsanbindung, die Wirtschaftskraft der jeweiligen Region usw.

Eine Studie des Instituts der Deutschen Wirtschaft aus dem Jahr 2009 von Markus Demary und Michael Voigtländer kommt zu dem Schluss, dass Wohnimmobilien den besten Schutz vor einer Inflation bieten. Büroimmobilien eignen sich ebenfalls, während Handelsimmobilien weniger gut vor einer höheren Teuerung schützen. Dies dürfte damit zusammenhängen, dass sich Händler schwertun, die Umsätze ähnlich stark zu erhöhen, wie die Preise steigen.

Bei der Finanzierung von Immobilien haben die Anleger bei einer Inflation den Vorteil, dass ihre Schulden beziehungsweise Hypotheken dann weniger wert werden. Gerade in einer Phase der höheren Inflation von beispielsweise 5 Prozent bis 7 Prozent jährlich könnte dies gut funktionieren. Immobilienbesitzer, die ihre Liegenschaft mit einem hohen Anteil an Schulden finanziert haben, könnten davon profitieren. Gleichzeitig wäre die Inflation noch nicht so hoch, dass der Gesetzgeber später einschreiten würde, wie dies beispielsweise nach der Hyperinflation in Deutschland der Fall war.

Trotzdem sollten Privatanleger bei der Finanzierung von Liegenschaften darauf achten, dass sie sich nicht zu stark verschulden. Dies mag bei höheren Inflationsraten noch eher möglich sein als bei einer deflationären Entwicklung. Trotzdem machen sich Liegenschaftskäufer mit hohen Schulden in gewisser Weise zum Sklaven der Bank. Eine hohe Schuldenlast schränkt Freiheit und Flexibilität ein.

Der oben beschriebene Sachwertschutz wirkt übrigens bei Investitionen in Aktien von an der Börse notierten Immobilienunternehmen oder in Real Estate Investment Trusts (REIT) kaum, wie eine Studie der Liechtensteinischen Landesbank aus dem Jahr 2011 zeigt. Dieser zufolge entwickeln sich Immobilienaktien und Real Estate Investment Trusts weitgehend ähnlich wie die Aktienmärkte. Der Internationale Währungsfonds kam in seiner Studie im Jahr 2009 zu demselben Ergebnis.

Andere indirekte Immobilienanlagen wie die Schweizer Immobilienfonds oder die deutschen offenen Immobilienfonds eignen sich theoretisch zur Absicherung von Portfolios gegen eine Inflation. Allerdings sind bei den kotierten Schweizer Immobilienfonds die an der Börse bezahlten Aufschläge, die sogenannten Agios, oft so hoch, dass ein Einstieg höhere Risiken birgt. Schliesslich bezahlen die Anleger schon beim Start einen erheblichen Aufpreis. Noch viel grössere Vorsicht ist bei der Anlage in deutschen offenen Immobilienfonds geboten. Aufgrund der Konstruktion dieser Fonds ist dieses Segment vorübergehend enorm unter Druck geraten, und viele der Fonds mussten geschlossen oder sogar liquidiert werden. Anlegern ist unter solchen Bedingungen von einem Engagement abzuraten. Gewisse Möglichkeiten könnte es allenfalls im Segment der geschlossenen Immobilienfonds geben. Aufgrund der Intransparenz dieses Markts ist es hier aber sehr wichtig, den Anbieter genau zu überprüfen. In der Vergangenheit hat es in diesem Bereich schon viele Anlageskandale gegeben. Der durchschnittliche Privatanleger sollte hier vorsichtig sein.

*Gold und andere Edelmetalle*
In Zeiten mit einer hohen Inflation hat sich das als Krisenwährung geltende Gold im Vergleich zu anderen Vermögensklassen gut entwickelt. Dass das Edelmetall Schutz vor der Inflation bietet, zeigt auch die Anlagenanalyse von Dimson, Marsh und Staunton für den Zeitraum von 1900 bis 2011. In Jahren mit Inflationsraten von zwischen 8 Prozent und 18 Prozent erzielte Gold eine reale Rendite von 4,4 Prozent und lag damit deutlich vor Aktien mit einer

Rendite von + 1,8 Prozent und Obligationen mit −4,6 Prozent. In Jahren mit einer sehr hohen Inflation von mehr als 18,3 Prozent zeigte Gold seine Schutzqualitäten noch stärker. Während andere Vermögensklassen starke Verluste verbuchten, entwickelte sich die reale Rendite von Gold weitgehend stabil.

Gold ist ein Sachwert. Das kommt dem Edelmetall bei höherer Inflation zugute. Ausserdem ist in solchen Zeiten damit zu rechnen, dass Gold als Zahlungsmittel an Bedeutung gewinnt. Wie die österreichische Erste Bank 2012 in einer Studie ausführte, wächst der Goldbestand durchschnittlich mit rund 1,5 Prozent pro Jahr. Der gesamte jemals geförderte Bestand an dem Edelmetall liegt laut der Bank derzeit bei 170 000 Tonnen. Die geschätzte Minenproduktion liegt bei rund 2600 Tonnen pro Jahr. Da wachsen die Geldmengenaggregate weltweit viel schneller.

Bei Investitionen in Gold ist aber zu beachten, dass sich der Preis für das Edelmetall sehr volatil entwickeln kann. Nach 2001 hat es sehr starke Preissteigerungen gegeben, ab 2011 fiel der Preis für das Edelmetall zurück. Anleger sollten auch nicht vergessen, dass sie bei Investitionen in das Edelmetall keine Zins- oder Dividendenzahlungen erhalten. Ausserdem sollten sie mögliche Lagerkosten berücksichtigen.

Angesichts wachsender Zweifel der Anleger an den Papiergeldwährungen hat Gold aber sicherlich einen festen Platz in den Anlegerdepots verdient. Dabei ist es allerdings nicht unerheblich, wo das Gold aufbewahrt wird. Sollte sich die Schuldenkrise immer stärker zuspitzen, ist nicht auszuschliessen, dass Staaten Gold konfiszieren beziehungsweise den privaten Besitz von Gold verbieten. Selbst in den USA ist dies unter Präsident Franklin D. Roosevelt im Jahr 1933 vorgekommen.

Was Silber, Platin und Palladium anbelangt, ist davor zu warnen, die Funktion dieser Edelmetalle als sicheren Hafen zu überschätzen. Silber wird schliesslich stark industriell verwendet. Sein Preis reagiert im Allgemeinen sensibel auf Konjunkturabschwächungen. Dasselbe gilt für Platin und Palladium.

*Andere Rohstoffe*
Laut der Inflationsstudie des Internationalen Währungsfonds aus dem Jahr 2009 haben Rohstoffe in der kurzen Frist von zwölf Monaten einen gewissen Inflationsschutz geboten. Dieser zeigte sich neben Gold auch bei den Rohstoffindizes CRB und GSCI. Gemäss den Autoren führte ein Anstieg der Inflation um 1 Prozentpunkt in den USA zu 3,8 bis 10 Prozentpunkte höhe-

ren Renditen bei den Rohstoffen. Dieser Effekt liess über den längeren Zeitraum hinweg aber nach.

Allerdings ist zu beachten, dass sich die Rohstoffpreise und die Inflation nicht immer gleichläufig entwickeln. Schliesslich beeinflussen noch andere Faktoren die Preisentwicklung. Anleger sollten also nicht davon ausgehen, dass Rohstoffe automatisch vor Inflation schützen.

**Geldanlageprodukte und Altersvorsorge**

*Fonds*
Bei höheren Inflationsraten entwickeln sich Fonds entsprechend ihrer Anlageschwerpunkte. Fonds auf Immobilien, Gold und Rohstoffe sind in Zeiten mit einer höheren Teuerung wohl am ehesten geeignet, das Vermögen zu retten. Aktienfonds eignen sich vor allem für eine Zeit mit nicht zu hohen Inflationsraten, denn dann entwickeln sich die Dividendenpapiere im Allgemeinen noch gut. Steigen die Inflationsraten allerdings bis in den zweistelligen Bereich, bieten Aktien und damit auch Aktienfonds keinen ausreichenden Teuerungsschutz.

Abzuraten ist in einem solchen Umfeld von Obligationenfonds. Eine Ausnahme bilden Fonds auf inflationsgeschützte Anleihen. Insgesamt gesehen sollten Anleger bei Fonds stark auf die Gebühren achten.

*Exchange Traded Funds und Indexfonds*
Für Exchange Traded Funds gilt in einem Umfeld mit einer höheren Inflation dasselbe wie für traditionelle Anlagefonds. Die an der Börse gehandelten Exchange Traded Funds und Indexfonds sind aktiv gemanagten Produkten vorzuziehen, da sie im Allgemeinen deutlich günstiger sind. In der Folge fällt die Nettorendite der Anleger höher aus.

*Strukturierte Produkte und Zertifikate*
Mit strukturierten Produkten beziehungsweise Zertifikaten lassen sich nicht nur Deflations-, sondern auch Inflationsrisiken vorbeugen. Mit den Produkten können die Anleger auf die entsprechenden Vermögensklassen setzen.

Das Emittentenrisiko, die bei einigen Produkten komplizierte Ausgestaltung sowie die Gebühren sind bei den Produkten allerdings immer im Auge zu behalten. Diese Nachteile machen den Vorteil der Produkte, flexibel auf Anlageszenarien reagieren zu können, oftmals zunichte.

*Lebensversicherungen*
Höhere Inflationsraten führen dazu, dass die oftmals geringen Erträge von Anlegern mit Lebensversicherungen zusätzlich an- oder sogar völlig aufgefressen werden. Ausserdem investieren Lebensversicherungen die Gelder ihrer Kunden vor allem in Anleihen, oft auch in solche mit langen Laufzeiten. Festverzinsliche Wertpapiere verlieren bei höheren Inflationsraten aber stark an Wert.

*Pensionskassen und Pensionsfonds*
Vertreter von Pensionskassen und Pensionsfonds hoffen für eine Zeit mit höherer Inflation auf deutlich bessere Renditen – zumindest nominal gesehen, also wenn die Teuerung von der Rendite nicht abgezogen wird. Eine solche Entwicklung würde von den Vorsorgeeinrichtungen einen erheblichen Druck nehmen. Diese haben nämlich im derzeitigen Niedrigzinsumfeld grosse Probleme, ausreichende Renditen zu erwirtschaften, um ihre künftigen Pensionsverpflichtungen gegenüber den Rentnern zu erfüllen. Durch die höhere Inflation würden auch die Rentner automatisch einen Beitrag zur Sanierung der Pensionskassen leisten. Schliesslich sind ihre Leistungen aus der Pensionskasse bei einer höheren Inflation weniger wert, wodurch die Pensionskasse entlastet wird.

Die Rentner und die älteren Altersvorsorgenden, die kurz vor der Pensionierung stehen, profitieren allerdings nicht von der Entwicklung. Ihre Pensionen werden von der Inflation entwertet, wodurch ihnen Kaufkraft verloren geht.

# Szenario 3

## Stagflation – wenig Wachstum, deutliche Geldentwertung

> «Inflationen sind wie Diktaturen. Wenn sie erst einmal an der Macht sind, wird es umso schwieriger, gegen sie anzukämpfen.»
>
> Hermann Josef Abs, deutscher Bankier

### Definition und Geschichte

Stagflation ist eine Koppelung der Begriffe Stagnation und Inflation. Sie beschreibt eine Situation, in der ein schwaches Wirtschaftswachstum und höhere Inflation gemeinsam auftreten. Das bekannteste Beispiel für eine solche Zeit sind die Erdölkrisen der 1970er-Jahre. Als das Erdölkartell OPEC 1973 beschloss, das Angebot zu verknappen, stieg der Erdölpreis stark an, was für eine Konjunkturabschwächung sorgte. Die führenden Zentralbanken reagierten darauf mit Leitzinssenkungen, was letztlich das Entstehen einer Stagflation begünstigte. In den Jahren 1979/80 kam es zu einem Erdölpreisschock, ausgelöst durch die Revolution im Iran und durch den Konflikt des Landes mit dem Irak. Dies führte in vielen Ländern zu zweistelligen Inflationsraten.

### Wie gross ist die Gefahr einer Stagflation?

Mit den drastischen Leitzinserhöhungen während der 1979 begonnenen Amtszeit von Paul Volcker, dem Chef der US-Notenbank, wurde die Stagflation schliesslich besiegt. Wie Stefan Risse in seinem Buch *Die Inflation kommt* schreibt, hatte der Dollar im Zeitraum von 1971 bis 1985 62 Prozent seiner Kaufkraft verloren. In derselben Zeitperiode war der Goldpreis sehr stark gestiegen und hatte 1980 einen damaligen Rekordwert von rund 865 Dollar pro Unze erreicht.

In den folgenden Jahrzehnten war Stagflation in den Industrieländern kein Thema mehr. In einem solchen Szenario würde die Geldpolitik der Zentralbanken mittelfristig zu einer höheren Inflation führen, während das Wirtschaftswachstum tief bliebe.

**Stagflation: die frühen 1970er- und 1980er-Jahre**
Konsumentenpreisinflation und Arbeitslosenquote in Prozent

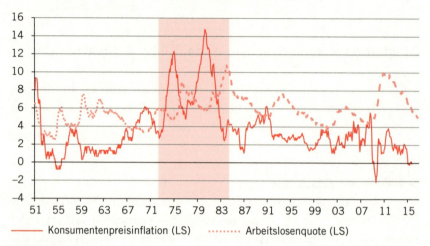

**Abbildung 42** Quelle: Degussa Goldhandel

Laut Andreas Höfert, Chefökonom der UBS, machten Ökonomen in den 1970er-Jahren die Erdölkrise für die Stagflation verantwortlich. Tatsächlich sei die Entwicklung aber vielmehr die Folge eines Vertrauensverlusts der Anleger gegenüber dem Geld gewesen. Dieser wurde durch die Aufhebung des Goldstandards und den Zusammenbruch des Bretton-Woods-Systems hervorgerufen. Die Geschichte hat gezeigt, dass es mehrere Jahre dauern kann, bis sich extrem expansive Massnahmen von Notenbanken in einer erhöhten Inflation äussern.

Es besteht aber die Gefahr, dass die Inflation ab einem bestimmten Zeitpunkt sprunghaft steigt. Höfert vergleicht die Situation mit einer Flasche Ketchup, auf die oft geschlagen wird – und nichts passiert. Schliesslich kommt aber der ganze Ketchup auf einen Schlag heraus.

### Geldanlage in einer Stagflation

Für die Anleger ist Stagflation eine schlechte Nachricht. In einer solchen Zeit ist es sehr schwierig, die Kaufkraft des Vermögens zu erhalten. Die Anlageempfehlungen sind ähnlich wie in Szenario 2 bei einer höheren Inflation.

Bei Spar- und Festgeldkonten besteht die Gefahr, dass Anleger aufgrund der höheren Inflationsraten die Kaufkraft ihrer Vermögen nicht erhalten können. Obligationen sind in einer solchen Zeit eine schlechte Anlage. Die Zinscoupons reichen im Allgemeinen nicht aus, um die höheren Teuerungsraten auszugleichen. Eine Alternative sind möglicherweise inflationsindexierte Anleihen, wie in dem Szenario 2 bereits beschrieben.

Aktien sind zwar kein optimaler Inflationsschutz, eignen sich für solche Zeiten aber besser als Anleihen. Bei den Dividendenpapieren ist in einer Zeit der Stagflation zu beachten, dass das niedrige Wachstum beziehungsweise die drohende Rezession die Kurse stark belasten könnten. Auch die Renditen von Immobilienanlagen sind in einer Zeit der Stagflation eher negativ, wenngleich Liegenschaften einen guten Inflationsschutz darstellen. Rohstoffe entwickelten sich in den 1970er-Jahren vergleichsweise gut.

# Szenario 4

## Albtraum Hyperinflation – Papiergeld in Schubkarren

«Inflation ist ein periodisch wiederkehrender Beweis für die Tatsache, dass bedrucktes Papier bedrucktes Papier ist.»

Helmar Nahr, deutscher Wirtschaftswissenschaftler und Mathematiker

**Definition und Geschichte**

In manchen Haushalten existieren sie noch, und auch auf Flohmärkten lassen sie sich oftmals kaufen: Banknoten über mehrere Milliarden Mark aus der Zeit der Hyperinflation in Deutschland in den Jahren 1922/23. Wie Peter Bernholz, emeritierter Professor an der Universität Basel, in seinem Buch *Monetary Regimes and Inflation* schrieb, stieg die Teuerung in Deutschland zu dieser Zeit auf einen Höchstwert von 29 525 Prozent – wohlgemerkt pro Monat. Die Folge dieser Entwicklung war die Zerstörung der Währung sowie ihr Ersatz durch die Rentenmark im November 1923 und durch die Reichsmark 1924.

Als Definition für eine Hyperinflation gilt ein Anstieg des Preisniveaus von 50 Prozent pro Monat oder mehr. Die Bürger verlieren dabei zunehmend das Vertrauen in die Papierwährung. Sie versuchen panikartig und zu fast jedem Preis, ihr Geld in Sachwerte umzutauschen. Die Umlaufgeschwindigkeit des Geldes steigt rasant an, und dieses verliert rapide an Kaufkraft. Ausserdem wird die Währung zunehmend substituiert, beispielsweise durch Fremdwährungen. «Gutes» Geld ersetzt dabei «schlechtes» Geld.

Eine Hyperinflation ist zweifellos die Bankrotterklärung eines Landes. Der einzige Ausweg aus einer solchen Situation ist im Allgemeinen eine Währungsreform, da das Geld seine Funktion als Mittel der Wertbewahrung und des Tausches komplett verliert.

**Eine Bankrotterklärung**

Die Hyperinflation hatte desaströse Folgen für das deutsche Volk. Es kam zu einer Enteignung der Bürger auf breiter Front. Letztlich dürfte die Entwicklung auch beim Aufstieg der Nationalsozialisten in der Weimarer Republik eine Rolle gespielt haben. Folgende Zeilen des Literaten Stefan Zweig legen dies jedenfalls nahe: «Nichts hat das deutsche Volk – dies muss immer wieder ins Gedächtnis gerufen werden – so erbittert, so hasswütig, so hitlerreif gemacht wie die Inflation», schrieb er in seinem Werk *Die Welt von Gestern. Erinnerungen eines Europäers.*

Als Ursache für die Hyperinflation in der Weimarer Republik gilt die damals sehr expansive Geldpolitik in Deutschland, um die massiven Kriegsschulden zu bezahlen. Dies weckt bei vielen Ökonomen heute ungute Gefühle. Schliesslich haben in jüngster Zeit auch die führenden Zentralbanken wie die US-Notenbank, die Europäische Zentralbank und die Schweizerische Nationalbank in riesigen Mengen Geld gedruckt. In der Folge steigen in der Bevölkerung die Inflationsängste, obwohl zugleich die Furcht vor einer Depression beziehungsweise Deflation anhält. Dies hat etwas von der Wahl zwischen Pest und Cholera.

Das Eintreten von Hyperinflationen in den Industrieländern mit Raten von 50 Prozent und mehr pro Monat erachten die meisten Ökonomen selbst bei einer weiteren Verschärfung der Schuldenkrise als unwahrscheinlich. Viele Analytiker erwarten beispielsweise, dass sich die derzeitige Verstopfung der Zins- und Kreditkanäle mittelfristig löst und dass die Transmission der Gelder von den Geschäftsbanken in die Realwirtschaft wieder funktioniert. In der Folge dürfte die Preisinflation in den USA und weltweit deutlich steigen. Eine Hyperinflation würde aber verhindert.

**Mit neuen Finanzblasen in die Hyperinflation?**
Völlig ausschliessen wollen viele die Entstehung von Hyperinflationen aber auch nicht: Blieben die Zins- und Kreditkanäle auf längere Sicht verstopft, so könnten neue Finanzblasen drohen. Platzen diese erneut, könnte es zu deflationären Krisen kommen. Ein solcher sich wiederholender Durchlauf – also ein Kampf der Zentralbanken gegen die deflationäre Entwicklung mit immer neuem Geld – könnte dann in eine Hyperinflation abgleiten. Die Voraussetzung hierfür ist, dass Notenbanken in grossem Stil Staatsschulden mit neu gedrucktem Geld aufkaufen.

Thorsten Polleit, ehemaliger Chefvolkswirt von Barclays Capital Deutschland, sieht eine gewisse Gefahr, dass sich die Entwicklung negativ zuspitzt. Laut dem Ökonomen befinden wir uns derzeit in einem Papiergeldboom, der durch die stark expansive Geldpolitik der Zentralbanken hervorgerufen wurde. Dies liege daran, dass das Papiergeld nicht gedeckt sei und folglich im Überfluss produziert werde. So würden Banken künstlich am Leben erhalten und Staatsschulden monetarisiert. Gleichzeitig führe dieser Prozess zu erheblichen Fehlallokationen.

Allerdings hat eine Vielzahl an Akteuren – Politiker, manche Unternehmen, kurzfristig agierende Finanzmarktteilnehmer – grosses Interesse daran, den Papiergeldboom aufrechtzuerhalten. Angesichts der Alternative einer schmerzhaften Bereinigung sehen sie eine noch laxere Geldpolitik beziehungsweise weiteres Gelddrucken als das kleinere Übel. Irgendwann könnte dieser erkaufte Boom aber kippen. Auch laut Ludwig von Mises, dem Vordenker der Österreichischen Schule der Nationalökonomie, endet ein solcher Papiergeldboom immer in einer Depression, auch wenn er möglicherweise über mehrere Jahrzehnte hinweg läuft.

### Ein modernes Phänomen

In der Geschichte kamen Hyperinflationen vor allem im Zusammenhang mit Kriegen beziehungsweise nach dem Zusammenbruch des Kommunismus vor. Das Phänomen taucht in der modernen Zeit aber häufiger auf, als man denkt. Peter Bernholz, der eine der umfassendsten Arbeiten zu diesem Thema vorlegte, geht davon aus, dass es in der Geschichte weltweit 29 Hyperinflationen gab. Mit einer Ausnahme traten alle nach dem Jahr 1914 ein, und alle fanden in Systemen mit ungedecktem Papiergeld statt. Dies widerspreche der Hypothese, dass Kriege für Hyperinflationen verantwortlich seien, schreibt er in seinem Buch *Monetary Regimes and Inflation*. Bei einer Deckung des Geldes durch einen Metallstandard wie Gold oder Silber sei die Inflationstendenz sehr viel geringer. Laut Bernholz hat es in der Geschichte ausserdem noch nie eine Hyperinflation gegeben, die ihre Ursache nicht in zuvor sehr hohen Budgetdefiziten der jeweiligen Staaten gehabt habe.

Die erste Hyperinflation in der Geschichte gab es gemäss Bernholz im Frankreich der Revolutionsjahre von 1789 bis 1796. Auch damals wurde ein Papiergeldstandard eingeführt. Die grösste Hyperinflation in der Geschichte erlebte Ungarn nach dem Zweiten Weltkrieg. Weitere extreme Fälle waren Serbien in den Jahren von 1992 bis 1994 sowie Simbabwe. Dort vollzog sich die bisher einzige Hyperinflation im 21. Jahrhundert. Im November 2008 wurde dort ein Monatswert von 80 Milliarden Prozent gemessen. Einen vorderen Rang bei den schlimmsten Hyperinflationen nimmt auch Deutschland ein. Im Gesamtjahr 1923 betrug die Teuerung dort insgesamt 209 Milliarden Prozent.

**Hyperinflationen in der Geschichte**

| Land | Zeitraum | Höchste gemessene Inflation pro Monat (in %) |
| --- | --- | --- |
| Frankreich | 1789–1796 | 143 |
| Deutschland | 1920–1923 | 29 526 |
| Österreich | 1921/22 | 124 |
| Polen I | 1921–1924 | 188 |
| Sowjetunion | 1922–1924 | 279 |
| Ungarn I | 1923/24 | 82 |
| Griechenland | 1942–1945 | 11 288 |
| Ungarn II | 1945/46 | |
| Taiwan | 1945–1949 | 399 |
| China | 1947–1949 | 4209 |
| Bolivien | 1984–1986 | 120 |
| Nicaragua | 1986–1989 | 127 |
| Peru | 1988–1990 | 114 |
| Argentinien | 1989/90 | 197 |
| Polen II | 1989/90 | 77 |
| Brasilien | 1989–1993 | 84 |
| Jugoslawien | 1990 | 59 |
| Aserbaidschan | 1991–1994 | 118 |
| Kongo (Zaire) | 1991–1994 | 225 |
| Kirgisien | 1992 | 157 |
| Serbien | 1992–1994 | 309 000 000 |
| Ukraine | 1992–1994 | 249 |
| Armenien | 1993/94 | 438 |
| Georgien | 1993/94 | 197 |
| Turkmenistan | 1993–1996 | 63 |
| Kasachstan | 1994 | 57 |
| Weissrussland | 1994 | 53 |
| Tadschikistan | 1995 | 78 |
| Bulgarien | 1997 | 243 |
| Simbabwe | 2008 | Mehr als 1 Trilliarde |

Quelle: Peter Bernholz, *Monetary Regimes and Inflation*, Edward Elgar Publishing Ltd.

**Abbildung 43**

Hyperinflationen lassen sich durch eine deutliche Erhöhung der Leitzinsen, durch ein Ende des Schuldenmachens und durch das Aufkaufen von Staatsschulden seitens der Zentralbanken beenden. Der Preis hierfür ist jedoch im Allgemeinen eine tief gehende Rezession.

## Geldanlage in einer Hyperinflation

> «Inflation ist, wenn die Brieftaschen immer grösser und die Einkaufstaschen immer kleiner werden.»
>
> Unbekannt

### Vermögensklassen im Überblick

*Spar-, Tages- und Festgeldkonten*
Aufgrund der extrem hohen Teuerungsraten verliert das Vermögen auf Sparkonten beziehungsweise auf Tages- und Festgeldkonten in einer Hyperinflation innerhalb kürzester Zeit komplett seinen Wert. Wenn die Teuerungsraten so stark ansteigen, versuchen die Anleger krampfhaft, nominales Vermögen wie Geld in reales Vermögen wie Sachwerte umzutauschen. Im Verlauf der Krise wird dies immer schwieriger.

*Anleihen*
Auch Obligationen werden während einer Hyperinflation wertlos. Daher kommt der böse Spitzname «Enteignungszertifikate» für Anleihen, der allerdings stark in den 1970er-Jahren verwendet wurde.

Als Beispiel dient die Hyperinflation in Deutschland, in der Investoren Totalausfälle mit deutschen Obligationen erlitten. Bei allen anderen Hyperinflationen war die Entwicklung ähnlich.

*Aktien*
Bei einer sehr hohen Inflation hinkt auch die Entwicklung der Aktienkurse dem Preisniveau stark hinterher. Wie Costantino Bresciani Turroni in seinem 1937 erschienenen Buch *The Economics of Inflation* nachweist, gelang es den Aktien bei Weitem nicht, den Preisanstieg in der deutschen Hyperinflation wettzumachen. Als Beispiel dient das Hyperinflationsjahr 1922. In diesem Jahr verzwölffachten sich zwar die Aktienkurse, doch dies reichte noch lange nicht, um die gleichzeitige Teuerung auszugleichen. Wie die

**Die Entwicklung von Aktien und Lebenshaltungskosten im Hyperinflationsjahr 1922**
Indexiert: Januar 1922 = 100

|  | Wechselkurs zum Dollar | Aktienkurse | Lebenshaltungskosten |
|---|---|---|---|
| Januar | 100 | 100 | 100 |
| Februar | 108 | 113 | 120 |
| März | 148 | 133 | 142 |
| April | 152 | 138 | 168 |
| Mai | 11 | 117 | 186 |
| Juni | 165 | 111 | 203 |
| Juli | 257 | 121 | 264 |
| August | 591 | 156 | 380 |
| September | 764 | 170 | 652 |
| Oktober | 1658 | 277 | 1081 |
| November | 3744 | 548 | 2185 |
| Dezember | 3956 | 1209 | 3360 |

**Abbildung 44** Quelle: Costantino Bresciani Turroni, *The Economics of Inflation*

Tabelle zeigt, stiegen die Lebenshaltungskosten im Jahr 1922 um den Faktor 33. Inflationsbereingt verloren die Anleger in dem Zeitraum also auch mit Aktien erheblich an Kaufkraft.

Bernholz kommt zu ähnlichen Ergebnissen. Er zitiert eine Studie aus dem Jahr 1934, der zufolge Investoren während der Inflationszeit nach dem Ersten Weltkrieg am Aktienmarkt deutliche Verluste verbuchten. In Gold gerechnet, hätten die Aktienkurse an der französischen Börse in den Jahren von 1925 bis 1930 um rund 30 Prozent unterhalb ihrer Werte von 1913 gependelt. An der deutschen Börse waren es rund 66 Prozent weniger. In Österreich habe der Wert aller an der Börse kotierten Unternehmen nur 42 Prozent des Werts von 1913 betragen. Die schlechte Performance der Aktien habe unter anderem daran gelegen, dass die Unternehmen bei den Dividenden gespart hätten.

Trotz dieses vordergründig miserablen Ergebnisses muss man sich vor Augen halten, dass Obligationen, Bankeinlagen und Lebensversicherungen in einer Hyperinflation komplett wertlos werden. Mit Aktien retten die Anleger immerhin noch einen Teil ihres Vermögens. Relativ gesehen ist dies angesichts des katastrophalen Ausmasses einer Hyperinflation besser als nichts.

*Immobilien*

Da sich das Geld in einer Hyperinflation immens schnell entwertet, profitieren von dieser Entwicklung die Schuldner. Man könnte also argumentieren, dass in einem solchen Szenario stark verschuldete Immobilienkäufer die grossen Gewinner sind, weil ihre Schulden sozusagen «weginflationiert» werden.

In der Geschichte hat sich gezeigt, dass man hier die Rechnung nicht ohne den Staat und auch nicht ohne die Gläubiger machen sollte. Dies wurde beispielsweise nach der Hyperinflation in Deutschland in den Jahren 1922/23 klar. Wie Johannes Nölke in einem Artikel für die Zeitschrift *Immobilien & Finanzierung* darlegt, gingen die Gläubiger vor Gericht. Bereits 1924 wurden die Hypothekenschulden, die durch die Inflation wie verschwunden waren, wieder aufgewertet – wenn auch nur zu einem Viertel ihres Werts. Im Februar 1924, kurz nach dem Ende der Hyperinflation, wurden die Länder zudem vom deutschen Staat ermächtigt, eine sogenannte Hauszinssteuer einzuführen. In Preussen beispielsweise verringerte die neue Steuer dabei die jährlichen Mieteinnahmen um 40 Prozent, wenn die Liegenschaft unter den Höchststeuersatz fiel, wie Nölke schreibt. Besonders betroffen waren Immobilien, die vor der Hyperinflation mit einer hohen Verschuldung gekauft worden waren. Die Hauszinssteuer wurde in einem langen Zeitraum erhoben, und zwar von 1924 bis 1943. Die Immobilienbesitzer wurden dadurch stark steuerlich belastet.

Es ist also damit zu rechnen, dass der Staat reagieren würde, falls es tatsächlich einmal zu einer Hyperinflation käme und Immobilieneigentümer beim Abbau ihrer Schulden dadurch stark unterstützt würden. Trotzdem lässt sich sagen, dass Anleger mit Immobilienanlagen in einer Hyperinflation immer noch deutlich besser dastehen als Investoren, die stark auf Obligationen gesetzt haben oder die hohe liquide Mittel halten.

*Gold und andere Edelmetalle*

«Setzt man den Bierpreis in Relation zum Goldpreis, so liegt [der Mittelwert] historisch gesehen bei 87 Mass. [...]Der Höchststand lag jedoch im Jahr 1980 bei 227 Mass je Unze Gold.»

*Erste Bank*, Goldreport 2012 – In Gold we trust

Wie bereits in Szenario 2 erwähnt, ist Gold in Inflationszeiten eine gute Anlage. Dies gilt umso mehr für Zeiten mit einer sehr hohen Inflation. Wie wissenschaftliche Studien gezeigt haben, entwickelte sich, im Gegensatz zu den meisten anderen Anlagen, die reale Rendite von Gold selbst dann weitgehend stabil.

Gold hat einen realen Wert. Ausserdem erinnern sich die Menschen in Krisenzeiten an seine jahrtausendealte Tradition als Zahlungsmittel. Das Edelmetall mag auf lange Sicht keine spektakulären Renditen erzielt haben, in einer Hyperinflation ist es aber buchstäblich Gold wert.

Die Anleger sollten sich bei einem solchen Szenario umso mehr überlegen, an welchem Ort sie ihr Gold aufbewahren. Schliesslich ist wie bei Immobilien damit zu rechnen, dass beim Staat Besteuerungsgelüste aufkommen oder dass der Besitz von Gold in manchen Ländern sogar untersagt werden könnte. Als Vorsichtsmassnahme ist es deshalb sinnvoll, den Besitz von Gold geheim zu halten.

In einer Hyperinflation sind auch andere Edelmetalle wie Silber, Platin oder Palladium gefragt, wenngleich diese zu einem gewissen Grad als Industriemetalle fungieren und so weniger ein sicherer Hafen sind wie Gold.

*Andere Rohstoffe*

Das Edelmetall Gold ist sicherlich die klassische Variante unter den Rohstoffen, um sich vor einer Inflation zu schützen. Dies gilt auch für den Fall einer Hyperinflation. Auch andere Rohstoffe kommen als Teuerungsschutz infrage. Vereinfacht gesagt, können Zentralbanken zwar Geld drucken, aber Kupfer, Erdöl, Weizen oder Schweinebäuche sind nicht unbegrenzt vermehrbar.

Für Privatanleger stellt sich die Frage, wie sie ihr Geld in Rohstoffe investieren sollen und wie viel davon. In den vergangenen Jahren hat sich der Markt für Rohstoffe gewissermassen demokratisiert. So ist der Zugang zu dem ehemaligen Profimarkt deutlich einfacher geworden. Mittlerweile ist eine Vielzahl an Finanzprodukten wie Exchange Traded Commodities, Exchange Traded Funds und strukturierten Produkten auf dem Markt. Was mit solchen Finanzprodukten in einer Katastrophensituation wie einer Hyperinflation passiert, ist indessen schwer zu sagen. Gerade strukturierte Produkte unterliegen dem Emittentenrisiko: Im Falle eines Kollapses des Emittenten ist das Geld zumeist verloren. Besser wäre es für die Anleger, die Rohstoffe in einer solchen Extremsituation direkt zu halten. Doch wer will schon seinen Keller mit Weizenbüscheln oder Erdölfässern füllen? Dies wäre sicherlich auch nicht sinnvoll.

**Entwicklung der Goldmark in der deutschen Hyperinflation**
Vergleich mit der «Papiermark», Jahre 1918 bis 1923

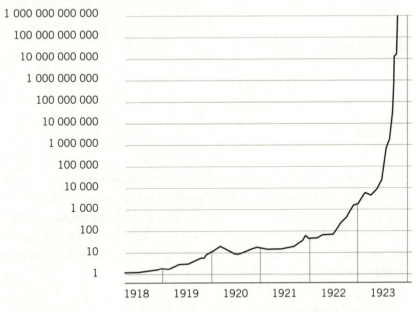

**Abbildung 45**  Quelle: Bresciani Turroni, S. 39

**Attraktivität einzelner Rohstoffsektoren in drei Szenarien**
Skala von 1 bis 5, jeweils relativ zu den anderen Rohstoffsektoren, 1 am attraktivsten

| | Relative Attraktivität der einzelnen Rohstoffe pro Szenario | | | | | Absolute Attraktivität von Rohstoffen |
|---|---|---|---|---|---|---|
| | Energie | Basismetalle | Edelmetalle | Gold | Agrarrohstoffe | |
| Hyperinflation | 4 | 5 | 2 | 1 | 3 | Attraktiv |
| Erhöhte volatile Inflation | 3 | 4 | 1 | 2 | 5 | Neutral |
| Deflationäre Krise | 4 | 5 | 3 | 1 | 2 | Unattraktiv |

Anmerkung: Dies ist lediglich eine Einschätzung der relativen Attraktivität innerhalb der Anlageklasse Rohstoffe.
Eine Rohstoffgruppe auf Platz 1 (attraktiv) kann trotzdem absolut gesehen oder im Vergleich zu anderen Anlageklassen unattraktiv sein.

**Abbildung 46**  Quelle: UBS Wealth Management Research

Wer sich tatsächlich auf das Szenario einer Hyperinflation vorbereiten will, ist unter den Rohstoffen mit Edelmetallen wohl am besten bedient. Dies zeigt auch die Abbildung 46.

## Geldanlageprodukte und Altersvorsorge

> «Die Erfahrung zeigt: Wenn man einen falschen Weg lange genug geht, geht man ihn auch zu Ende.»
>
> Golo Mann, Historiker und Schriftsteller

*Fonds, Exchange Traded Funds und strukturierte Produkte*
Eine Hyperinflation ist ein sehr einschneidendes Phänomen. Es ist deshalb davon auszugehen, dass die Investoren in einem solchen Szenario mit den meisten Geldanlageprodukten einen Grossteil ihres Vermögens verlieren würden. Dies gilt für Anlagefonds, Exchange Traded Funds und strukturierte Produkte.

*Lebensversicherungen*
Das Gleiche gilt auch für Lebensversicherungen. Bei ihnen legt man grosse Teile des Vermögens in Obligationen an. Diese werden in einer Hyperinflation weitgehend wertlos. Folglich dürften die Anleger in einer Hyperinflation mit Lebensversicherungen ihr Geld verlieren.

*Pensionskassen und Pensionsfonds*
Auch Pensionskassen und Pensionsfonds sind stark in Obligationen investiert. Sie würden in einer Hyperinflation also ebenfalls sehr hohe Verluste erleiden. Allerdings sind die meisten Vorsorgeeinrichtungen immerhin gut diversifiziert. Grössere Teile ihres Vermögens liegen in Aktien und Immobilien. So ist davon auszugehen, dass eine Hyperinflation zwar grosse Teile des Vermögens von Vorsorgeeinrichtungen vernichten würde, aber eben nicht das gesamte. Dennoch würden sicherlich sehr grosse Teile der angesparten Rentenvermögen vernichtet.

# Szenario 5

## «Durchwursteln» – schwierige Zeiten, aber keine Eskalation

### Neue Verhältnisse nach dem Kollaps

Abgesehen von den zuvor dargestellten, teilweise extremen Szenarien besteht auch die Möglichkeit, dass sich die Politiker und Zentralbanker in den kommenden Jahren weiter durch die Krise «wursteln». In diesem Fall träte vorerst keines der zuvor beschriebenen Szenarien ein.

Die zur Allianz gehörende Fondsgesellschaft Pimco hat das derzeitige Anlageumfeld als «neue Normalität» bezeichnet. Diese ist eine Folge der Finanzkrise, deren bisheriger Höhepunkt der Kollaps der US-Investmentbank Lehman Brothers war. Man kann das Ereignis als eine Art Herzstillstand des Finanzsystems bezeichnen, und die darauffolgenden Rettungsmassnahmen haben mittlerweile ein neues Umfeld geschaffen.

Die «neue Normalität» ist gemäss den Ausführungen verschiedener Banken (unter ihnen die Landesbank Baden-Württemberg und die Credit Suisse) und Marktteilnehmer durch Folgendes gekennzeichnet:

### Ein geringeres Potenzialwachstum in vielen Industrieländern

Die Wirtschaft kommt trotz der ultraexpansiven Geldpolitik der Zentralbanken in vielen Industrieländern nicht richtig in Fahrt. Erdrückend wirken dabei die aufgetürmten Schuldenberge und die weiterhin schwierige Lage im Bankensektor. Diese Entwicklung ist beispielsweise in Südeuropa sowie in Frankreich zu beobachten. Problematisch ist auch die oftmals mangelnde Reformbereitschaft dieser Länder.

### Anhaltende Interventionen der Regierungen

Diese äussern sich in strengeren Regulierungen, insbesondere für den Finanzsektor. Dadurch sollen die Risiken in den Bilanzen der Banken gesenkt werden. Der Staat spielt in der «neuen Normalität» generell eine dominantere Rolle im Wirtschaftsgeschehen. Diese äussert sich auch in der zunehmenden Einschränkung bürgerlicher Freiheiten sowie in wachsender finanzieller Repression.

### Höhere Arbeitslosigkeit in den meisten Industrieländern

Das geringere Wirtschaftswachstum und mangelnde Reformbereitschaft lassen die Arbeitslosenzahlen in vielen Industrieländern steigen. Diese Entwicklung sorgt wiederum für höhere Staatsausgaben und übt Druck auf die sozialen Sicherungssysteme aus. Ohnehin dürfte der durchschnittliche Lebensstandard in der neuen Normalität sinken.

### Drohende Staatsbankrotte

Die immense Schuldenbelastung droht einzelne Staaten in den Bankrott zu treiben. Die Problematik wird am Beispiel Griechenlands deutlich. Solche Entwicklungen belasten die Stimmung an den Börsen. In dem oben skizzierten «Durchwurstelszenario» gelingt es aber immer wieder, solche Staaten kurz vor dem Kollaps zu retten und das System zumindest kurzzeitig zu stabilisieren.

### Weitere Marktmanipulationen der Zentralbanken

In der neuen Normalität setzen die internationalen Notenbanken ihre expansive Geldpolitik fort, um den Kollaps des Systems zu verhindern. Ein Beispiel für Marktmanipulationen durch die Notenbanken sind die quantitativen Lockerungen, die am Ende nichts anderes sind als das excessive Drucken von Geld. Auch die sogenannte «Operation Twist» der US-Notenbank gehört dazu. Damit hält sie langfristige Zinsen künstlich niedrig. Die Börsen werden jedoch von solchen expansiven Massnahmen der Zentralbanken zunehmend abhängig. Eine solche Geldpolitik schaltet zudem Marktsignale aus. Die Börsen werden so immer politischer und reagieren auf solche Massnahmen stärker als beispielsweise auf die Situation im Unternehmenssektor. Mit der Zeit verliert die ultraexpansive Geldpolitik aber zunehmend ihre Wirkung.

### Zunehmende finanzielle Repression

Ein Faktor der finanziellen Repression sind die künstlich niedrig gehaltenen Zinsen beziehungsweise sogar Negativzinsen an den Kapitalmärkten. Diese sind das Resultat politischer Entscheidungen von Zentralbanken.

Die Politik hat bereits durch regulatorische Vorgaben die Nachfrage nach Staatsanleihen erhöht, beispielsweise durch die Regelwerke Basel III für Banken und Solvency II für Versicherungen. Diese fördern die Nachfrage der Grossinvestoren nach Staatsanleihen.

Zu den weiteren Möglichkeiten der finanziellen Repression zählen Einschränkungen beim Bargeldverkehr beziehungsweise Obergrenzen für Bargeldtransaktionen oder Goldbesitzverbote. Wie sich bei der Zuspitzung der Krisen in Griechenland und Zypern gezeigt hat, könnten in der Zukunft auch in anderen Ländern Kapitalverkehrskontrollen oder Beschränkungen beim Zugang zu Konten und Schliessfächern drohen. Auch neue Steuern für Vermögende oder auf Spareinlagen sind denkbar. Der Internationale Währungsfonds hat bereits die Idee geäussert, alle Vermögen des Privatsektors mit einer einmaligen, 10-prozentigen Abgabe zu belegen.

**Anhaltende Verknüpfung und Vernetzung von Banken und Staaten**
Im «Durchwurstelszenario» besteht die «unheilige Allianz» von Banken und Staaten weiter fort, was gefährlich für die Ersparnisse der Bürger ist. Diese Symbiose hat in den vergangenen Jahrzehnten massgeblich dazu beigetragen, dass sich der riesige Schuldenturm überhaupt aufbauen konnte. Dies hat im Gegenzug dazu geführt, dass nun Banken und Staaten wechselseitig «gerettet» werden. Banken haben grosse Bestände an Staatsobligationen auf ihren Büchern, Zentralbanken wie die EZB stützen dafür die Finanzhäuser. Diese operieren in vielen Ländern weiterhin mit viel zu wenig Eigenkapital.

Mittelfristig ist keine Rückkehr zur Zeit der «alten Normalität» mit einem höheren Wachstum abzusehen. Die neue Normalität hat auch für das Verhalten der Anleger erhebliche Folgen.

**Geldanlage im «Durchwurstelszenario»**
Das Anlageumfeld in der «neuen Normalität» ist für Investoren eine grosse Herausforderung. Die aus den Manipulationen der Zentralbanken resultierenden niedrigen bis sogar negativen Zinsen sorgen für einen Anlagenotstand und erschweren die Suche nach Rendite erheblich. Investoren werden gezwungen, bei der Geldanlage immer grössere Risiken einzugehen. Für diese Risiken werden sie aufgrund der Manipulationen der Notenbanken nicht angemessen entschädigt.

Die Geldanlage wird dadurch erschwert, dass die Schwankungen an den Finanzmärkten oftmals sehr hoch sind. Diese lassen sich anhand von Volatilitätsindizes wie dem VIX oder dem VDAX messen. Sind die Niveaus solcher Indizes hoch, deutet dies auf eine erhebliche Verunsicherung und Nervosität der Investoren hin.

In der neuen Normalität gleichen sich auch die Korrelationen von Anlageklassen an. Diese entwickeln sich zunehmend ähnlich. Auf diese Thematik gehen wir in dem Unterkapitel «Eine breite Diversifikation ist weiterhin sinnvoll» des Kapitels «Geldanlage in der Krise und darüber hinaus» näher ein.

Niedrige beziehungsweise negative Zinsen, finanzielle Repression, starke Schwankungen und eine schwierigere Risikostreuung sorgen dafür, dass viele Investoren keine langfristige, geduldige Strategie einschlagen und wankelmütig agieren. Sie verfallen in ein Anlageverhalten, bei dem sie in relativ kurzen Zeitabständen zunächst Risiken eingehen und diese dann wieder zurückfahren. Dieses Verhalten nennt man Risk-on- beziehungsweise Risk-off-Modus. Ironisch könnte man anmerken, dies erinnere ein wenig an manisch-depressive Stimmungsschwankungen. Andere Investoren hingegen agieren sehr zurückhaltend.

**Vermögensklassen im Überblick**

*Spar-, Tages- und Festgeldkonten*
In einer Zeit mit negativen Realzinsen verlieren die Anleger mit Sparkonten und wohl auch mit den meisten Tages- und Festgeldkonten real, also nach Abzug der Inflation, Geld. Auch wenn die realen Zinsen auf null stehen, sind solche Konten in einem «Durchwurstelszenario» nicht allzu attraktiv.

Allerdings sind sie immer noch besser, als das Geld gar nicht anzulegen. Ausserdem sind die dort bezahlten Zinsen in einer Zeit der neuen Normalität manchmal höher als bei einigermassen sicheren Anleihen, wenn man die Transaktionskosten und Gebühren abrechnet. Anleger sollten die aktuellen Konditionen für solche Konten beispielsweise auf www.fmh.de für Deutschland oder www.comparis.ch für die Schweiz prüfen. Allerdings gilt es vorher, die Verfassung der jeweiligen Bank zu prüfen.

*Anleihen*
Anleihen von als halbwegs sicher geltenden Emittenten sind in dem Szenario der neuen Normalität wenig attraktiv. Staatsanleihen mit geringeren Risiken bringen nach dem jahrzehntelangen Rallye am Bondmarkt kaum Renditen. Für Privatanleger kommt hinzu, dass die Gebühren, die beim Kauf von Anleihen oder Anleihefonds anfallen, so hoch sind, dass die mögliche Rendite bereits durch diese Kosten aufgefressen wird.

Dass auch Staatsanleihen risikoreiche Anlagen sein können, hat sich seit dem Ausbruch der Schuldenkrise in der Eurozone gezeigt. So galten griechische Staatsanleihen bis vor wenigen Jahren als praktisch genauso sicher wie die der anderen Länder in der Eurozone. Mit dem faktischen Staatsbankrott Griechenlands wurden die Investoren dann aber rasch eines Besseren belehrt. Die Entwicklung zeigt, dass Länder, die als sicher gelten, dies letztlich nicht sein müssen. Auch sollten die Anleger nicht vergessen, dass die Renditen vieler solcher Staatsanleihen nur deshalb so niedrig sind, weil die Zentralbanken die Zinsen künstlich tief halten. Ein sprunghafter Anstieg zu einem bestimmten Zeitpunkt ist also nicht auszuschliessen, was hohe Verluste für die Anleiheinvestoren bedeuten würde.

Die nominalen Renditen der Staatsanleihen vieler Industrieländer sind seit Anfang der 1980er-Jahre stetig gefallen. Anfang der 1980er-Jahre rentierten zehnjährige US-Staatsanleihen beispielsweise noch mit 12 Prozent bis 16 Prozent, wenn auch bei deutlich höheren Inflationsraten. Anleger erzielten in den vergangenen Jahrzehnten in vielen Jahren auch nach dem Abzug der Inflation gute reale Renditen.

Letztlich sind nicht die nominalen, sondern die realen Renditen nach Abzug von Inflation und Steuern entscheidend. Hier sah es 2016 in der Schweiz beispielsweise gar nicht so schlecht aus, wie man auf den ersten Blick meinen könnte. So ist die Rendite von Schweizer Staatsobligationen in den vergangenen Jahren deutlich ins Minus gefallen. Im Juli 2016 rentierten zehn Jahre laufende Schweizer Staatsanleihen mit – 0,6 Prozent. Allerdings waren auch die Preise in der Schweiz seit 2013 rückläufig. Berücksichtigt man dies, sind die Renditen real gesehen letztlich doch oft positiv.

Privatanleger sollten überlegen, wie wichtig ihnen Sicherheit bei der Geldanlage ist und Inflation und Steuerbelastung bei ihren Investitionen einberechnen. Dies gilt auch für Anlagen in Unternehmensanleihen und Obligationen aus Schwellenländern.

*Aktien*
Für Aktien ist die neue Normalität mit ihren vielen Unsicherheiten, dem wachsenden Einfluss der Politik und den starken Schwankungen zunächst einmal kein gutes Umfeld.

Zweifellos könnte das zu erwartende schwächere Wachstum in den Industrieländern die Entwicklung der Aktien von dort beheimateten Unternehmen negativ beeinflussen. In Jahren mit einem niedrigeren Wirtschaftswachstum fallen die Aktienrisikoprämien niedriger aus. Diese sind die zusätzlichen Erträge, die die Anleger dafür erhalten, dass sie in die risikoreichen Dividendenpapiere investieren. Ist die mögliche Belohnung geringer, so halten sich die Anleger mit ihrem Engagement in Aktien stärker zurück. Auch der Schuldenabbau bei Unternehmen sowie die höhere Arbeitslosigkeit in der «neuen Normalität» könnten die Aktienpreise drücken.

In Zeiten finanzieller Repression hat sich der Aktienmarkt in den USA allerdings auch schon als geeigneter Fluchtweg erwiesen. Wie Philipp Vorndran in dem Buch *Der private Rettungsschirm* ausführt, legte das US-Aktienbarometer Dow Jones Industrial in der Periode von 1942 bis 1951 – der Zeit der Zinskontrolle – von rund 100 Punkten auf 250 Punkte zu. Mit einem jährlichen Anstieg von 10,6 Prozent ohne Dividenden entwickelten sich amerikanische Aktien deutlich besser als die Inflation von rund 5 Prozent jährlich und als lang laufende Anleihen, die nur 2,5 Prozent erzielten. Sollten die Zentralbanken in den kommenden Jahren Geldschwemme auf Geldschwemme folgen lassen, könnten Aktien hiervon profitieren – zumindest eine gewisse Zeit lang.

Die Anleger, die trotz des schwierigen Umfelds auf Aktien setzen wollen, sollten vor allem einen langfristigen Anlagehorizont haben und bei starken Schwankungen nicht allzu schnell nervös werden. Aus Kostengründen empfehlen sich hier, wie in guten Zeiten, Indexprodukte wie Exchange Traded Funds oder Indexfonds.

*Immobilien*
Immobilienanlagen geben einem Portfolio auch in Zeiten der «neuen Normalität» eine gewisse Stabilität. Vorteilhaft ist auch ihr Sachwertcharakter, zumal die Geldpolitik in diesem Szenario sehr expansiv bleibt.

Auch der Wert von Immobilien hängt von der Konjunktur ab. In wirtschaftlich schwierigen Zeiten können die Preise von Liegenschaften ebenfalls erheblich sinken. Nicht von der Hand zu weisen ist in der Zeit finanzieller Repression auch die Gefahr, dass Regierungen neue Steuern oder Abgaben auf Immobilienanlagen einführen.

*Gold und andere Edelmetalle*
Gold bietet auch in einem «Durchwurstelszenario» eine gute Möglichkeit, um sich gegen die Gefahr plötzlich anziehender Inflationsraten zu schützen. Die weiterhin sehr expansive Geldpolitik könnte den Goldpreis zusätzlich

unterstützen. Die hohe Unsicherheit und die Angst der Investoren sprechen dafür, dass der Goldpreis zumindest auf einem hohen Niveau bleibt.

Ausserdem haben sehr tiefe beziehungsweise sogar negative Realzinsen den Goldpreis historisch gesehen zumeist begünstigt. Das Argument gegen Goldanlagen, wonach das Edelmetall keine Zinsen abwirft, verliert in einem solchen Umfeld an Bedeutung. Laut dem österreichischen Finanzinstitut Erste Bank hatte der Goldpreis während seiner 20-jährigen Flaute in den 1980er- und 1990er-Jahren gegen ein Realzinsniveau von durchschnittlich 4 Prozent anzukämpfen. In nur knapp 6 Prozent der Monate seien die Realzinsen während dieser Zeit im negativen Bereich gewesen. In den hochinflationären 1970er-Jahren seien es hingegen 54 Prozent der Monate gewesen, was ein sehr gutes Umfeld für steigende Goldpreise darstellte. Ähnlich dürfte es in der «neuen Normalität» aussehen.

Da die anderen Edelmetalle Silber, Platin oder Palladium auch als Industriemetalle genutzt werden, dürften ihre Preise stärker unter der schwachen Konjunktur leiden.

*Andere Rohstoffe*
Da das Umfeld in der «neuen Normalität» deflationär und das Wirtschaftswachstum schwach ist, ist keine gute Entwicklung der Rohstoffpreise zu erwarten. Schliesslich ist deren Entwicklung stark konjunkturabhängig. Allenfalls können Rohstoffe dem Portfolio einen gewissen Schutz gegen einen schnellen Anstieg der Inflation bieten.

J. Anthony Boeckh bemerkt in seinem Buch *Inflation um jeden Preis* aus dem Jahr 2012 ausserdem, dass die Rohstoffpreise auf lange Sicht stark gefallen sind. Ihm zufolge sind die Preise für Industrierohstoffe in den vergangenen 210 Jahren um rund 70 Prozent zurückgegangen. Diejenigen für Weizen, Baumwolle und Kupfer hätten sogar einen Rückgang von zwischen 75 Prozent und 85 Prozent erlitten. Relativ zu den Aktien hätten sich Industrierohstoffe seit 1900 als miserable Langfristinvestition erwiesen. Kurzfristig könnten Rohstoffe bei einer höheren Inflation vielleicht zwar gegen Verluste absichern, über längere Zeiträume hinweg gelinge ihnen dies jedoch nicht. Dies sollten die Anleger, die ein längerfristiges Engagement in diesem Bereich planen, berücksichtigen. Schliesslich erhalten sie bei Engagements in Rohstoffen auch keine Zinsen oder Dividenden.

## Geldanlageprodukte und Altersvorsorge

*Fonds*
Fonds haben gerade für Privatanleger oft ziemlich hohe Gebühren. In einer Zeit der «neuen Normalität», wenn die Zinsen bei null oder gar darunter liegen, fällt dies besonders ins Gewicht. Die Kosten für Fondsmanager sind in einem solchen Umfeld besonders schwer zu rechtfertigen.

*Exchange Traded Funds und Indexfonds*
Exchange Traded Funds und Indexfonds eignen sich besser, um die Bedürfnisse der Anleger in einem solchen Umfeld zu erfüllen. Die Gebührenbelastung der Anleger ist in einem Nullzinsumfeld besonders wichtig. Die günstigeren Exchange Traded Funds und Indexfonds sind hierfür deutlich besser geeignet als aktiv gemanagte, teurere traditionelle Fonds.

*Strukturierte Produkte und Zertifikate*
Die Welt der Zertifikate ist vielfältig. So ist es mit den Produkten möglich, auch in einem Seitwärtsmarkt oder bei fallenden Börsen Geld zu verdienen. Diese Flexibilität ist grundsätzlich ein Vorteil.

Allerdings sind viele Produkte sehr komplex, und die meisten Anleger verstehen die Auszahlprofile nicht gut genug. Investoren sollten also die alte Börsenregel «Kaufe nur, was du verstehst» berücksichtigen. Neben der nicht selten mangelhaften Transparenz sind oftmals die hohen, versteckten Gebühren vieler Zertifikate ein weiterer Minuspunkt.

*Lebensversicherungen*
Die Lobby der Lebensversicherungen ist in der deutschen Politik sehr stark. So haben es die Assekuranzen über Jahrzehnte hinweg geschafft, Steuerbegünstigungen für die Produkte herauszuholen.

Wenn Risiken wie ein Todesfall oder Invalidität abgesichert werden sollen, können Lebensversicherungen sinnvoll sein. Auch die Steuerersparnis kann ein Argument sein. Wie bereits erwähnt, werden bei Lebensversicherungen das Sparen und das Versichern vermischt, was aus Anlegersicht bei Finanzprodukten nicht der Fall sein sollte. Die Produkte sind für die Anleger wenig transparent, und ein Ausstieg aus den Verträgen ist sehr teuer.

Neben der mangelnden Flexibilität sind Lebensversicherungen in einem Umfeld mit solch niedrigen Zinsen noch weniger attraktiv. Hinzu kommt, dass Lebensversicherungen stark in Obligationen anlegen und in einem Umfeld der «neuen Normalität» kaum Rendite abwerfen. Hinzu kommen noch die gestiegenen Risiken von Staatsanleihen.

*Pensionskassen und Pensionsfonds*
Für Pensionskassen und Pensionsfonds ist die neue Normalität ein schwieriges Umfeld. Die niedrigen Renditen von Anleihen und die anhaltend schwierige Lage an den Aktienmärkten machen den Vorsorgeeinrichtungen zu schaffen.

Es besteht die grosse Gefahr, dass es den Pensionskassen und -fonds in einem solchen Umfeld nicht gelingt, die nötigen Renditen zu erzielen, um ihre Verpflichtungen zu erfüllen. Dies macht bei vielen Vorsorgeeinrichtungen Sanierungsmassnahmen nötig. Da die Kapitalerträge nicht ausreichen, um die bisherigen Kalkulationen aufrechtzuerhalten, sind höhere Beiträge oder geringere Leistungen die Folge. Auch besteht im Szenario der neuen Normalität die Gefahr, dass die Altersguthaben der aktiv Versicherten kaum bis gar nicht verzinst werden.

# Geldanlage in der Krise und darüber hinaus

## Achtung, manipulierte Märkte und finanzielle Repression! Sparer in der «Anlage-Wüste»

«Na denn mal Prost – aber mit Selters, nicht mit Champagner!» Das war das Fazit eines langfristigen Anlageausblicks von Norbert Walter, dem ehemaligen Chefökonom der Deutschen Bank bei einer Veranstaltung im Juni 2012. Ende August desselben Jahres verstarb Walter überraschend. Er ging davon aus, dass sich die Anleger in Europa im nächsten Vierteljahrhundert mit deutlich niedrigeren Renditen begnügen müssen. Als Grössennummer nannte Walter Nominalrenditen von 2 Prozent bis 3 Prozent jährlich. Die ungünstigen Renditeperspektiven hätten damit zu tun, dass die Bevölkerung in den kommenden Jahren in vielen Ländern schrumpfen und altern werde, sagte Walter. Besonders ausgeprägt werde dies in Ländern sein, wo diese Entwicklung bald und mit Vehemenz eintrete, also beispielsweise auch in Mittel- und Osteuropa.

Wenige Jahre danach sieht es so aus, als ob sich diese Einschätzungen bewahrheiten dürften. Wer derzeit Geld anlegen und für das Alter vorsorgen will, findet sich in einer regelrechten «Anlage-Wüste» wieder. Dies zeigt sich besonders bei Obligationen: Gemäss einer Statistik des Rückversicherers Swiss Re hatten im September 2015 in Europa rund 65 Prozent aller emittierten Staatsobligationen eine nominale Rendite von weniger als 1 Prozent. Ein Viertel der europäischen Staatsobligationen rentierte sogar im negativen Bereich, also unter 0 Prozent. Wie die Nachrichtenagentur Bloomberg Anfang Februar 2016 meldete, betrug das Volumen von Staatsanleihen mit negativer Rendite zu diesem Zeitpunkt mehr als 7000 Milliarden Dollar, ihr Anteil an einem Bloomberg-Index für Anleihen von Industrieländern weltweit machte 29 Prozent aus. Dabei gilt es natürlich die Entwicklung des Preisniveaus zu beachten, das beispielsweise in der Schweiz in den vergangenen Jahren rückläufig war. Dies eingerechnet, kamen Anleger am Ende doch wieder auf positive reale Renditen. Allzu viel können Investoren von Obligationenanlagen in den kommenden Jahren aber nicht erwarten.

Auch bei den Aktien drohen nach den guten Jahren 2012 bis 2014 schwierigere Zeiten, wie das mässige Jahr 2015 und der schlechte Start in das Jahr 2016 zeigen. Die Hausse der genannten Jahre dürfte stark mit der Geldschwemme der Zentralbanken verbunden gewesen sein, und die dadurch ausgelöste Inflation der Vermögenspreise wird sich kaum als nachhaltig erweisen. Die Geldflut der Notenbanken hat in den vergangenen Jahren auch zu immer höheren Immobilienpreisen geführt. Die Preise für Liegenschaften in der Schweiz befinden sich nun gemäss Branchenindizes aber in zahlreichen Regionen in der Risikozone.

Viele Sparer und Anleger sind aufgrund der schwierigen Lage sehr zurückhaltend und lassen grosse Summen einfach auf dem Konto liegen, anstatt diese anzulegen. Der Franken-Schock, also die Aufhebung der Mindestgrenze des Euro zum Franken durch die Schweizerische Nationalbank am 15. Januar 2015, hat die Geldanlage für Schweizer noch erschwert. Die Dürre bei den Anlagemöglichkeiten ist aber in erster Linie die Folge einer internationalen Entwicklung, die unter dem Namen finanzielle Repression bekannt ist.

Diese hat viele Aspekte. Der wichtigste und bereits stark spürbare Effekt ist das extrem niedrige bis sogar negative Zinsniveau. Die jüngsten Krisen in Griechenland und Zypern haben derweil gezeigt, was in nächsten Phasen der Krise auch in anderen Ländern drohen könnte: Dazu gehören beispielsweise Kapitalverkehrskontrollen oder Einschränkungen beim Zugang zu Konten und Schliessfächern bei Banken. Höhere Steuern auf Spareinlagen, wie beispielsweise Spanien sie eingeführt hat, zählen ebenfalls zum «Giftschrank» der finanziellen Repression. In Ländern wie Italien und Frankreich kommt es längst zu Einschränkungen beim Bargeldverkehr, wenn auch unter dem Deckmantel der Geldwäscherei-Bekämpfung. Die deutsche Bundesregierung plant ebenfalls eine Obergrenze für Bargeldgeschäfte, während der Rat der Europäischen Zentralbank den 500-Euro-Schein gleich abschaffen will. Der Internationale Währungsfonds hat bereits die Möglichkeit einer einmaligen, 10-prozentigen Abgabe auf alle Vermögen des Privatsektors in den Raum gestellt, um der Schuldenkrise zu begegnen. Da ein Ende der Schuldenwirtschaft von Staaten und Banken nicht absehbar ist und der «Schuldenturm» sogar weiter wächst, werden solche politischen Massnahmen mehr und mehr salonfähig, um ein Einstürzen desselben zu verhindern. Für Sparer und Anleger sind das schlechte Aussichten.

Die Zinsen könnten gar nicht steigen, solange das Verschuldungsproblem nicht gelöst sei, sagt Daniel Stelter, ehemaliger Unternehmensberater

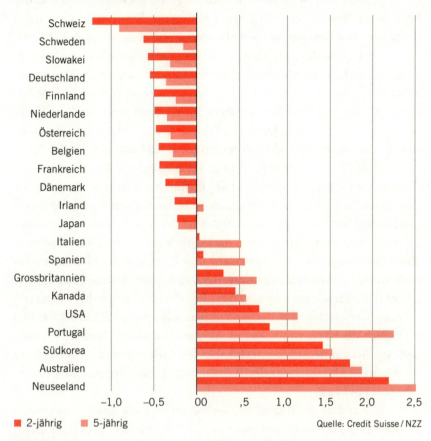

**Abbildung 47**

und Autor mehrerer Bücher zur Schuldenkrise. Er beschreibt die Situation mit folgendem Bild: Um den riesigen, zunehmend wackligen «Schuldenturm» zu stabilisieren, gössen die Zentralbanken mit ihrer expansiven Geldpolitik unten Zement hinein. Gleichzeitig bauten Staaten und Private oben aber immer weitere «Schulden-Stockwerke». Die zarte konjunkturelle Erholung in Europa basiere vor allem auf Kreditwachstum.

Da die Politik sich weigert, das Problem direkt anzugehen, dürften Regierungen zu noch drastischeren Massnahmen der finanziellen Repression greifen, wenn die Konjunktur nachlässt. So sind beispielsweise noch tiefere Negativzinsen und weitere Einschränkungen beim Bargeldverkehr in europäischen Ländern zu erwarten. Als einer der nächsten Schritte in der finanziellen Repression erscheinen auch starke Einschränkungen beim Besitz von Gold denkbar, wie es sie beispielsweise in den USA ab 1933 gab.

Letztlich ist das dahinterstehende Ziel, die Bürger stärker zu kontrollieren und im Falle noch tieferer Negativzinsen zu verhindern, dass die Sparer in Massen ihr Geld bei den Banken abheben. Sparer und Wohlhabende sollen daran gehindert werden, ihre Vermögen zu retten, ihr Geld aus dem System zu schaffen oder in andere Länder zu bringen. Stelter sieht Negativzinsen als eine Art Steuer, mit der Geld von Sparern zu Schuldnern umverteilt wird.

Auch Philipp Vorndran von der Vermögensverwaltungsgesellschaft Flossbach von Storch erwartet für die kommenden Jahre keine Entspannung beim Zustand der Staatsfinanzen. So rechnet er damit, dass die finanzielle Repression in Europa, Japan und den USA weiter zunimmt. Es würde ihn auch nicht überraschen, wenn die Politik künftig – im Namen der «sozialen Gerechtigkeit» – die Vermögen und Einkünfte der Wohlhabenden noch stärker zur Melkkuh der Umverteilung machen würde. Eines der Argumente hierfür könnte sein, dass diese Bevölkerungsgruppe besonders von der expansiven Geldpolitik der vergangenen Jahre profitiert hat. Schliesslich haben sich die Kurse von riskanten Anlagen wie Aktien, Immobilien oder sonstigen Sachwerten, die bei Wohlhabenden stärker verbreitet sind als beim risikoaversen Durchschnitt der Bevölkerung, in den vergangenen Jahren sehr gut entwickelt.

Dafür, dass die finanzielle Repression und die damit verbundene Schmälerung von Vermögen auch in den kommenden Jahren anhalten, spricht auch die Tatsache, dass Erstere ein Instrument darstellt, um Staatsschulden abzubauen. Wie eine Statistik von Swiss Re auf Basis von Zahlen der Bank für Internationalen Zahlungsausgleich zeigt, trug sie massgeblich dazu bei, dass die Staatsverschuldung in den USA im Zeitraum 1945 bis 1955 von 116 Prozent des Bruttoinlandsprodukts auf 66 Prozent fiel. Ohne finanzielle Repression hätte der Wert 1955 gemäss den Schätzungen 144 Prozent betragen. Ein Index des Rückversicherers zeigt, dass sich die finanzielle Repression zurzeit weiterhin auf hohem Niveau bewegt.

Swiss Re warnt vor den Nebenwirkungen der ultraexpansiven Geldpolitik der Notenbanken. Aufgrund der repressiven Politik werden Gelder in Märkte geleitet, in die sie normalerweise nicht fliessen würden. Dies führt zu Ungleichgewichten. Die Finanzmärkte können ihre «Urfunktion», Kapital dorthin zu bringen, wo es am effizientesten arbeitet, unter diesen Umständen kaum mehr erbringen. Ausserdem drohen durch diese Politik Blasen in gewissen Anlagemärkten zu entstehen. Dies dürfte mittel- bis längerfristig erhebliche Folgen für die Altersvorsorge der Bürger haben.

## Vorsorgen wird immer schwieriger

Die Auswahl an halbwegs attraktiven Anlageprodukten wird im Zeitalter der Negativzinsen immer kleiner. So besteht bei vielen Franken- und Euro-Obligationenfonds oder Geldmarktfonds die grosse Gefahr, dass deren Gebühren höher ausfallen als die zu erwartende Rendite. Auch bei Kassenobligationen sind die Zinsen so niedrig, dass manche Schweizer Banken diese Traditionsprodukte mittlerweile gar nicht mehr anbieten. Hält die Phase der niedrigen Zinsen noch lange an, dürfte die Situation auch im Bereich der Vorsorge immer grössere Probleme schaffen, die derzeit noch kaum zu bemessen sind.

Gemäss einer Studie des Versicherers Axa fragt sich in Deutschland mittlerweile jeder zweite Berufstätige, ob die private Altersvorsorge überhaupt noch sinnvoll ist. Auch in der Schweiz wird die Altersvorsorge unattraktiver. Die Zinsen auf Konten in der Säule 3a sind in den vergangenen Jahren massiv gesunken. Manche Banken zahlen bei ihren «Zinskonten» gar keine Zinsen mehr auf die eingezahlten Säule-3a-Gelder. Immerhin bleibt Vorsorgenden in der dritten Säule eine gewisse Steuerersparnis, die sich ebenfalls als «Rendite» betrachten lässt. Eine solche «Rendite vom Staat» lässt sich auch mit Einkäufen in die Pensionskasse erzielen. Letztere eignen sich allerdings vor allem für ältere Anleger. Jüngere Sparer binden ihr Kapital mit einem Pensionskasseneinkauf schliesslich sehr lange. Hält die Niedrigzinsphase noch einige Jahre an, ist nicht auszuschliessen, dass die berufliche Vorsorge in Turbulenzen kommt. Dieses Risiko sollten gerade jüngere Sparer beachten.

Viele Beobachter rechnen damit, dass als Folge des grossen Geldschwemme-Experiments eine Art «Finanz-Tsunami» über die Anleger und Sparer hereinbrechen wird, in dem alle nass werden beziehungsweise Wohlstand verlieren. Folglich geht es derzeit für Privatanleger vor allem darum, ihr Vermögen zu erhalten und zu schützen. Auch hierbei lauern allerdings grosse Fallen.

Der wichtigste Ratschlag für Geldanleger und Sparer in Zeiten der Geldschwemme und finanzieller Repression ist aus Sicht von Hanno Beck und Aloys Prinz, Autoren des Buchs *Die grosse Geldschmelze*, nicht in Panik zu verfallen. Die alten Grundsätze des Investierens gelten demzufolge noch immer, eine panische Flucht in exotische Anlagen ist folglich keine gute Strategie. Die Bürger könnten weder den Kosten der Euro-Rettung noch der Sachwerteinflation entkommen. Versuchen lasse sich dies allenfalls, indem man höhere Anlagerisiken eingehe. Hierbei sollten sich die Anleger aber fragen, ob sie diese Risiken tragen könnten, schreiben Beck und Prinz.

## Aufgeblähte Vermögenspreise bergen Gefahren

Das viele aus dem Nichts geschaffene Geld der Zentralbanken hat bisher nicht für einen nennenswerten Anstieg der Inflation gesorgt, die mit den klassischen Konsumentenpreisindizes gemessen wird. Die Geldschwemme hat aber zu einem starken Anstieg bei Vermögenswerten wie Immobilien und Aktien sowie ausserdem bei Kunst und anderen «exotischeren» Sachwerten geführt. Diese Art der Teuerung ist in der offiziellen Inflationsstatistik nicht enthalten.

Die Inflation der Vermögenspreise ist aber unübersehbar. So sind beispielsweise die Preise für Liegenschaften in Ländern wie Deutschland oder der Schweiz – angetrieben von den ultraniedrigen Zinsen – in den vergangenen Jahren nach oben geschossen. Die Geldschwemme und die extrem niedrigen Zinsen an den Obligationenmärkten haben die Anleger ausserdem in Aktien getrieben, wie es sich am starken Anstieg von Börsenindizes in den Jahren 2012 bis 2014 zeigte.

Die Inflation der Vermögenspreise zeigt sich auch am Kunstmarkt. Laut einer Meldung der Nachrichtenagentur Bloomberg wurde im Mai 2015 bei Auktionen in New York Kunst im Wert von rekordhohen 2,7 Milliarden Dollar versteigert – ein Plus von 23 Prozent gegenüber demselben Vorjahresmonat.

Ablesen lässt sich die Entwicklung auch an dem vom Flossbach von Storch Research Institute errechneten Vermögenspreisindex, der die Preisänderung von Vermögensgütern deutscher Haushalte erfasst. Laut dem Institut ist der Index im Jahr 2015 so stark wie nie seit dem Start der Messung, nämlich um 7,8 Prozent, gestiegen.

**Steiler Anstieg der Vermögenspreise**
⌀ 2010 = 100

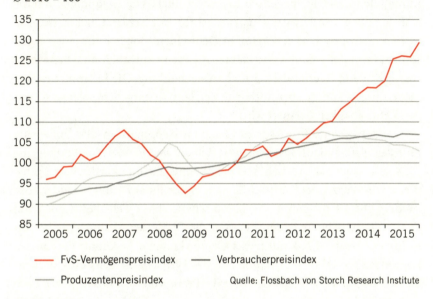

— FvS-Vermögenspreisindex — Verbraucherpreisindex
— Produzentenpreisindex            Quelle: Flossbach von Storch Research Institute

**Abbildung 48**

Hinter der Entwicklung stehe das Kalkül der Zentralbanken, die Vermögenspreise mit aller Macht nach oben zu drücken, um Investitionen, den Konsum und letztlich das Wirtschaftswachstum anzuregen, sagt Thomas Mayer, Gründungsdirektor des Instituts und ehemaliger Chefökonom der Deutschen Bank. In den USA und Grossbritannien – weniger in der Eurozone – sei dies sogar vorübergehend gelungen, und die Folgen des Crashs des Jahres 2008 seien gelindert worden. Der damalige Absturz der Vermögenspreise sorgte für enorme Verwerfungen in den Bilanzen von privaten Haushalten und Unternehmen, und in der Folge gerieten reihenweise Banken ins Straucheln.

Nach Jahren, in denen die Vermögenspreise mit billigem Geld «aufgepumpt» worden sind, stehen die Zentralbanken laut Mayer nun vor einem Dilemma: Erhöhen sie die Zinsen, drohe sich die Überbewertung bei den Aktiva zu reduzieren. Da die Passiva dann nicht mehr gedeckt seien, könnte es erneut zu Zahlungsausfällen kommen, und ein erneuter Crash könnte die Folge sein. Beliessen die Zentralbanken die Leitzinsen hingegen auf Nullniveau, so drohten sich umso grössere Blasen an den Märkten zu bilden – mit immer schlimmeren makroökonomischen Folgen bei deren Platzen.

So hält Mayer beispielsweise eine Blasenbildung am deutschen Immobilienmarkt für praktisch unausweichlich. Die Geldpolitik, die die EZB für die ganze Eurozone mache, sei für Deutschland viel zu lax. Die extrem niedrigen Zinsen sorgten in Deutschland folglich für einen regelrechten Immobilienboom und blähten die Preise künstlich auf. Dies wiederum gebe dann Raum für zusätzliche Verschuldung. Die Inflation der Vermögenspreise könnte aber noch eine Zeit lang weitergehen, solange sie von den Zentralbanken befeuert wird.

Aloys Prinz, Professor für Finanzwissenschaft an der Universität Münster, glaubt allerdings nicht, dass sich die «aufgeblasenen» Vermögenspreise auf Dauer halten lassen. Vielmehr könnte die Inflation der Vermögenspreise zur Wurzel der nächsten Etappe in der Finanz- und Schuldenkrise werden. Die Vermögenspreisinflation schaffe starke Fehlallokationen von Kapital. Bereits heute widerspiegelten die Preise der Vermögensgüter oft nicht das, was sie in Zukunft erwirtschaften könnten. So könnte die von den Zentralbanken erhoffte Ankurbelung des Wirtschaftswachstums steckenbleiben, da das viele billige Geld nur die Preise von Vermögensgütern nach oben treibt, aber letztlich unproduktiv investiert wird. Eine laxe Geldpolitik könne kein Wachstum schaffen, sondern höchstens Zeit für strukturelle Reformen erkaufen, sagt Prinz.

Das seit mehreren Jahrzehnten in einer Deflation steckende Japan gilt als Beispiel dafür, was passiert, wenn solche Reformen nach einer Inflation der Vermögenspreise nicht angegangen werden – das Wachstum lässt sich schliesslich kaum mehr ankurbeln. Anfang der 1990er-Jahre platzte in Japan eine riesige Immobilienblase, die das Land immer tiefer in eine Schuldenspirale und Bankenkrise stürzte. Dass das Land bis heute in dieser Krise steckt, zeigt die potenziell schlimmen Folgen einer Vermögenspreisinflation.

Erkennen die Anleger, dass der Anstieg der Vermögenspreise nur künstlich von der Geldschwemme der Zentralbanken hervorgerufen wurde, führt die Inflation der Preise letztlich zu realen Vermögensverlusten. Dies kann dann dazu führen, dass auch die Stabilität des Finanzsystems bedroht ist. Schliesslich sind es einmal mehr die Banken, die die Kredite für die Finanzierung unrentabler Investitionen – beispielsweise für Immobilien, die rapide an Wert verlieren – gegeben haben.

## Eine breite Diversifikation des Geldes ist weiterhin sinnvoll

Wie bereits an mehreren Stellen in diesem Buch erwähnt, sorgt die extrem expansive Geldpolitik der Zentralbanken, mit der die Zinsen künstlich niedrig gehalten werden, für eine Art Anlagenotstand. Die Investoren suchen dabei immer krampfhafter nach Renditen, die sie immer seltener finden. So treibt die Politik des billigen Geldes die Vermögen in immer riskantere Anlagen. Sie bewirkt, dass die Investoren gezwungen sind, nach den am wenigsten hässlichen Anlageklassen zu suchen, anstatt nach den attraktivsten.

Wenn alle Anlageklassen als hässlich empfunden werden und die Inflationsraten niedrig sind, kann es für Privatanleger sogar sinnvoll sein, grosse Teile des Geldes auf dem Konto liegen zu lassen. Dies ist beispielsweise in den zuvor beschriebenen Szenarien der «neuen Normalität» sowie in einer Deflation der Fall. Doch was passiert, wenn die Inflation urplötzlich anzieht? Dann verlieren Bargeldanlagen real an Wert, und andere Anlageklassen erhalten den Wert des Vermögens besser. In solchen Situationen ist es gut, in Sachwerte investiert zu haben. Nominalwerte wie Anleihen, Lebensversicherungen, Kontoguthaben oder Sparbücher erachten viele Bürger als besonders sicher. Gerade solche Anlagen verlieren in einer Inflation aber stark an Wert, da sie eben keine Sachwerte sind.

Auch in Krisenzeiten gilt bei der Geldanlage der alte Grundsatz: «Lege nicht alle Eier in einen Korb.» Er ist die Essenz der modernen Portfoliotheorie von Nobelpreisträger Harry Markowitz. Um das Risiko zu verringern, sollten Investoren also ihr Vermögen auf verschiedene Anlageklassen wie Aktien, Anleihen, Immobilien, Edelmetalle und Bargeld verteilen. Dies ist der wohl wichtigste Entscheid bei der Geldanlage, denn die Verteilung hat sehr grossen Einfluss auf das Anlageergebnis.

Anleger müssen dabei entscheiden, welches Gewicht sie den einzelnen Anlageklassen in ihrem Portfolio geben. Dafür müssen sie ihre eigene Risikofähigkeit und -bereitschaft bestimmen. Bei der Risikofähigkeit spielen beispielsweise das Alter und die Vermögenssituation eine Rolle. Ausserdem geht es darum, ob der Anleger Selbstständiger, Angestellter oder Beamter ist. Die Risikobereitschaft ergibt sich beispielsweise aus der Renditeerwartung des Anlegers, seinem Sicherheitsbedürfnis und seinem Umgang mit Kursverlusten.

Der erste Schritt bei der Vermögensaufteilung ist die Festlegung der Aktienquote. Aktien sind eine riskante Anlageklasse. Ihre Kurse sind an den

Börsen starken Schwankungen ausgesetzt. Folglich sollten die Anleger genau überlegen, wie viel Geld sie in die Dividendenpapiere investieren wollen. Sparer, die mit Kursverlusten schlecht umgehen können, sollten eher zurückhaltend sein. Dasselbe gilt für die, die ihr Geld in nächster Zeit benötigen, beispielsweise für einen Immobilienkauf.

Der grosse Vorteil einer guten Diversifikation ist, dass sie die Risiken einzelner Titel verringert, indem sie diese auf viele verschiedene Anlagen streut. Allerdings muss auch gesagt werden, dass eine gute Risikostreuung in einer schlimmen Krise Verluste nicht verhindern kann. Immerhin haben sich Studien zufolge diversifizierte Portfolios in Krisenzeiten deutlich besser entwickelt als solche mit einer stärkeren Konzentration auf einzelne Anlageklassen.

Die UBS hat in einer Studie Anregungen für eine Musteraufteilung des Portfolios für die Anleger mit einem mittleren Risikoprofil gegeben (vgl. Abbildung 49). Dieses kann allerdings nur holzschnittartig Hinweise darauf geben, wie sich Anlageklassen in den verschiedenen Szenarien entwickeln. Jeder Anleger muss selbst anhand seines Risikoprofils entscheiden, wie hoch er einzelne Anlageklassen gewichtet oder ob er grosse Teile des Gelds gar nicht anlegen und auf dem Konto liegen lassen oder als Bargeld halten will. In einem weiteren Schaubild zeigt die Bank auf, welche Anlageklassen sich für Inflations- oder Deflationsszenarien eignen.

Auch eine Diversifikation auf verschiedene Länder und Regionen ist grundsätzlich angebracht. Angesichts der Schuldenkrise sollten sich Privatinvestoren genau überlegen, in welchen geografischen Regionen beziehungsweise in welchen Währungen sie ihr Geld anlegen. Dabei sollten sie auch berücksichtigen, welche Länder als besonders gefährdet für Massnahmen der finanziellen Repression oder anderer Zwangsmassnahmen gegenüber den Anlegern gelten.

Dasselbe gilt für Währungen. Grundsätzlich ist eine Streuung auf verschiedene Devisen sinnvoll. Beim Franken gilt dies in Krisenzeiten allerdings eingeschränkt, da die Devise als Fluchtwährung genutzt wird. Es empfiehlt sich auch, zumindest einen Teil des Anlagevermögens in Gold zu investieren. Das Edelmetall ist eben keine Papierwährung, sondern hat einen realen Wert. Aus diesem Grund gilt Gold auch als Krisenwährung.

Auch bei den Bankverbindungen sollten die Anleger die Risiken streuen und Konten bei verschiedenen Finanzhäusern unterhalten. Selbst bei den Lagerungsorten für Edelmetalle gilt es, den geografischen Aspekt und

**Musteraufteilung eines Portfolios auf verschiedene Anlageklassen**
Mittleres Risikoprofil, verschiedene Szenarien

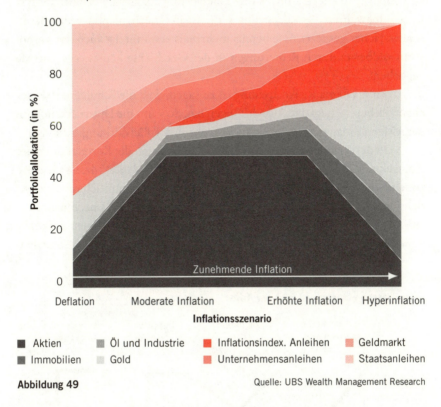

Abbildung 49    Quelle: UBS Wealth Management Research

**Attraktivität der Anlageklassen in verschiedenen Szenarien**

|  | Attraktiv | Neutral | Unattraktiv |  |
|---|---|---|---|---|
| Deflationäre Krise | Staatsanleihen Unternehmensanleihen Gold Immobilien Geldmarktanlage | Aktien Rohstoffe Inflations- geschützte Anleihen | | Risikoszenario 1 |
| Erhöhte und volatile Inflation | Aktien Immobilien Rohstoffe Inflationsgeschützte Anleihen | Geldmarktanlage Gold Unternehmensanleihen Staatsanleihen | | Hauptszenario |
| Hyperinflation | Gold Immobilien Rohstoffe Inflationsgeschützte Anleihen | Aktien | Staatsanleihen Unternehmensanleihen Geldmarktanlage | Risikoszenario 2 |

Abbildung 50    Quelle: UBS Wealth Management Research

das entsprechende Institut zu berücksichtigen. Beim Lagerungsort sollten sich Anleger überlegen, ob sie ihre Goldvorräte ausserhalb des Bankensystems aufbewahren. Bei Zuspitzung der Krise in Griechenland wurden Bankschliessfächer gesperrt. Wie bereits mehrmals erwähnt, ist auch das Verbot von Goldbesitz durch Regierungen in der Geschichte keineswegs Theorie geblieben.

Zum Thema Risikostreuung ist zu sagen, dass die Schuldenkrise hier ebenfalls bereits negative Auswirkungen hat. So kann die Diversifikation im derzeitigen Finanzmarktumfeld nicht mehr ihre volle Wirkung entfalten.

In der Zeit der «neuen Normalität» haben sich die Korrelationen der Anlageklassen bereits stärker angeglichen. Dies bedeutet, dass sich diese zunehmend gleichförmig entwickeln. Dies erschwert natürlich die Diversifikation, also die Risikostreuung bei der Geldanlage. Direkt nach dem Kollaps der US-Investmentbank Lehman Brothers hat es 2008 einen praktisch kollektiven Absturz der Anlageklassen gegeben. Lediglich Staatsanleihen

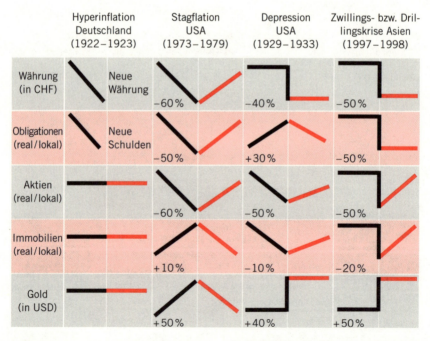

Abbildung 51   Quelle: Dr. Tobias Straumann / Bank Reichmuth

und gewisse Hedgefondsstrategien entwickelten sich in dieser Phase gegenläufig. Dabei dürften die Manipulationen der Zentralbanken an den Märkten bereits eine Rolle gespielt haben.

Die derzeitige Geldpolitik der Notenbanken ist darauf ausgelegt, ein Szenario wie das der Grossen Depression Ende der 1920er- und Anfang der 1930er-Jahre zu verhindern und eine Inflation um jeden Preis zu schaffen. Dabei handelt es sich um ein geldpolitisches Experiment, das die Geschichte noch nicht gesehen hat. Trotzdem können die Anleger aus geschichtlichen Entwicklungen etwas lernen. Der Wissenschaftler Tobias Straumann und die Bank Reichmuth haben in Schaubildern zusammengefasst, wie sich die verschiedenen Anlageklassen während und nach historischen Wirtschaftskrisen entwickelt haben. Daraus leitet das Finanzhaus Konsequenzen für eine zukunftsorientierte Anlagestrategie ab.

**Zukunftsorientierte Anlagestrategien**

|  | Übergewichten | Durchstehen | Meiden |
| --- | --- | --- | --- |
| **Hyperinflation** | Gold im Ausland<br>Langfristig verschulden | Aktien<br>Immobilien | Bargeld<br>Obligationen |
| **Währungsreform** | Gold im Ausland<br>Ausländische Aktien | Aktien,<br>die schwierige Phasen überstehen | Bargeld<br>Obligationen |
| **Deflation/ Depression** | Bargeld<br>Kurz laufende Obligationen<br>(nur Topschuldner) |  | Langfristige Schulden<br>Aktien<br>Immobilien<br>Rohstoffe |
| **Finanzrepression** | Gold | Aktien<br>Immobilien | Papiere mit Enteignungsgefahr |
| **Stagflation** | Gold<br>Aktien mit attraktiven und nachhaltigen Dividendenzahlungen | Zyklische Aktien | Bargeld<br>Obligationen |

Abbildung 52      Quelle: Bank Reichmuth / eigene Ergänzungen

# Zinslose Risiken statt risikoloser Zinsen – auf der Suche nach sicheren Anlagen

«Das äusserste Risiko ist, kein Risiko einzugehen.»

Sir James Goldsmith, Grossinvestor

«Heute gibt es bei der Geldanlage keine risikolosen Zinsen mehr, sondern nur noch zinslose Risiken.» Dieser Satz sorgt auf Finanzkonferenzen seit Jahren immer wieder für Lacher. Trotzdem bringt er eine sehr bittere Wahrheit auf den Punkt. Die Zeiten, in denen die Anleger mit Staatsanleihen risikolose Zinsen einstreichen konnten, sind mit der Finanz- und Schuldenkrise vorüber. Vielmehr brachten Staatsanleihen von als sicher geltenden Ländern wie Deutschland oder der Schweiz entweder fast gar keine nominalen Renditen mehr oder sogar negative Zinsen. Letztere Entwicklung zeigt, in welch verrückten Zeiten wir leben. Die Investoren zahlen bei als sicher wahrgenommenen Staaten sogar dafür, dass sie ihr Kapital bei ihnen anlegen dürfen.

Hier lässt sich nochmals die Statistik des Rückversicherers Swiss Re anführen, der zufolge im September 2015 in Europa rund 65 Prozent aller emittierten Staatsobligationen nominal, also vor Einrechnung der Inflation, mit weniger als 1 Prozent rentierten. Jede vierte der europäischen Staatsobligationen rentierte sogar unter 0 Prozent, also im negativen Bereich. Bei Unternehmensanleihen ist zunehmend eine ähnliche Entwicklung zu beobachten. Anleihen von Unternehmen, die auch in einer tiefen Krise als widerstandsfähig gelten, bringen kaum Rendite. Die Obligationen von manchen als besonders sicher eingeschätzten Unternehmensschuldnern wie Nestlé oder Swisscom haben teilweise sogar schon Renditen von unter null verzeichnet. Mehr Rendite verdienen lässt sich zum Teil mit sogenannten Hochzinsanleihen von Firmen, auch wenn selbst hier die Renditen vorübergehend stark gesunken waren. Die Ausfallgefahr bei solchen Anleihen ist bei einem Wirtschaftsabschwung oft recht gross. Die Bonds sind also oftmals sehr riskant.

Bei der ganzen Diskussion über Anleihenrenditen darf allerdings nicht vergessen werden, dass bei Zinsanlagen wie Anleihen oder Geldmarktprodukten letztlich nicht die nominalen, sondern die realen Renditen entscheidend sind – also das, was nach Berücksichtigung der Inflation übrig bleibt. Bei einem sinkenden Preisniveau wie in der Schweiz in den vergangenen Jahren erzielten die Anleger letztlich trotz negativer nominaler Renditen von Staatsanleihen eine positive reale Rendite.

In Zeiten mit hoher Inflation sehen die Renditen hingegen oft viel höher aus, als sie real und nach Steuern dann sind. Der Finanzbuchautor Gerd Kommer nannte dazu in einem Gespräch ein Beispiel aus Deutschland aus dem Jahr 1973. Damals betrugen die nominalen Geldmarktzinsen dort zwar im Durchschnitt stolze 12 Prozent pro Jahr. Aufgrund der hohen Inflation lagen die realen Geldmarktzinsen aber nur bei 4 Prozent. Bei einem Steuersatz von 30 Prozent, der auf die Nominalrendite zu entrichten ist, blieb am Ende eine reale Rendite nach Steuern von null. Im Jahr 2008 hätten die nominalen Geldmarktzinsen in Deutschland hingegen im Durchschnitt 4,6 Prozent betragen, die realen aber 3,4 Prozent – nach Steuern hätten Anleger hier sogar eine bessere reale Rendite erzielt als im Jahr 1973.

Kommer empfiehlt Anlegern in seinem Buch *Souverän investieren* das Vermögen in einen «risikofreien» und einen risikobehafteten Portfolio-

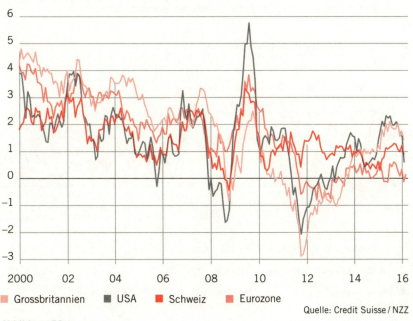

**Hohe Schweizer Realzinsen im Vergleich**
Reale Renditen von zehnjährigen Staatsobligationen

Quelle: Credit Suisse / NZZ

**Abbildung 53**

teil aufzuteilen. Dies sollte nach einer Analyse der eigenen Risikotoleranz erfolgen. Der «risikofreie» Teil habe die Funktion eines «Sicherheitsankers». Für das Erzielen von Rendite sei hingegen der risikobehaftete Teil des Portfolios zuständig. Der Blick auf die Geschichte zeige, dass negative reale Renditen häufig vorkommen. Laut Kommer lagen die realen Renditen von kurzfristigen amerikanischen Staatsobligationen – also US Treasury Bills mit einer Laufzeit von einem Monat – ab dem Jahr 1927 in 36 von 89 Kalenderjahren im negativen Bereich – also in 40 Prozent aller Jahre. Die um die Inflation bereinigte Geldmarktrendite habe in den 89 Jahren lediglich 0,4 Prozent pro Jahr betragen. Negative Renditen nach Abzug von Inflation, Kosten und nach Steuern seien hier also keine Ausnahmesituation, sondern eher die Regel.

In den vergangenen Jahrzehnten wurden die Investoren dennoch mit sehr hohen nominalen und auch teilweise realen Renditen verwöhnt. Viele Akteure an den Finanzmärkten gehen nun davon aus, dass die hohen Anleiherenditen der vergangenen Jahrzehnte, die auch stark durch Kursgewinne zustande kamen, nicht mehr lange wiederholbar sind.

Höchstens in einer Deflation sind Anleihen weiterhin attraktiv – allerdings auch nur dann, wenn die dazugehörigen Schuldner in diesem tief gehenden Schrumpfprozess nicht insolvent werden.

**Realzinsen in der Schweiz seit dem Jahr 2002**
In Prozent

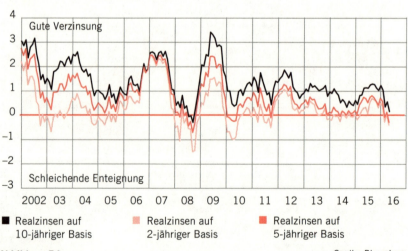

Abbildung 54 — Quelle: Bloomberg

**Abbildung 55** Quelle: Bloomberg

Auch sollten die Anleger bei ihren Investitionen die Liquidität des jeweiligen Anleihemarkts berücksichtigen. Die Märkte für Staatsobligationen von grossen Industrieländern gelten generell als sehr liquide. Im Vergleich mit anderen Bereichen sind die dort gehandelten Volumina riesig. Trotzdem ist bereits seit einigen Jahren ein Rückgang der als selbstverständlich geltenden Liquidität zu beobachten, der am Bondmarkt für Diskussionen sorgt. Die Bank Barclays nannte dazu im Juli 2015 Zahlen. In den USA betrugen die Umsätze im Markt für amerikanische Staatsanleihen zu diesem Zeitpunkt in einem Monat 0,6 Mal das Volumen der ausstehenden Anleihen, die sich nicht im Besitz der US-Notenbank Federal Reserve befanden. Im Jahr 2006, also vor Ausbruch der Finanzkrise, war dieser Umsatz laut Barclays noch zweimal so hoch wie das entsprechende Volumen gewesen. Auch in den Staatsanleihemärkten in Deutschland, Italien und Grossbritannien sei der Trend rückläufig, schrieben die Analytiker der Bank. Die Folgen sind unter anderem steigende Transaktionskosten. Die wohl grösste Gefahr der Entwicklung könnte darin lauern, dass sie – kombiniert mit einem stärkeren «Herdenverhalten» von Investoren – die Gefahr von Extremereignissen vergrössert. Sind Märkte weniger liquide, können kleinere Mittelflüsse grosse Veränderungen mit sich bringen – beispielsweise dann, wenn die Investoren als Herde agieren.

Trotzdem sollte man Obligationen nun auch nicht «verdammen». Die Anlageklasse hat in einem diversifizierten Portfolio weiterhin ihren Platz.

## Langfristig dürfte es eine Aktienrisikoprämie geben – aber wie lange ist langfristig?

«Kaufe nie eine Aktie, wenn du nicht damit leben kannst, dass sich der Kurs halbiert.»

Warren Buffett, amerikanischer Grossinvestor

Die Unsicherheit an den Finanzmärkten reicht hin und wieder so weit, dass in manchen Medien über den Tod der Aktie spekuliert wird. Diese ruft den amerikanischen Schriftsteller Mark Twain in Erinnerung, der Gerüchte über sein Ableben einmal mit dem Satz konterte, die Nachrichten von seinem Tod seien «stark übertrieben» gewesen. Ähnlich war es nach dem Finanzkrisenjahr 2008, in dem Aktien sehr stark an Wert verloren. Ab dem Frühjahr 2009 setzte eine mehrjährige – sicherlich stark von der laxen Geldpolitik der Zentralbanken begünstigte – Aktienhausse ein, mit der nur wenige gerechnet hatten.

Dass Aktien totgesagt werden, ist nicht neu. Berühmt geworden ist in diesem Zusammenhang eine Ausgabe des amerikanischen Wirtschaftsmagazins *Business Week* vom 13. August 1979, in der die Journalisten angesichts der damaligen hochinflationären Zeit den Tod der Aktie nahen sahen.

Dieses Ableben trat auch damals nicht nur nicht ein, sondern die Börse erlebte in den 1980er- und 1990er-Jahren einen der grössten Bullenmärkte aller Zeiten. Die *Business Week* hatte also als klassischer Kontraindikator gedient. Doch Schadenfreude ist hier fehl am Platze. Vielmehr lehrt die Episode Demut, was Prognosen für den Aktienmarkt betrifft. Solche sind nämlich schwierig, und zwar ganz besonders dann, wenn sie die Zukunft betreffen. Wer hats gesagt? Genau: Mark Twain.

Um in der heutigen Zeit auf einen kommenden Bullenmarkt zu setzen, bedarf es trotzdem einer gehörigen Portion Optimismus. Schliesslich sind die Aktienkurse zu Anfang des Jahres 2016 deutlich zurückgegangen, und vieles sieht derzeit (Mai 2016) nach einer anhaltenden Wirtschaftsschwäche, ja nach einer deflationären Entwicklung aus. Für Aktien wäre dies ein sehr schwieriges Umfeld.

Renommierte Börsenexperten setzen sich trotzdem für Aktienkäufe ein. «Kaufen Sie günstig, verkaufen Sie nie», soll US-Grossinvestor Warren Buffett einmal in Bezug auf die Anlage in Aktien geraten haben. Berühmt ist auch der Ratschlag des Börsengurus André Kostolany, wonach Anleger Dividendenpapiere kaufen und anschliessend Schlaftabletten nehmen sollten, um dann nach einigen Jahren reich zu erwachen. In diesen Sprüchen äussert sich eine «heilige Grundwahrheit» der Anlegergemeinde. Aktien rentieren für Investoren auf längere Sicht, und sie bringen höhere Renditen als Obligationen. Erwin Heri, Dozent an der Universität Basel, nannte dazu im April 2016 an einer Veranstaltung ein Beispiel, demzufolge ein langer Anlagehorizont zusammen mit dem Zinseszinseffekt einer Aktieninvestition überraschende Ergebnisse bringt. Hätte man über 30 Jahre hinweg jährlich 10 000 Franken in einen günstigen Indexfonds, der die Dividenden reinvestiert, angelegt, wäre daraus laut Heri die Summe von 1,35 Millionen Franken geworden.

In den vergangenen Jahren haben die Aktienmärkte unterdessen ein wildes Auf und Ab hinter sich, und die alte Regel, wonach das «Kaufen und Halten» die beste Strategie bei der Aktienanlage ist, wird deshalb nicht selten infrage gestellt. Wie die jährlich veröffentlichte Statistik von der London Business School und der Bank Credit Suisse zeigt, haben Schweizer Obligationen im Zeitraum 2000 bis 2015 mit 5,1 Prozent pro Jahr sogar eine höhere reale Rendite erzielt als Schweizer Aktien, die in dieser Periode auf 3,3 Prozent pro Jahr kamen. Die reale Rendite weist die Performance nach Abzug der Inflation aus. Weltweit gesehen ist die Entwicklung laut der Statistik ähnlich. Obligationen kamen im Zeitraum 2000 bis 2015 auf eine jährliche reale Rendite von 4,9 Prozent, Aktien auf 1,6 Prozent.

In den vergangenen anderthalb Jahrzehnten haben Anleihen also deutlich besser rentiert als Aktien. Dabei sollte es auf längere Sicht gerade andersherum sein. Werden die Anleger für die höheren Risiken und Schwankungen von Aktienanlagen nicht entlohnt, werden sie kaum in die Dividendenpapiere investieren. Im Finanzfachjargon ist diesbezüglich von der Aktienrisikoprämie die Rede. Diese errechnet sich aus der Differenz zwischen den Aktienrenditen und dem risikolosen Zins sicherer Obligationen während eines bestimmten Zeitraums. Wie bereits erwähnt, hat die Finanz- und Schuldenkrise das Konzept der risikolosen Zinsen erschüttert. In der Praxis werden bei diesen Rechnungen aber oft kurz laufende US-Staatsanleihen als Vergleichsmassstab für Aktien verwendet.

Auf Sicht mehrerer Jahrzehnte gibt es hingegen stattliche Aktienrisikoprämien. In der Schweiz betrug sie im Zeitraum von 1900 bis 2015 2,1 Prozentpunkte pro Jahr, wie die Studie von London Business School und Credit Suisse zeigt. Schweizer Aktien erbrachten in diesem langen Zeitraum eine jährliche reale Rendite von durchschnittlich 4,5 Prozent, während Anleihen lediglich auf 2,4 Prozent kamen. Weltweit gesehen lag die Aktienrisikoprämie gegenüber Obligationen im Zeitraum 1900 bis 2015 bei 3,2 Prozentpunkten pro Jahr. Die Anlageklasse Aktien weltweit kam in diesem Zeitraum im Durchschnitt auf eine reale Rendite von jährlich 5,0 Prozent, während Obligationen weltweit eine solche von 1,8 Prozent erzielten.

Die Höhe der Prämien war im Laufe der Jahre allerdings stark unterschiedlich verteilt

Dabei kommt es auch zu Extremszenarien. Gemäss den Wissenschaftlern verdienten die Investoren in den USA beispielsweise im Jahr 1933 eine Aktienrisikoprämie von 57 Prozentpunkten, als die Dividendenpapiere eine Rendite von 57,1 Prozent erzielten und kurz laufende US-Staatsanleihen nur 0,3 Prozent brachten. Besonders schlecht entwickelten sich Aktien gegenüber Bonds hingegen im Jahr 1931, als US-Dividendenpapiere um 43,5 Prozent nachgaben und die kurz laufenden amerikanischen Anleihen eine Rendite von 1,1 Prozent erzielten.

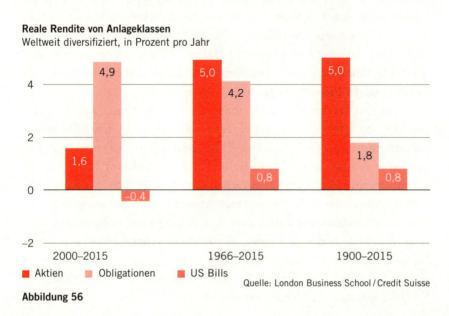

**Reale Rendite von Anlageklassen**
Weltweit diversifiziert, in Prozent pro Jahr

Quelle: London Business School / Credit Suisse

**Abbildung 56**

In Perioden mit geplatzten Finanzblasen, tief gehenden Krisen oder gar Kriegen litten die Aktienkurse hingegen stets besonders stark. In den Charts solcher Renditestudien sind beispielsweise deutliche Rückschläge in der Zeit der beiden Weltkriege sowie während der Weltwirtschaftskrise ab dem Jahr 1929 zu sehen. Auch die Ölkrise in den 1970er-Jahren hinterliess tiefe Spuren in den Depots der Anleger. Laut Pictet verbuchten Schweizer Aktien 1974 ihren grössten realen Wertverlust in einem Jahr, innerhalb von zwölf Monaten verloren sie 37,8 Prozent an Wert. Auf sehr lange Sicht stimmt die Performance, doch manchmal ist viel Geduld vonnöten. Wie die London Business School und Credit Suisse in ihrer im Februar 2016 veröffentlichten Studie schreiben, sollten Anleger die Wirtschaftserholung nach einer bedeutenden Finanzkrise wie jener der Jahre 2007/08 nicht als gegeben betrachten. Nach früheren Krisen wie derjenigen der 1890er-Jahre oder der Weltwirtschaftskrise ab 1929 erzielten Aktien und Obligationen laut der Studie in den ersten sieben bis acht Jahren der Erholung überdurchschnittliche Erträge – Aktien waren dann oft sehr günstig bewertet, und die Renditen von Anleihen fielen. Im darauffolgenden Jahrzehnt waren die Renditen der beiden Anlageklassen dann aber sehr bescheiden.

Es bleibt zu hoffen, dass sich Geduld und ein langer Anlagehorizont für die Aktienanleger weiterhin auszahlen. Privatanleger sind hier gegenüber professionellen Investoren sogar im Vorteil. Letztere haben oftmals keine andere Wahl, als kurzfristig zu agieren und Aktien im Zweifelsfall zu verkaufen. Schliesslich müssen sie ihre Performance spätestens am Jahresende vor ihren Kunden rechtfertigen. Privatanleger können hingegen geduldiger agieren, sofern sie das in Aktien angelegte Geld nicht unbedingt brauchen. Da Aktien mit grossen Risiken behaftet sind, sollten die Anleger ohnehin dort kein Geld investieren, das sie in naher Zukunft benötigen könnten.

Ein weiterer wichtiger Aspekt für eine erfolgreiche Aktienanlage ist die Zahl der Transaktionen, die ein Investor tätigt. Wie wissenschaftliche Studien gezeigt haben, zahlt sich ein hektisches Handeln bei der Geldanlage nicht aus. Vielmehr kommt dann der alte Börsenspruch «Hin und her macht Taschen leer» zur Geltung. Bei der Vermögensanlage entstehen Gebühren, die bei nervösem Agieren teuer zu Buche schlagen. Besonders spürbar werden diese bei kleineren Beträgen.

Kleinanleger sollten beim Aktienkauf auch berücksichtigen, dass die beliebten Praktiken des Market Timing und des Stock Picking gemäss wissenschaftlichen Untersuchungen für sie zumeist nicht funktionieren. Nachweislich schaffen es in liquiden Märkten die hoch bezahlten Fondsmanager nicht, langfristig eine bessere Performance zu erzielen als der Markt. Dieser wird in der Form eines Börsenindex wie des Euro Stoxx 50, des Deutschen Aktienindex oder des Swiss Market Index abgebildet. Folglich dürfte auch kaum ein Privatanleger mit Stock Picking, also mit der gezielten Auswahl einzelner Aktien, langfristig einen Mehrwert erzielen.

Auch das Market Timing, das Ein- und Aussteigen in Wertpapiere zu selbst gewählten Zeitpunkten, bringt Privatanlegern in der Regel keine höhere Rendite. Dies zeigt die Studie «Mutual Fund Flows and Investor Returns: An Empirical Examination of Fund Investor Timing Ability» von Geoffrey Friesen und Travis Sapp. Die Wissenschaftler haben dafür im Zeitraum von 1991 bis 2004 untersucht, wie gut in Aktienfonds investierende Privatanleger sich mit dem Market Timing schlugen. Das Ergebnis war sehr ernüchternd. Die Anleger reduzierten durch ihr selbst gewähltes Ein- und Aussteigen in den Markt ihre jährliche Rendite um durchschnittlich 1,56 Prozentpunkte.

## Hohe Dividendenrenditen als Lichtblick, aber nicht als Anleihenersatz

«Aktionäre sind dumm und frech. Dumm, weil sie ihr Geld andern Leuten ohne ausreichende Kenntnisse anvertrauen. Frech, weil sie Dividenden fordern, also für ihre Dummheit auch noch belohnt werden wollen.»

Carl Fürstenberg, deutscher Bankier

Tief, tiefer, unter null – die nominalen Renditen festverzinslicher Wertpapiere sind in den vergangenen Monaten immer weiter gesunken. Händeringend suchen die Investoren nach Alternativen. Aktien mit hohen Dividendenrenditen rücken dabei in ihr Blickfeld. Ein Ersatz für Obligationen sind sie allerdings nicht.

Dividenden sind der Teil des Gewinns, den Aktiengesellschaften an ihre Aktionäre ausschütten. Die Dividendenrendite ist dabei eine Kennzahl, die das Verhältnis des Aktienkurses zur Dividende aufzeigt. Diese erscheinen derzeit bei vielen Aktiengesellschaften besonders attraktiv. Da die manipulative Politik der Zentralbanken die Zinsen künstlich niedrig hält, sind die

Dividendenrenditen in wichtigen Märkten derzeit deutlich höher als die Renditen zehnjähriger Staatsanleihen. Vor allem Versorger, Telekommunikationsunternehmen, Versicherer, Tabakfirmen sowie Gesundheits- und Konsumgüterkonzerne zahlen oft hohe Dividenden.

Hinzu kommt, dass Dividenden historisch gesehen den wichtigsten Teil der Gesamtrendite von Aktien ausgemacht haben. Dies zeigt beispielsweise der 2003 im *Financial Analysts Journal* erschienene Artikel «Dividends and the three Dwarfs» von Robert Arnott. Der Autor bricht darin die im Zeitraum von 1802 bis 2002 erzielte jährliche Gesamtrendite auf US-Aktien von 7,9 Prozent in ihre Einzelteile auf. Dabei kommt er zu dem Ergebnis, dass 5 Prozentpunkte dieser Rendite durch Dividenden erzielt wurden, 1,4 Punkte durch Inflation, 0,8 Punkte durch reales Dividendenwachstum und 0,6 Punkte durch steigende Bewertungsniveaus.

Aus der Sicht von Analytikern der Bank Rothschild lassen sich aus Dividenden auch wichtige Hinweise über die Verfassung eines Unternehmens herauslesen. Ausserdem gelten Dividendenzahlungen als beständiger als das Gewinnwachstum. Sie schwanken im Allgemeinen auch weniger als die Kurse an den Aktienmärkten.

Nicht wenige Produkteanbieter preisen dividendenstarke Aktien mit beständigen Erträgen als Anleihenersatz an. Die Risiken der beiden Anlagen sind aber nicht vergleichbar. Wer in seinem Portfolio Anleihen durch dividendenstarke Aktien ersetzt, hat danach ein völlig anderes Risikoprofil. Auch in Zeiten der Schuldenkrise sind Aktien eben deutlich riskanter und schwankungsanfälliger als die meisten Obligationen. Anleger sollten also prüfen, ob ihre Risikofähigkeit und -bereitschaft für eine Erhöhung des Aktienanteils in ihrem Portfolio gross genug ist.

Historisch gesehen sind die Anleger mit erstklassigen Aktien, die nachhaltige Ausschüttungen getätigt haben, gut gefahren. Auch der Sachwertcharakter spricht für die Dividendenpapiere. Trotzdem sind in Zeiten, in denen die Wirtschaft stagniert und in denen sogar deflationäre Zustände drohen, bei Aktien erhebliche Kursverluste nicht auszuschliessen. Solche könnten die durch die Dividendenzahlungen erzielten Erträge schnell schmelzen lassen.

Die extrem expansive Geldpolitik der Zentralbanken führt dazu, dass die Anleger zunehmend gezwungen sind, ihr Geld von Obligationen in risikoreichere Anlageklassen umzuschichten, um überhaupt noch Rendite zu erzielen. Bedenklich ist in diesem Zusammenhang, dass es sich bei der Anlage in dividendenstarken Aktien um eine Art Massenbewegung der

Investoren handelt. Manche Titel wurden dabei deutlich in die Höhe getrieben. Anzumerken ist auch, dass die Kennzahl der Dividendenrendite mit Vorsicht zu geniessen ist. Sie zeigt das Verhältnis des Aktienkurses zur Dividende auf. Folglich ist sie nicht stabil. Eine hohe Dividendenrendite kann schliesslich auch zustande kommen, weil der Aktienkurs eines Unternehmens zuvor stark gesunken ist. Dies würde auf eine schlechte Verfassung des Konzerns hindeuten.

Es gilt also zu prüfen, ob die Unternehmen die Dividenden langfristig zu zahlen bereit sind und ob sie dazu auch in der Lage sind. Viele Fondsgesellschaften und Vermögensverwalter raten Privatanlegern, bestimmte Dividendenstrategien zu verfolgen beziehungsweise entsprechende Geldanlageprodukte zu kaufen. Dabei wählen Fondsmanager oder Vermögensverwalter die aus ihrer Sicht besten Aktien mit nachhaltigen Dividendenrenditen aus. In der Schuldenkrise ist es dabei besonders wichtig, auf Unternehmen zu setzen, die auch in schwierigen Zeiten höhere Dividenden zahlen. Diese sollten also idealerweise eine überragende Position in ihrer Branche haben und über finanzielle Substanz verfügen.

Vertreter der Pensionskassenberatungsgesellschaft PPCmetrics raten Anlegern von Dividendenstrategien ab. Solche gehen oftmals zulasten der Diversifikation. Ausserdem fallen auch wieder Gebühren für die Experten an. Aufgrund der hohen Dividendenrenditen vieler Standardwerteindizes halten die Vertreter von PPCmetrics es für eine bessere Idee, direkt auf gängige Indizes wie den MSCI World, den S&P 500, den Euro Stoxx 50 oder den Swiss Market Index zu setzen. Für Privatanleger bieten sich hier also Indexfonds oder Exchange Traded Funds (ETF) an.

Investmentgesellschaften bieten mittlerweile auch zahlreiche Fonds und ETF an, die Dividendenindizes abbilden. Ob sich mit solchen Barometern aber langfristig höhere Renditen erzielen lassen als mit den oben genannten Standardindizes, ist zu bezweifeln.

## Indexprodukte bevorzugt – Gebühren wiegen in der Krise doppelt schwer

Wie bereits erwähnt, gehen Anlageexperten und Vermögensverwalter für die kommenden Jahre von deutlich niedrigeren Renditen aus als in früheren Zeiten. Sollten sie recht behalten, sind das für die Investoren, aber auch für die

Anbieter von Geldanlageprodukten sehr schlechte Aussichten. In einem Umfeld mit extremen Niedrigzinsen und gleichzeitig geringeren Aktienrenditen fressen die Gebühren vieler Produkte die erzielten Renditen auf, und für den Anleger bleibt netto nichts übrig. Addiert man noch Verwaltungskosten und Bankgebühren, die bei der Vermögensverwaltung fällig werden, droht der Kunde im Minus zu landen (vgl. Abbildung 57). Bei der Geldanlage ist es folglich sehr wichtig, auf die Gebühren zu achten. Während die Kosten in einem Umfeld mit höheren Renditen den Zinseszinseffekt schmälern, sollten Kunden in Krisenzeiten bestimmte Geldanlageprodukte vermeiden.

Entsprechend sind Investitionen in Anleihenfonds aufgrund der Gebührenstruktur für Privatanleger zurzeit nicht sinnvoll. Manche Vermögensverwaltungen kaufen Anleihen für ihre Kunden direkt und setzen dabei auf Unternehmensbonds. Allerdings fallen mit der Courtage und den Depotgebühren auch hier gewisse Kosten an, und schliesslich kommen noch die Steuern hinzu. So ist bei dieser Variante der oftmals mickrige Zins der Anleihe ebenfalls schnell aufgefressen. Anleger können sich behelfen, indem sie die Papiere bis zur Fälligkeit halten. Dann werden zumindest keine Verkaufsgebühren fällig. Wer trotz der extrem niedrigen Renditen Obligationen in seinem Portfolio haben will, setzt am besten auf Indexfonds oder Exchange Traded Funds (ETF). Diese Produkte haben niedrigere Gebühren als herkömmliche, aktiv verwaltete Fonds. Exchange Traded Funds sind Anlageprodukte, die einen Börsenindex passiv abbilden. Der Anleger kauft dabei also die Performance des Index. Im Gegensatz zu traditionellen Investmentfonds, bei denen ein aktives Fondsmanagement betrieben wird, ist hier kein hoch bezahlter Fondsmanager am Werk. Die folglich niedrigeren Gebühren schlagen sich im Allgemeinen in deutlich höheren Nettorenditen nieder. Vor allem auf lange Sicht ist dies unbedingt zu berücksichtigen, schliesslich spielt bei der Geldanlage der Zinseszinseffekt eine wichtige Rolle.

Bei den Anlageprodukten für den Aktiensektor ist die Lage angesichts der potenziell möglichen höheren Renditen etwas weniger dramatisch als bei den Anleihen. Allerdings schlagen bei traditionellen Anlagefonds die saftigen Managementgebühren von oftmals 1,5 Prozent und mehr stark durch. Anleger sollten auch hier besser auf Indexfonds beziehungsweise Exchange Traded Funds setzen.

Noch weniger zu empfehlen als aktiv verwaltete Investmentfonds sind Anlageprodukte mit doppelten Gebührenstrukturen wie Dachfonds oder Dachhedgefonds. Diese sind einfach zu teuer, als dass in einem Umfeld wie diesem noch viel für den Anleger übrig bleibt. Auch Lebensversicherungen sind in einem solchen Niedrigzinsumfeld wenig attraktiv. Sie haben hohe Kosten und schränken die Flexibilität der Sparer stark ein.

**Die möglichen Kostenfaktoren in der Vermögensverwaltung**

**Erste Ebene (Verwaltungskosten)**

| Kostenblock | Übliche Bandbreite | Verbreitung | Bemerkungen |
|---|---|---|---|
| Verwaltungsgebühr | 0% bis 1,5% p.a. des verwalteten Vermögens | **** | Hängt teilweise davon ab, wie hoch die zusätzlichen Einnahmen durch Retrozessionen und andere Rückvergütungen sind |
| Gewinnbeteiligung | 5% bis 20% der erzielten Rendite bzw. Mehrrendite | ** | Bei externen Vermögensverwaltern mehr verbreitet als bei Banken |
| Einstiegsgebühr | 0% bis 5% des zu investierenden Betrags | * | Muss vom Kunden beim Start der Vermögensverwaltung entrichtet werden. Vielfach verhandelbar |

**Zweite Ebene (Bankgebühren)**

| Kostenblock | Übliche Bandbreite | Verbreitung | Bemerkungen |
|---|---|---|---|
| Depotführungsgebühr | 0,1% bis 0,5% p.a. des Depotvermögens | *** | Die Höhe hängt auch davon ab, welche Zusatzdienstleistungen bereits inklusive sind (z.B. die Erstellung der Steuerbescheinigung) |
| Administrationsgebühr | 0% bis 0,2% p.a. des Depotvermögens | * | Bei gewissen Banken zusätzlich zur Depotführungsgebühr. Teilweise werden die einzelnen Posten (Coupongutschriften, Portokosten usw.) auch einzeln belastet |
| Fremdwährungszuschlag | 0,05% bis 0,15% auf den Titeln in fremder Währung | ** | Vielfach erheben Banken einen Zuschlag auf der Depotführung für Titel, die im Ausland verwahrt werden. Teilweise auch bei Titeln in Fremdwährung |
| Kontoführungsgebühr | 0 CHF bis 100 CHF p.a. pro Konto | ** | Im Zusammenhang mit einer Vermögensverwaltung oftmals kostenlos |

| Positions-gebühr | 10 CHF bis 40 CHF pro Position im Depot | ** | Einige Banken verrechnen zusätzlich zur Depotführungsgebühr eine Gebühr, die pro Position im Depot berechnet wird. Die Höhe variiert meist nach Anlagekategorie |
|---|---|---|---|
| Courtage | 0,2 % bis 2 % des Handelsvolumens. Ticketgebühr üblicherweise 20 CHF bis 250 CHF | *** | Abhängig von Volumen, Anlageklasse, Börsenplatz und Währung |
| Spread bei Devisen | 0,01 % bis 2,5 % pro Währungswechsel | **** | Für den Kunden nicht überprüfbar. Gebühr wird direkt mit dem Devisenkurs verrechnet |

**Dritte Ebene (Produktkosten)**

| Kostenblock | Übliche Bandbreite | Verbreitung | Bemerkungen |
|---|---|---|---|
| Spreads bei Wertpapieren | 0,05 % bis 3 % des Handelsvolumens | **** | Unterschied zwischen Kaufs- und Verkaufskurs. Stark vom Finanzinstrument und der jeweiligen Liquidität am Markt abhängig |
| Ausgabeaufschlag | 0 % bis 5 % des Kaufbetrages | ** | Kommt beim Kauf von Fonds zur Anwendung. Auf eigenen Fonds geben Banken teilweise Rabatte bis 100 % |
| Verkaufskommission | 0 % bis 3 % des Kaufbetrages | *** | Bei gewissen Finanzprodukten wie z. B. strukturierten Produkten verbreitet. Wird direkt mit dem Einstandspreis bzw. mit der Rendite verrechnet |
| Produktverwaltungsgebühr | 0,1 % bis 2,5 % des investierten Kapitals | **** | Zum Beispiel Verwaltungsgebühren bei Anlagefonds, Zertifikaten oder Hedgefonds. Zur reinen Verwaltungsgebühr kommen weitere Kosten wie beispielsweise Transaktionsgebühren hinzu |

«****» bedeutet eine grosse Verbreitung.
«*» heisst, dass der jeweilige Kostenblock nur selten vorkommt bzw. separat ausgewiesen wird.

Quelle: Vermögenspartner

**Abbildung 57**

## Sachwerte geben im Papiergeldboom Sicherheit – aber nicht alle sind geeignet

Auf der Suche nach Anlagemöglichkeiten waren in letzter Zeit Sachwerte sehr populär. Dafür sorgen die zunehmenden Zweifel der Anleger am System mit ungedecktem Papiergeld und ihr Wunsch nach einer gewissen Resistenz in der Krise.

Die Klassiker unter den Sachwerten sind Immobilien, Edelmetalle wie Gold und Silber sowie andere Rohstoffe wie Industriemetalle, Erdöl oder Agrarrohstoffe. Dem experimentierfreudigen Anleger eröffnen sich noch andere Möglichkeiten. Agrarland, Investitionen in Wald, Infrastrukturanlagen, Schiff- und Flugzeugbeteiligungen, Schmuck, Edelsteine, Uhren, erneuerbare Energien, Porzellan, edle Schreibgeräte, alte Bücher, Kunstgegenstände, Wein und Oldtimer gelten – ohne Anspruch auf Vollständigkeit – ebenfalls als Sachwerte.

Dies sieht nach einer riesigen Auswahl aus. In der Praxis gestaltet sich die Umsetzung bei Sachwertinvestitionen allerdings oft schwierig. Das grösste Problem bei der Geldanlage in solch ausgefallenen Bereichen ist die oft mangelnde Liquidität. Ausserdem sind die Transaktionskosten sehr hoch. Diese Nachteile gelten für die meisten exotischen Anlagen, beispielsweise für Kunstgegenstände und für Investitionen in Wald oder Agrarland. Schiffs- oder Flugzeugbeteiligungen haben zumeist den Nachteil sehr langer Rückgabefristen, und die Entwicklung erneuerbarer Energien hängt stark von staatlichen Subventionen ab.

Viele Vermögensverwalter sehen bei der Anlage in exotischere Sachwerte Schwierigkeiten. Bei Investitionen in Wald stellt sich beispielsweise die Frage, wie der Anleger diesen bewirtschaften soll. Produkte auf diesen Bereich haben oft sehr hohe Gebühren und Mindestanlagesummen. Die Anlagen in Wein lohnen sich allenfalls für Kenner, und es kommen wohl nur wenige Spitzensorten infrage. Bei den Infrastrukturfonds ist davon auszugehen, dass in den für Privatanleger vorgesehenen Publikumsfonds eher die schlechteren Objekte landen.

Die Deutsche Bank weist in einer Studie darauf hin, dass die Anlagen in Sachwerte ausserdem oft erheblichen Schwankungen unterliegen. Zudem ist bei einem direkten Engagement in Sachwerte oft ein sehr langer Anlagehorizont nötig.

Laut Christof Reichmuth, Chef der Bank Reichmuth, sollten Privatanleger nur direkt in ausgefallene Sachwertebereiche investieren, wenn sie Freude an solchen Anlagen haben. Bei vielen handelt es sich also um Investitionen für Liebhaber. Aus Reichmuths Sicht gilt dies beispielsweise für Kunstgegenstände, Uhren, Schmuck oder Edelsteine. In jedem Fall sollten die Anleger sehr gut über die jeweiligen Märkte informiert sein, wenn sie auf diesem erfolgreich sein wollen. Viele Vermögensverwalter raten Privatinvestoren mit einem Portfolio von weniger als 1 Million Franken von ausgefalleneren Sachwerten ab.

Neben Direktanlagen kann man auch mit Fonds und Derivaten in exotische Sachwerte investieren. Die Anbieter verlangen bei solchen Produkten oft hohe Gebühren, und die Transparenz lässt nicht selten zu wünschen übrig. Wissenschaftler der Steinbeis-Hochschule Berlin kamen 2010 in einer Studie zu dem Schluss, dass sich Derivate nicht eignen, um eine Sachwerteallokation für das Portfolio zu konstruieren. Schliesslich besteht bei solchen Produkten zumeist ein Emittenten- beziehungsweise Ausfallrisiko, da eine Bank hinter dem Produkt steht.

Letztlich dürften also die traditionellen Sachwerte wie Immobilien und Edelmetalle am besten geeignet sein. Der Direktkauf einer Immobilie zur Eigennutzung gilt vielen Bürgern als der Königsweg der Altersvorsorge. Befindet sich die Liegenschaft in einer guten Lage und übernimmt sich der Käufer nicht bei der Finanzierung, ist dies sicherlich ein sehr guter Weg, das Geld anzulegen. Beim Erwerb einer selbst genutzten Immobilie spart sich der Besitzer die Miete und hat eine sehr gute Altersvorsorge. Zudem ist die Finanzierung aufgrund der ultraniedrigen Zinsen günstig. Allerdings hat die Geldschwemme der Zentralbanken in den vergangenen Jahren in vielen Immobilienmärkten die Preise stark nach oben getrieben, und eine zu hohe Verschuldung beim Immobilienkauf kann sich auch als Bumerang erweisen. Käufer sollten sich ausserdem bewusst sein, dass die Hypothekarzinsen lediglich einen Teil der Kosten ausmachen und weitere Belastungen durch den Unterhalt der Liegenschaft, den Erneuerungsfonds und Steuern anfallen. Ein weiteres Risiko sind deutliche Preiskorrekturen am Immobilienmarkt, die angesichts der jahrelangen Inflation der Vermögenspreise aufgrund der zu niedrigen Zinsen nicht ausgeschlossen sind.

Eine weitere Möglichkeit sind indirekte Immobilienanlagen wie Immobilienfonds. Diese haben in den vergangenen Jahren einen Boom erlebt, und für die Mehrheit der an der Börse kotierten Schweizer Immobilienfonds zahlen die Anleger beim Kauf hohe Aufpreise, sogenannte Agios. Zu den indirekten Immobilienanlagen zählen auch Immobilienaktien. Anleger sollten sich bei Investitionen aber bewusst sein, dass sie sich damit Aktienrisiken ins Portfolio holen. Wie wissenschaftliche Studien gezeigt haben, korrelieren Immobilienaktien stark mit dem Aktien- und weniger stark mit dem Immobilienmarkt. Anleger, die weniger riskante Investitionsmöglichkeiten suchen, sollten sich dessen bewusst sein.

Klassische Investitionen in Sachwerte sind auch Edelmetallanlagen. Hier haben die Anleger mittlerweile die Wahl zwischen vielen Produkten, die die Entwicklung der Preise von Gold, Silber, Platin und Palladium abbilden. Wenn es den Investoren aber darum geht, sich vor einem Systemkollaps oder rasch steigender Inflation zu schützen, so ist es konsequent, Gold direkt zu kaufen. Silber, Platin und Palladium sind nicht nur Edelmetalle, sondern auch Industriemetalle. Das bedeutet, dass ihre Preise auch stark von der Konjunkturentwicklung abhängen. Ausserdem fällt beim Kauf dieser Metalle in der Schweiz die Mehrwertsteuer von 8 Prozent an, während Gold davon befreit ist. Für den Direktkauf von Gold, also von Barren oder Münzen, spricht, dass Käufer dann das Edelmetall physisch besitzen. Dabei gilt es allerdings zu beachten, dass es gerade bei kleinen Einheiten, etwa Münzen, erhebliche Preisspannen geben kann – der Anleger startet dann gleich mit einem deutlichen Minus. Deshalb eignen sich beispielsweise Barren in der Grösse von 50 Gramm oder 100 Gramm, die bei Edelmetallhändlern stark nachgefragt werden. Hier sind die Kosten beim Erwerb proportional weniger hoch, und sie lassen sich einfacher wieder veräussern als sehr grosse Barren.

Für Kleinanleger haben auch Exchange Traded Funds (ETF), die den Goldpreis abbilden, gewisse Vorteile. Hier lässt sich beispielsweise das Währungsrisiko absichern, der Goldpreis ist schliesslich in Dollar festgelegt. Dabei gilt es darauf zu achten, dass die ETF mit Goldbeständen unterlegt sind, dass das entsprechende Finanzhaus das Edelmetall also physisch aufbewahrt. Die Produkte lassen sich recht günstig erwerben. Zu den Nachteilen der Produkte zählen die jährlichen Verwaltungsgebühren und mögliche «Hintertürchen» von Banken bei der Auslieferung des physischen Goldes.

Generell sollten sich Sparer beim Kauf von Edelmetallen bewusst sein, dass deren Preise stark schwanken können. Zudem erhalten Anleger weder Zinsen noch Dividenden. Um eine Rendite zu erzielen, müssen die Preise der Edelmetalle steigen.

## Anlageformen und Assetklassen

|  | Obligationen | Währungen | Aktien | Sachwerte |
|---|---|---|---|---|
| Direktanlage | Staatsanleihen<br>Unternehmens-<br>anleihen<br>Hochzinsanleihen<br>Pfandbriefe<br>… | Fremdwährungs-<br>konten<br>… | Einzelaktien<br>… | Immobilien<br>Agrar/Forst<br>Infrastruktur<br>Rohstoffe<br>Erneuerbare Energien<br>… |
| Fonds-<br>konstruktionen | Offene Obligationen-<br>fonds<br>Obligationen-<br>indexfonds und ETF<br>Spezialfonds<br>… | Währungsfonds<br>… | Offene Aktienfonds<br>Aktienspezialfonds<br>Indexfonds und ETF<br>Dachfonds<br>… | Private-Equity-Fonds<br>Offene Fonds<br>Spezialfonds<br>… |
| Derivate | Bund-Future<br>Asset Backed<br>Securities (ABS,<br>MBS, CDO)<br>Zinsoptionen<br>Zinsswaps … | Währungsswaps<br>Futures<br>Optionen<br>… | Aktienfutures<br>Aktienoptionen<br>Knock-out-Produkte<br>Equity Swaps<br>… | Rohstoff-Futures<br>Immobilienderivate<br>Baltic Dry Index<br>… |

■ Nominalwert[1]   ◣ Überwiegend Nominalwert   ■ Sachwert   ◥ Überwiegend Sachwert

[1] Der Nominalwert stellt einen Geldwert dar, der jedoch von der Wertentwicklung der jeweiligen Währung bzw. des Zahlungsmittels abhängig ist.

**Abbildung 58**  Quelle: Steinbeis-Hochschule Berlin

Neben Edelmetallen bieten sich Anlegern im Bereich der Rohstoffanlagen viele weitere Möglichkeiten, beispielsweise der Kauf von Produkten, die die Entwicklung des Erdöl- oder des Kupferpreises sowie von gewissen Rohstoffindizes abbilden. Dies hat beispielsweise der jähe Absturz des Erdölpreises in den Jahren 2014 und 2015 gezeigt. Bei vielen Rohstoffen ist es also fraglich, ob sich diese zum langfristigen Vermögensaufbau eignen.

## Immobilien als sichere Häfen?

Mit Immobilien fühlen sich viele Bürger vor den Stürmen an den Finanzmärkten sicher. Liegenschaften schützen vor einem möglichen Anziehen der Inflation, und als Sachwerte sind sie in einer Zeit, in der das Vertrauen in die Papierwährungen sinkt, sehr attraktiv. Als «Königsweg der Altersvorsorge» gilt dabei die selbstgenutzte Immobilie. Viele Bürger kaufen auch Liegenschaften, um sie zu vermieten und Mieten einzunehmen.

Grundsätzlich sollte man beim Kauf von Wohneigentum einiges beachten. Zunächst einmal ist die Lage der Immobilie sehr wichtig. Sie sollte in einer Gegend mit gutem Ruf oder Entwicklungspotenzial liegen und mit öffentlichen Verkehrsmitteln gut erreichbar sein. Wichtig sind auch die Einkaufsmöglichkeiten. Ausserdem sollten die Käufer prüfen, wie die Chancen liegen, dass sich die Liegenschaft später zu einem ähnlich hohen Preis verkaufen lässt. Dabei ist wichtig, wie die Qualität und Lebensdauer der Ausstattung zu bewerten ist. Bei Bieterwettbewerben ist eher Zurückhaltung geboten, da die Preise oftmals mit Tricks in die Höhe getrieben werden. Einschätzungen des Werts einer Immobilie sind zunächst einmal auf Internetplattformen möglich. Wenn es dann wirklich ernst wird, kann es sich durchaus lohnen, einen professionellen Liegenschaftsschätzer in Anspruch zu nehmen. Privatpersonen sollten sehr vorsichtig sein, wenn sie Immobilien in Gegenden kaufen, die sie wenig kennen. Bei Direktkäufen drohen Fehleinschätzungen sowie negative Überraschungen, und Auswärtige wissen oft zu wenig Bescheid. Was Käufe im Ausland angeht, kennen sie die Mietgesetze oftmals nicht gut genug.

**Hohe Schweizer Immobilienpreise**
UBS-Immobilienblasenindex Schweiz, in Punkten

Abbildung 59      Quelle: UBS / NZZ

Eine solide Finanzierung ist der nächste Schritt. Die Belastung muss für den Käufer auch dann tragbar sein, wenn das Einkommen mit der Pensionierung sinkt oder wenn die Zinsen steigen. Soll die Immobilie als Altersvorsorge dienen, muss ausserdem genug Geld vorhanden sein oder verdient werden können, um die Immobilie altersgerecht umzurüsten. Zu berücksichtigen ist bei einem Liegenschaftskauf immer auch, dass die meisten Bürger damit ein sogenanntes Klumpenrisiko eingehen, weil sie grosse Teile ihres Vermögens dort investieren. Zu einer guten Planung des Vorhabens ist also dringend geraten.

Nach dem jahrelangen Boom treffen willige Käufer am Schweizer Immobilienmarkt indessen auf die nächsten Schwierigkeiten. Finanzplaner und Immobilienexperten raten ihnen zumindest angesichts der stark gesunkenen Renditen zur Vorsicht. Wie die UBS im Februar 2016 mitteilte, ist ihr Immobilienblasenindex im vierten Quartal 2015 erneut spürbar gestiegen und befand sich weiterhin in der Risikozone. Wichtigster Faktor hierfür waren die ausstehenden Hypothekarkredite der Haushalte, die im Vergleich mit dem Vorjahr um 3,2 Prozent deutlich zulegten.

Viele Beobachter halten den Schweizer Liegenschaftsmarkt also für überhitzt. Dies würde bedeuten, dass die derzeit bezahlten Preise sich kurz- und mittelfristig nicht als nachhaltig erweisen dürften. Unter rein finanziellen Überlegungen gelten die erreichbaren Renditen folglich als nicht mehr attraktiv. Bei steigenden Zinsen wären Verluste im Schweizer Immobilienmarkt programmiert. In diesem Zusammenhang ist vor allem vor waghalsigen Finanzierungen zu warnen. Die hohe Verschuldung der Schweizer mit Hypothekenkrediten könnte ein erhebliches gesamtwirtschaftliches Problem werden, falls die Zinsen steigen sollten. Viele Liegenschaftskäufer sind also gut beraten, die Risiken herunterzufahren und die Hypothekarschuld mittelfristig abzubauen. Auch beim Vorbezug von Pensionskassenkapital ist Vorsicht geboten. Eine Alternative zum Direkterwerb könnten Schweizer Immobilienfonds sein. Doch bei diesen an der Börse kotierten Fonds sind die dort bezahlten Aufgelder, die Agios, weiterhin hoch. Dies erhöht das Verlustrisiko für die Anleger.

Grundsätzlich gilt der Kauf von Immobilien zur Eigennutzung, wenn richtig gemacht, aber als sehr gute Art der Altersvorsorge. In einer Zeit von Geldschwemme und finanzieller Repression geben sie dem Sparer Sicherheit, sofern die Liegenschaft solide finanziert ist. Zudem spart dieser die Miete und ist keinen Mieterhöhungen ausgesetzt. Des Weiteren sind die Zinsen sehr niedrig und der Kauf lässt sich zu günstigen Konditionen finanzieren. Hier lauern allerdings auch grosse Gefahren. In den vergangenen Jahren sind die Preise von Immobilien aufgrund der «Vermögenspreisinflation» in der Schweiz und in Deutschland stark gestiegen. «Normalbürger» kommen deshalb bei der Finanzierung einer selbstbewohnten Liegenschaft teilweise an ihre Grenzen und stemmen den Kauf mit einem hohen Schuldenberg. Ein solcher kann sich beispielsweise bei steigenden Zinsen oder einem Arbeitsstellenverlust als Falle erweisen. Hat ein Ehepaar eine Immobilie zusammen finanziert, ist auch eine Scheidung ein grosses Risiko.

Der Kauf von Liegenschaften als Anlageobjekte beziehungsweise zur Vermietung ist vor allem etwas für vermögende Privatanleger. Dabei kann es sich um eine interessante Strategie zum Vermögenserhalt handeln. Allerdings sollte der Aufwand beziehungsweise sollten die Kosten bei der Verwaltung der Immobilien nicht unterschätzt werden. Zudem gilt es rechtliche und steuerliche Fragen zu klären, vor allem beim Kauf von Liegenschaften in anderen Regionen beziehungsweise im Ausland. Mit den eingeplanten Mieteinnahmen sollte sich eine gewisse Rendite auf das Eigenkapital erzielen lassen.

## Beim Kauf von Gold gilt es einiges zu beachten

Da die Zentralbanken immer grössere Mengen an Geld aus dem Nichts schaffen, stehen bei vielen Sparern Gold und andere Edelmetalle hoch im Kurs. Es gibt mittlerweile viele Möglichkeiten, um auf einen steigenden Preis der Edelmetalle zu setzen. Dazu gehören beispielsweise Anlagefonds sowie Exchange Traded Funds oder strukturierte Produkte, die die Preisentwicklung abbilden. Die nach wie vor sicherste Variante ist aber der direkte Kauf von Goldbarren und -münzen. Allerdings gibt es dabei einiges zu beachten.

Zunächst einmal ist zu berücksichtigen, dass sich die Preise für Edelmetalle durchaus volatil entwickeln können. Dies hat sich beispielsweise nach 2011 gezeigt, als sie nach einem jahrelangen Anstieg deutlich zurückgingen. Wer auf der Suche nach einem «sicheren Hafen» für sein Geld ist, sollte sich dessen bewusst sein. Ausserdem werfen Edelmetalle weder Zinsen noch Dividenden ab.

Beim direkten Kauf von Gold und anderen Edelmetallen empfiehlt es sich, dies bei einem seriösen Händler oder einer Bank tun, um sich vor Betrug zu schützen. So wird Gold und Silber beispielsweise auch in Internet-Auktionsbörsen verkauft, laut Experten sind dort aber Fälschungen in Umlauf. Auch wer Edelmetalle bei Kioskhändlern kauft, geht Risiken ein. Um bei der Qualität von Barren keinen Reinfall zu erleben, sollten Käufer darauf achten, dass die Hersteller von der Rohwarenbörse London Bullion Market Association (LBMA) zertifiziert sind. Darauf sollten das Gewicht, der Schriftzug der Firma, der Stempel der Raffinerie sowie eine Feinheitsangabe eingraviert sein.

Ausserdem gibt es beim Kauf von Goldbarren und -münzen eine Spanne zwischen dem An- und dem Verkaufspreis. Diese fällt bei kleineren Einheiten tendenziell stärker ins Gewicht. Sparer sollten die Preise von Verkäufern vergleichen. Laut Andreas Hablützel, Chef von Degussa Goldhandel in der Schweiz, sehen viele Sparer Gold als möglichen Zahlungsmittelersatz und kaufen auch nicht zu grosse Einheiten. Als «Kassenschlager» gelten 100-Gramm- beziehungsweise Ein-Unzen-Barren sowie Ein-Unzen-Münzen. Zu beachten ist auch, dass Gold im Gegensatz zu Silber, Platin und Palladium in der Schweiz von der Mehrwertsteuer befreit ist. Beim Kauf der anderen Edelmetalle fällt die Mehrwertsteuer von 8 Prozent hingegen an. Ein weiterer Vorteil von Gold gegenüber den anderen Edelmetallen ist, dass die Entwicklung seines Preises wohl weniger stark von der Konjunktur abhängt.

Beim Wiederverkauf von Edelmetallen an eine Bank oder einen Händler ist der Zustand der Barren und Münzen sehr wichtig. Haben Barren Kratzer oder Dellen, gibt es Abschläge – und sie landen im Schmelztopf. Sei die Ware allerdings qualitativ in Ordnung und würden beim Verkauf der Barren die ursprünglichen Zertifikate mitgeliefert, sei ein Einschmelzen nicht unbedingt nötig, sagt Michael Paprotta, Abteilungsleiter Edelmetall- und Devisenhandel bei Raiffeisen Schweiz. Dieses sei auch keineswegs im Interesse seiner Bank, da damit Kosten verbunden seien.

Anleger sollten sich zudem bewusst sein, dass der Reinheitsgrad von Goldmünzen unterschiedlich hoch ist. Das Gold des Schweizer Goldvreneli sei beispielsweise weniger rein als das anderer Münzen, sagt Hablützel. Da diese Schweizer Münzen heute nicht mehr hergestellt werden, müsse man oft einen «Liebhaber-Aufschlag» bezahlen. Es gibt beim Kauf von Schweizer Goldvreneli letztlich also «weniger Gold fürs Geld» als bei anderen Goldmünzen. Als die international bekannteste und meistverkaufte Goldmünze gilt der südafrikanische Krügerrand, die globale «Nummer zwei» ist die kanadische Maple Leaf. Diese dürften sich besser für das Investieren eignen als das Schweizer Goldvreneli, dieses kommt heute mehr als Geschenk zum Einsatz.

Laut dem Raiffeisen-Vertreter ist der Goldgehalt bei den gängigsten Goldmünzen mit dem gleichen Feingewicht – dem Krügerrand, dem Maple Leaf oder dem Wiener Philharmoniker – identisch. Das Gewicht der Münzen könne sich jedoch unterscheiden, was sich mit der unterschiedlichen Feinheit des Goldes erklären lasse. So hat der Ein-Unzen-Krügerrand ein Bruttogewicht von 33,93 Gramm und ein Nettogewicht (Gewicht des Goldes) von 31,1 Gramm. Beim Ein-Unzen-Maple-Leaf sind das Brutto- und Nettogewicht mit 31,1 Gramm identisch, da der Goldgehalt bei dieser Münze mit 999,9 von 1000 Einheiten im Vergleich mit dem Krügerrand (917 von 1000) wesentlich höher ist. Beim Krügerrand wird traditionell Kupfer beigemischt.

Gemäss dem Geldwäschereigesetz haben Händler und Banken ab einer Einkaufssumme von 25 000 Franken die Verpflichtung, die Personalien des Käufers zu erfassen. Bei Käufen unterhalb dieser Grenze können Sparer anonym bleiben. Auch in solchen Fällen seien Kundenberater bei Raiffeisen aber angehalten, die Umstände zu beurteilen, teilt ein Sprecher der Bank mit. Dies könne der Fall sein, wenn der Preis knapp unter 25 000 Franken liege oder wenn jemand in kurzen Abständen Edelmetall kaufe und dabei immer unter der Limite von 25 000 Franken bleibe.

Bei der Lagerung der Edelmetalle gibt es mehrere Möglichkeiten. Manche Bürger bewahren sie zu Hause in einem Versteck oder einem Tresor auf, andere in Schliessfächern bei Banken oder aber – ausserhalb des Bankensystems – bei einem Edelmetallhändler oder in einem Zollfreilager. Gerade bei grösseren Silberkäufen kann die Lagerung in einem Zollfreilager Sinn ergeben, da dann recht viel Raum nötig ist.

## Bankkonto statt Anlagestrategie?

Anstatt das Geld in Wertpapiere oder Finanzprodukte zu investieren, lassen viele Schweizer hohe Summen einfach auf dem Konto liegen. Dies zeigt die jährliche Statistik *Vermögen der privaten Haushalte* der Schweizerischen Nationalbank. Gemäss den Zahlen für 2014 lagen die Einlagen der Sparer bei Schweizer Banken bei 734 Milliarden Franken, während das Reinvermögen der privaten Haushalte 3335 Milliarden Franken betrug. Die sehr simple «Anlagestrategie», Gelder einfach auf dem Konto zu deponieren, hat in den vergangenen Jahren recht gut funktioniert. Erst Anfang 2015, als die SNB die Untergrenze des Frankens zum Euro aufhob, legte der Wert dieser Einlagen

## Die wichtigsten Anlagemünzen

**Krügerrand**

Diese Goldmünze aus Südafrika ist die bekannteste der Welt. Sie wird seit 1967 hergestellt und gilt damit als älteste eigens zu Anlagezwecken produzierte Münze. Ihr Name setzt sich aus jenem des ersten Burenpräsidenten, Paul Kruger, und jenem des ersten südafrikanischen Goldfundorts, Witwatersrand, zusammen. Krugerrand weisen einen rötlichen Schimmer auf, da sie aus einer Goldlegierung in Verbindung mit Kupfer hergestellt werden. Goldgehalt: 22 Karat.

**Maple Leaf**

1979 führte Kanada mit dem Maple Leaf eine Alternative zum Krügerrand ein. Heute ist keine Goldmünze so auflagestark wie die Münze mit dem Ahornblatt auf der Vorder- und der englischen Königin Elizabeth II auf der Rückseite. Schon bei der Lancierung wies die Münze einen hohen Reinheitsgrad von 99,9 Prozent an Feingold auf, der inzwischen sogar auf 99,99 Prozent erhöht wurde. Goldgehalt: 24 Karat.

**American Eagle**

Nachdem Südafrika und Kanada erfolgreich Anlagemünzen lanciert haben, mochten die USA nicht länger zurück bleiben und brachten 1986 den American Eagle auf den Markt. Ähnlich wie der Krügerrand besteht der American Eagle nicht nur aus Gold, sondern auch aus den Legierungsmetallen Kupfer und Silber, die Münzen härter und unverwüstlicher machen. Goldgehalt: 22 Karat.

**Australian Kangaroo**

Besser bekannt sind diese Münzen aus Australien als Nuggets oder Goldnuggets. Sie werden seit 1987 in verschiedenen Stückelungen geprägt. Ihre Vorderseite ziert seit 1990 ein Känguru, wobei das Känguru-Motiv jährlich wechselt. Die Münzen bestehen aus Feingold. Goldgehalt: 24 Karat.

**Gold Panda**

Die schmucken Panda-Motive machen den Gold Panda, den China seit 1982 prägt, zunehmend zu einem beliebten Geschenk.
Im Gegensatz zu den meisten anderen Goldmünzen wechselt das Motiv auf der Vorderseite jährlich. Ausserdem ist der Aufschlag gegenüber dem Goldpreis beim Gold Panda relativ hoch, weshalb er nicht die Anlagemünze der ersten Wahl sein sollte. Goldgehalt: 24 Karat.

**Goldvreneli**

Anders als der Krügerrand und die übrigen Anlagemünzen wurde das beliebte Schweizer Göttigeschenk, das 20-Franken-Goldvreneli, ursprünglich als Zahlungsmittel konzipiert. Das Vreneli musste als Gebrauchsmünze widerstandsfähig sein; entsprechend besteht es nur zu neun Zehnteln aus Gold. Erstmals wurde die Münze 1897 geprägt, letztmals 1949. Nebst dem klassischen Vreneli gelangten von 1911 bis 1922 auch 10-Franken-Vreneli in Umlauf, und 1925 wurden sogar einige 100-Franken-Vreneli geprägt. Goldgehalt: 21,6 Karat.

**Abbildung 60**

Quelle: UBS (2010): UBS Research Focus: «Gold – die ultimative Währung», Wealth Management Research, S. 9

international gesehen kurzerhand kräftig zu. Angesichts der wackligen Lage an den Aktienbörsen und der extrem niedrigen Renditen von Obligationen erscheint es derzeit vielen Anlegern weiterhin als klug, das Geld gar nicht erst zu investieren, sondern es auf dem Konto zu lagern. Schliesslich sparen sie so obendrein die jüngst bei vielen Instituten weiter gestiegenen Gebühren bei der Geldanlage.

Allerdings hat diese Strategie auch gewisse Risiken – zumindest in Krisenländern. Die Beispiele Griechenland und Zypern haben dies jüngst eindrücklich gezeigt. Sparer kamen hier plötzlich über Nacht nicht mehr an ihr Geld heran, es kam zu massiven Einschränkungen beim Bargeldbezug. Die Konten waren eingefroren und auch Bankschliessfächer gesperrt. Dass es Politiker im Notfall gerne auf Bankeinlagen abgesehen haben, zeigte sich 2014 auch in Spanien. Dort führte die Regierung kurzerhand eine Steuer auf alle Spareinlagen ein, um Einnahmen einzutreiben. In der Schweiz ist ein solcher Zugriff auf die Vermögen der Bürger quasi über Nacht schwer vorstellbar. Allerdings gibt es auch hierzulande die Vermögenssteuer, mittels deren Sparer zur Kasse gebeten werden.

Haben Sparer grosse Summen an Bankeinlagen, sollten sie sich zumindest bewusst sein, dass ihnen das Geld nur dann wirklich gehört, wenn sie es als Bargeld in der Hand halten. Liegt es auf dem Konto, so haben sie lediglich eine Forderung gegenüber der entsprechenden Bank. Philipp Vorndran von der Vermögensverwaltungsgesellschaft Flossbach von Storch rät deshalb, keine Millionenbeträge bei einer einzigen Bank auf dem Konto liegen zu lassen, sondern bei hohen Summen zwischen mehreren Finanzinstituten zu diversifizieren. Sparer sollten sich immer das Risiko vor Augen halten, dass ihre Gegenpartei – also die Bank – möglicherweise in Schwierigkeiten kommen könnte. Auch eine Diversifizierung über mehrere Jurisdiktionen hinweg, also eine Streuung der Gelder auf Banken in verschiedenen Ländern, könnte bei hohen Beträgen wegen möglicher politischer Risiken sinnvoll sein. Am Ende ist hier die Schweiz doch besonders attraktiv.

Um Gelder bis zu einem Volumen von 100 000 Franken, die überdies von der Einlagensicherung geschützt sind, mache er sich hingegen weniger Sorgen, sagt Vorndran. Allerdings gelte es auch hier zu beachten, dass die Einlagensicherungssysteme nur für Einzelfälle ausgelegt seien – wenn das ganze System kippe, seien sie überfordert, und nicht in allen Volkswirtschaften sei sichergestellt, dass dann der Staat einspringen könne.

Bargeld ist letztlich gedruckte beziehungsweise geprägte Freiheit, zu entscheiden, wo ein Bürger mit seinen Ersparnissen hingehen und wo er diese lagern will. Manche Länder wie Italien, Frankreich und sogar Deutschland haben den Einsatz von Bargeld eingeschränkt oder planen, dies zu tun. Die Europäische Zentralbank hat unterdessen im Mai 2016 die Abschaffung des 500-Euro-Scheins beschlossen. Unter dem Deckmantel von Terrorismus- und Schwarzgeldbekämpfung wird mit solchen Massnahmen sichergestellt, dass sich der Bürger den Auswirkungen der finanziellen Repression immer weniger entziehen kann.

Die Strategie, Gelder auf dem Bankkonto zu parkieren, wird bei zunehmenden Negativzinsen unattraktiver. Derzeit werden private Kleinsparer von den Negativzinsen noch weitgehend verschont, sie werden höchstens indirekt über höhere Gebühren zur Kasse gebeten. Hält die Schuldenkrise aber noch lange an, scheitern die Staaten bei der Reduktion ihrer Schuldenberge oder droht sogar eine globale Rezession, dann könnten Negativzinsen auch für Kleinsparer die Folge sein. Grössere Kunden müssen bereits Negativzinsen berappen, erste Banken haben sie auch für kleinere Kunden eingeführt. Die Grenze könnte hier künftig weiter nach unten sinken. Was die Negativzinsen angeht, subventionieren derzeit viele Banken ihre kleineren Kunden. Hier stellt sich die Frage, wie lange die Finanzinstitute hierzu noch bereit sind.

## Strategien zur «finanziellen Selbstverteidigung»

Geschlossene Banken, nur noch 60 Euro am Tag aus dem Bancomaten und Kapitalverkehrskontrollen – in Griechenland ist dieses Schreckensszenario 2015 Realität geworden. Das war ein weiterer negativer Höhepunkt in der Finanz- und Schuldenkrise. Vieles spricht dafür, dass solche Nachrichten die europäischen Sparer auch in den kommenden Jahren begleiten werden. Die Krise ist nicht gelöst, vielmehr hangelt sich die Politik von einer Rettungsaktion zur nächsten. Die Schweiz als Nichtmitglied der EU und der Eurozone mit intakten öffentlichen Haushalten mag davon weniger betroffen sein. Ratschläge von Vermögensverwaltern, wie eine Anlagestrategie der «finanziellen Selbstverteidigung» für Anleger und Sparer aussieht, können aber den einen oder anderen Denkanstoss geben.

Markus Linke, Partner bei der Vermögensverwaltungsgesellschaft Swisspartners, erwartet, dass in der nächsten Phase der Schuldenkrise in manchen europäischen Staaten die Guthaben der Sparer in den Fokus der «Rettungsaktionen» rücken. Höhere Steuern auf Vermögen könnten die Folge sein. Zudem weist er auf die Einführung des Bail-in-Instruments in der Gesetzgebung europäischer Länder hin. Damit sollen zukünftig Gläubiger von Banken an deren Sanierung beteiligt werden, wenn diese zu kollabieren drohen.

Als weitere Gefahr für das Geld der Anleger sieht Linke Gegenparteirisiken. So gibt es bei allen Aktionen, die Anleger am Finanzmarkt tätigen, eine Gegenpartei, normalerweise eine Bank. Wie sich nach dem Kollaps der US-Investmentbank Lehman Brothers im September 2008 gezeigt hat, ist es sehr wichtig, wer diese Gegenpartei ist. So sollten Sparer und Anleger beispielsweise darauf achten, mit welcher Bank sie Geschäfte machen und wo sie ein Konto führen. Folglich sollten Sparer bei der Vermögensanlage vorsichtig beim Einsatz von Finanzinstrumenten sein, die Gegenparteirisiken haben. Dies ist beispielsweise bei strukturierten Produkten der Fall. Auch Exchange Traded Funds (ETF), die Indizes nicht über Direktanlagen, sondern mittels Derivaten abbilden, setzen stark Derivate ein.

Zur «finanziellen Selbstverteidigung» gehört auch die Wahl der bestmöglichen Lagerorte für das Vermögen. Philipp Vorndran von der Vermögensverwaltungsgesellschaft Flossbach von Storch sieht dabei die Schweiz noch immer als mit Abstand besten Ort in Europa. Die direkte Demokratie bilde hierzulande ein funktionierendes Schutzschild gegen allzu grossen «politischen Blödsinn». Auch Linke weist darauf hin, dass die Regierung in der Schweiz aufgrund der direkten Demokratie – im Gegensatz zu anderen Ländern – nicht an einem Wochenende neue «Krisengesetze» bestimmen könne, die dann am Montag gültig würden. Vermögensverwalter gehen davon aus, dass das Schweizer Drei-Säulen-System der Altersvorsorge auch in Zukunft unter normalen Umständen Altersarmut verhindern werde, während in anderen europäischen Ländern diese durchaus droht. Folglich solle man in der Schweiz punkto Schuldenkrise auch «keine Panik schüren».

Vermögensverwalter Linke rät Bürgern, einen Teil des Vermögens als Bargeldreserve ausserhalb des Bankensystems aufzubewahren – beispielsweise bei privaten Firmen, die nicht dem Finanzsystem angehören, oder in einem Zollfreilager. Zur «finanziellen Selbstverteidigung» gehört laut manchen Vermögensverwaltern auch eine Bargeldreserve für alle Fälle, mit der Bürger im Notfall mehrere Monate den Lebensunterhalt finanzieren könnten. Eine weitere Empfehlung ist, einen gewissen Teil des Vermögens in physischem Gold anzulegen. Wie hoch dieser Anteil sei, müsse jeder selbst entscheiden, sagt Linke. Wichtig sei es jedoch, das Gold physisch in Münzen oder Barren zu halten und nicht in Form von Finanzinstrumenten auf Gold.

Auch aufgrund der von der Schweizerischen Nationalbank verhängten Negativzinsen und des ausgehöhlten Bankkundengeheimnisses werden Schliessfächer in der Schweiz zunehmend populärer. Ein solches lässt sich bei Banken und auch bei anderen Anbietern wie Edelmetallhändlern eröffnen. Bis heute wissen nur die Kunden, was in ihren Schliessfächern lagert. Man könnte also sagen, dass zwar das Bankkundengeheimnis der Vergangenheit angehört, das «Bankschliessfachgeheimnis» aber weiter besteht, wie es der Finanzvergleichsdienst Moneyland in einer Studie im März 2015 formuliert hat. Laut der Studie variierten die Kosten bei 26 untersuchten Schweizer Finanzhäusern markant. Bei den kleinsten Schliessfächern lagen die Mietpreise beispielsweise zwischen 50 Franken und 200 Franken pro Jahr. Bei den grössten Schliessfächern gab es ebenfalls grosse Preisunterschiede. Wer ein Schliessfach eröffnen will, muss ein Konto bei der jeweiligen Bank haben. Die Mindestmietdauer beträgt gemäss der Untersuchung im Allgemeinen ein Jahr. Bei der Nutzung von Bankschliessfächern zu diesem Zweck sollten Anleger allerdings beachten, dass die Mietkosten dann nichts anderes seien als Negativzinsen, teilte Moneyland mit.

Das Krisenportfolio sollte auch Aktien enthalten. Der Zürcher Vermögensverwalter André Kistler rät hierbei zur Auswahl von Titeln erstklassiger, führender und global tätiger Unternehmen. Allerdings sollten sich Anleger darüber bewusst sein, dass bei einer Eskalation der Krise auch Aktienkurse stark leiden dürften.

Als wichtigste Regeln für die «finanzielle Selbstverteidigung» gelten in der Schuldenkrise laut Vorndran eine gute Diversifikation über mehrere Anlageklassen, ein klarer Fokus auf Qualität sowie Flexibilität. Anleger sollten demütig bleiben und mehrere mögliche Szenarien bei der Aufteilung ihres Vermögens auf verschiedene Anlagen berücksichtigen. Wer könne derzeit schon sagen, wie sich die Schuldenkrise weiter entwickle und wie die Politik darauf reagiere? So seien verschiedene Szenarien mit dauerhaft niedrigen Zinsen, Staatsbankrotten, Schuldenschnitten oder einem permanenten Durchfinanzieren von Staaten und Banken mit billigem Geld durch die Zentralbanken denkbar. Selbst ein innovationsgetriebener Wirtschaftsboom sei nicht ganz ausgeschlossen.

Investoren sollten durch die Berücksichtigung mehrerer Szenarien in der Anlagestrategie die Folgen möglicher Fehleinschätzungen limitieren. Schliesslich würden sich in den denkbaren Szenarien die Anlageklassen jeweils unterschiedlich entwickeln. Einen schmerzlosen Weg aus der Schuldenkrise gibt es wohl nicht mehr.

## Hohe Schulden sind ein Spiel mit dem Feuer

Die Zinsen sind historisch tief, die Zentralbanken drucken Milliarden und Abermilliarden an Geld, und viele Ökonomen erwarten mittelfristig deutlich höhere Inflationsraten. «Ist das nicht die optimale Zeit, um sich zu verschulden?», fragen sich da viele Anleger. Schliesslich könnten deutlich höhere Teuerungsraten in der Zukunft die Schulden ja praktisch verschwinden lassen – und entsprechend dürfte eine höhere Verschuldung einer Inflation sogar vorbeugen. In der Theorie hört sich das gut an, und es ist auch nicht ausgeschlossen, dass eine solche Strategie im Einzelfall funktioniert. Beispiele dafür wären ein sehr hoher Fremdkapitalanteil beim Kauf einer Immobilie oder gar der Erwerb von Aktien mit «gepumptem» Geld. Trotzdem hat eine solche Geldanlage sehr hohe Risiken. Genau genommen ist sie sogar ein regelrechtes Vabanquespiel.

Schliesslich ist es keineswegs klar, dass die Inflation auf absehbare Zeit steigt. Derzeit geht die Entwicklung vielmehr in die andere Richtung und ist eher deflationär. In solchen Zeiten «verschwinden» die Schulden nicht nur nicht, ihr Wert steigt sogar. Hält diese Entwicklung an oder entwickelt sich gar eine wirkliche Deflation, so wiegt die Schuldenlast auf den Schultern der Anleger immer schwerer. Ausserdem sinken in einer Deflation auch die Immobilienpreise. In Japan, das nach dem Platzen einer Immobilienblase Anfang der 1990er-Jahre in die Deflation rutschte, haben Liegenschaften einen sehr grossen Teil ihres Werts verloren. Ist dies der Fall, kann es im Extremfall dazu kommen, dass der Wert der für den Kauf einer Liegenschaft aufgenommenen Schulden sogar denjenigen der Immobilie übersteigt – und die eingebrachten Eigenmittel des Liegenschaftskäufers sind ohnehin weg. Ein weiteres Problem ist, dass sich Immobilien in solchen Zeiten deutlich schwerer verkaufen lassen.

Sollte eine solche Verschuldungsstrategie tatsächlich einmal funktionieren und sollten die Anleger von der Inflation profitieren, so ist zu befürchten, dass der Staat anschliessend reagieren und die Profiteure der Inflation nachträglich zur Kasse bitten würde. Passiert ist dies beispielsweise in Deutschland nach dem Ende der Hyperinflation im Jahr 1924, als Immobilienbesitzer im Nachgang steuerlich stark belastet wurden. Dasselbe passierte nach dem Zweiten Weltkrieg unter dem Stichwort Lastenausgleich.

Selbst wenn man davon ausgeht, dass es auf absehbare Zeit zu höheren Inflationsraten kommt, so lässt sich der Zeitpunkt doch keineswegs vorhersagen. Dies macht eine Schuldenstrategie wie die oben genannte heikel. Investoren brauchen gerade in der Not ihren wichtigsten Freund bei der Geldanlage – und der heisst Zeit. In schwirigen Perioden ist an den Finanzmärkten davon auszugehen, dass Banken auch nicht gut dastehen und deshalb von ihren Kunden mehr Sicherheiten verlangen, um selber zu überleben. Hoch verschuldeten Anlegern droht dann im schlimmsten Fall der Schuldenkollaps.

# Dank

Wir haben Danke zu sagen für die Unterstützung zahlreicher Personen. Wir danken Laura Simon, Anne-Diane Deprez, Beate Becker, Ursula Hedwig Merz sowie Hans-Peter Thür und Urs Hofmann von NZZ Libro, dem Verlag der *Neuen Zürcher Zeitung*, für die Hilfe bei der Realisierung des Projekts, für ihre praktischen Tipps und ihre nützlichen Ideen. Besonderer Dank geht an Rebekka Schibli, die aus dem unterschiedlichsten Datenmaterial Abbildungen gezaubert hat, die dem Buch erst zu wahrem Glanz verhelfen. Dr. Peter Fischer, Leiter der Wirtschaftsredaktion der *Neuen Zürcher Zeitung*, gebührt ein grosses Dankeschön für die Unterstützung des Buchs und die Gewährung von Freiräumen bei der Umsetzung. Dank gebührt zudem Dr. Christoph Eisenring, Wirtschaftskorrespondent in Washington beziehungsweise Berlin und eines der geldpolitischen Gewissen der *Neuen Zürcher Zeitung*, für das kritische Gegenlesen des monetären Teils und die Hinweise auf manch allzu zugespitzte Formulierung. Auch Dr. Peter Rasonyi, damaliger Korrespondent der *Neuen Zürcher Zeitung* in London, hat sich mit seinen Anmerkungen zur Bank of England verdient gemacht.

Durch die wohlwollenden Worte von Prof. Norbert Walter, Prof. Manuel Ammann und Dr. Gerhard Schwarz zur ersten Ausgabe fühlen wir uns sehr geehrt. Dass sich in der ersten Auflage Marc Faber und in der vollständig überarbeiteten Neuauflage nun Prof. Thorsten Polleit bereit erklärt hat, ein Vorwort zu schreiben, erfüllt uns mit überwältigender Freude.

Michael Ferbers grösster Dank gebührt seiner Lebenspartnerin Maya, die das Verfassen dieses Buches sehr liebevoll und mit grosser Geduld unterstützt hat.

# Anmerkungen

Nachfolgende Artikel aus der *Neuen Zürcher Zeitung* wurden in den folgenden Kapiteln verwendet, übernommen oder verarbeitet. Kleinere Passagen dieser Texte können auch in anderen Kapiteln vorkommen:

### Prolog – die Retter der Welt sind zum Risiko geworden
Michael Rasch: «Die Retter der Welt werden zum Risiko», in: *Neue Zürcher Zeitung*, 2. November 2010.

### Einleitung – die grossen Auseinandersetzungen unserer Zeit
Michael Rasch: «Ein Hoch auf die Spekulanten», in: *Neue Zürcher Zeitung*, 16. März 2010.
Michael Rasch: «Im Zweifel für die Freiheit der Finanzmärkte», in: *Neue Zürcher Zeitung*, 12. Juni 2010.

## TEIL 1

### Der Machbarkeitsglaube der Notenbanken – das Streben nach rezessionsfreiem Wachstum
Michael Rasch: «Wie der Wahnsinn seinen Anfang nahm», in: *Neue Zürcher Zeitung*, 3. August 2011.
Michael Rasch: «Aktienmarkt und Konjunktur sind untrennbare Zwillinge», in: *Neue Zürcher Zeitung*, 10. Mai 2012.

### Die Geister, die sie riefen – das Geschehen in der Finanzkrise
Michael Rasch: «Ohne Deutschland wäre der Euro erledigt», in: *Neue Zürcher Zeitung*, 25. August 2010.
Michael Rasch: «Der Euro zwingt Politiker zu soliderer Wirtschaftspolitik», in: *Neue Zürcher Zeitung*, 28. Januar 2012.
Michael Rasch: «Wie eitle Notenbanker die Welt in den Ruin führten», in: *Neue Zürcher Zeitung*, 9. Februar 2012.
Michael Rasch: «Rezept für eine Dauerdepression in der europäischen Peripherie», in: *Neue Zürcher Zeitung*, 9. Februar 2012.
Michael Rasch: «Teile des US-Immobilienmarkts liegen weiter in Trümmern», in: *Neue Zürcher Zeitung*, 8. März 2012.
Michael Rasch: «Börsianer hoffen auf die nächste Injektion der US-Notenbank», in *Neue Zürcher Zeitung*, 21. Juni 2012.

### Was im Bankensystem schief läuft
Michael Ferber: «Aufgeblähtes EU-Bankensystem», in: *Neue Zürcher Zeitung*, 2. Juli 2014.

Michael Ferber: «Europas aufgeblähtes Bankensystem bleibt erhalten», in: *Neue Zürcher Zeitung*, 24. Oktober 2014.
Michael Ferber: «Unheilige Allianz von Banken und Staaten», in: *Neue Zürcher Zeitung*, 20. Juli 2015.
Michael Ferber: «Faule Kredite und zu wenig Kapital», in: *Neue Zürcher Zeitung*, 5. August 2015.
Michael Ferber: «Bei vielen Bankaktien bleiben Investoren misstrauisch», in: *Neue Zürcher Zeitung*, 5. August 2015.
Michael Ferber: «‹Too big to fail›-Problem ungelöst», in: *Neue Zürcher Zeitung*, 28. September 2015.
Michael Ferber: «Einlagensicherung als Zankapfel», in: *Neue Zürcher Zeitung*, 21. März 2016.
Michael Ferber: «Regeln für Bankenabwicklung als stumpfes Schwert?», in: *Neue Zürcher Zeitung*, 15. April 2016.

### Die grosse Manipulation – die unerträglichen Preissignale der freien Märkte

Michael Rasch: «Die grosse Manipulation», in: *Neue Zürcher Zeitung*, 23. Februar 2012.
Michael Rasch: «US-Notenbank schaltet Rezessionsindikator aus», in: *Neue Zürcher Zeitung*, 23. Februar 2012.
Michael Rasch: «Ein ‹Free Lunch› für Anleger», in: *Neue Zürcher Zeitung*, 23. Februar 2012.
Michael Rasch: «Zerrbild Zinsstrukturkurve», in: *Neue Zürcher Zeitung*, 25. Mai 2012.

### Die stille Enteignung – die Folgen der «ganz normalen» Geldentwertung

Michael Rasch: «Der Fluch der Fiat-Währungen?», in: *Neue Zürcher Zeitung*, 5. November 2010.
Michael Rasch: «Das Leiden der kleinen Leute», in: *Neue Zürcher Zeitung*, 18. Januar 2011.
Michael Rasch: «Gottvertrauen in Gold aus Angst vor den Regierungen», in: *Neue Zürcher Zeitung*, 29. Juli 2011.
Michael Rasch: «Privatisierung von Währungen zum Schutz vor Schuldenkrisen», in: *Neue Zürcher Zeitung*, 23. Februar 2012.

### Der Verrat an den Sparern – die Folgen der staatlich orchestrierten Umverteilung

Michael Rasch: «Risiken und Nebenwirkungen der Niedrigzinspolitik», in: *Neue Zürcher Zeitung*, 11. Dezember 2010.
Michael Rasch: «Die heimliche Schädigung der Sparer», in: *Neue Zürcher Zeitung*, 7. Juni 2012.

### Von der Schulden- zur Pensionskrise

Michael Ferber: «Stressfaktor mit sozialer Sprengkraft», in: *Neue Zürcher Zeitung*, 9. Februar 2012.

Michael Ferber: «Fatale Wechselwirkung von Alterung und Schuldenkrise», in: *Neue Zürcher Zeitung*, 5. September 2012.

Michael Ferber: «Pensionskassen proben neue Anlage-Szenarien», in: *Neue Zürcher Zeitung*, 26. Januar 2015.

Michael Ferber: «Auf Pensionskassen kommen harte Zeiten zu», in: *Neue Zürcher Zeitung*, 19. Februar 2015.

Michael Ferber: «Auf dem Weg in die Pensions-Krise?», in: *Neue Zürcher Zeitung*, 23. Juli 2015.

Michael Ferber: «Mageres Vorsorge-Jahr 2015», in: *Neue Zürcher Zeitung*, 8. Januar 2016.

Michael Ferber: «Zweite Säule vor schwierigen Jahren», in: *Neue Zürcher Zeitung*, 8. Januar 2016.

Michael Ferber: «Droht eine Pensions-Krise?», in: *Neue Zürcher Zeitung*, 19. März 2016.

Michael Ferber: «Das versteckte Schulden-Dilemma», in: *Neue Zürcher Zeitung*, 25. April 2016.

## Der Krieg gegen das Bargeld hat begonnen

Rasch, Michael: «Der Kampf gegen das Bargeld hat begonnen», in: *Neue Zürcher Zeitung*, 22. Mai 2015.

Rasch, Michael: «Der Negativzins steht für eine irrsinnige Welt», in: *Neue Zürcher Zeitung*, 29. Mai 2015.

Rasch, Michael: «Sechs gute Gründe für Bargeld», in: *Neue Zürcher Zeitung*, 11. Juni 2015.

Rasch, Michael / Ferber Michael: «Freispruch für das Bargeld», in: *Neue Zürcher Zeitung*, 10. November 2015.

Rasch, Michael: «Scheingefecht um grosse Geldscheine», in: *Neue Zürcher Zeitung*, 9. April 2016.

Rasch, Michael: «Es geht um Geldpolitik, nicht um Kriminalität», in: *Neue Zürcher Zeitung*, 9. April 2016.

Rasch, Michael: «Das Ende des grossen Geldes», in: *Neue Zürcher Zeitung*, 29. April 2016.

## Kein einfacher Ausweg – mögliche Lösungen für die Schuldenkrise

Michael Rasch: «Die Währungsunion muss den Vergleich nicht scheuen», in: *Neue Zürcher Zeitung*, 27. Oktober 2011.

## Die unheilvolle Zukunft – die dauerhafte finanzielle Repression

Michael Rasch: «Finanzielle Repression bedroht Bürger in den USA und Europa», in: *Neue Zürcher Zeitung*, 19. Mai 2012.

Michael Rasch: «Die heimliche Schädigung der Sparer», in: *Neue Zürcher Zeitung*, 7. Juni 2012.

## Epilog – die Schuldenkrise in der Eurozone

Michael Rasch: «Rating-Giganten – Ausgeburten staatlicher Regulierungswut», in: *Neue Zürcher Zeitung*, 23. Juli 2011.

Michael Rasch: «Der Euro zwingt Politiker zu soliderer Wirtschaftspolitik», in: *Neue Zürcher Zeitung*, 28. Januar 2012.

Michael Rasch: «Merkel – Gefangene der Märkte und des ‹Club Med›», in: *Neue Zürcher Zeitung*, 30. Juni 2012.

Michael Rasch: «Berlin sollte stärker nach London schauen», in: *Neue Zürcher Zeitung*, 17. Februar 2016.

## TEIL 2

### Szenario 1: Deflation – das grosse Schrumpfen

Michael Ferber: «Banken und Staaten hängen an der Nadel», in: *Neue Zürcher Zeitung*, 16. Februar 2012.

Michael Ferber: «Neue Finanzkrise könnte Geldsystem ruinieren», in: *Neue Zürcher Zeitung*, 16. Februar 2015.

Michael Ferber: «Keynesianischer Endpunkt», in: *Neue Zürcher Zeitung*, 9. März 2015.

Michael Ferber: «‹Säkulare Stagnation› als Anleger-Schreck», in: *Neue Zürcher Zeitung*, 18. Mai 2015.

### Szenario 2: Höhere Inflation – drohende Verluste für Sparer

Michael Ferber: «Banken und Staaten hängen an der Nadel», in: *Neue Zürcher Zeitung*, 16. Februar 2012.

Michael Ferber: «Gefahren des Systems mit ungedecktem Papiergeld», in: *Neue Zürcher Zeitung*, 25. Mai 2012.

Michael Ferber: «Pensionskassen zehren von der Substanz», in: *Neue Zürcher Zeitung*, 23. Mai 2012.

Michael Ferber: «Teuerungsschutz mit Tücken», in: *Neue Zürcher Zeitung*, 24. Mai 2012.

### Szenario 3: Stagflation – wenig Wachstum, deutliche Geldentwertung

Michael Ferber: «Grossbritannien und das Stagflationsgespenst», in: *Neue Zürcher Zeitung*, 26. April 2012.

### Geldanlage in der Krise und darüber hinaus

**Achtung, manipulierte Märkte und finanzielle Repression! Sparer in der «Anlage-Wüste»**

Michael Ferber: «Standpunkt Norbert Walter: ‹Aus der Gold-Hausse ist die Luft raus›», in: *Neue Zürcher Zeitung*, 7. Juni 2012.

Michael Ferber: «Die verflixten Niedrigzinsen», in: *Neue Zürcher Zeitung*, 5. Juli 2012.

Michael Ferber: «Der Blick über die Grenze», in: *Neue Zürcher Zeitung*, 12. Juli 2012.

Michael Ferber: «Sparer in der ‹Anlage-Wüste›», in: *Neue Zürcher Zeitung*, 19. September 2016.

**Vorsorgen wird immer schwieriger**
Michael Ferber: «Höhere Vermögenswerte als Nullsummenspiel», in: *Neue Zürcher Zeitung*, 27. April 2015.
Michael Ferber: «Garstiges Anlageumfeld nach dem ‹Franken-Schock› hält an», in: *Neue Zürcher Zeitung*, 15. Juli 2015.
Michael Ferber: «Sparen und Vorsorgen wird immer unattraktiver», in: *Neue Zürcher Zeitung*, 15. Juli 2015.

**Aufgeblähte Vermögenspreise bergen Gefahren**
Michael Ferber: «Aufgeblähte Vermögenspreise bergen Gefahren», in: *Neue Zürcher Zeitung*, 22. Juni 2015.

**Eine breite Diversifikation des Geldes ist weiterhin sinnvoll**
Michael Ferber: «Wachsende Skepsis gegenüber Staatsanleihen», in: *Neue Zürcher Zeitung*, 3. Juli 2012.
Michael Ferber: «‹Es gibt zurzeit keine attraktive Anlageklasse›», in: *Neue Zürcher Zeitung*, 29. Juli 2012.

**Zinslose Risiken statt risikoloser Zinsen – auf der Suche nach sicheren Anlagen**
Michael Ferber: «Sorgen um die Liquidität», in: *Neue Zürcher Zeitung*, 13. Juli 2015.

**Langfristig dürfte es eine Aktienrisikoprämie geben – aber wie lange ist langfristig?**
Michael Ferber: «Sorge über dürre Aktienrisikoprämien», in: *Neue Zürcher Zeitung*, 10. Mai 2012.
Michael Ferber: «Geschichte lehrt Bescheidenheit», in: *Neue Zürcher Zeitung*, 15. Februar 2016.
Michael Ferber: «Aktien gegen den Anlagenotstand?», in: *Neue Zürcher Zeitung*, 6. April 2016.

**Hohe Dividenden als Lichtblick, aber nicht als Anleihenersatz**
Michael Ferber: «Dividenden sind kein Ersatz für Bondcoupons», in: *Neue Zürcher Zeitung*, 12. Juli 2012.

**Indexprodukte bevorzugt – Gebühren wiegen in der Krise doppelt schwer**
Michael Ferber: «Die verflixten Niedrigzinsen», in: *Neue Zürcher Zeitung*, 5. Juli 2012.

**Sachwerte geben im Papiergeldboom Sicherheit**
Michael Ferber: «Viele Sachwerte eignen sich nur für Liebhaber», in: *Neue Zürcher Zeitung*, 21. Juni 2012.

**Immobilien als sichere Häfen?**
Michael Ferber: «Der Blick über die Grenze», in: *Neue Zürcher Zeitung*, 12. Juli 2012.

**Beim Kauf von Gold gilt es einiges zu beachten**
Michael Ferber: «‹Liebhaber-Aufschlag› beim Goldvreneli», in: *Neue Zürcher Zeitung*, 14. März 2016.

**Bankkonto statt Anlagestrategie?**
Michael Ferber: «Bankkonto statt Anlagestrategie», in: *Neue Zürcher Zeitung*, 31. August 2015.

**Strategien zur «finanziellen Selbstverteidigung»**
Michael Ferber: «Bankschliessfächer als Horte der Diskretion», in: *Neue Zürcher Zeitung*, 5. März 2015.
Michael Ferber: «Strategien zur ‹finanziellen Selbstverteidigung›», in: *Neue Zürcher Zeitung*, 27. Juli 2015.

**Hohe Schulden sind ein Spiel mit dem Feuer**
Michael Ferber: «Hohe Schulden sind ein Spiel mit dem Feuer», in: *Neue Zürcher Zeitung*, 12. Juni 2012.

# Abbildungsverzeichnis

| | | |
|---|---|---|
| Abbildung 1: | Stilisierter Konjunkturzyklus | 36 |
| Abbildung 2: | Entwicklung der Leitzinsen in den USA (Federal Funds Target Rate) | 41 |
| Abbildung 3: | Branchenauswahl nach Aktienmarkt- und Konjunkturverlauf | 45 |
| Abbildung 4: | Günstiger Zeitpunkt für den Kauf und Verkauf von Anlageklassen | 46 |
| Abbildung 5: | Länder im derzeitigen Konjunkturzyklus | 47 |
| Abbildung 6: | Entwicklung des Immobilienmarktes in den USA | 59 |
| Abbildung 7: | Anteil der Zwangsvollstreckungen am Hypothekenmarkt | 60 |
| Abbildung 8: | Der Leitzins im Euroraum seit 1999 | 64 |
| Abbildung 9: | Entwicklung der Konsumentenpreise in Grossbritannien | 73 |
| Abbildung 10: | Entwicklung der Kaufkraftparität und des Euro zum Franken | 81 |
| Abbildung 11: | Kurs des Euro zum Franken und Interventionen der SNB | 82 |
| Abbildung 12: | Kurs des Dollar zum Yen und Interventionen der Bank of Japan | 91 |
| Abbildung 13: | Leitzins verschiedener Zentralbanken | 94 |
| Abbildung 14: | Bilanzen führender Notenbanken I | 97 |
| Abbildung 15: | Bilanzen führender Notenbanken II | 98 |
| Abbildung 16: | Aggregierte Entwicklung der Geldmenge M0 in führenden Volkswirtschaften | 100 |
| Abbildung 17: | Europas Banken hinken hinterher | 107 |
| Abbildung 18: | Dünne Eigenkapitaldecke von Europas Banken | 111 |
| Abbildung 19: | Bankativa im Verhältnis zum Bruttoinlandsprodukt | 113 |
| Abbildung 20: | «Liquiditätslücke» bei europäischen Banken | 115 |
| Abbildung 21: | Geplante europäische Einlagensicherung | 117 |
| Abbildung 22: | US-Aktienmarkt entwickelt sich parallel mit der Bilanz der US-Notenbank | 122 |
| Abbildung 23: | Stilisierte Zinsstrukturkurven | 129 |
| Abbildung 24: | Kaufkraftentwicklung von D-Mark bzw. später Euro | 138 |
| Abbildung 25: | Veränderung der Kaufkraft in Euro eines Geldbetrages in Dollar, Yen und Franken | 139 |
| Abbildung 26: | Zu tiefe Leitzinsen in den USA: Federal Funds Rate und Taylor-Regel | 152 |
| Abbildung 27: | Wie die Deutschen ihr Geld anlegen | 155 |
| Abbildung 28: | Struktur der Aktiven der privaten Schweizer Haushalte | 157 |
| Abbildung 29: | Geldanlage der privaten Schweizer Haushalte | 158 |

| | | |
|---|---|---|
| Abbildung 30: | Zinseszinsbeispielrechnungen | 163 |
| Abbildung 31: | Länder mit sehr alter Bevölkerung | 167 |
| Abbildung 32: | EU-Nachhaltigkeitsranking 2015 | 169 |
| Abbildung 33: | Staatsschulden verschiedener Länder im Vergleich | 187 |
| Abbildung 34: | Japan kann den Zins nicht mehr anheben | 226 |
| Abbildung 35: | Inflationen und Deflationen in den USA | 228 |
| Abbildung 36: | Reale Gold- und Cashrenditen, 1900 bis 2011 | 240 |
| Abbildung 37: | Die Preisentwicklung in den USA, 1900 bis 2012 | 246 |
| Abbildung 38: | Kaufkraftschwund in wichtigen Volkswirtschaften | 247 |
| Abbildung 39: | Staatsbankrotte und darauffolgende Inflationen, 1900 bis 2006 | 250 |
| Abbildung 40: | Internationale Korrelation von Inflationsraten | 252 |
| Abbildung 41: | Reale Entwicklung von Immobilienpreisen, 1900 bis 2011 | 258 |
| Abbildung 42 | Stagflation: die frühen 1970er- und 1980er-Jahre | 264 |
| Abbildung 43: | Hyperinflationen in der Geschichte | 270 |
| Abbildung 44: | Die Entwicklung von Aktien und Lebenshaltungskosten im Hyperinflationsjahr 1922 | 272 |
| Abbildung 45: | Entwicklung der Goldmark in der deutschen Hyperinflation | 275 |
| Abbildung 46: | Attraktivität einzelner Rohstoffsektoren in drei Szenarien | 275 |
| Abbildung 47: | Negativzinsen werden immer normaler | 289 |
| Abbildung 48 | Steiler Anstieg der Vermögenspreise | 293 |
| Abbildung 49: | Musteraufteilung eines Portfolios auf verschiedene Anlageklassen | 297 |
| Abbildung 50: | Attraktivität der Anlageklassen in verschiedenen Szenarien | 297 |
| Abbildung 51: | Anlageklassen während und nach der Krise | 298 |
| Abbildung 52: | Zukunftsorientierte Anlagestrategien | 299 |
| Abbildung 53: | Hohe Schweizer Realzinsen im Vergleich | 301 |
| Abbildung 54: | Realzinsen in der Schweiz seit dem Jahr 2002 | 302 |
| Abbildung 55: | Realzinsen in Deutschland seit dem Jahr 2002 | 303 |
| Abbildung 56: | Reale Rendite von Anlageklassen | 306 |
| Abbildung 57: | Die möglichen Kostenfaktoren in der Vermögensverwaltung | 312 |
| Abbildung 58: | Anlageformen und Anlageklassen | 317 |
| Abbildung 59: | Hohe Schweizer Immobilienpreise | 318 |
| Abbildung 60: | Die wichtigsten Anlagemünzen | 323 |

# Quellenverzeichnis

## Bücher und Lexika

Admati, Anat / Hellwig, Martin: *Des Bankers neue Kleider: Was bei Banken wirklich schief läuft und was sich ändern muss*, München 2013.

Ahamed, Liaquat: *Lords of Finance. The Bankers who Broke the World*, The Penguin Press, New York 2009.

Authers, John: *The Fearful Rise of Markets: A Short View of Global Bubbles and Market Meltdowns*, Harlow 2010.

Baader, Roland: *Geld, Gold und Gottspieler. Am Vorabend der nächsten Weltwirtschaftskrise*, Gräfelfing 2004.

Baader, Roland: *Geldsozialismus*, Schriftenreihe der Vontobel-Stiftung, Zürich 2010.

Beck, Bernhard: *Volkswirtschaft verstehen*, 4., überarbeitete Auflage. Vdf Hochschulverlag AG an der ETH Zürich, Zürich 2005.

Beck, Hanno / Prinz, Aloys: *Die grosse Geldschmelze. Wie Politik und Notenbanken unser Geld ruinieren*, München 2014.

Beike, Rolf / Schlütz, Johannes: *Finanznachrichten lesen – verstehen – nutzen*, 5. Auflage, Stuttgart 2010.

Bernholz, Peter: *Monetary Regimes and Inflation. History, Economic and Political Relationships*, Cheltenham 2003.

Binswanger, Mathias: *Geld aus dem Nichts. Wie Banken Wachstum ermöglichen und Krisen verursachen*, Weinheim 2015.

Boeckh, J. Anthony: *Inflation um jeden Preis*, München 2012.

Boehringer, Simone, Hrsg.: *Der private Rettungsschirm. Weil Ihnen Staat und Banken im Krisenfall nicht helfen werden*, München 2012.

Brandeis, Louis D.: *Das Geld der Anderen. Wie die Banker uns ausnehmen*, FinanzBuch Verlag, München 2012.

Braunberger, Gerald / Fehr, Benedikt, Hrsg.: *Crash. Finanzkrisen gestern und heute*, Frankfurt am Main 2008.

Bresciani Turroni, Costantino: *The Economics of Inflation*, The Ludwig von Mises Institute, Auburn 1937 / 2007.

Brückner, Michael: *Die besten Zitate aus Wirtschaft und Management*, Hannover 2009.

Bruno, Michael / Sachs, Jeffrey D.: *Economics of Worldwide Stagflation*, Cambridge / Massachusetts 1985.

Canterbery, E. Ray: *The Global Great Recession*, Singapur 2011.

Dimson, Elroy / Marsh, Paul / Staunton, Mike: *Triumph of the Optimists: 101 Years of Global Investment Returns*, Princeton University Press 2002.

Eichengreen, Barry: *Das Ende des Dollarprivilegs. Aufstieg und Fall des Dollars und die Zukunft der Weltwirtschaft*, Börsenbuchverlag, Kulmbach 2012.

Encyclopaedia Britannica: http://www.britannica.com/EBchecked/topic/243118/Great-Depression

Ferber, Michael: *Was Sie über Geldanlage wissen sollten. Ein Wegweiser der Neuen Zürcher Zeitung für Privatanleger*, Verlag Neue Zürcher Zeitung, Zürich 2015.

Fink, Klaus-J.: *888 Weisheiten und Zitate für Finanzprofis. Die passenden Worte für jede Situation im Beratungsgespräch*, 1. Auflage, Gabler, Wiesbaden 2007.

Friedman, Milton / Jacobsen Schwartz, Anna: *The Great Contraction 1929–1933. A Study by the National Bureau of Economic Research*, New York und Princeton 1969.

Greenblatt, Joel: *Das Geheimnis erfolgreicher Anleger*. Börsenbuchverlag, Kulmbach 2011.

Hamada, Koichi / Kashyap, Anil K. / Weinstein, David E.: *Japan's Bubble, Deflation, and Long-Term Stagnation*, Cambridge / Massachusetts und London 2011.

Hüfner, Martin / Sieger, Heiner: *Achtung: Geld in Gefahr! Wie wir jetzt unser Einkommen und Vermögen schützen*, Hamburg 2008.

Hülsmann, Jörg Guido: *Krise der Inflationskultur. Geld, Finanzen und Staat in Zeiten der kollektiven Korruption*, München 2013.

Kerber, Markus C.: *Wehrt Euch, Bürger! Wie die Europäische Zentralbank unser Geld zerstört*, München 2015.

Kindleberger, Charles P.: *Die Weltwirtschaftskrise 1929–1939*. FinanzBuch Verlag, München.

Kindleberger, Charles P. / Aliber, Robert Z.: *Maniacs, Panics and Crashes. A History of Financial Crises*, 6. Auflage, Palgrave Macmillan, New York 2011.

Kommer, Gerd: *Souverän investieren mit Indexfonds und ETFs. Wie Privatanleger das Spiel gegen die Finanzbranche gewinnen*, Frankfurt am Main 2015.

Leuschel, Roland / Vogt, Claus: *Das Greenspan-Dossier. Wie die US-Notenbank das Weltwährungssystem gefährdet*, München 2004.

Leuschel, Roland / Vogt, Claus: *Die Inflationsfalle, Retten Sie Ihr Vermögen!*, Weinheim 2009.

Marquart, Andreas / Bagus, Philipp: *Warum andere auf Ihre Kosten immer reicher werden. ... und welche Rolle der Staat und unser Papiergeld dabei spielen*, München 2014.

Mauldin, John / Tepper, Jonathan: *Endgame. The End of the Debt Supercycle and How it Changes Everything*, Hoboken / New Jersey 2011.

Mayer, Thomas: *Die neue Ordnung des Geldes. Warum wir eine Geldreform brauchen*, München 2014.

Müller, Thomas: *Meine liebsten Börsenzitate*, Rosenheim 2009.

Münchau, Wolfgang: *Kernschmelze im Finanzsystem*, München 2008.

Münchau, Wolfgang: *Makrostrategien. Sicher investieren, wenn Staaten pleitegehen*, München 2010.

Polleit, Thorsten: *Der Fluch des Papiergeldes*, FinanzBuch Verlag, München 2011.

Polleit, Thorsten / Prollius, Michael von: *Geldreform. Vom schlechten Staatsgeld zum guten Marktgeld*, Lichtschlag Medien, Düsseldorf 2011.

Pring, Martin J.: *The All-Season Investor: Successful Strategies for Every Stage in the Business Cycle*, John Wiley & Sons, April 1992.
Reinhart, Carmen M. / Rogoff, Kenneth S.: *Dieses Mal ist alles anders. Acht Jahrhunderte Finanzkrisen*, 5. Auflage, FinanzBuch Verlag, München 2011.
Risse, Stefan: *Die Inflation kommt. Die besten Strategien, sich davor zu schützen*, München 2009.
Robbins, Lionel: *The Great Depression*, New Brunswick / New Jersey 2009.
Rothbard, Murray Newton: *Das Schein-Geld-System. Wie der Staat unser Geld zerstört*, 2. Auflage, Resch Verlag, München 2005.
Samuelson, Paul A. / Nordhaus, William D.: *Volkswirtschaftslehre. Das internationale Standardwerk der Makro- und Mikroökonomie*, 4., aktualisierte Auflage, mi-Wirtschaftsbuch, FinanzBuch Verlag, München 2010.
Schröter, Wolfgang: *Der grosse Schulden-Bumerang*, Hamburg 2015.
Shilling, A. Gary: *The Age of Deleveraging. Investment Strategies for a Decade of Slow Growth and Deflation*, Hoboken / New Jersey 2011.
Stelter, Daniel: *Eiszeit in der Weltwirtschaft. Die sinnvollsten Strategien zur Rettung unserer Vermögen*, Frankfurt am Main 2016.
Turk, James / Rubino, John: *The Coming Collapse of the Dollar and how to profit from it*, Doubleday, a division of Random House Inc., New York 2004.

## Wissenschaftliche Artikel, Studien und Marktberichte

Attié, Alexander P. / Roache, Shaun K.: «Inflation Hedging for Long-Term Investors», *IMF Working Paper*, April 2009.
Arent, Stefan: «Expectations and Saving Behavior: An Empirical Analysis», *Ifo Working Papers*, Nr. 128, März 2012.
Arnott, Robert: «Dividends and the Three Dwarfs», in: *Financial Analysts Journal*, Volume 59, Issue 2, März / April 2003.
Bank für Internationalen Zahlungsausgleich (BIZ): *85. Jahresbericht 2015*.
Link: http://www.bis.org/publ/arpdf/ar2015_de.pdf
Bank Pictet: «Die Performance von Aktien und Obligationen in der Schweiz», Januar 2016, Quelle: www.pictet.com
Bank Rothschild: *Anlegen in Zeiten finanzieller Repression*, Mai 2012.
Bank Sarasin: «Haben inflationsgeschützte Anleihen Potenzial?», *Fixed Income Strategy, Economic and Strategy Research*, Juni 2009.
Bank Sarasin: «Deflation: Japan versus USA», *Macro Focus, Economic and Strategy Research*, Januar 2010.
Bank Sarasin: «Was taugen inflationsindexierte Anleihen als Inflationsschutz?», *Fixed Income Strategy, Economic and Strategy Research*, April 2012.
Barasinska, Nataliya / Schäfer, Dorothea / Stephan, Andreas: *SOEPpapers on Multidisciplinary Panel Data Research: Financial Risk Aversion and Household Asset Diversification*, DIW, Berlin 2008.

Birchler, Urs / Volkart, Rudolf / Ettlin, Daniel / Hegglin, René: *Aktienbesitz in der Schweiz 2010*, Universität Zürich, Institut für Banking und Finance, http://www.bf.uzh.ch

Bordo, Michael D. / Meissner, Christopher M.: «Does Inequality Lead to a Financial Crisis?», *NBER Working Papers*, Nr. 17896, 2012.

Boudoukh, Jacob / Richardson, Matthew: «Stock Returns and Inflation: A Long-Horizon Perspective», in: *The American Economic Review*, Bd. 83, Nr. 5, 1993, S. 1346–1355.

Brinson, Gary / Hood, L. Randolph / Beebower, Gilbert L.: «Determinants of Portfolio Performance», in: *The Financial Analysts Journal*, Juli / August 1986.

Buiter, Willem H. / Rahbari, Ebrahim: «The ECB as Lender of Last Resort for Sovereigns in the Euro Area», *CEPR Discussion Paper Series*, Nr. 8973, Mai 2012.

Checherita, Cristina / Rother, Philipp: «The impact of high and growing government debt on economic growth. An empirical investigation for the euro area», *Europäische Zentralbank Working Paper Series*, Nr. 1237, August 2012.

Citigroup: «The Coming Pensions Crisis», März 2016.

Credit Suisse: «Inflationsindexierte Anleihen: Ausblick 2011», *Research Flash: Investment Ideas*, Januar 2011.

Credit Suisse: «New Normal Investing: «Is the (Fat) Tail Wagging Your Portfolio?», Credit Suisse Asset Management, *White Paper*, April 2012.

Credit Suisse / London Business School: «Thought Leadership from Credit Suisse Research and the world's foremost experts», *Global Investment Returns Yearbook 2012*, Februar 2012.

Cocca, Teodoro / Johannes Kepler Universität Linz und LGT: «Eine Untersuchung des Anlageverhaltens von vermögenden Personen in Deutschland, Österreich und der Schweiz», *LGT Private Banking Report 2010*.

Degussa: *Degussa Marktreport*, 11. September 2015.

Degussa: *Degussa Marktreport*, 23. Oktober 2015.

Degussa: *Degussa Marktreport*, 6. November 2015.

Degussa: *Degussa Marktreport*, 5. Februar 2016.

Degussa: *Degussa Marktreport*, 19. Februar 2016.

Demary, Markus / Voigtländer, Michael: «Inflationsschutz von Immobilien – Direktanlagen und Aktien im Vergleich», Institut der Deutschen Wirtschaft, Trends 1 / 2009.

Deutsche Bank (2015): «Einlagensicherung in der Bankenunion: Optionen für die dritte Säule», *Deutsche Bank Research*, Globale Finanzmärkte, September 2012.

Deutsche Bank (2012): «M3 im Euroraum: Die Zusammensetzung der Geldmenge», *Deutsche Bank Research*, Konjunktur, Februar 2012.

Deutsche Bank: «Sachwerte. Gefragte Anlageklasse in Krisenzeiten», *Deutsche Bank Research*, Aktuelle Themen, Mai 2012.

Deutsche Bundesbank: «Die Entwicklung der Staatsverschuldung seit der deutschen Wiedervereinigung», *Monatsbericht März 1997*, S. 17 ff.

Deutsche Bundesbank: «Anlegerverhalten in Theorie und Praxis», *Monatsbericht Januar 2011*, S. 45 ff.

Deutsche Bundesbank: «Das PHF: Eine Erhebung zu Vermögen und Finanzen privater Haushalte in Deutschland», *Monatsbericht Januar 2012*, S. 29 ff.

Deutsches Aktieninstitut: «Aktienanlage: Soziale Schere öffnet sich», *DAI Kurzstudie 2/2010*.

Deutsches Aktieninstitut: «Aktionärszahlen des deutschen Aktieninstituts 2014», 2014.

Dimson, Elroy / Marsh, Paul / Staunton, Mike: *Credit Suisse Global Investment Return Sourcebook 2012*, Credit Suisse Research Institute, Zürich 2012.

Dimson, Elroy / Marsh, Paul / Staunton, Mike: *Credit Suisse Global Investment Returns Yearbook 2012*, Credit Suisse Research Institute, Zürich 2012.

Dimson, Elroy / Marsh, Paul / Staunton, Mike: *Credit Suisse Global Investment Returns Yearbook 2016*, Credit Suisse Research Institute, Zürich 2016.

Drescher, Christian / Erler, Alexander / Krizanac, Damir: «Das Assetmärchen der Federal Reserve», in: *Wirtschaftsdienst 2010/8*, Analysen und Berichte, Geldpolitik, S. 527–530.

Erler, Alexander / Krizanac, Damir: «Taylor-Regel und Subprimekrise. Eine empirische Analyse der amerikanischen Geldpolitik», *Wirtschaftswissenschaftliche Diskussionspapiere 05–09*, Rechts- und Wirtschaftswissenschaftliche Fakultät der Universität Bayreuth 2009.

Erler, Alexander / Drescher, Christian / Krizanac, Damir: «The Fed's Trap. A Taylor-type rule with asset prices», *J. Econ Financial Springer Science+Business Media*, LLC 2011, JEL Classification E52-E58, März 2011.

Erste Group Research: *Goldreport 2012 – In Gold we trust*, Juli 2012.

Expertengruppe zur Weiterentwicklung der Finanzmarktstrategie: Schlussbericht, 1. Dezember 2014.

Fama, Eugene F. / Schwert, G. William: «Asset Returns and Inflation», in: *Journal of Financial Economics 5*, 1977, S. 115–146.

Fischer, Stanley / Sahay, Ratna / Végh, Carlos: «Modern Hyper- and High Inflations», *IMF Working Paper*, Januar 2003.

Flossbach von Storch, Bert : «Money for Nothing», *Bericht 1. Quartal 2012*.

Flossbach von Storch Research Institute: FVS Vermögenspreisindex Q4-2015: «Das Rekordjahr der Vermögenspreise», Februar 2016.

Forschungszentrum Generationenverträge (FZG) Universität Freiburg i. Br. / UBS: «Altersvorsorge: Lasten in die Zukunft verschoben. Altersvorsorge und die Schweizer Generationenbilanz», April 2014.

Friesen, Geoffrey / Sapp, Travis: «Mutual fund flows and investor returns: An empirical examination of fund investor timing ability», in: *Journal of Banking and Finance* September 2007, S. 2796–2816.

Gothaer Asset Management / GfK Marktforschung Nürnberg: «Studie zum Anlageverhalten der Deutschen», Januar 2012.

Gothaer Asset Management / GfK Marktforschung Nürnberg: «Studie zum Anlageverhalten der Deutschen», Februar 2014.

Gothaer Asset Management / GfK Marktforschung Nürnberg: «Studie zum Anlageverhalten der Deutschen», Januar 2015.

Independent Credit View (I-CV): Bankenstudie 2015: «Gespaltener europäischer Bankenmarkt mit Nord-Süd-Gefälle», Juli 2015.

Ifo-Institut: «Der Haftungspegel – die Rettungsmassnahmen für die Euro-Länder und die deutsche Haftungssumme», auf https://www.cesifo-group.de/de/ifoHome/policy/Haftungspegel.html, 25. Februar 2016.

Junius, Karsten / Tödtmann, Kristian: «Inflation und Staatsverschuldung», Ifo-Schnelldienst, 63. Jahrgang, 17/2010.

Kooths, Stefan / Roye, Björn van: «Nationale Geldschöpfung im Euroraum: Mechanismen, Defekte, Therapie», *Kieler Diskussionsbeiträge*, Institut für Weltwirtschaft Kiel, Juni 2012.

Landesbank Baden-Württemberg: «Banken und Nullzinspolitik der Zentralbank: Lehren aus Japan», *Credit Research*, Dezember 2008.

Landesbank Baden-Württemberg: «Damoklesschwert schlechte Asset-Qualität», Strategy Alert, 31. Juli 2015.

Landesbank Baden-Württemberg: «Die Einlagensicherung in Deutschland», Blickpunkt, 18. Februar 2016.

Landesbank Baden-Württemberg: «Japan – Ist die Staatsverschuldung noch tragbar? Warum wirkt die Geldpolitik nicht inflationär?», März 2015.

Landesbank Baden-Württemberg: «Neue Normalität, Unsicherheit und Korrelationen: This time is different, isn't it?», *Credit Research*, Juni 2012.

Landesbank Baden-Württemberg: «Too big to fail. A never ending story!», 30. Januar 2015.

Johannes Kepler Universität Linz: LGT Private Banking Report: «Eine Untersuchung des Anlageverhaltens von vermögenden Privatpersonen in Deutschland, Österreich und der Schweiz 2010», 2010.

Johannes Kepler Universität Linz: LGT Private Banking Report: «Eine Untersuchung des Anlageverhaltens von vermögenden Privatpersonen in Österreich und der Schweiz 2014», 2014.

Liechtensteinische Landesbank: *Finanzanlagen und Inflation*, 2011.

Nölke, Johannes: «Schützen Immobilien auch vor Hyperinflation?», in: *Immobilien & Finanzierung 22/2010*, www.optegrahhkl.de

Reinhart, Carmen M.: «The Return of Financial Repression», Centre for Economic Policy Research, *Discussion Paper*, Nr. 8947, April 2012.

Reinhart, Carmen M. / Rogoff, Kenneth S.: «Growth in a Time of Debt», *NBER Working Paper*, Nr. 15639, Januar 2010.

Reinhart, Carmen M. / Sbrancia, M. Belen: «The Liquidation of Government Debt», *BIS Working Paper*, Nr. 363, Monetary and Economic Department, November 2011.

Rudebusch, Glenn D. / Williams, John C.: *Federal Reserve Bank. Forecasting Recessions: The Puzzle of the Enduring Power of the Yield Curve*, 2008.

Schweizerische Bankiervereinigung (SBVg): «Statement der Schweizerischen Bankiervereinigung (SBVg) zur Vollgeld-Initiative», 1. Dezember 2015.

Schweizerische Nationalbank: *Vermögen der privaten Haushalte 2010*.

Schweizerische Nationalbank: *Vermögen der privaten Haushalte 2014*.

Schweizerische Nationalbank: *Wechselkursentwicklung bremst Vermögensanstieg*, 2011.

Société Générale: «Theft! Were the US & UK central banks complicit in robbing the middle classes?», *Société Générale Cross Asset Research*, Global Strategy Weekly, 22. November 2011.

Société Générale: «Popular Delusions. Time to strip Sir Alan Greenspan and Sir Mervyn King of their knighthoods too?», *Société Générale Cross Asset Research*, Global Strategy Weekly, 9. Februar 2012.

Société Générale: «Popular Delusions. No-one hears you scream when the printing presses roll», *Société Générale Cross Asset Research*, Global Strategy Weekly, 15. Februar 2012.

Société Générale: «Popular Delusions. Take your seats for the coming Japanese inflation crisis: there is no way out», *Société Générale Cross Asset Research*, Global Strategy Weekly, 1. März 2012.

Steinbeis Research Center for Financial Services / Commerz Real: *Wachsende Bedeutung von Sachwerten bei institutionellen Investoren*, München 2011.

Swiss Re: «Financial Repression. The unintended Consequences», http://www.swissre.com/media/news_releases/nr_20150326_financial_repression.html

Taylor, John B.: «The Financial Crisis and the Policy Responses: An Empirical Analysis of That Went Wrong», *NBER Working Paper*, Nr. 14631, Januar 2009.

UBS: «Gold – die ultimative Währung», *UBS Research Fokus*, Juni 2010.

UBS: «Inflation – Rückkehr einer unbequemen Bekannten», *UBS Research Fokus*, Juni 2011.

UBS: «Schweizer Immobilien. UBS Swiss Real Estate Bubble Index 4Q-2015», *Chief Investment Office WM*, 4. Februar 2016.

UBS: «Staatsbankrotte in der Eurozone. Griechenland – und dann?», *UBS Research Fokus*, Oktober 2011.

Vermögenspartner: «Fachanalyse Kosten in der Vermögensverwaltung. Gesamtkosten, Gebühren und wie man verschiedene Vermögensverwalter miteinander vergleichen kann», Januar 2010, www.vermoegens-partner.ch

Vontobel Asset Management: «Inflation versus Deflation: ein Leitfaden für Anleger», *Investors Insight*, November 2010.

VP Bank (2010): «Anlegen in einem Inflations- oder Deflationsumfeld», *Wealth Management Solutions*, Juni 2010.

Wegelin & Co. (2010): «Deflation?», *Anlagekommentar*, Nr. 273, Oktober 2010.

## Reden, Präsentationen und Broschüren

Ammann, Dominique / PPCmetrics: *Inflation – Fluch oder Segen für die berufliche Vorsorge?*, Präsentation, gehalten am 2. November 2012.

Axa: *Axa Deutschland-Report 2015: Resignierte Berufstätige – glückliche Rentner*, Pressemitteilung, 8. Juli 2015.

Baltensperger, Ernst: *Geldpolitik heute – Globale Perspektiven. Herausforderungen für die Schweiz und die Finanzmärkte*, Vortrag auf einer Veranstaltung der Notenstein Privatbank in Zürich, gehalten am 29. März 2012.

Bernanke, Ben S.: *Deflation: Making Sure ‹It› Doesn't Happen Here*, Rede vor dem National Economists Club, gehalten in Washington D.C. am 21. November 2002; http://www.bis.org/review/r021126d.pdf

Liebi, Thomas / Swisscanto Asset Management: *Globale Schuldenkrise und ihre Auswirkungen*, Präsentation, gehalten am 3. Februar 2012.

Moneyland: *Bankschliessfächer im Schweizer Vergleich*, Pressemitteilung, 4. März 2015.

Polleit, Thorsten: *Why Using Paper Money Has Always Ended in Tears*, Präsentation, gehalten in Zürich am 9. Mai 2012.

Poser, Jan Amrit / Bank Sarasin: *Ausblick 2012: Quadratur des Kreises. Kann ein zweites Japan vermieden werden?*, Präsentation, gehalten am 3. Februar 2012.

Reichmuth & Co.: *Check-up*, Kundeninformation, verschiedene Ausgaben 2009–2012, www.reichmuthco.ch

Stiftung Marktwirtschaft: *Ehrbare Staaten? EU-Nachhaltigkeitsranking*, 24. November 2015.

Vermögenspartner: *Merkblatt: Gebühren und Kosten in der Vermögensverwaltung*, www.kickbacks.ch

## Zeitungsartikel und Internetbeiträge

Aebersold Szalay, Claudia: «Gefangene der eigenen Politik», in: *Neue Zürcher Zeitung*, 9. Februar 2012.

Baltensperger, Ernst: «Warum die Kritiker der SNB irren», in: *Neue Zürcher Zeitung*, 5. April 2011.

Bernholz, Peter: «Bargeld als Rettung vor Unrechtsregimen», Leserbrief in: *Neue Zürcher Zeitung*, 10. Februar 2016.

Blechner, Notker: «Finanzielle Repression ist Realität», auf: www.boerse.ard.de

Eisenring, Christoph: «Etwas Deflation ist nicht schlechter als etwas Inflation», in: *Neue Zürcher Zeitung*, 30. Oktober 2010.

Eisenring, Christoph: «Das Fed öffnet die Geldschleusen erneut», in: *Neue Zürcher Zeitung*, 4. November 2010.

Eisenring, Christoph: «Das Fed zieht alle Register», in: *Neue Zürcher Zeitung*, 14. September 2012.

Eisenring, Christoph: «Die törichteste Politik in hundert Jahren», in: *Neue Zürcher Zeitung*, 14. Dezember 2013.

Eisenring, Christoph: «Doppelschlag gegen das Bargeld», in: *Neue Zürcher Zeitung*, 6. Februar 2016.

Fischer, Peter: «Milliarden für die Franken-Schwächung», in: *Neue Zürcher Zeitung*, 26. März 2016.

Ferber, Michael siehe unter Anmerkungen S. 333

Fuster, Thomas: «Liquidität wird kostenpflichtig», in: *Neue Zürcher Zeitung*, 19. Dezember 2014.

Fuster, Thomas: «Negativzinsen – keine helvetische Premiere», in: *Neue Zürcher Zeitung*, 20. Dezember 2014.

Fuster, Thomas: «Die SNB will wieder Spielraum», in: *Neue Zürcher Zeitung*, 16. Januar 2015.

Germis, Carsten: «Japan schwächt den Yen», in: *Neue Zürcher Zeitung*, 1. November 2011.

Germis, Carsten: «Bank of Japan muss sich wehren», in: *Neue Zürcher Zeitung*, 30. Dezember 2011.

Germis, Carsten: «Politik drängt Japans Notenbank», in: *Neue Zürcher Zeitung*, 7. April 2012.

Göbel, Heike / Steltzner, Holger: «Wir sitzen in der Falle», in: *Frankfurter Allgemeine Zeitung*, 18. Februar 2012.

Grundlehner, Werner: «Die unverdiente Ritterwürde angelsächsischer Notenbanker», in: *Neue Zürcher Zeitung*, 8. März 2012.

Hackhausen, Jörg / Hagen, Jens: «Die Entschuldung geht nur über Inflation», in: *Handelsblatt*, 6. Februar 2012.

Höltschi, René: «Die dunkle Seite von König Bargeld», in: *Neue Zürcher Zeitung*, 9. Februar 2016.

Issing, Otmar: «Keine Experimente», in: *Handelsblatt*, 25. Mai 2012.

Krause, Klaus Peter: «Wenn Bargeld nicht mehr lacht, wird uns auch das Lachen vergehen», auf: www.misesde.org, 27. April 2015.

Makin, H. John: «The Pain of Zero Interest Rates», auf: www.aig.org des American Enterprise Institute, 15. Februar 2012.

Müller, Matthias: «Geringe Zinsen als Wurzel des Übels», in: *Neue Zürcher Zeitung*, 11. Mai 2012.

Polleit, Thorsten: «Hayek und die Privatisierung des Geldes», auf: www.misesinfo.org, 27. März 2012.

Polleit, Thorsten: «Die Zentralbankräte werden immer mehr Geld drucken», auf: www.misesinfo.org, 18. Mai 2012.

Polleit, Thorsten: «Die wahre Lehre vom Geld», Beitrag für das Liberale Institut in Zürich, Juni 2012.

Prollius, Michael von: «‹Free Banking› gegen schlechtes Zentralbankengeld», Beitrag für das Liberale Institut in Zürich, Juni 2009.

Rasch, Michael siehe unter Anmerkungen S. 333

Rasonyi, Peter: «Die hohe Inflation nagt am Wohlstand der Briten», in: *Neue Zürcher Zeitung*, 27. Januar 2011.

Rasonyi, Peter: «Geldpolitik mit verbundenen Augen», in: *Neue Zürcher Zeitung*, 10. Februar 2012.

Rasonyi, Peter: «Die Bank of England sucht eine neue Balance», in: *Neue Zürcher Zeitung*, 18. Mai 2012.

Rasonyi, Peter: «Noch mehr monetäre Lockerung in Sicht», in: *Neue Zürcher Zeitung*, 21. Juni 2012.

Rezmer, Anke / Cünnen, Andrea / Kokologiannis, Georgios: «Höhere Inflation ist unvermeidlich», in: *Handelsblatt*, 10. April 2012.

Ruhkamp, Stefan: «Erschreckende Qualität», in: *Frankfurter Allgemeine Zeitung*, 8. März 2012.

Salerno, Joseph T.: «Warum Regierungen Bargeld hassen», auf: www.misesde.org, 4. September 2015.

Schöchli, Hansueli: «Die Nationalbank füllt das Reserveloch», in: *Neue Zürcher Zeitung*, 14. Januar 2012.

Stark, Jürgen: «Die Not des Monsieur Hollande», in: *Handelsblatt*, 29. Mai 2012.

Tester, Elisabeth: «Expansive Geldpolitik ist wie Fremdgehen», in: *Finanz und Wirtschaft*, 14. April 2012.

Tofall, Norbert F.: «Der Weg in die Knechtschaft einer monetären Planwirtschaft», Beitrag für das Liberale Institut in Zürich, April 2010.

www.zinsen-berechnen.de

# Die Autoren

**Michael Rasch,** Jahrgang 1970, studierte Wirtschaftswissenschaften und legte 1997 die Prüfung zum Qualitätsmanager ab. Nach dem Diplom absolvierte er 2000/01 die Georg von Holtzbrinck-Schule für Wirtschaftsjournalisten der Verlagsgruppe Handelsblatt. Seit 2002 ist er Wirtschaftsredaktor bei der *Neuen Zürcher Zeitung*. Dabei leitete er ab 2006 für 10 Jahre die Finanzredaktion und ist seit Frühjahr 2016 in Frankfurt als Wirtschafts- und Finanzkorrespondent für die NZZ tätig. Michael Rasch wurde mehrmals ausgezeichnet, unter anderem 2009 und 2014 mit dem Schweizer *Private*-Medienpreis für Finanzjournalisten, 2011 mit dem deutschen State-Street-Preis für Finanzjournalisten und 2015, zusammen mit Michael Ferber, mit dem Liberal Award der Jungfreisinnigen des Kantons Zürich. michael.rasch@nzz.ch

**Michael Ferber,** Jahrgang 1973, studierte Betriebswirtschaftslehre sowie Politikwissenschaften und absolvierte die Georg von Holtzbrinck-Schule für Wirtschaftsjournalisten. Nach Stationen als Redakteur beim *Handelsblatt* und als wissenschaftlicher Mitarbeiter im Deutschen Bundestag arbeitet er seit 2006 als Wirtschaftsredakteur der *Neuen Zürcher Zeitung*. Er wurde mehrmals ausgezeichnet, unter anderem 2009 mit dem Schweizer *Private*-Medienpreis für Finanzjournalisten und 2012 mit dem Deutschen Finanzbuchpreis für sein Buch *Was Sie über Geldanlage wissen sollten* (4. Auflage 2016). michael.ferber@nzz.ch